使命

培养兼具中国深度和全球广度、积极承担社会责任的领导者

愿景

融合中国与世界的教育、研究和商业实践，促进知识创造和知识传播，推动中国社会经济发展，成为全球最受尊敬的国际商学院

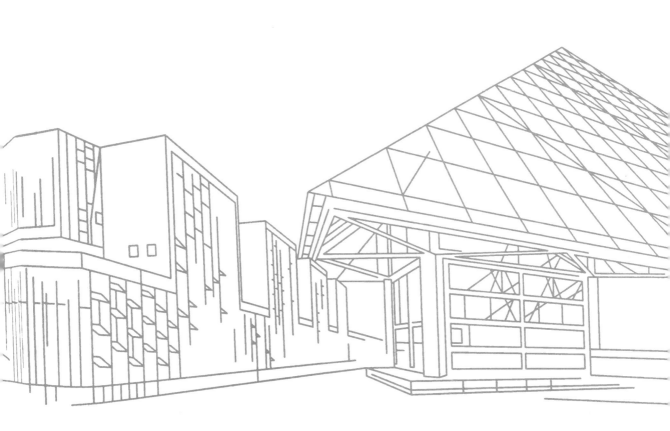

中欧国际工商学院 吴邦国题

全国人大常委会原委员长、国务院原副总理、上海市委原书记吴邦国为学院题写校名

认真 创新 追求卓越

全国政协原副主席、上海市原市长徐匡迪为学院题写校训

中欧国际工商学院
1994—2024

China Europe International Business School 1994–2024

汪　泓　主编

上海交通大学出版社
SHANGHAI JIAO TONG UNIVERSITY PRESS

内容提要

在"认真 创新 追求卓越"的校训指引下，中欧国际工商学院坚持"中国深度 全球广度"的战略定位，在飞速发展的30年间，通过知识创造与知识传播推动了中国企业的管理进步，为中国经济全球化做出了积极贡献，为中国与欧洲和世界的经济文化交流合作搭建了坚实的桥梁。"三十而励 卓越无界"，愿本书成为中欧国际工商学院30年辉煌发展历程的一个见证，亦为中欧国际工商学院未来凯歌前行提供宝贵的经验借鉴。希望全体师生员工和校友与关注中欧国际工商学院发展的各界人士携手共进，继续保持创新和创业的激情与信念，以敢于开拓、追求卓越的精神创造新的辉煌与奇迹。

图书在版编目（CIP）数据

中欧国际工商学院：1994-2024 / 汪泓主编.

上海：上海交通大学出版社，2024.10 -- ISBN 978-7-313-31488-8

Ⅰ. F7-40

中国国家版本馆 CIP 数据核字第 2024N7G337 号

中欧国际工商学院：1994—2024

ZHONG-OU GUOJI GONGSHANG XUEYUAN 1994—2024

主　编：汪　泓	
出版发行：上海交通大学出版社	地　址：上海市番禺路951号
邮政编码：200030	电　话：021-64071208
印　制：上海颛辉印刷厂有限公司	经　销：全国新华书店
开　本：787mm×1092mm　1/16	印　张：42.75
字　数：611千字	
版　次：2024年10月第1版	印　次：2024年10月第1次印刷
书　号：ISBN 978-7-313-31488-8	
定　价：158.00元	

《中欧国际工商学院1994—2024》编委会

汪　泓	中欧国际工商学院院长
杜道明（Dominique Turpin）	中欧国际工商学院院长（欧方）
濮方可（Frank Bournois）	中欧国际工商学院副院长兼教务长
张维炯	中欧国际工商学院副院长兼中方教务长
马　磊	中欧国际工商学院党委书记
王　高	中欧国际工商学院副教务长、高管教育课程主任
忻　榕	中欧国际工商学院副教务长（欧洲事务）、HEMBA课程主任、DBA课程主任
芮博澜（Bala Ramasamy）	中欧国际工商学院副教务长、Global EMBA课程主任
刘湧洁	中欧国际工商学院院长助理、深圳校区首席代表、校友关系与教育发展办公室主任
徐惠娟	中欧国际工商学院院长助理、教务长办公室主任
李瑷瑷	中欧国际工商学院院长助理、院长办公室主任
肖　斌	中欧国际工商学院北京校区首席代表
费喃吟	中欧国际工商学院市场与传播部主任
付丹阳	中欧国际工商学院校友关系与教育发展办公室运营主任
杜　谦	中欧国际工商学院原董事会秘书、原信息中心主任、原图书馆馆长
毛竹晨	中欧国际工商学院理事会原秘书、政策研究室原主任
王媛媛	中欧国际工商学院理事会秘书、政策研究室副主任
高　蕊	中欧国际工商学院教务长办公室副主任
赵　楠	中欧国际工商学院翻译部副主任

徐佳慧	中欧国际工商学院院长办公室助理主任
岳顶军	中欧国际工商学院市场与传播部传播经理
张　响	中欧国际工商学院政策研究室研究员
苏　麦（Michael Russam）	中欧国际工商学院市场与传播部国际传播经理

编写小组成员

（按姓氏音序排列）

白　路　蔡慕修（Mathew Tsamenyi）　　　曹　珂（Jessica Linsen）

陈慧颖　陈晓红　陈　盈　房　寅　郭志芳　何源清　贺方泓　胡　敏

黄　伟　江雁南　蒋效栏　蒋雪云　金　海　孔　飙　李晓华　李云路

刘功润　刘江玄　刘　菁　陆　明　罗思涛（Robert Straw）　　骆　莺

马　宁　聂　爽　潜彬思　苏世海　孙　炯　陶　丽　田　方　田佳玮

王　臻　徐建敏　徐静雯　徐　伟　许雷平　应知拓　袁晓琳　张　娜

张　茜　张　暹　张子胥　赵筱蕾　周　洁　朱　炎

重大事件

1994年11月8日，中欧国际工商学院合同签字暨成立典礼在上海浦东新区金桥开发公司礼堂举行［前排左起：张祥、郑令德、魏根深（Endymion Wilkinson）、列昂·布里坦（Leon Brittan）、汪道涵、谢丽娟、李仲周、王仲达；后排左起：翁史烈、李家镐、盖伊·哈斯金斯（Gay Haskins）、王生洪、华建敏、雷诺（Pedro Nueno）、陈士杰、朱晓明］

1994年11月8日，在学院成立典礼上，上海交通大学校长翁史烈和欧洲管理发展基金会总干事盖伊·哈斯金斯分别代表双方办学单位签署了《中欧国际工商学院办学合同》，上海市副市长谢丽娟和欧盟委员会副主席列昂·布里坦作为见证人签字［前排左起：列昂·布里坦、盖伊·哈斯金斯、翁史烈、谢丽娟；后排左起：李家镐、华建敏、杨亨（Jan Borgonjon）、王生洪、魏根深、张国华、汪道涵、王仲达、雷诺、李仲周、陈士杰、胡炜］

1994年11月8日，上海交通大学校长、中欧董事长翁史烈在金桥开发区举行的学院奠基典礼上致辞

1994年11月8日，上海市人民政府与欧盟委员会领导人在金桥开发区举行的学院奠基典礼上培土奠基（左起：上海市副市长谢丽娟，欧盟驻华大使魏根深，海峡两岸关系协会会长、上海市委原书记、上海市原市长汪道涵，欧盟委员会副主席列昂·布里坦）

1994年11月8日，上海市副市长谢丽娟（右）与欧盟委员会副主席列昂·布里坦（左）为学院成立揭牌

1994年11月8日，海峡两岸关系协会会长、上海市委原书记、上海市原市长汪道涵（左）在浦东新区金桥开发公司总经理朱晓明（右）的陪同下步入学院合同签字暨成立典礼会场

1995年5月8日，院长李家镐在首届工商管理硕士（MBA）课程、高层管理人员工商管理硕士（EMBA）课程开学典礼上致辞

1996年10月4日，执行院长兼教务长冯勇明（Joachim Frohn）在学院英美集团市场学教席捐赠仪式上致辞。学院于1995年获得该捐赠，这是中国内地商学院首次获得捐赠教席

1999年10月15日，浦东校园落成典礼在学院上海石化演讲厅举行［前排左起：翁史烈、王生洪、周禹鹏、魏根深、龚学平、欧亨尼奥·布雷格拉特（Eugenio Bregolat）、周慕尧、谢丽娟；后排左起：雷诺、殷一璀、王荣华、魏润柏、赫拉德·范斯海克（Gerard van Schaik）、谢绳武］

2002年7月18日，副院长张国华（左）与副院长兼教务长白思拓（Alfredo Pastor，右）出席深圳联络处成立仪式

2004年2月，MBA学生欢庆MBA课程名列英国《金融时报》全球排名第53位，并首次跃居亚洲第一

2004年12月18日，北京校园奠基典礼在北京中关村软件园举行［左起：学院北京代表处首席代表马遇生，北京中关村软件园发展有限责任公司董事长李保欣，北京市海淀区政协主席彭兴业，副院长兼教务长郭理默（Rolf Cremer），北京市委常委、教育工委书记朱善璐，副院长兼中方教务长张国华，北京市教委副主任马胜杰，中国工艺美术集团执行总裁邓英］

2008年1月15日，商务部副部长高虎城（左二）、上海市常务副市长冯国勤（左一）、欧盟委员弗拉迪米尔·斯皮德拉（Vladimir Spidla，右二）、欧盟驻华大使赛日·安博（Serge Abou，右一）为"中国—欧盟商务管理培训项目"揭牌

2009年2月5日，名誉院长刘吉在MBA课程首次跻身世界十强新闻发布会上宣布学院在英国《金融时报》上的排名（主席台左起：副院长兼中方教务长张维炯，欧盟驻华大使赛日·安博，上海交通大学校长、中欧董事长张杰，院长朱晓明，上海市教委副秘书长杨奇伟，副院长兼教务长郭理默）

2009年10月31日，中欧成立15周年庆祝大会在学院体育馆举行，商务部部长陈德铭（左三）与欧盟驻华代表团公使衔参赞高佑翰（Johan Cauwenbergh，右三）为金科路校园项目设计方案揭幕（左起：名誉院长刘吉，上海交通大学党委书记马德秀，陈德铭，高佑翰，执行院长雷诺，欧洲管理发展基金会名誉主席、中欧副董事长赫拉德·范斯海克）

2010年11月6日，学院扩建项目奠基仪式在上海校区举行〔左起：上海金桥有限公司党委副书记沈荣，副教务长周东生，副教务长杨国安，上海市教育委员会副主任、中欧候任董事印杰，执行院长朱晓明，上海市委常委、浦东新区区委书记徐麟，名誉院长刘吉，上海市发改委副主任叶明忠，副院长兼教务长郭理默，副教务长白诗莉（Lydia Price），中欧董事杨亨〕

2012年9月5日，首届金融MBA（FMBA）课程开学典礼在上海校区举行

2012年11月2日，中欧国际顾问委员会首次全体会议在上海召开［前排左起：张维炯、黎瑞刚、施振荣、约翰·奎尔奇（John Quelch）、雷诺、朱晓明、柳传志、李剑阁、杨敏德、马蔚华、奈斯安（Annette Nijs）、范悦安（Juan Fernandez）；中排左起：许斌、赵欣舸、忻榕、赵国华（Jean-Pascal Tricoire）、乐峰（Bruno Lafont）、黄怒波、吴光权、白诗莉、理查德·海索恩斯维特（Richard Haythornthwaite）、陈世敏；后排，左一：理查德·托曼（Richard Thoman），左三起：米歇利·诺尔萨（Michele Norsa）、刘积仁、曹德旺、苏理达（Hellmut Schütte）、许定波、乌姆贝·托安格鲁尼（Umerto Angeloni）、高国富］

2012年12月2日，上海交通大学与欧洲管理发展基金会签署《中欧国际工商学院办学展期协议（2015—2034）》［前排左起：欧盟驻华大使马库斯·埃德雷尔（Markus Ederer），欧洲管理发展基金会总干事兼首席执行官埃里克·科尼埃尔（Eric Cornuel），上海交通大学校长、中欧董事长张杰，上海市副市长沈晓明］

2013年7月18日，上海市副市长翁铁慧（右三）、上海市政府副秘书长宗明（左三）、上海市教育委员会副主任李瑞阳（右一）、上海交通大学常务副校长林忠钦（左二）、执行院长朱晓明（右二）和学院名誉院长刘吉（左一）共同为中欧承接的"上海MBA课程案例库开发共享平台建设项目"揭牌

2014年11月8日，中欧成立20周年庆典晚会在上海大剧院举行，上海交通大学校长、中欧董事长张杰（右一），欧洲管理发展基金会名誉主席、中欧副董事长赫拉德·范斯海克（左三）和执行院长朱晓明（左一）为学院宝钢经济学教席教授、著名经济学家吴敬琏（左二），院长雷诺（右二）和名誉院长、中欧教育发展基金会理事长刘吉（右三）颁发"终身成就奖"

2018年5月11日，首届卓越服务EMBA（HEMBA）课程开学典礼在上海校区举行

2019年11月15日，中欧成立25周年庆典晚会在中欧会堂举办，院长、中欧教育发展基金会理事长李铭俊（左十二），院长（欧方）、中欧教育发展基金会副理事长迪帕克·杰恩（Dipak Jain，左十三）为杰出校友代表颁发"助力中欧杰出伙伴"奖与"助力中欧温暖伙伴"奖

2021年9月28日，"智慧校园"项目启动（左起：财务部主任金海，院长助理李瑗瑷，院长助理刘湧洁，党委书记马磊，万达信息股份有限公司董事、高级副总裁姜锋，院长汪泓，上海金桥信息股份有限公司董事长、总经理金史平，副院长兼中方教务长张维炯，院长助理徐惠娟，信息图书中心主任薛东明）

2021年10月25日，首届工商管理博士（DBA）课程开学典礼在上海校区举行

2023年10月14日，学院和上海市市长国际企业家咨询会议（IBLAC）秘书处联合举办第35次市咨会会前论坛"全球商业领袖对话中国企业家"，上海市副市长华源（前排左八）出席并讲话

2023年11月18日，中欧成立30周年院庆启动仪式在中欧会堂举行［左起：中欧校友会会长、汇添富基金董事长李文，副教务长王高，副院长兼中方教务长张维炯，院长（欧方）杜道明（Dominique Turpin），荣誉退休院长李铭俊，名誉院长刘吉，荣誉退休院长朱晓明，院长汪泓，副院长兼教务长濮方可（Frank Bournois），党委书记马磊，副教务长沙梅恩（Shameen Prashantham），运连网·柏威国际CEO王超峰］

国际交流

时任欧盟委员会主席雅克·桑特（Jacques Santer，左）来访并参观学院建设中的浦东校园（1998年11月2日）

时任比利时首相吉恩-吕克·德阿纳（Jean-Luc Dehaene）来访并发表演讲（1998年11月5日）

时任欧盟十五国驻华大使来访（2000年3月3日）

时任西班牙首相何塞·玛丽亚·阿斯纳尔（José María Aznar）来访（2000年6月28日）

时任比利时首相居伊·伏思达（Guy Verhofstadt，右）来访并发表演讲（2002年3月29日）

时任爱尔兰总统玛丽·麦卡利斯（Mary McAleese）来访并发表演讲（2003年10月13日）

中欧理事、时任欧盟委员会主席罗马诺·普罗迪（Romano Prodi，左）来访并发表演讲（2004年4月15日）

时任欧盟委员会主席若泽·曼努埃尔·巴罗佐（José Manuel Barroso，右三）来访并发表演讲（2005年7月16日）

时任欧盟理事会秘书长兼欧盟共同外交与安全政策高级代表哈维尔·索拉纳（Javier Solana，左二）来访并发表演讲（2005年9月6日）

西班牙国王、时为王储费利佩·德博尔冯-格雷西亚（Felipe de Borbón y Grecia，左二）携王储妃（左三）来访（2006年7月13日）

法国原总统瓦莱里·吉斯卡尔·德斯坦（Valéry Giscard d'Estaing，左）来访并发表演讲（2007年4月13日）

德国原总理格哈德·施罗德（Gerhard Schroeder，左二）来访（2007年5月18日）

时任欧盟驻华大使赛日·安博参加学院"中国—欧盟商务管理培训项目"系列讲座并发表演讲（2008年6月19日）

时任保加利亚副总理兼外交部长伊瓦伊洛·卡尔芬（Ivailo Kalfin，中）来访并参加题为"21世纪的中国和欧盟"的圆桌会议（2009年3月25日）

时任欧盟驻华大使马库斯·埃德雷尔（前排左）来访（2011年2月24日）

时任欧洲理事会主席赫尔曼·范龙佩（H. E. Herman van Rompuy，中）来访并发表演讲（2011年5月18日）

美国联邦储备委员会原主席保罗·沃尔克（Paul Volcker）在中欧高层管理论坛上发表题为"沃尔克法则——如何应对金融机构大而不倒"的演讲（2012年5月30日）

荷兰亲王康斯坦丁·冯·奥兰治-那绍·冯·阿姆斯伯格（Constantijn van Oranje-Nassau van Amsberg，左）来访并参与圆桌讨论（2014年4月14日）

时任欧盟驻华大使史伟（Hans Dietmar Schweisgut，左）为2013级EMBA国际班优秀毕业生颁发毕业证书（2015年1月19日）

时任瑞士联邦主席约翰·施奈德-阿曼（Johann Schneider-Ammann）出席"中瑞创新论坛"并致辞（2016年4月9日）

捷克原副总理兼外长、时任捷克布拉格新丝绸之路研究会主席扬·科胡特（Jan Kohout）出席首届"中国·中东欧发展论坛"并发表演讲（2017年9月15日）

时任联合国助理秘书长、联合国开发计划署助理署长兼亚太局局长徐浩良来访并发表演讲（2018年4月23日）

学院特聘教授、世界贸易组织（WTO）原总干事帕斯卡尔·拉米（Pascal Lamy）来访（2018年12月14日）

德国原总统霍斯特·克勒（Horst Koehler，左二），英国原首相戈登·布朗（Gordon Brown，中），法国原总理、学院特聘教授多米尼克·德维尔潘（Dominique de Villepin，右一），德国安联保险集团监事会主席迈克尔·狄克曼（Michael Diekmann，右二）出席2019中东欧经济研究圆桌研讨会（2019年11月1日）

时任以色列总统鲁文·里夫林（Reuven Rivlin，前排左六）会见中欧全球CEO课程教授与学员一行（2019年12月5日）

时任欧盟驻华大使郁白（Nicolas Chapuis）出席中欧北京新年论坛并发表演讲（2020年12月12日）

比利时原驻华大使帕特里克·奈斯（Patrick Nijs）出席第八届欧洲论坛并发言（2022年9月8日）

法国原总理、学院特聘教授多米尼克·德维尔潘来访并发表演讲（2023年6月30日）

爱尔兰原总理、时任爱尔兰副总理兼外交部部长米歇尔·马丁（Micheál Martin）来访并发表演讲（2023年11月9日）

17位欧洲各国驻上海总领馆代表出席第五期"中欧话未来"系列活动（2024年1月18日）

中欧理事、欧盟委员会原主席、意大利原总理罗马诺·普罗迪（中）教授做客"中欧话未来"系列活动，探讨当前地缘政治与多极外交（2024年1月18日）

中欧理事、特聘教授，法国原总理让−皮埃尔·拉法兰（Jean-Pierre Raffarin，中）出席中法建交60周年及学院成立30周年院庆招待会（2024年2月28日）

领导关怀

国家税务总局党委书记、局长，时任中央财政部副部长胡静林参加北京校区举办的2014中国管理会计论坛并发表演讲（2014年10月11日）

湖南省委书记、省人大常委会主任，时任上海市教育委员会主任沈晓明（左二），时任上海市科技教育工作党委书记李宣海（右三）和时任上海市教育委员会副主任、中欧董事王奇（右二）赴学院调研（2007年3月7日）

贵州省委书记、省人大常委会主任，时任上海市委常委、浦东新区区委书记徐麟（右二）出席中欧张江创新创业研究中心签约仪式（2008年5月12日）

湖南省委书记、省人大常委会主任，时任上海市委常委、浦东新区区委书记沈晓明（中）赴学院调研（2015年10月27日）

江西省委书记、省人大常委会主任，时任上海市委副书记尹弘出席学院成立25周年庆祝大会，并向全体师生员工和海内外校友表示祝贺（2019年11月15日）

时任中共中央委员、外交部长李肇星做客中欧北京"高朋满座"讲座并发表演讲（2003年11月2日）

商务部原部长、时任陕西省省长陈德铭做客中欧北京"高朋满座"讲座并发表演讲（2006年4月27日）

文化部原部长、著名文学家王蒙来访并发表演讲（2006年11月27日）

国务院发展研究中心原副主任、时任上海市委副书记王安顺（右）视察学院（2007年3月8日）

商务部原部长、时任商务部副部长高虎城出席学院"中国—欧盟商务管理培训项目"启动仪式并致辞（2008年1月15日）

时任国务院国有资产监督管理委员会主任李荣融出席中欧全球管理论坛并发表演讲（2008年12月6日）

财政部原部长，时任全国政协常委、外事委员会主任楼继伟做客中欧北京"高朋满座"讲座并发表演讲（2021年4月17日）

国务院新闻办公室原主任、上海市委原常委、上海市原副市长赵启正（右）参加"中欧话未来"系列活动，探讨如何"向世界说明中国"（2023年5月12日）

解放军原副总参谋长、时任中国国际战略学会会长熊光楷出席中欧CEO黄山峰会并发表演讲（2009年4月18日）

湖南省委原书记、湖南省人大常委会原主任，时任上海市浦东新区区委书记杜家毫（左）出席中欧陆家嘴国际金融研究院合作协议书签约仪式，上海市原副市长、时任浦东新区区长张学兵（右）与院长朱晓明（中）陪同出席（2007年4月18日）

时任天津市市长戴相龙做客中欧北京"高朋满座"讲座并发表演讲（2007年11月24日）

重庆市委原副书记、重庆市原市长，时任中国国际经济交流中心副理事长黄奇帆（EMBA 1998）出席学院北京校区新年论坛并发表演讲（2019年12月13日）

教育部副部长、时任上海市副市长翁铁慧（中）赴学院调研（2013年7月18日）

时任商务部副部长马秀红（左）视察学院（2007年7月3日）

中国社科院原常务副院长王洛林出席中欧汽车产业论坛并发表演讲（2007年10月29日）

发展中国家工程科技院院士、时任教育部副部长吴启迪（中）视察学院（2007年11月4日）

时任国家知识产权局局长田力普（右）视察学院（2008年11月6日）

国务院发展研究中心企业研究所名誉所长、全国政协原常委陈清泰出席中欧汽车产业论坛并发表演讲（2008年11月6日）

外交学院原院长、原驻法大使吴建民在中欧CEO黄山峰会上发表演讲（2009年4月18日）

国务院证券委员会办公室原主任、时任中国国际金融有限公司董事长李剑阁（左）赴中欧陆家嘴国际金融研究院访问（2009年5月14日）

全国人大原常委、财经委原副主任、中国人民银行原副行长，时任中欧陆家嘴国际金融研究院院长吴晓灵在中欧陆家嘴国际金融研究院发表演讲（2009年7月22日）

中央统战部原副部长、全国工商联党组原书记胡德平做客中欧北京"高朋满座"讲座并发表演讲（2016年3月26日）

时任全国人大外事委员会副主任赵白鸽做客中欧北京"高朋满座"讲座并发表演讲（2017年4月1日）

外交部原副部长、北京大学燕京学堂特聘教授何亚非做客中欧北京"高朋满座"讲座并发表演讲（2019年3月30日）

财政部原副部长朱光耀做客中欧北京"高朋满座"讲座并发表演讲（2022年9月8日）

国家旅游局原副局长吴文学出席2023年中国邮轮经济发展高峰论坛并发表演讲（2023年12月10日）

时任台北市市长郝龙斌（右）来访并为EMBA行知讲堂发表演讲（2013年7月4日）

上海市委原书记、上海市原市长、时任海峡两岸关系协会会长汪道涵在中欧"中国市场竞争"研讨会上发表演讲（1998年7月27日）

上海市委副书记、市长龚正（右八）会见中欧副理事长、时任理事埃里克·科尼埃尔（左八）及欧方代表（2023年5月18日）

上海市委副书记、市长龚正（中）赴学院调研（2023年12月22日）

时任上海市人大常委会主任龚学平（中）赴学院调研（2007年4月4日）

时任上海市人大常委会主任刘云耕（左）、时任上海市政协主席冯国勤（中）、时任上海市人大常委会副主任胡炜（右）出席中欧2009新年音乐会（2009年1月5日）

上海市人大常委会原主任、时任上海市委副书记殷一璀（中）听取学院领导的工作汇报（2007年2月13日）

时任上海市人大常委会主任殷一璀（左五），教育部副部长、时任上海市副市长翁铁慧（右七）赴学院调研。上海市人大常委会原秘书长姚海同（右五），上海市人大常委会副主任、时任上海市政府副秘书长宗明（左二），时任上海市教委主任苏明（左一），时任上海市人大教科文卫委员会副主任委员张辰（右二）等陪同调研（2014年11月4日）

上海市委原常委、上海市委政法委原书记、上海市政协原副主席，时任上海市政府副秘书长姜平（右）出席中欧陆家嘴国际金融研究院揭牌仪式（2007年10月26日）

中央委员会候补委员、上海市委常委、浦东新区区委书记朱芝松（中）赴学院调研（2021年10月24日）

上海市委常委、副市长华源出席学院和上海市市长国际企业家咨询会议（IBLAC）秘书处联合举办的会前论坛——"全球商业领袖对话中国企业家"并致辞（2023年10月14日）

上海市政协副主席、民盟中央副主席、时任上海市副市长陈群（右四），上海市政协副主席、时任上海市政府副秘书长虞丽娟（右三），中国教育科学研究院党委书记、院长、时任上海市教委副主任李永智（右二）等会见院长汪泓、时任院长（欧方）迪帕克·杰恩、时任副院长兼教务长丁远、副院长兼中方教务长张维炯等学院领导（2020年11月27日）

上海市政协副主席、时任浦东新区区长李逸平（左）为时任陆家嘴集团总经理杨小明（右）颁发中欧陆家嘴国际金融研究院副理事长聘书（2008年9月20日）

上海市政协副主席肖贵玉（前排左七）出席学院举办的"2023年中国邮轮经济发展高峰论坛"并发表演讲（2023年12月10日）

上海市委原常委、上海市原副市长、上海市政协原副主席蒋以任（前排中）等赴学院调研（2011年10月13日）

上海市委原常委、上海市人大常委会原副主任，时任上海市副市长周禹鹏（前排中）视察建设中的学院浦东校园（1999年9月20日）

上海市委原常委、上海市人大常委会原副主任、中欧原理事，时任上海市副市长姜斯宪（左）出席学院举办的"中国—西班牙国际旅游"研讨会（2003年3月9日）

上海新金融研究院理事长，时任上海市委常委、常务副市长屠光绍出席学院与香港金融管理学院联合举办的"2014首届沪港金融高峰论坛"（2014年9月14日）.

上海市原副市长、中国农工民主党原副主席左焕琛莅临学院做讲座（2009年4月1日）

上海市原副市长、时任上海市政协副主席、九三学社副主席谢丽娟（右二）与时任上海市政协副主席、中欧董事王生洪（右一）出席学院浦东校园落成典礼（1999年10月15日）

上海市人大常委会原副主任、时任上海市副市长周慕尧（左一）主持浦东校园建设现场会议（1998年3月25日）

时任上海市政协副主席王新奎（左一），时任上海市外商投资协会会长沙麟（右一），上海市政协原副主席、时任上海社会科学院院长王荣华（右二）出席中欧2009新年音乐会（2009年1月5日）

上海市政协原副主席、时任上海市浦东新区区长姜樑（右）赴学院调研（2009年7月10日）

时任上海市政协副主席李良园（右）出席中欧2009新年音乐会（2009年1月5日）

中国证券监督管理委员会副主席、时任上海市金融服务办公室副主任方星海来访（2007年3月7日）

上海市人大教科文卫委员会原主任委员、时任上海市教委主任薛明扬在学院荣获AACSB认证新闻发布会上致辞（2009年1月5日）

中国工程院院士、中欧荣誉理
事长，时任上海交通大学校
长、中欧董事长翁史烈在学院
首届高层管理人员工商管理硕
士研究生（EMBA 1995）毕业
典礼上致辞（1997年4月8日）

全国政协原委员、上海交通
大学党委原书记王宗光来访
（2007年1月8日）

时任上海交通大学校长、中欧
董事长谢绳武（左三）出席
学院上海浦东校园落成典礼
（1999年10月15日）

时任上海交通大学党委书记马德秀（右）前来学院出席朱晓明院长任命仪式（2006年6月5日）

中国科学院院士，时任上海交通大学校长、中欧董事长张杰（左）赴学院调研（2008年10月31日）

时任上海交通大学党委书记、中欧理事姜斯宪在理事会上发言（2018年11月16日）

中国工程院院士，时任上海交
通大学校长、中欧理事长林忠
钦在理事会上发言（2020年
11月27日）

上海交通大学党委书记杨振斌
在汪泓院长就职仪式上讲话
（2020年9月3日）

中国科学院院士、上海交通大
学校长、中欧理事长丁奎岭在
学院举办的中法建交60周年
及中欧成立30周年院庆招待
会上致辞（2024年2月28日）

重要来访

海尔集团创始人、时任总裁张瑞敏出席中欧高层管理论坛并发表演讲（1999年5月14日）

时任伦敦商学院院长劳拉·泰森（Laura Tyson，左）出席2003全球论坛（2003年1月7日）

时任哈佛商学院院长基姆·克拉克（Kim Clark，左三）来访（2004年6月15日）

时任INSEAD商学院（欧洲校区）院长加布里埃尔·哈瓦维尼（Gabriel Hawawini，中）和该院国际理事会理事长兼名誉董事长克劳德·詹森（Claude Janssen，左）来访（2005年10月27日）

联想集团创始人、时任联想控股有限公司总裁柳传志做客中欧北京"高朋满座"讲座并发表演讲（2006年6月17日）

星巴克咖啡公司创始人、时任总裁霍华德·舒尔茨（Howard Schultz，右）来访，并做客美国CNN《董事会大师班》栏目（2007年11月2日）

时任西班牙IESE商学院院长若尔迪·卡纳尔斯（Jordi Canals）出席中欧CEO项目五周年庆典暨2008级CEO课程开学典礼（2008年3月30日）

阿里巴巴创始人，时任董事局主席、首席执行官马云做客中欧北京"高朋满座"讲座并发表演讲（2008年6月4日）

时任德国汉莎航空公司监事会主席约尔根·韦伯（Juergen Weber，左）来访并发表演讲（2008年8月25日）

1996年诺贝尔经济学奖得主詹姆斯·莫理斯（James Mirrlees）教授在中欧首届全球管理论坛上发表演讲（2008年12月6日）

1997年诺贝尔经济学奖得主罗伯特·默顿（Robert Merton）教授做客中欧陆家嘴国际金融研究院并发表演讲（2013年7月18日）

中国科学院院士、复旦大学原校长、时任宁波诺丁汉大学校长杨福家教授做客中欧20周年院庆活动之"大师课堂"并发表演讲（2014年3月14日）

大连万达集团董事长王健林做客中欧20周年院庆活动之"大师课堂"并发表演讲（2014年4月12日）

复星集团董事长郭广昌做客中欧20周年院庆活动之"大师课堂"并发表演讲（2014年4月26日）

招商银行原行长、时任香港永隆银行董事长马蔚华做客中欧20周年院庆活动之"大师课堂"并发表演讲（2014年5月22日）

新希望集团董事长刘永好做客中欧20周年院庆活动之"大师课堂"并发表演讲（2014年6月12日）

TCL创始人、时任TCL董事长兼CEO李东生（右）做客中欧20周年院庆活动之"大师课堂"并发表演讲（2014年6月21日）

时任万科集团董事长王石做客中欧20周年院庆活动之"大师课堂"并发表演讲（2014年7月1日）

京东集团创始人、时任首席执行官刘强东做客中欧20周年院庆活动之"大师课堂"并发表演讲（2014年7月25日）

东软集团股份有限公司创始人、时任董事长兼首席执行官刘积仁做客中欧20周年院庆活动之"大师课堂"并发表演讲（2014年8月17日）

1976年诺贝尔物理学奖获得者丁肇中教授做客中欧20周年院庆活动之"大师课堂"并发表演讲（2014年10月22日）

中欧终身荣誉教授吴敬琏（左二）与2007年诺贝尔经济学奖获得者埃里克·马斯金（Eric Maskin，右一）教授出席学院20周年院庆之全球管理论坛（2014年11月8日）

时任礼来制药首席执行官李励达（John Lechleiter）做客中欧"大师课堂"并发表演讲（2014年11月11日）

宏碁集团创始人、智荣基金会董事长施振荣做客中欧北京"高朋满座"讲座并发表演讲（2015年3月28日）

时任恒隆地产董事长陈启宗做客中欧"大师课堂"并发表演讲（2015年4月18日）

学院管理学访问教授帕迪·米勒（Paddy Miller，左）与Paypal联合创始人、《从0到1》的作者彼得·蒂尔（Peter Thiel，中），领英联合创始人兼执行董事雷德·霍夫曼（Reid Hoffman，右）共同出席中欧"大师课堂"并参与小组讨论（2015年5月25日）

雅虎联合创始人及雨云创投创始合伙人杨致远做客中欧"大师课堂"并发表演讲（2015年12月18日）

时任万事达卡董事会主席、中欧国际顾问委员会成员理查德·海索恩斯维特做客中欧"大师课堂"并发表演讲（2016年1月26日）

时任联合利华首席执行官保罗·波尔曼（Paul Polman）做客中欧"大师课堂"并发表演讲（2017年6月1日）

时任法国戴高乐基金会主席雅克·高德弗兰（Jacques Godfrain，右）到访学院，代表所在基金会与学院启动战略合作（2018年1月10日）

喜力集团原CEO、时任中欧副理事长赫拉德·范斯海克博士做客中欧"大师课堂"并发表演讲（2018年2月7日）

英国政府"一带一路"特使范智廉（Douglas Flint）出席第106期中欧陆家嘴金融家沙龙并发表演讲（2018年5月9日）

学院国际顾问委员会成员、时任罗兰贝格企业管理公司全球首席执行官常博逸（Charles-Edouard Bouée）做客"大师课堂"并发表演讲（2018年5月14日）

时任中化集团董事长宁高宁做客中欧北京"高朋满座"讲座并发表演讲（2018年7月3日）

欧洲管理发展基金会全球总裁、中欧副理事长，时任理事埃里克·科尼埃尔（左）获授上海市2018年"白玉兰纪念奖"（2018年9月12日）

时任澳大利亚墨尔本大学校长艾伦·迈尔斯（Allan Myers，左四）来访（2018年9月28日）

中国科学院院士、1957年诺贝尔物理学奖获得者杨振宁教授出席学院北京校区25周年院庆论坛（2019年11月10日）

中国五矿集团有限公司董事长、党组书记，时任上海市委常委、浦东新区区委书记翁祖亮（左）赴学院调研（2019年11月13日）

法国巴黎时装教育集团理事长顾思明（Patrick Kouzmine-Karavaieff，右四）来访（2022年1月20日）

上海交通大学安泰经济与管理学院院长陈方若来访（2022年2月17日）

美国西北大学凯洛格管理学院院长弗朗西斯卡·科内利（Francesca Cornelli，左四）来访（2023年8月24日）

"嫦娥之父"欧阳自远院士做客"中欧话未来"系列活动，剖释中国深空探测的路径和未来（2023年9月8日）

巴黎高等商学院院长埃卢瓦克·佩拉什（Eloic Peyrache，右五）来访（2023年11月10日）

意大利博科尼管理学院院长斯特凡诺·卡塞利（Stefano Caselli，右）来访（2023年11月13日）

欧莱雅集团董事长让-保罗·安巩（Jean-Paul Agon）出席2023年第九届欧洲论坛并作主题分享（2023年11月16日）

中国科学院院士、上海交通大学原校长、中欧原理事长张杰做客"中欧话未来"系列活动，深入探讨核聚变能的现状和前景（2023年11月18日）

西班牙IE大学首席执行官、全球学院创始人迭戈·德尔阿尔卡萨·本胡梅亚（Diego del Alcazar Benjumea，右六）来访（2023年12月1日）

瑞士EHL集团首席执行官马库斯·维赞（Markus Venzin，左五）、瑞士EHL酒店管理商学院教务长阿希姆·施密特（Achim Schmitt，左四）来访（2023年12月14日）

西班牙IESE商学院院长弗朗兹·休坎普（Franz Heukamp，右）来访（2024年1月8日）

2010年诺贝尔经济学奖得主克里斯托弗·皮萨里德斯（Christopher Pissarides，左）教授来访
（2024年3月27日）

理（董）事会合影

1997年董事会会议合影［面向外左一：上海市教育委员会主任张伟江；面向外左三起：董事张祥、董事王生洪、董事长翁史烈、董事赫拉德·范斯海克、董事雷诺、董事汤姆斯·萨特尔伯格（Thomas Sattelberger）；面向外左十起：欧盟驻华使团一秘佩特罗·梅迪纳（Petro Medina）、欧洲管理发展基金会开发与项目部主任莉莉安娜·佩特拉（Liliana Petrella）；面向内：院长李家镐］

2023年理事会会议合影［前排左起：院长汪泓、理事高国富、理事周亚明、上海市政府副秘书长王平、理事姜斯宪、理事刘吉、理事长丁奎岭、理事罗马诺·普罗迪、副理事长埃里克·科尼埃尔、理事代表黑尔克·卡瓦略·埃尔南德斯（Helke Carvalho Hernandes）、理事代表马西莫·柏戞幂（Massimo Bergami）、院长（欧方）杜道明；后排左起：理事会秘书王媛媛、院长助理徐惠娟、党委书记马磊、副教务长王高、副院长兼教务长濮方可、副院长兼中方教务长张维炯、副教务长忻榕、上海交通大学党政办主任张逸阳、欧洲管理发展基金会市场与传播部总监玛格达琳娜·万纳特（Magdalena Wanot）、院长助理李瑗瑗］

管理委员会合影

1997年管理委员会成员合影
[左起：副院长兼中方教务长
张国华、执行院长兼教务长冯
勇明、院长李家镐、副院长苏
史华（David Southworth）]

1998年管理委员会成员合影
[左起：副院长苏史华、院长
李家镐、执行院长兼教务长菲
希尔（William Fischer）、副
院长兼中方教务长张国华]

2000年管理委员会成员合影
〔左起：副院长兼中方教务长
张国华、副院长兼教务长温伟
德（Wilfried Vanhonacker）、
执行院长刘吉、院长博纳德
（Albert Bennett）〕

2002年管理委员会成员合影
〔左起：副院长兼教务长白思
拓、院长博纳德、执行院长刘
吉、副院长兼中方教务长张
国华〕

2004年管理委员会成员合影
（左起：副院长兼中方教务长
张国华、执行院长刘吉、院长
博纳德、副院长兼教务长郭
理默）

2005年管理委员会成员合影
（左起：副院长兼中方教务长
张维炯、执行院长雷诺、院长
张国华、副院长兼教务长郭
理默）

2006年管理委员会成员合影
（左起：副院长兼教务长郭理
默、执行院长雷诺、院长朱晓
明、副院长兼中方教务长张
维炯）

2011年管理委员会成员合影
（左起：副院长兼中方教务长
张维炯、副院长兼教务长约
翰·奎尔奇、院长雷诺、执行
院长朱晓明、副教务长许定
波、院长助理刘湧洁）

2017年管理委员会成员合影
［左起：副教务长忻榕、副院
长兼中方教务长张维炯、院长
李铭俊、院长（欧方）雷诺、
副院长兼教务长丁远、副教务
长王高］

2019年管理委员会成员合影
［左起：副院长兼教务长丁远、
院长李铭俊、副教务长忻榕、
副院长兼中方教务长张维炯、
院长（欧方）迪帕克·杰恩、
副教务长王高］

2020年管理委员会成员合影
［前排左起：院长（欧方）迪
帕克·杰恩、院长汪泓；后排
左起：副教务长忻榕、副教
务长王高、副院长兼教务长丁
远、副院长兼中方教务长张维
炯、党委书记马磊］

2022年管理委员会成员合影
［前排左起：院长汪泓、院长
（欧方）杜道明；中排左起：
副教务长王高、副教务长忻
榕；后排左起：副院长兼中
方教务长张维炯、副院长兼教
务长丁远、党委书记马磊］

2023年管理委员会成员合影
［前排左起：院长（欧方）杜
道明、院长汪泓；中排左起：
副教务长忻榕、副教务长王
高；后排左起：副教务长芮
博澜（Bala Ramasamy）、副
院长兼中方教务长张维炯、副
院长兼教务长濮方可、党委书
记马磊］

学院历任院长、副院长、教务长

历任院长（中方）

李家镐
院长：1994.11—1998.5

刘吉
代理院长：1999.6—1999.12
执行院长：2000.1—2004.12
名誉院长：2005—

张国华
副院长：1994.11—1995.9
副院长兼中方教务长：
　1995.10—2004.12
院长：2005.1—2006.1

朱晓明
院长：2006.6—2009.11
执行院长：2009.11—2014.12
院长：2015.1— 2015.3

李铭俊
院长：2015.3—2020.9

汪泓
院长：2020.9—

历任院长（欧方）

杨亨（Jan Borgonjon）
代理执行院长：
　　1994.11—1995.2

冯勇明（Joachim Frohn）
执行院长兼教务长：
　　1995.3—1997.10

菲希尔（William Fischer）
执行院长兼教务长：
　　1997.10—1999.5
教务长：1999.6—2000.10

博纳德（Albert Bennett）
副院长：1998.10—1999.5
执行院长：1999.6—1999.12
院长：2000.1—2004.12

雷诺（Pedro Nueno）
执行院长：2005.1—2009.11
院长：2009.11—2014.12
院长（欧方）：
　2015.1—2018.9
名誉院长：2018.9—

迪帕克·杰恩（Dipak Jain）
院长（欧方）：2018.9—2022.8

杜道明（Dominique Turpin）
院长（欧方）：2022.9—

历任副院长、教务长、中方教务长

苏史华（David Southworth）
副院长：1995.1—1998.9

温伟德（Wilfried Vanhonacker）
副院长兼教务长：
　2000.11—2001.10

白思拓（Alfredo Pastor）
副院长兼教务长：
　2001.11—2004.8

郭理默（Rolf Cremer）
副院长兼教务长：
2004.9—2011.1

张维炯
副院长兼中方教务长：2005.1—

约翰·奎尔奇（John Quelch）
副院长兼教务长：
2011.2—2013.1

苏理达（Hellmut Schütte）
副院长兼教务长：
2013.2—2015.5

丁远
副院长兼教务长：
2015.6—2023.3

濮方可（Frank Bournois）
副院长兼教务长：2023.4—

序

当凝神展卷，打开这本校史时，您将看到的，不但有一所商学院艰苦创业、蓬勃发展的风雨历程，更有一群奋斗者善为敢闯、忘我奉献的时代精神。都说"再平凡的个体，都可能成为历史的见证者、推动者和创造者"，作为中国管理教育领域对外开放合作的"试验田"，中欧国际工商学院（CEIBS，简称中欧）写就了中国与世界交融发展、培养未来领导者的精彩篇章，从而成为全球管理教育史上不可或缺的一部分。

20世纪80年代，和平与发展已渐成主题，人类开始迈入全球化时代。在世界的东方，中国这个古老而新生的国度，改革开放浪潮澎湃汹涌。不断融合的世界、持续开放的中国，在交相辉映中，共同谱写着人类发展的新史诗。

随着国际往来的升温、经济活力的释放，对现代企业管理人才的需求与日俱增。教育领域的开放合作，成为时代的召唤。在这一契机下，中国与欧洲实现了历史性"握手"，从1984年到1994年，从中国—欧洲共同体管理项目（CEMP）到中国—欧洲共同体管理中心（CEMI），克服重重困难和挑战，在中国播下了现代管理教育的火种，实现了中国现代管理理念的启蒙。

经过10年的探索与筑基，探路者们立下了要在中国"创办一所国际化的世界一流商学院"的宏愿。1994年，一群改革先驱冲破制度藩篱，以满腔的热情、实干的精神，在浦江之畔、东海之滨，创办了中欧国际工商学院。经过30年砥砺奋进，学院已成功跻身世界一流商学院之列，成为全球管理教育界一颗璀璨的星辰。

中欧国际工商学院30年的发展史，是一代代中欧人呕心沥血、鞠躬尽瘁的创业史。20世纪90年代初，中国的管理教育尚处于萌芽状态，可借鉴参考的经验不多。同时，建院之始，设施匮乏、师资紧缺、名气未立，靠着开拓者们的智慧、胆识和毅力，学院独辟蹊径、迎难而上，走出了一条扎根中国的国际化发展之路，在发展中逐渐形成"中国深度全球广度"的独特办学定位，在师资招聘、课程设置、教学方法等方面全面对标国际一流，打造中欧特色，实现了中国管理教育史上诸多史无前例的创举：第一个在全球招聘国际水准的教授；第一个开设全日制全英文教学MBA课程和在职EMBA课程；第一个与海外商学院建立学生交换项目；第一个获得国际商学院权威认证体系EQUIS和AACSB双认证，并获得续认证；第一个实现MBA和EMBA双双位列全球前五……

30年来，从在一地办学到拥有全球三洲五地校园，从依靠访问教授到打造出一支名师荟萃的全职教授队伍，从为了开拓市场不懈奔走到商界精英纷至沓来，从传播西方管理经典到创造中国管理新知，从名不见经传到享誉全球，中欧国际工商学院在中国经济腾飞和全球经济融通的宏图中描绘了浓墨重彩的一笔。国务院总理、上海市委原书记李强曾表示，"中欧国际工商学院在开放中成长，在创新中发展，为国家发展、城市发展做出了贡献"；国务院原总理温家宝曾高度评价学院是"众多优秀管理人士的摇篮"；欧盟委员会原主席巴罗佐指出，学院是"中国和欧盟成功合作的典范"。盛誉殊荣，来之不易，在此我们要向每一位为学院发展倾注心血的领航人、教职员工、校友企业家和社会各界人士致以崇高的敬意！

面对全球化浪潮的起伏，身处纷繁复杂的变局，学院与时俱进，于2021年确立了5年发展战略规划（2021—2025），提出"站稳第一阵营、打造大师阵容、构建学术高峰、拓展培养体系、致力中欧[1]交流、服务区域战略、引领责任教育、全力赋能校友"八大战略，并取得了丰硕的成果：截至2024年2月，Global EMBA课程已连续四年高居全球第二，MBA课程连续八年位列亚洲第一；学院坚持打造具有全球影响力的教授队伍，120位国际知名教授来自欧美等海外顶级商学院，具有国际背景的教授占比98%；构建"2+4+X"跨学科研究高地，建设面向国际的中国主题案例

1　此处"中欧"指中国与欧洲。

库，纵深拓展对前沿关键领域的研究；持续完善课程"金字塔"体系，培养商业领导者学术能力，从而助力行业及中国经济发展；成为国家有关部门信息直报点，为高层决策提供咨询建议；国内三地校区形成"一体两翼"格局，积极服务和对接国家战略需求，助力区域经济的高质量发展；坚持举办"欧洲论坛"，为中国与欧洲双边经贸和人文往来搭建高端对话平台；为3万余名校友搭建终身学习平台，提供最前沿的管理知识，持续赋能校友和校友企业的发展；推动ESG教育与实践，确立中远期"双碳"目标；推进"智慧校园"建设，以数智化赋能管理教育发展……

回首中欧走过的30年，或再往前回溯CEMI成立之初，今昔相比，世界已经迥然不同，甚有沧海桑田之感。和平与发展的信念正遭遇持续挑战，全球化亦面临巨大阻力；新一轮科技革命加速演进，带来了巨大变革与不确定性。人类社会的巨轮，正驶入一片"未知之海"。

欧盟委员会原主席、学院理事普罗迪教授曾说："中欧是难以置信的成功，超越任何想象，是人类美好未来的一份保险。"终身荣誉教授吴敬琏也曾动情地说："中国经济发展的成功、企业管理水平的提高，要为中欧国际工商学院记上一笔。"诞生在一个全球化蓬勃兴盛的时代，是中欧之幸；为全球化发展贡献绵薄之力，是中欧之责。面对当前纷繁复杂的全球变局，社会经济中的新业态、新模式、新挑战，以及对未来领导者的迫切需求，学院将继续秉承"认真 创新 追求卓越"的校训，传承"合"文化，推动管理教育事业取得更大发展，培养更多引领未来的国际化人才，促进中国与欧洲和世界的交流合作，朝着"成为全球最受尊敬的国际商学院"的愿景坚定迈进。

三十而"励"，卓越无界。希望大家在阅读这本校史时有所收获与启迪，汲取中欧精神，赓续奋斗力量。鉴往知来，向史而新。一语作结，以作勉励：历史尚有余温，激情依旧燃烧，未来已在召唤，我辈仍须努力！

中欧国际工商学院

院长 汪 泓 教授 院长（欧方）杜道明（Dominique Turpin）教授

编写说明

（1）统计时限：若非特别说明，本书的所有数据统计截止日期为2024年3月31日。

（2）学院名称：一般情形下，学院名称均简称"中欧"，但在章节开始，以及涉及类似"中国政府和欧盟关系"等容易引起误解的地方，则使用全称"中欧国际工商学院"或者"学院"。

（3）校园名称：鉴于中欧国际工商学院已有上海、北京、深圳、瑞士苏黎世和加纳阿克拉五大校区，且学院在1999年10月前曾在上海交通大学闵行校区办学，因此，在校园的称呼上，位于上海浦东金桥开发区的校园在和闵行办学点相对应时，称为"浦东校园"，和北京校区、深圳校区相对应时，称为"上海校区"。此外，上海校区分两阶段建设，按照所处位置分别称为"红枫路校园"和"金科路校园"。

（4）外国人姓名：由于学院属于中外合作办学项目，书中涉及大量外国人名，为避免混淆，外国人名在每章第一次出现时，均注有英文名。在其他情况下均使用中文名或中文译名。

（5）学生、学员称谓：本书对接受学位教育（MBA、EMBA、GEMBA、FMBA、HEMBA和DBA等）的人士一般称为"学生"，对参加各项高管教育课程的人士一般称为"学员"。

（6）校友定义：本书所称的校友是指从学位课程（MBA[1]、EMBA、GEMBA、FMBA、HEMBA和DBA等）毕业并取得学位证书的学生，参加特定高管教育课程（如CEO、AMP等）达到规定学时并取得相应证书的学员，也称为校友。

---

1 包括CEMI时期的MBA课程。

（7）发展阶段：由于中国政府和欧盟签订的两个《财务协议》都以5年为期限，学院大多数规划也以5年为期限，因此，在大多数叙述中，以"第一个5年""第二个5年""第三个5年"等（以此类推）表示办学历程中的发展阶段。

（8）更名说明：2014年，在职金融MBA课程改称"金融MBA课程"；2015年，学院"董事会"改称"理事会"；2021年，中欧"高层经理培训课程"改称"高管教育课程"；2021年，苏黎世教研基地和阿克拉教研基地改称"苏黎世校区"和"阿克拉校区"。

（9）附录说明：对正文中未能详述的重要事件、理事会和管委会沿革、全职教授名单、重要奖项、赞助机构等，根据学院档案做了详细的附录，以备查考。

目　录

第一章　创业创新30年

在人类漫长的历史中，30年不过须臾之间；而从全球和中国的社会发展来看，30年已是沧海巨变。物质日渐丰盈，科技迅猛发展，全球加快融合，人类命运开始紧密相连。春华秋实、教泽流长，30年来，中欧已从一个中外合作办学的大胆构想，成为全球管理教育领域的一颗璀璨星辰，见证了中国与世界的深度交融，亦铭刻了一个民族坚忍不拔、开放包容的时代精神。

恰如万里江河有源，千尺大树有根，中欧亦有其肇始：始于中国与欧洲在管理教育领域的精诚合作，起于一群创业者的理想、激情与实干，成于一代代中欧人的汗水、付出与辛劳。因此，中欧30年创业创新的历史，亦是一段改革开放激情燃烧的历史……

第一节 高瞻远瞩：中国现代管理教育的探路人[1]

20世纪70年代末，中国开启了举世瞩目的改革开放。这一具有历史转折意义的伟大抉择，推动了经济活力加速释放，激发了对现代企业管理人才的巨量需求，促使中国决心引进发达国家的工商管理教育，培养现代化的高级管理人才。

在此背景下，中国和欧洲共同体紧密携手，推出中国—欧洲共同体管理项目（后更名为"中国—欧洲共同体管理中心"，即CEMI），推出了一系列国内前所未有的开创性举措，成为中国现代管理教育的先行者和开拓者。其间虽遭遇了不少困难和挑战，但CEMI仍以创新进取的精神，为中国管理教育的发展开辟了新的道路，为中国教育领域的改革开放与中国经济社会的发展做出了历史性的贡献。

一、"现代化"的企业管理人才从哪里来

1978年10月，十一届三中全会前夕，时任全国政协主席和国务院副总理的邓小平访问日本，在8天的行程中安排参观了4家工厂。在参观日产汽车位于神奈川县座间市的制造厂时，邓小平了解到这里的劳动生产率比长春第一汽车制造厂高出几十倍，他感慨地说："我懂得什么是现代化了！"

就在这一年，占当时世界近1/4人口的中国重新融入全球经济发展的洪流中，开始了以"现代化"为目标、以经济建设为中心的社会大变革，这是20世纪下半叶最重要的历史事件。

---

1 关于中欧管理中心（CEMI）时期的叙述，重点参考了CEMI中方教务长陈德蓉博士《回顾中欧管理中心（CEMI）创建的时期》一文，本书成稿后，关于CEMI的部分，也得到了陈德蓉博士的审定。

1975年，邓小平复出主持国务院工作，就致力于经济恢复和生产整顿。在一次国务院的会议上，邓小平强调："企业管理是一件大事，一定要认真搞好[1]。"

邓小平再次复出后再一次强调："引进先进技术设备后，一定要按照国际先进的管理方法、先进的经营方法、先进的定额来管理，也就是按照经济规律管理经济。……我们要在技术上、管理上都来个革命[2]。"

根据邓小平、李先念等国家领导人的指示，从1977年冬到1980年夏，先后担任国家计委和国家经委副主任的袁宝华4次率领中国经济代表团访问英国、法国、日本、美国、联邦德国、瑞士、奥地利等发达国家，了解学习这些国家在第二次世界大战后经济快速发展的经验，每次访问都安排考察当地的知名企业。

在随后给党中央和国务院领导的报告中，代表团强调，与西方发达国家相比，中国的技术和设备落后，但管理更落后。因此，我们在引进先进技术和设备的同时，必须注意引进先进的科学管理方法。

20世纪80年代初，以家庭联产承包责任制为核心的农村改革已经取得初步成功，城市改革充满躁动。放权让利、厂长经理承包责任制等企业改革方案也不断涌现。扩大了经营管理自主权的企业、快速发展的商品经济和对外开放需要一大批具有国际视野的现代化企业管理人才，但是这些人才从哪里来呢？

经济和管理教育在新中国成立前一般被称为商科教育。商科教育在我国已经有100多年历史。早在清光绪年间，在《钦定高等学堂章程》中就把商科作为八大分科之一（八大分科为：经学、政法学、医学、文学、格致学、农学、工学、商学）；民国初年的《大学令》规定商科为七大学科之一，即文、理、农、工、商、医、法，这种设置一直延续到新中国成立初期[3]。

及至20世纪50年代初期，高度集中的计划经济体制逐步建立，政

---

1 《邓小平文选》第二卷，人民出版社1994年版，第30页。
2 《邓小平文选》第二卷，人民出版社1994年版，第129～130页。
3 王晓东：《关于我国高等商科教育发展的思考》，《商业经济与管理》2002年第134卷第12期，第57～59页。

企不分，企业不再有独立的商务活动。与此相呼应，带有强烈计划经济特色的"财经"教育便取代了"商科"教育，除保留了"会计学"等个别商科专业外，其余商科专业都不再设置。

对于快速发展的中国来说，需要尽快恢复管理教育以便迅速培养一大批符合"现代化"目标的企业管理人才。因此，中国领导人决定从发达国家直接引进先进的工商管理教育。

二、中国MBA教育肇始

自1980年起，负责经济干部培训的国家经委决定全方位引进发达国家的管理理论与方法，在北京、大连、天津、上海、武汉、广州、无锡、长沙和成都等地分别建立与欧洲共同体[1]、美国、日本、法国、联邦德国等国合作的10个涉外管理培训项目，期望由此全面了解发达国家的管理理论与实践，并形成具有中国特色的管理体系。

1979年初，在邓小平访美期间，中美两国在《科学技术合作协定》的总项目下签署了《科技管理和科技情报合作议定书》，决定合作举办"中国工业科技管理大连培训中心"（简称"大连项目"）。大连项目是中国改革开放后第一个引进国外现代管理教育的合作办学项目，第一期为5年，开设厂长经理讲习研究班等非学位课程。

1984年10月，根据当年4月30日中美两国签订的《工业科技管理合作议定书》，大连项目开始与纽约州立大学布法罗分校合办工商管理硕士（MBA）班。大连项目的MBA班有5届共计216人获得了由纽约州立大学布法罗分校颁发的MBA学位。

1980年初，国家经委在与欧共体就加强双方经济贸易合作进行洽谈时提出了引进管理培训的设想。此时，欧洲管理发展基金会（European Foundation for Management Development，简称EFMD）执行副主席雷诺

1　欧洲共同体（European Communities），简称欧共体（EC）。1993年11月，在欧洲共同体基础上成立了欧洲联盟（European Union），简称欧盟（EU）。故本书对1993年11月后事件的叙述中，将欧洲联盟简称为欧盟。

（Pedro Nueno）[1]教授也在布鲁塞尔和同事们讨论此事。美国在第二次世界大战后将MBA教育带到了欧洲，那么为什么欧洲人不能先于美国人将MBA教育带入中国呢？在此之前，雷诺教授已经参与过一所西班牙商学院和一所阿根廷商学院的创建。

1981年，欧洲管理发展基金会的官员访问了北京，将MBA教育引入中国的设想得到了国家经委和欧共体有关方面的支持，此后的谈判持续了近两年。1983年初，中欧双方最终达成共识，决定合作举办学制2～3年的MBA学位课程。

1983年1月，时任国家经委副主任马仪率团访问欧共体，在北京就联合举办MBA班问题与欧方达成了原则协议。这是欧共体对华的一个大型援助项目，为期5年，援助资金达350万欧洲货币单位[2]，具体的筹备工作由双方委托的执行单位——国家经委经济干部培训中心与欧洲管理发展基金会共同负责。

1983年12月，国家经委决定将中国企业管理协会与国家经委经济干部培训中心合并，实行"一套班子，两块牌子"，下设研究生班办公室，负责中国—欧洲共同体管理项目（China-EC Management Programme），简称中欧管理项目（CEMP）。1989年，中欧管理项目改名为中国—欧洲共同体管理中心（China-EC Management Institute），简称中欧管理中心（CEMI）；1991年改名为中国—欧洲管理中心（China-Europe Management Institute），其简称仍为中欧管理中心（CEMI）[3]。

1984年9月1日，国家经委与欧共体在北京联合举办的中欧管理项目工商管理硕士研究生（MBA）班第一届学生入学，这比大连项目的MBA班早了1个月，开创了国内MBA教育的先河。中欧管理项目的MBA班学制为3年（包括半年英语强化培训和半年在欧共体成员国实习），由欧共体负责聘请专家、教授来华授课，全部课程均用英语讲授。

---

1 关于雷诺教授，参见第六章"中欧领航人"第八节。
2 欧洲货币单位（European Currency Unit，ECU）是欧洲共同体成员国共同用于内部计价结算的一种货币单位，1999年发展为欧洲货币联盟成员国的统一法定货币欧元。本书1999年后的篇章，均称为欧元。
3 对于中欧管理项目和中欧管理中心在北京办学时期的名称，一般都统称为CEMI。为方便阅读，在以后的篇章中，除特殊情况外，对中欧管理项目和中欧管理中心不加区别，统称为CEMI。

1988年，CEMI管理团队成员博思迈（Max Boisot）博士（右二）、陈德蓉博士（右三）与杨亨（Jan Borgonjon）先生（左三）等在中欧管理项目办学点前合影

该班教学、行政工作由中国企业管理协会/国家经委经济干部培训中心统一组织。第一期研究生班经过笔试、面试和复试，共招收了34名学生[1]。

经过半年的英语强化培训后，1985年3月3日，CEMI第一届工商管理硕士研究生班在北京西苑饭店举行开学典礼。出席开学典礼的中方领导有时任中共中央宣传部部长邓力群，国家经委主任吕东，副主任袁宝华、李瑞山、张彦宁、马仪、朱镕基、赵维臣、林宗棠，国家经委党组成员、秘书长沙叶等。欧方代表有欧洲管理发展基金会主席约翰内斯·韦尔贝根（Johannes Welbergen），欧洲教育理事会主席汤姆·拉普顿（Tom Lupton）教授和丹麦、希腊、卢森堡驻华大使，意大利、美国、法国、联邦德国、荷兰、爱尔兰、比利时等国驻华参赞，以及欧共体成员国有关企业的代表。

国家经委在20世纪80年代建立的10个企业管理培训项目，以大连项目和CEMI成就最为显著，但到了1989年，大连项目等其他中外合作管理培训项目相继停办，只有CEMI坚持了下来。5年合作协议期满

1　关于CEMI时期的叙述，还重点参考了中国企业联合会网站"中国企联大事记"。中国企业管理协会1999年更名为中国企业联合会。

后，中欧双方又连续签订了2个为期2年的合作协议。1984—1993年，CEMI共培养了6届247名毕业生，超过了大连项目的MBA班，占据了中国内地[1]第一代MBA的半壁江山。

CEMI 时期历届 MBA 毕业人数（1984—1993 年）

届　别	在读年份	人　数
CEMI-1	1984—1986	34
CEMI-2	1986—1989	65
CEMI-3	1989—1990	33
CEMI-4	1990—1991	36
CEMI-5	1991—1992	39
CEMI-6	1992—1993	40
总　计	1984—1993	247

1984—1993 年 CEMI 历任负责人

欧　方		
博思迈（Max Boisot）	主任兼教务长	1984—1989 年
约翰·恰尔德（John Child）	主任兼教务长	1989—1990 年
冯勇明（Joachim Frohn）	教务长	1990—1991 年
温伟德（Wilfried Vanhonacker）	教务长（代理）	1991—1993 年
杨亨（Jan Borgonjon）	主任	1990—1993 年
中　方		
李廷武	主任	1984—1990 年
汪　浩	主任	1990—1993 年
颜桐卿	主任	1989—1993 年
董德岐	副主任	1984—1989 年
陈德蓉	教务长	1987—1989 年
吕　源	教务长	1989 年
孙季苑	教务长	1989—1993 年

1　香港第一个MBA项目由香港中文大学开设。

三、中国现代管理教育的开拓者

在CEMI筹备阶段，欧共体委托博思迈教授等3位专家就如何在中国尝试开办一个全新的管理教育项目提出方案建议书。1981—1983年，博思迈教授代表欧共体与中方进行项目谈判。

作为欧共体对华援助项目，欧共体希望CEMI能够体现欧洲管理文化的丰富性、多样性。因此，CEMI设立了以英国、法国、德国、意大利、荷兰、西班牙等6国的6所欧洲著名商学院院长为成员的学术委员会，其职责包括教学大纲制订、教师招聘以及MBA学位授予。后来，学术委员会考虑增加中方成员，著名经济学家吴敬琏[1]教授是唯一被邀请的中方成员。如此高规格的学术委员会，在欧美商学院中亦属少见。

欧方和国家经委起初希望能够与北京的高校合作，但走访的多家高校普遍要求由中方制订教学大纲，外方派教师配合，这样的方案显然与项目的初衷不符，最后国家经委决定独立创办这个项目。

CEMI在MBA课程中采用了在当时看来非常超前的做法，包括全英文授课、课程模块化、案例教学法、行动教学法等，这使得CEMI不仅成为中国MBA教育的开拓者，更成为先进管理教育理念的实践者。

CEMI还是中国高层经理培训课程[2]的先行者。早在1989年10月5日，CEMI与中国企业管理协会联合举办了"新型生产模拟演习"专题讲座，主讲人为西班牙IESE商学院生产管理学教授任杰明（Jaume Ribera）。在20世纪90年代初，CEMI为许多国内外企业提供了管理培

CEMI学生上课时的情景

---

1 关于吴敬琏教授，参见第六章"中欧领航人"第十节。
2 2021年后改称"高管教育课程"。

训课程，学员达540余人。

1990年7月，CEMI与中国企业管理协会联合举办了"外向型国营企业厂长（经理）培训班"。该培训班开设的主要课程有管理会计、国际商法、国际市场、国际金融、质量管理、国际化战略、谈判技巧等，均由在CEMI任教的外国专家讲授，其中很多课程填补了中国管理教育在国际化方面的空白。同年，CEMI开始为国内企业开设公司特设课程（CSP），客户公司包括沈阳金杯汽车公司、招商银行、北京重型机械厂、南京熊猫电子集团、深圳赛格电子集团等著名企业。这也标志着CEMI的教学得到了中国本土企业的认可。

1990年3月21—22日，CEMI与中国企业管理协会研究部联合举办了"中外合资企业管理实践国际研讨会"。国家经委领导刘鸿儒、张彦宁、沙叶，欧共体驻华大使皮埃尔·杜侠都（Pierre Duchateau），欧洲管理发展基金会执行副主席雷诺出席研讨会。会上发表了CEMI与中国企业管理协会研究部合作完成的《中外合资企业的管理实践》研究报告，一些中外合资企业的中方或外方经理在会上交流了合资企业管理经验，外经贸部、国家计委等有关部门的负责人介绍了外商在华投资情况和我国利用外资政策。近30家中外合资企业的经理，一些外国公司的驻京代表，国内一些研究单位、高等院校的专家学者和国务院有关部门负责人等共80多人出席了研讨会。

四、前瞻性的教学方式

1984—1989年，博思迈教授担任CEMI的欧方教务长。在办学方案建议书中，博思迈教授用了大量篇幅论述了行动教学法（action-learning）[1]。它强调的是，开展与课堂教学同步的企业实践，让学生不但要听课，还要到实践中去学习，在对企业管理问题的诊断、咨询、改造过程中，理解、消化课堂中学到的理论知识，并探索为实际经济社会环

1　见CEMI中方教务长陈德蓉博士《回顾中欧管理中心（CEMI）创建的时期》一文。

境所需要的管理方法。来自英国阿斯顿大学商学院的约翰·恰尔德教授和来自德国比勒费尔德大学的冯勇明[1]教授，以及CEMI迁至上海之前担任代理教务长的来自法国欧洲工商管理学院（INSEAD）的温伟德教授先后担任教务长一职，不断将行动教学法推广并发扬光大。

行动教学法得到了中欧双方办学者的认可。第一届MBA学生被分成6个小组，每组定点联系一家在北京的企业，历时2年，定期下厂，全面剖析企业问题。其间又分为3个阶段：第一阶段是全面审计阶段，利用所学到的理论对企业进行全面调查；第二阶段为咨询阶段，找出企业的主要问题，提出改进方案；第三阶段为实施阶段，帮助企业具体改进提高，并验证提出的方案是否有效可行。

每组学生在2年的时间里要写出6～8份实习报告，下厂与写报告占全部教学时间的1/3，学分也占1/3。毕业后学生再到欧洲实习半年，剖析一家同类型的欧洲企业，以便在比较中学习。双方期望在此过程中培养MBA学生解决实际问题的能力，同时又为CEMI和其他培训中心编写适合中国国情的案例和教材。

在CEMI办学的10年里，近30家在京企业为MBA学生提供了实习场所。课程结束后MBA毕业生在欧洲的实习则是由欧洲管理发展基金会安排的。十几家欧洲跨国公司接收CEMI学生前来实习，其中有英国的卜内门、德国的博世与大众汽车、荷兰的飞利浦和比利时的贝尔电话等。

CEMI学生参观企业

1　关于冯勇明教授，详见第六章"中欧领航人"第六节。

全英文授课模式和海外实习机会使得中国第一代MBA学生在了解中国实际的同时，更富有国际眼光。CEMI的MBA毕业生在这些欧洲企业备受青睐，不少人后来被这些企业聘用。

五、全新的教育模式

按照计划，CEMI初期的管理课程全部由外教讲授，之后逐步增加中方教师。欧方教师是由欧洲管理发展基金会与CEMI学术委员会一起在欧洲遴选的。当时应聘者非常踊跃，录取比例高达11∶1。学术委员会把关也很严，授课教师既要有一流的学术造诣，又要有在发展中国家工作的经验。在CEMI的10年历史中，来自国家经委系统各培训中心的中方教师共5位，他们是北京培训中心陈德蓉博士、无锡培训中心印国有教授、天津培训中心李林焕教授、上海社科院钱冰鸿研究员和北京第二外国语学院蒋彦正先生。来自欧方的访问教授共达80位。以当时CEMI的设施和中国的生活条件来看，如果纯粹出于商业目的，断然不会有那么多海外优秀教师来华执教。他们大多出于对管理教育在欧洲战后经济发展中所起作用的深切体验，更出于对中国的兴趣和热爱，才在北京执起教鞭，传播当时最先进的管理理论和实践。

尤其不该忘记的是已故的拉普顿教授，他是英国曼彻斯特大学商学院创办人，当时任CEMI学术委员会主席。他年逾七旬仍坚持到北京授课，亲自了解办学的实际情况。当其他外教在生活和工作上遇到困难时，他鼓励他们用传教士的献身精神和态度去对待。

管理学访问教授霍华德（Howard Ward）就是其中一位，他回忆CEMI开学的情形时说："1984年9月1日，当我走进位于北京西郊的教室时，这里一无所有。欧共体给我们提供的教学用品：白板笔、电脑、复印纸、复印机……都被卡在城市（北京——编者注）另一边的海关仓库。那天早上，坐在我面前的是36位渴望开始MBA学习的学生。这就是CEMI第一届MBA学生在开学第一天所遭遇的情形，而这些学生正是我们最早的校友。"

学术委员会参照欧美各国一流MBA课程，按照当时的中国实际情况设计了CEMI的课程，包括半年英语强化培训，再是2年24门专业课，分成8个模块授课。第一模块讲授企业管理的基本课程，即生产管理、市场学与会计学；第二模块讲授现代管理的基本技术工具，即运筹学、统计学与计算机信息系统；第三、第四模块则是在前两个模块的基础上，讲授工业市场学、财务管理、企业战略、组织行为学与微观经济学等课程。第二年为12门选修课，加深学生对各门管理学科的认识。最后半年是在欧共体国家的企业实习。

课程为了适应当时的中国企业管理现状，重在引进市场的观念以及基本的管理理论与方法，而不在企业的发展战略；重在成本控制而不在财务运作。与此同时，还由中方组织开设了一些政治经济学课程，如中央党校王珏教授讲授的"资本论"，中国社会科学院工业经济研究所的蒋一苇、周叔莲研究员讲授的"企业改革理论"，以及吴敬琏教授与外方教师以座谈会形式讲授的"中国经济"。

CEMI 第一届 MBA 课程表

第一年	
模块1	会计学、市场学、生产管理
模块2	运筹学、统计学、计算机信息系统
模块3	计划与控制、工业市场学、组织行为学
模块4	微观经济学、财务管理、企业战略
第二年	
模块5	高级会计方法、高级信息管理、高级计划与控制
模块6	国际市场学、管理技术、组织变化
模块7	工业经济学、国际经济环境、资本项目的财务管理
模块8	高级预测技术、技术转让、市场的战略计划

六、CEMI 面临的制度障碍

作为中国第一批合作办学项目，CEMI 不可避免地遇到了一些思潮的阻碍。不少对西式管理教育持有怀疑态度的人，把它视为"西方和平演变的工具"。原国家经委领导、CEMI 的中方负责人汪浩教授回忆说："当时最大的一个问题，是管理二重性问题。具体地讲，就是有人认为管理是具有阶级性的，我们是社会主义国家，资本主义那一套管理不适用于我们国家。你引进它行不行？能不能用？"

学位问题也是 CEMI 创建初期的一个重要障碍。国家经委作为经济管理机构无权授予学位，而 CEMI 作为中外合作项目能否在中国授予学位则成为争论的焦点。政府官员的顾虑是这样的做法在大原则上有无问题，有人甚至把它上升到国家主权的高度。

经过协商，为避免不必要的争论，中国和欧共体双方同意在布鲁塞尔欧共体总部授予 MBA 学位（1989 年以后改为在欧共体驻华代表团驻地授予）。MBA 学位证书则是由学术委员会成员与欧方教务长联合签署。由于 CEMI 的学术委员会成员均为欧洲一流商学院院长，CEMI 的学历相当于留学学历[1]。

更为棘手的是，CEMI 的办学模式与当时中国的企业管理制度、教育制度、人事制度等产生了相当多的冲突，使得办学举步维艰。CEMI 仍然只能依靠不断创新来解决发展中的新问题。

1984 年，《中国日报》（*China Daily*）和《北京日报》上出现了 CEMI 的招生广告，让很多人颇感新奇，这也是改革开放后的第一个招生广告。但是，当时计划经济体制将人才集中在国有企业，职工终身制又将人才牢牢锁定在企业，人才流动难于上青天，这使得 CEMI 在通过媒体进行招生宣传的同时，还不得不通过国家经委发文要求企业推荐考生。因此，CEMI 的学生主要来自大中型国有企业，经考试择优录取后，进行定向培养。很多 CEMI 毕业生一回到原单位，就发现自己的岗位毫无变化，还得遵照"论资排辈"的规矩，英雄无用武之地。其

---

1 学位证书的签署人数量历年略有不同。

1992年CEMI第四届学生在欧共体驻华代表团驻地举行毕业典礼

结果是，到20世纪90年代初，超过1/3 CEMI的MBA毕业生去了外企工作，1/3出国，其余的则留在教育界或国有企业。

七、开拓者的历史功绩

作为中国管理教育的开拓者，CEMI一直以不断创新来解决发展中的问题，这些优秀的传统在CEMI搬迁到上海、建立中欧国际工商学院之后得到了继承和发扬。

首先，CEMI为改革开放初期的中国培养了247名MBA毕业生，并为来自知名企业的540余名高管[1]提供了短期培训，改变了他们的观念，进而影响了他们所在的企业乃至整个社会，对当时的经济改革产生了深远影响。

其次，CEMI建立了不同于国内管理教育的国际化教育体系。以行动教学法为核心的实践教育方式，使课堂教学能够紧密联系社会实践，

1　数据出自陈德蓉博士《回顾中欧管理中心（CEMI）创建的时期》一文，亦见于李月庆：《中欧神话》，中信出版社2009年版，第6页。

积极应对社会变化。这在当时中国教育界是前所未有的。

再次，CEMI从欧洲招募了一流师资，从一开始就站在一个比较高的起点，这种模式被后来的中欧国际工商学院继承，为其构建了坚实的教师团队基础。

最后，从CEMI运至上海的3 000多册外文经济管理类图书成为中欧国际工商学院图书馆最早的一批馆藏，在当时图书进口困难、价格昂贵的情况下，更显得弥足珍贵。

八、从CEMI到CEIBS，血肉相连

在CEMI的开拓者中，很多人为后来中欧国际工商学院（CEIBS）的创建和发展贡献颇多。从北到南，CEMI与CEIBS血肉相连。

比利时人杨亨[1]（Jan Borgonjon）1990—1993年担任CEMI的欧方主任，他毕业于比利时著名的鲁汶大学汉语系，能说汉语、英语、法语、德语、西班牙语、日语及母语荷兰语7种语言。在CEMI后期面临的种种动荡中，杨亨与方方面面的人进行沟通，确保了CEMI的正常运营。正是由于杨亨的执着，促使CEMI南迁上海，进而在东海之滨创造了中欧国际工商学院的奇迹。

陈德蓉博士1983年从国家经委培训中心调到CEMI工作，同时也是CEMI的第一届学生，1987—1989年担任CEMI的中方教务长。作为CEMI重点培养的教师，1989年她被外派到欧洲攻读博士。1993年，陈德蓉回国时CEMI已经准备南迁上海，但她时刻关心中欧国际工商学院的发展，对CEMI时期资料的整理，对中欧国际工商学院在北京的拓展可谓尽心尽力。

时任欧洲管理发展基金会执行副主席和CEMI学术委员会主席的雷诺教授，不但参与了中欧国际工商学院的创建，而且先后出任中欧国际工商学院的董事、学术委员会主席和欧方院长。

---

1 关于杨亨先生，参见第六章"中欧领航人"第三节。

CEMI毕业证书

著名经济学家吴敬琏教授1984年从耶鲁大学学术访问回国后，一直担任CEMI的教授，即使在20世纪90年代初期CEMI最困难的时候，仍然坚持授课。在CEMI南迁上海成立中欧国际工商学院后，吴敬琏已年过花甲，此后20多年里，他不辞辛苦往返京沪两地，传道授业长达33年，其对中欧的感情之深厚可见一斑。中欧校友们私下常说"家有一老，如有一宝"，指的便是吴老。

CEMI第一届MBA毕业生李兆熙先生（曾担任国务院发展研究中心企业研究所副所长、研究员），在CEMI南迁之后，仍然通过北京校友分会积极推动中欧的发展。而CEMI在北京的校友也成为中欧校友会最早的成员，他们为学院出力不少，更因为自己的成功而成为中欧办学的活广告。1995年入学的首届MBA学生中就有不少人是因为追随CEMI校友的成功足迹而报考中欧的。

九、CEMI面临的生存挑战

虽然CEMI作为先行者，为开拓中国现代管理教育做出了历史性的贡献，但受到改革开放初期难以避免的条件限制，CEMI的生存依然面临着挑战。

1984年，CEMI的招生与英语培训借用全国总工会干校的教室进行。1985年，CEMI搬到中国企业管理协会办公大楼的最高一层，1988

年又搬到为CEMI修建的一座小型楼房中，据CEMI的学生回忆说，上课时竟能感觉到楼房在颤动。

CEMI的学生生活设施更为缺乏。学生们虽然大多已成家立业，小有成就，却不得不四五个人挤在一间集体宿舍里。CEMI的办公条件也很成问题。1989年那年冬天没有暖气，而且楼里有的窗户关不上，供电也经常有问题。

在5年合同期满后，中国政府和欧共体又连续签订了2个2年的办学合同，使得CEMI能够维持到1993年。由于缺乏独立的法人地位、可靠的合作伙伴、全职的师资队伍及足够的经费来源，CEMI的负责人和有关各方常常为项目能否存续而担心。

早在1989年11月4日，CEMI中方负责人汪浩、颜桐卿与欧洲管理发展基金会主席扬·比尔布克（Jan Bilderbeek）、CEMI欧方教务长恰尔德进行了会谈，讨论了中方教师队伍建设问题，探讨了建立"中欧管理学院"的可行性。

CEMI欧方主任杨亨1990年上任以后，开始为把CEMI建设成一所独立的商学院而奔走。

第二节 潮生海上：中国第一所国际商学院创建

历经10年铺路筑基，1994年，从北京到上海，从中欧管理中心到中欧国际工商学院，薪火相传，继往开来，中国的管理教育发展翻开了新的一页。建院之初，创业者们筚路蓝缕、鞠躬尽瘁，以国际化的视野、勇于创新的魄力与立德树人的情怀，肩负着打造中国的全球顶尖商学院的历史使命，让现代管理教育在改革开放的热土上蓬勃发展。追寻历史的足迹，可以看到：中欧的确是一次教育领域改革开放的大胆尝试，是一个国际合作的成功典范，更是一个中国与世界交融发展的典型缩影。

一、邓小平南方谈话激发上海活力

20世纪90年代初期，在保守主义思潮回潮之际，邓小平再次展现出他历史性的高瞻远瞩。1992年初，邓小平先后视察了广东、上海等地，发表了著名的南方谈话。在指出"市场经济不等于资本主义，社会主义也有市场"的同时，邓小平还指出："社会主义要赢得与资本主义相比较的优势，就必须大胆吸收和借鉴人类社会创造的一切文明成果，吸收和借鉴当今世界各国包括资本主义发达国家的一切反映现代社会化生产规律的先进经营方式、管理方法[1]。"随后，1992年10月召开的中共十四大提出了"建立社会主义市场经济"的宏伟目标。

邓小平在20世纪70年代末、80年代中、90年代初三次集中论述

---

1 《邓小平文选》第三卷，人民出版社1993年版，第373页。

"社会主义也可以搞市场经济""社会主义和市场经济之间不存在根本矛盾"时,都强调从发达国家引进先进的企业管理[1]。这不是一种偶然的巧合,而是有其深刻的内在必然性。市场经济迫切需要大量熟悉市场规律的企业家和职业经理人。1992年以后,中国开始向社会主义市场经济全面转型,经济高速发展,对企业管理人才的渴求更是迅速增长。通过中外合作办学的方式,从发达国家引进先进的管理教育资源不失为一条捷径。

中欧国际工商学院首任执行院长冯勇明教授回忆说:"我们当时已经很清楚地意识到,中国非常需要优秀的管理者来帮助中国融入整个世界经济,尤其是解决中国的国有企业问题以及引入市场经济。所以,我们决定要在中国创办一家独立的商学院。"

按照当时的中国法律,外国政府和机构并不能在中国独立开设教育机构,欧方必须和中国的教育机构合作办学。于是,欧方向国家教委[2]、外经贸部[3]提出寻找合适的单位进行合作办学的要求,希望通过合作办学的方式把中欧合作的管理教育长期办下去。

国家教委建议欧方在北京或者大连寻找中方合作单位,但欧方对大连的教育资源和城市综合实力均不太满意。杨亨和北京一些大学进行了一年多的接触,但是由于一些体制上的问题,这些讨论都无果而终。这使得欧方开始把眼光转向东海之滨的上海。

在改革开放的最初10年,尽管有雄厚的近现代工商业基础,但由于大量旧体制下国有企业包袱的存在,上海一直背负着沉重的负担,经济发展缓慢。面对广东经济的突飞猛进,整个上海充满了对于体制创新和经济发展的渴望。

1990年,中国政府战略性地提出了开发浦东的宏伟蓝图,上海成为20世纪90年代改革开放的新热土。1992年初,邓小平在视察上海时

---

1 1984年2月24日,邓小平指出:"特区是个窗口,是技术的窗口,管理的窗口,知识的窗口,也是对外政策的窗口。从特区可以引进技术,获得知识,学到管理,管理也是知识。"(《邓小平文选》第三卷,人民出版社1993年版,第51～52页)
2 国家教委1998年改称教育部。
3 外经贸部为对外经济贸易部,1993年更名为对外贸易经济合作部,2003年与国家计划委员会、国家经济贸易委员会内负责贸易的部门合并成中华人民共和国商务部。

说，上海"目前完全有条件搞得更快一点。上海在人才、技术和管理方面都有明显的优势，辐射面宽。回过头看，我的一个大失误就是搞四个经济特区时没有加上上海"[1]。

与此同时，20世纪90年代的世界经济也发生了巨大而深刻的变化，跨国公司通过大规模的并购诞生了能在世界范围内有效配置全部生产要素的全球企业。全球企业标志着经济全球化浪潮正式开启。中国最高领导集体认识到经济全球化是21世纪不可抗拒的历史潮流，开始了艰难的加入WTO的谈判。时任外经贸部部长助理的龙永图是中国政府的主要谈判代表，他后来也成为中欧国际工商学院项目的积极推动者。

21世纪的中国必须有一大批具有国际竞争力的企业家和高级管理人员，这成为从中央到地方、从政界到学界中锐意改革者的共识，中欧国际工商学院应运而生的历史条件成熟了。

当时处在中国改革开放第二波前沿的上海，深切感到上述人才的匮乏：经济大发展最核心的人才从哪里来？长期在计划经济体制下的国有企业经营者已经习惯了按照政府的指令组织生产，他们如何适应市场化、国际化的竞争？有志从事企业管理的青年才俊应该接受怎样的工商管理教育才能成长为全球化大舞台上的中国企业未来领军人物？

二、为理想一拍即合

在上海，作为中国历史悠久的高等学府之一，上海交通大学（简称"上海交大"）也在努力探寻高等教育改革的新路径。早在1978年，上海交大就派出了中华人民共和国成立后的第一个高校代表团访问美国，成为高等教育对外开放的破冰者。同时，上海交大的一系列教育管理体制改革也引领国内高校风气之先。

20世纪80年代初，在老校友、上海市市长汪道涵的牵线和指导下，

---

1 《邓小平文选》第三卷，人民出版社1993年版，第376页。

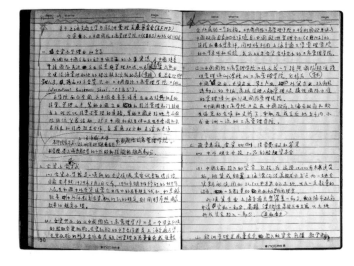

李家镐院长在笔记本中草拟的《关于上海交通大学与欧洲管理发展基金会（EFMD）合资创办中欧国际工商学院（CEIBS）的协议（讨论稿）》

上海交大和香港中文大学合办了管理干部培训班，这在当时是国内管理教育的一项创举。后来在上海、浙江等地担任要职的多位领导干部便出自这个班，如曾担任上海市委副书记的第十八届中共中央政治局委员、中央政法委原书记孟建柱，曾先后担任上海市副市长和上海市政协主席的蒋以任等。上海交大管理学院还曾经与国外大学进行过一系列合作，其中包括与美国宾夕法尼亚大学沃顿商学院合作培养党政领导干部和国企领导者，以及与新加坡南洋理工大学合作开设MBA课程等。

1991年，从英国伯明翰大学商学院留学归来的张国华[1]担任上海交大管理学院常务副院长，海外留学的经历使张国华对中国管理教育与国际水平的差距充满焦虑，于是他开始积极寻求各种途径，探索与国际知名商学院合作办学的机会，以期跨越式地提高中国管理教育的水平，培养出市场化、国际化的中国商业精英。

而在1992年之前，CEMI已经与上海市经济管理干部学院在针对国有企业经营者的短期课程上有过合作。上海市经济管理干部学院是上海市经委下属的一个机构，前身为国家经委在20世纪80年代建立的十大培训中心之一的上海企业管理培训中心。杨亨尝试通过这个渠道非正式

1　关于张国华教授，详见第六章"中欧领航人"第五节。

地和上海方面进行沟通，但没有得到积极有效的回应[1]。

1992年10月，欧共体首任驻华大使杜侠都亲自出马，在上海拜访了上海市政府顾问汪道涵。汪道涵是中国改革开放的积极推进者，曾经担任上海市市长，在上海拥有极高的威望。汪道涵称赞与欧共体合作在上海办一所国际化的世界一流商学院是一件"大好事"。

汪道涵一方面向当时的上海市委书记吴邦国、市长黄菊等推荐了这个项目，另一方面也把这个"大好事"介绍给了自己的母校上海交大。汪道涵找到了老朋友李家镐[2]，曾经担任上海市经委主任的李家镐时任上海市人大常委会副主任、上海交大管理学院名誉院长。

随后，欧方向上海提交了《成立欧洲管理发展基金会与中国某大学合资合办中国国际管理发展中心公司的项目建议书》[3]，并在1992年10月17日向上海交大电传了《关于在中国政府和欧洲共同体委员会支持下，欧洲管理发展基金会与中国某大学合作办学构想》的文件。

接到文件后，上海交大管理学院向时任校党委书记王宗光、校长翁史烈[4]和分管国际合作交流与研究生教育的副校长谢绳武[5]做了汇报，取得了校领导的支持。随后，由李家镐向时任上海市副市长徐匡迪做了汇报请示，得到了市政府的支持[6]。最后，李家镐和张国华一起起草了给CEMI的关于合作办学构想的回函。

在此期间，杨亨专程到上海与李家镐和张国华做了沟通，这是双方第一次见面，杨亨关于"创办一所国际化的世界一流商学院"的愿景得到了李家镐和张国华的积极响应。

1　关于欧方向上海方面非正式提出意向的经过，未见正式文件，为此编者咨询了杨亨先生、吴敬琏教授，并翻阅了李家镐教授当时的工作笔记。
2　关于李家镐教授，详见第六章"中欧领航人"第四节。
3　在谈判中，关于未来学校校名的提议一直有所变化，最初为"中国国际管理发展中心公司"，后又改为"中国国际工商学院"，最后在1994年1月定名为"中欧国际工商学院"。
4　关于翁史烈教授，详见第六章"中欧领航人"第一节。
5　关于谢绳武教授，详见第六章"中欧领航人"第一节。
6　李家镐院长生前工作笔记原文是："收到你们关于《成立欧洲管理发展基金会与中国某大学合资合办中国国际管理发展中心公司的项目建议书》和1992年10月17日关于在中国政府和欧洲共同体委员会支持下，欧洲管理发展基金会与中国某大学合作办学构想的电传。"因此，可以推测《项目建议书》为欧方和北京的大学谈判时的通用文本，也应该在杜侠都大使拜会汪道涵先生时就已经提交给上海方面，这也是双方正式文件往来的开始。

三、紧锣密鼓的谈判

整个1993年，欧共体、外经贸部、国家教委、上海市政府，以及CEMI和上海交大都在为筹建学院而紧张忙碌。其间，作为CEMI的教授和学术委员会成员，吴敬琏教授也在1993年拜访了汪道涵，就创建一所"国际化商学院"的构想进行沟通。

1993年1月、2月和4月，欧共体驻华大使杜侠都多次访沪，先后拜会了汪道涵和时任上海市副市长徐匡迪、沙麟、谢丽娟等领导，以及上海交大领导。经过多次协商讨论，创建一所具有国际水平的独立商学院的愿景和方案获得了王宗光书记、翁史烈校长和谢绳武副校长的支持。

受杜侠都大使邀请，李家镐和张国华于1993年6月参加了在西班牙巴塞罗那举行的"管理教育革新讨论会"，并参观了IESE商学院。随后，李家镐和张国华拜访了布鲁塞尔欧共体总部，和主管部门就创办一所国际商学院进行了商谈。

1993年7月，黄菊市长访问布鲁塞尔时，时任欧共体欧洲委员会副主席列昂·布里坦（Leon Brittan）爵士主动约见了他，并专门推荐了建设商学院的项目[1]。在前期讨论的基础上，上海市政府承诺一比一提供配套资金，双方在课程设置、领导体制、教学内容等方面大体达成了共识。同年9月，欧共体派出项目评估组访问了上海。

同年10月，欧共体议长埃贡·克莱布什（Egon Klepsch）访问上海时，也对此项目表示支持，黄菊、徐匡迪、沙麟、谢丽娟以及汪道涵等领导在会见欧共体官员时，都明确表示对此项目予以支持。上海市领导对创办一所国际化商学院给予了前所未有的关注。

1993年12月6日，上海市计委、上海市人民政府教卫办和外经贸委向上海市委教育领导小组呈送请示，建议成立由主管教育的谢丽娟副市长牵头，由上海市计委、上海市人民政府教卫办、外经贸委、上海交大和金桥开发区派员组成项目领导小组，拨出配套建设资金，同时决定

---

1 根据《华建敏副委员长视察中欧国际工商学院时的讲话》，当时李家镐院长专门请上海市代表团在赴布鲁塞尔访问欧共体总部时讨论创办一所国际化商学院的问题。

由上海市外经贸委发函，取得外经贸部对CEMI迁址上海的支持[1]。

四、制度攻坚

从1992年10月开始，合作建立商学院的谈判和CEMI搬迁用了整整2年时间，真可谓"好事多磨"。其间，时任国务院副总理朱镕基、李岚清、时任国家经委副主任陈清泰、时任国家教委主任朱开轩、时任外经贸部部长吴仪和多位上海市领导给予了充分的关心和指导。

由于筹备中的中欧国际工商学院与国内教育法律、政策体系冲突过大，中欧的宏伟构想曾几度面临功亏一篑的局面。今天看来，若非当年这些主事者的高瞻远瞩，从发展社会主义的高度，以改革精神拨开重重意识形态迷雾，冲破种种体制和制度的羁绊，断然不会有中欧这个管理教育特区的诞生。中欧是中国社会主义改革开放的产物。

当时，有关各方对学院的法律地位、学位、管理体制等方面存在不同的想法。1994年1月12日，上海市人民政府教卫办和上海交大领导专程赴京向国家教委汇报，有关各方同意暂时搁置不同意见，同时商定将原计划的学院名称"中国国际工商学院"改为"中欧国际工商学院"。

在此基础上，中国政府和欧盟于1994年2月28日签署了《中华人民共和国政府和欧盟委员会关于建立中欧国际工商学院的备忘录》。与此同时，CEMI也顺利搬迁到上海交大闵行校区进行过渡。

1994年5月12日，上海市人民政府教卫办主动与国家教委联系。1994年5月25日，时任国家教委副主任张孝文、韦钰在北京约见上海代表，与会上海代表包括时任上海市人民政府教卫办主任王生洪、上海交大党委书记王宗光、上海交大管理学院名誉院长李家镐和常务副院长张国华，时任外经贸部部长助理龙永图也委派代表参加了会议。

关于学院的法律地位，欧方要求给予独立法人资格，而中方最初的想法是办一个上海交大的二级学院，但可以给予充分的办学自主权，认

1　见中欧档案室存上海市人民政府教育卫生办公室《关于利用欧共体赠款在上海创建中国国际工商学院的请示》，沪府教卫〔93〕270号文。

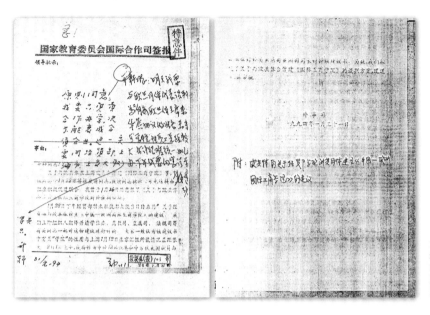

1994年1月31日，时任国家教委主任朱开轩在国家教委外事司提交的报告上所作的关于欧共体与上海交大合作建立国际工商学院一事的批示

为这足以使学院办出特色，办出水平。

对于国家教委提出的举办学历教育所应达到的要求，上海方面解释说："学院是上海交大与欧方合作办学，特别是在国家教委、上海市政府直接关心领导下，它的方向和教学质量是可以得到保证的。因此请求国家教委允许该学院进行MBA学历教育，MBA学位的授予权通过上海交大学位委员会控制进行。为了使学院能独立地解决其行政、外事、财务等事务，可以让其在上海注册一个非体制内学历教育的机构。希望国家教委让上海将浦东作为一个试点，发展MBA教育，加快高层次人才培养[1]。"

经过协商，有关各方在1994年5月25日达成了共识。5月26日，时任外经贸部部长助理龙永图与欧盟驻华代表团代表、国家教委代表和上海方面代表确认了前一天会谈达成的共识，并由外经贸部将讨论结果知会了欧盟驻华代表团。这次会谈最终确定了中欧项目最重要的几个问题：

（1）学院在上海注册，注册之日起具有独立法人地位。

1　见中欧档案室存上海市人民政府教卫办《关于利用欧共体赠款在上海创建中国国际工商学院的请示》，沪府教卫〔93〕270号文。

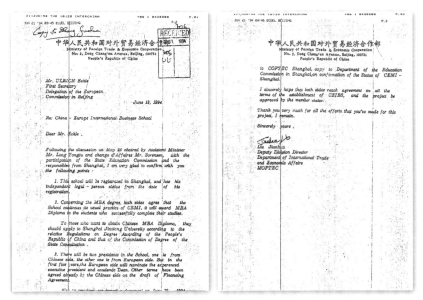

1994年6月13日，中华人民共和国致函欧盟驻华代表团，通报在5月26日讨论中欧国际工商学院建院问题会议上得出的有关结论

（2）学院继续原中欧管理中心的一贯做法，给那些成功修完MBA课程的学生颁发MBA证书。对想要获得中国MBA证书的学生，应按照《中华人民共和国学位条例》和国务院学位委员会有关规定，向上海交通大学申请。

学院实行双院长制，第一个5年由欧方选择富有经验的人员担任执行院长和教务长。

五、中欧奇迹的制度基石

根据会谈结果，1994年5月26日，时任外经贸部部长助理龙永图召集了由欧盟驻华代表团、国家教委、上海方面等参加的四方会议，对建设中欧国际工商学院的基础性文件《中欧国际工商学院财务协议》（简称《财务协议》）做了最后修改。

修改后的《财务协议》提出："学院将遵守《中华人民共和国民法通则》和《中华人民共和国中外合作经营企业法》有关适用条款，并遵守协议规定原则，作为一个具有有限责任的非营利性的教育机构，享有

1994年9月、10月，中国政府与欧盟分别就中欧国际工商学院项目签署了《财务协议》，图为该协议首页和签名页

充分的法人资格，以使它能够执行所有财务、行政和契约活动，实现其总目标。"

《财务协议》规定，中欧国际工商学院项目分为四期，欧盟将在第一期提供1 485万欧洲货币单位的援助款项，上海市政府将提供1 052万欧洲货币单位的配套资金。

1994年6月15日，欧盟十二国批准了该项目，并在欧盟十二国通过招标选择了欧洲管理发展基金会为欧方办学单位。从此，中欧国际工商学院项目进入了实

1994年12月26日，上海市人民政府教卫办关于同意成立中欧国际工商学院的批复

质性启动阶段。

1994年9月16日和10月25日，时任欧盟委员会副主席布里坦爵士和时任外经贸部部长吴仪女士先后代表欧盟与中国政府签署了《中欧国际工商学院财务协议》。

作为政府间的法律文件，《财务协议》在法律上赋予了中欧国际工商学院高度的办学自主权，为把中欧办成一个中国管理教育的特区奠定了法律基础。

六、选址金桥

最初，上海交大非常愿意为中欧在上海交大闵行校区提供4万平方米土地，但欧方基于创办一所独立商学院的目标，希望在上海交大校园之外建一个独立校园，上海市政府以及李家镐教授、张国华教授也提出了同样的要求。王宗光书记与翁史烈校长考虑到那样做有利于把中欧办成一个教育特区，最终同意了这一要求。于是上海市政府提供了3个选址方案：一个是漕河泾开发区，一个是张江开发区，另一个是金桥开发区。

漕河泾开发区愿意提供1万平方米土地，但杨亨和温伟德教授现场勘查后发现，该地块位于高压线下，并不适合办学。基于其他原因，张江开发区也被否决了。

由于时任金桥开发公司总经理朱晓明[1]的远见卓识和慷慨大度，中欧项目的选址难题迎刃而解，奠定了中欧顺利发展的基础。1993年，吴敬琏教授专程考察了上海金桥开发区，朱晓明总经理抱病接待吴敬琏教授，并在了解了中欧项目的基本情况后主动提出提供土地的意向。几天后，金桥开发公司向上海市人民政府教卫办正式表示，愿意无偿提供土地。

在浦东开发初期，时任国家教委主任朱开轩率108所高校校长在上

---

1 关于朱晓明教授，详见第六章"中欧领航人"第九节。

海召开会议，讨论高等学校如何支持浦东开发，但金桥开发区不在考察范围内。朱晓明毅然决定到会议现场"争发言、抢话筒"，朱开轩主任被感动了，让他发言10分钟。这一举动让在场的上海交大校长翁史烈对金桥留下了深刻印象。

最终，由翁校长牵头的高等院校投向浦东的3个项目都选择了金桥，这些项目包括"金桥高科"项目（现金桥"北大方正"大厦）、杉达大学和中欧国际工商学院。为此，翁校长常去金桥。他至今还清楚地记得这些项目，当然他也没有忘记朱晓明在上海交大获得的工学博士学位证书是他亲自颁发的。翁校长说："上海交大不仅要给学生以知识，更要培养和支持他们成为成功的企业家。"

经过各方反复讨论，最后，王宗光书记和翁史烈校长一起到金桥开发公司，并由王宗光书记代表上海交大党委宣布中欧国际工商学院选址在金桥开发区。从此，朱晓明与中欧结下了不解之缘，他于2000年起担任中欧国际工商学院董事，并在2006年出任中方院长。

王宗光书记曾在2009年回忆起这段往事时说："当时教育领域改革开放还刚起步，许多人思想不解放，如果在同一个校园里搞不同的做法，就会议论纷纷，阻力很大。所以选址在交大校园之外有利于学院与国际接轨办学，而15年来办学成功的历史已证明当年的决策是正确的。"

七、中国管理教育新篇章

1994年3月，CEMI正式搬迁到上海，并在上海交大闵行校区进行过渡，在谈判筹建中欧国际工商学院的同时，继续开展教学活动。1994年，CEMI在上海交大闵行校区开设了面向外资企业和中国企业经理人员的13个培训课程，专门为3家公司开设了公司特设课程，采用英文授课的方式，配以中文现场翻译。

1994年9月，CEMI和英国《经济学人》（The Economist）杂志在上海共同召开了上海管理经营会议，吸引了150位西方企业高级经理人参加。其间，CEMI还以"中国人力资源"为题，专门开了一天的会议，

合作办学许可证

编号：HJ97001号

学校名称　中文：中欧国际工商学院
　　　　　外文：China Europe International Business School

法定地址：上海市浦东新区金桥红枫路

法人代表：翁史烈

校（院）长：Joachim Frohn（冯勇明）、李家镐

学校性质：中外合作

办学层次：MBA课程、EMBA课程、高级管理人员培训

有效期限：自　一九九四年十一月八日
　　　　　至　二〇一四年十一月八日
　　　　　（办学合同为二十年）

发证机关：上海市教育委员会
一九九七年八月二十六日

1997年8月26日，上海市教委颁发的合作办学许可证

发布了有关当时中国合资企业人力资源状况的报告，约80位高级管理人员参加。

1994年11月8日，中欧国际工商学院在上海正式宣告成立。在成立典礼上，上海交大和欧洲管理发展基金会签署了《中欧国际工商学院办学合同》。同日，还举行了学院浦东校园奠基仪式，时任上海市副市长谢丽娟、上海市原市长汪道涵、欧盟委员会副主席布里坦、欧盟驻华大使魏根深（Endymion Wilkinson）共同为中欧培下第一锹土。时任上海市委书记吴邦国为学院题写了校名；副总理李岚清为学院成立题词："中欧合作培养工商管理人才，为发展上海对外经贸合作做贡献。"这一刻，被《中国企业家》杂志称为"改变中国商业史的20个关键时刻"之一[1]。随着中欧国际工商学院对中国经济发展的贡献日益显著，这一刻在中国商业和经济史中更显重要。

1994年11月，中欧国际工商学院推出成立后首个高层经理培训课程；1995年3月13日，首届MBA班预科模块开课；1995年5月8日，首届MBA和EMBA班开学。中国第一个全面拥有MBA、EMBA和高层经理培训三大课程的商学院就此扬帆起航。

1　何伊凡：《改变中国商业史的20个关键时刻之中欧国际工商学院成立》，《中国企业家》2005年第24期，第134～135页。

第三节 直面市场：中国管理教育的特区

中欧双方对这所新生的商学院寄予厚望。早在项目论证阶段，中国和欧盟双方就为中欧国际工商学院规划了宏伟蓝图。《中欧国际工商学院财务协议》明确提出，中欧国际工商学院的目标是在5年内成为亚洲一流商学院，而且要在尽可能短的时间内成为世界一流商学院。即使在今天看来，短期内达到这样的目标，仍然绝非易事。

时任国务院副总理李岚清要求中欧"办一所不出国也能留学的学校"。时任国家教委主任朱开轩在批复上海市政府提交的有关报告时指出，"中欧国际工商学院是中国教育领域对外改革开放的一面旗帜"。领导的勉励鞭策学院最有效地利用国际资源和国际经验，在全球管理教育领域大展宏图。

时任上海市人民政府教卫办主任王生洪说："我们当时的定位就是按照亚洲领先、世界一流的目标来建设这所学校。"

中欧国际工商学院从成立之初，就充分利用"教育特区"和"特事特办"的政策支持，不断突破当时国内传统教育体制的局限，积极探索办学体制机制的创新，为学院的跨越式发展提供强有力的制度保障。

中欧国际工商学院创始人之一张国华教授认为："中欧的腾飞，是因为当国内同行院校依然被体制所束缚时，中欧却冲破了体制的藩篱，真正独立地走向了市场。"

一、办学自主权

《中欧国际工商学院财务协议》是建立中欧国际工商学院的基础性文件。《财务协议》对学院的法律地位做了明确规定：中欧国际工商学院是一个具有有限责任的非营利性教育机构，享有充分的法人资格，具有在学术、财务、人事、外事等方面的决策自主权，能够执行所有财务、行政和契约活动。

与国内其他院校相比，中欧的办学自主权是前所未有的。

中欧在财务方面有完全的自主支配权，可以自主设定学费标准和人员经费；在人事方面，能自主决定人员的招聘、解聘、薪酬等，没有固定的编制，可根据办学实际需要灵活增减岗位；在课程设置方面，无论是必修课还是选修课都没有任何限制，可以根据培养目标自主设置；在招生方面，中欧可根据社会需求和当年生源情况自主决定招生人数。

中欧与世界标准接轨，按照国际一流商学院的惯例，组织自己的入学考试，制订自己的教学大纲，颁发自己的学位证书。因此，学院招生不要求申请者参加全国MBA招生联考，而要求其参加管理学科研究生入学考试（GMAT）或学院自行命题的入学笔试，并由学院组织面试。早在CEMI时期，办学者就引入了面试这一世界通行的方法，确保招收到符合标准的学生。

这种独立性保证了中欧国际工商学院能够在办学初期就按照国际标准和市场规则来招收和培养学生，也是中欧能在短时间内跻身亚洲一流商学院的关键所在。

二、独特的管理体制

中欧国际工商学院的组织架构设计也是独树一帜的。1994年11月8日，上海交通大学和欧洲管理发展基金会双方代表签署了《中欧国际工商学院办学合同》。作为《财务协议》的一部分，《办学合同》在体制上对中欧的运作制定了严格的规范。

董事会[1]领导下的管理委员会制度，以及全球化高水准的学术委员会制度，是世界一流商学院普遍采用的组织架构，但对等设立的董事名

---

1 2015年后改称"理事会"。

额，双院长、双教务长的组织架构却是中欧作为政府间合作项目的特色。出资双方上海市政府和欧盟委员会还分别委托上海交大和欧洲管理发展基金会这两个专业机构作为办学单位。

在这种体制下，学院的运营实际上是在一个精英化的董事会领导下，充分发挥高水准的学术委员会的学术咨询作用，通过专业化的管理委员会有效的执行来完成的。吴敬琏教授指出："合作办学给了中欧一个机会，使它脱离了中国教育界多年来形成的'行政化'和'官本位'的传统，这是中欧最大的优势[1]。"

学院实行董事会领导下的管理委员会负责制：由中、欧双方各聘请5名[2]董事组成董事会（见表1.4），再由董事会任命中、欧双方正副院长

中欧首届董事会成员[3]

中　方	欧　方
翁史烈 董事长 上海交通大学校长	威利·德克莱尔（Willy de Clercq） 副董事长 欧洲议会对外关系委员会主席
经叔平 董事 中华全国工商业联合会主席	雷诺（Pedre Nueno） 董事 国际管理学会会长、IESE商学院伯特伦基金会创业管理教席教授
王生洪 董事 上海市政协副主席、市委统战部部长	斯塔凡·布伦斯塔姆·林德（Staffan Burenstam Linder） 董事 欧洲议会议员、瑞典斯德哥尔摩经济学院院长
曹臻 董事 上海市计划委员会副主任	赫拉德·范斯海克（Gerard van Schaik） 董事 欧洲管理发展基金会主席
张祥 董事 上海市对外经济贸易委员会副主任	汤姆斯·萨特尔伯格（Thomas Sattelberger） 董事 德国汉莎航空公司高层人事与人力资源发展高级副总裁

---

1 关于中欧体制优势的论述，来自编者2009年5月7日对吴敬琏教授的采访。
2 《财务协议》最初规定董事席位为8个，1995年10月董事会决议对《办学合同》进行了修改，中、欧双方各增加1席至10席，并根据工作需要，增设了中方教务长。2010年，中、欧双方再各增加1席董事席位至12席。
3 本表为1996年增选后的第一届董事会成员名单。

1997年，管理委员会成员合影（从左至右：张国华、冯勇明、李家镐、苏史华）

各1名组成管理委员会负责日常管理。这一中外融合的领导体制有利于学院发扬和汲取中欧双方的优良传统与管理精华。

中欧国际工商学院按照合资企业的模式建立，创办各方无论是上海市政府、欧盟委员会还是作为办学单位的上海交大和欧洲管理发展基金会，均不干涉学院的日常运作。董事长是学院的法定代表人，但《财务协议》规定："未经董事会事先批准，董事长不得采取任何单方面行为约束董事会或学院。"

根据《财务协议》，董事长由上海交大校长担任，因此，学院第一任董事长为时任上海交大校长翁史烈教授。

中欧董事会包括了政府官员、跨国公司高管、学院领导和著名学者，这些人士在各自领域都取得了卓著的成就，并有一定的学术水准，这使他们对管理教育有深刻的领悟，从而使学院在建设目标上体现出高度的前瞻性。董事会的国际化和跨文化结构，也为决策者提供了多元化的视野。

作为一个非营利性机构的董事，他们并不从学院获取报酬，董事们的重要职责之一在于用他们的经验和思想为学院发展把舵定向，做出有远见的决策。

中欧参照国际一流商学院的惯例，实行董事会领导下的管理委员会负责制，管理委员会由中、欧双方的正副院长组成。同时，执行院长每5年在欧方和中方之间轮值，《财务协议》规定第一届执行院长由欧方选择富有经验的教授担任，德国学者冯勇明教授成为中欧国际工商学院的首任执行院长，并兼任教务长。

在董事会领导下，管理委员会负责学院日常学术和行政事务。后来，学院基于运行需要又增设了中方教务长。

中欧首届管理委员会成员

时　　间	执行院长	院　　长	中方副院长	欧方副院长、教务长
1994.11—1995.1	杨亨（代理）	李家镐（候任）	张国华（候任）	
1995.1—1995.2	杨亨（代理）	李家镐	张国华	苏史华（David Southworth, 副院长）
1995.3—1995.9	冯勇明（兼教务长）	李家镐	张国华	苏史华（副院长）
1995.10—1997.10	冯勇明（兼教务长）	李家镐	张国华（兼中方教务长）	苏史华（副院长）
1997.10—1998.5	菲希尔（William Fischer, 兼教务长）	李家镐*	张国华（兼中方教务长）	苏史华（副院长）
1998.5—1998.9	菲希尔（兼教务长）		张国华（兼中方教务长）	苏史华（副院长）
1998.10—1999.5	菲希尔（兼教务长）		张国华（兼中方教务长）	博纳德（Albert Bennett, 副院长）
1999.6—1999.12	博纳德	刘吉（代理）	张国华（兼中方教务长）	菲希尔（教务长）

* 李家镐院长积劳成疾，不幸于1998年5月去世。

三、学术把门人

根据国际惯例，中欧国际工商学院的教学和研究由学术委员会负责督导，学术委员会成员来自英国、法国、德国、西班牙、意大利、瑞士、荷兰、美国、加拿大以及中国的一流学府和学术机构。学院第一届学术委员会主席由在西班牙乃至全球管理教育界享有盛名的雷诺教授担任。

中欧首届学术委员会成员

姓　　名	所 属 机 构
雷诺（学术委员会主席）	西班牙 IESE 商学院
吴敬琏	国务院发展研究中心
杨锡山	上海交通大学
佛朗哥·阿米贡尼（Franco Amigoni）	意大利博科尼大学商学院
吉尔·麦克威廉（Gil McWilliam）	英国伦敦商学院
谢家伦（Kalun Tse）	荷兰奈耶罗德大学
杜道明（Dominique Turpin）	瑞士洛桑国际管理发展学院
马丁·韦尔奇（Martin Welge）	德国 USW 大学
温伟德	法国 INSEAD 商学院
杨国安	美国密西根大学商学院

由于设立了这样一个强大的学术委员会，学院的教学质量得到了充分的保障。委员们不断评估学院的教学和研究工作，在课程设置、招生录取、教授选聘及课程质量评估等方面进行监督和提供咨询。同时，国际化的学术委员会也为中欧寻找优秀师资做了大量工作。

为保证学院的教学、研究始终面向企业的管理实践，学院还设立了公司顾问委员会，第一届公司顾问委员会由来自亚洲、欧洲及北美多个行业的30多家领先企业的杰出代表组成，他们帮助学院与企业界建立紧密的联系并进行密切的沟通。

除了常设机构，从1997年开始，在时任执行院长菲希尔（William Fischer）的建议下，管理委员会每年都会召集各个部门的负责人讨论各个部门以及学院的发展战略问题，并形成传统。在他看来，"创造机会去倾听、积极地倾听、随时随地地倾听，是学习的唯一方法，对组织的成长也至关重要"。

在最初创业的几年，战略发展会议倾向于务虚，议题如从学院定位到三大课程的中长期发展目标等。随着学院发展的日趋稳定，从第二届管理委员会任期开始，战略会议也逐渐转向务实，具体讨论次年的发展规划和实施路径。类似三大课程的发展战略、财务战略等重要战略问题，也会被提请到董事会讨论。

四、教育特区的市场化道路[1]

在中欧成立之前的1991年，国家教委已经批准了9所院校进行MBA教育试点，到1994年，试点院校扩大到了26所。1996年，国家还成立了MBA教育指导委员会，并在1996年开始推行全国MBA招生联考，并使用统一的教学大纲，学生也必须完成学术论文才能被授予MBA学位。

但是，偏重笔试的全国联考只能让那些刚出校门不久、擅长考试的学生占据优势，而那些有实际管理经验的人则可能难以应对复杂的考试。因此，中欧国际工商学院利用教育特区的身份，选择了一条与众不同的道路：一切以学生的管理需求为导向，设立了注重面试的独立招生体系和国际化的教学模块，以实习报告和小组咨询的方式替代研究性的论文，并在国内商学院中第一个设立职业发展中心，为学生就业提供帮助。这些在当时都是国内首创。

MBA、EMBA、高层经理培训三大课程的招生，都是市场化运作，广告、招生咨询会、免费演讲轮番上阵吸引考生和客户，中欧都是国内

1　由于三大课程的市场化策略不同，发展过程也有差异，市场化道路将在第二章详细叙述。

中欧国际工商学院

学 生 证

姓名：洪慧捷 性别：男
学号：952001
发证日期：1995 年 6 月 日

CEIBS
China Europe International Business School

Student's Card
Name: Huijie HONG
Reader's No.:

95000010

1995年首届EMBA学生证
（001号）

第一个"吃螃蟹"的。1994年11月开始，中欧还在著名的英国《经济学人》杂志和国内的《中华工商时报》《经济日报》以及《新民晚报》刊登招生广告，这在国内商学院是前所未有的做法。而数万元人民币的EMBA课程学费，更是当时的天价。

作为管理教育特区，中欧在中国管理教育界创下了一连串第一：

第一个开设全日制英文MBA课程；

第一个开设EMBA课程；

第一个开设高层经理培训课程；

第一个采用现场翻译形式开设EMBA和高层经理培训课程；

第一个组织自己的入学笔试；

第一个采用高淘汰率的面试方式招生；

第一个聘请企业高层管理人员参与招生面试；

第一个让学生对全部教授进行教学评估；

第一个与海外商学院交换学生；

第一个签约引进哈佛商学院教学案例；

第一个设立由企业赞助的教席；

第一个设立MBA职业发展中心；

第一个颁发本院的学位证书

……

首届中欧MBA学生与部分教授在上海交大闵行校区包玉刚图书馆的合影

第四节　叠叠重山：创业者的筚路蓝缕

尽管有体制优势和CEMI时期的积累，但对中欧的创业者来说，摆在他们面前的，是由体制、资金、环境和市场组成的叠叠重山，对于刚刚诞生的中欧国际工商学院来说，它所面临的是需要耐心、智慧和毅力才能克服的障碍。

一、创业者的艰辛与节俭

中欧的创业者们曾把引入全球访问教授授课的方式称为"借鸡生蛋"，但对甫搬迁到上海的CEMI来说，首先需要的是一个可以"生蛋"的"窝"。为此，上海交大提供了当时闵行校区条件最好的学术活动中心部分设施和包玉刚图书馆的五楼与六楼。创业者们称之为"借窝生蛋"。

无论国内员工还是外籍员工，大家为了一个共同的目标努力，深夜加班，甚至夜宿办公室都是常事。男性员工自担苦力，承担大量设备资料搬运也是常有的事情。大多数员工居住在市区，每天乘车去西南郊区数十公里外上班，往来之辛劳，非同寻常。

虽然中、欧双方第一个5年有约2 500万欧洲货币单位的投入，但聘请教授和建校所费甚巨，开支的科目千头万绪，创业者辛劳之余，仍需节俭度日。

为节省经费，院长乘坐陈旧的车辆，出差只坐经济舱。为了争取诸如进口免税等优惠政策，院长和员工跑断腿、磨破嘴，也是屡见不鲜。

1997年，上海交大为中欧在学术活动中心边上建造了一座两层小楼，增加了2间教室和10间办公室，"窝"终于大一点了。然而，由于

1996年，EMBA 1996级学生
在上海交大闵行校区合影

空间仍然有限，高层经理培训课程仍然不得不在市区的宾馆租借场地
开展教学。随着招生规模不断扩大，教室、办公室、学生宿舍都面临
短缺，特别是1999年上海交大部分院系从徐汇校区向闵行校区的迁移，
使教学、办公、住宿场地的供需矛盾更为突出，以致中欧MBA学生宿
舍在1年之内搬迁了3次，最后部分学生只得临时住进了上海交大闵行
校区的招待所。就是在这样的情况下，中欧的全体师生员工想方设法克
服困难，保证了教学工作的正常开展。

二、市场化的崎岖道路

成立初期，中欧国际工商学院面临的最大挑战还不是设施紧缺和经
费紧张，而是缺乏社会知名度。20世纪90年代初，国内企业对管理教
育知之甚少。在学院成立后的第一年里，EMBA和高层经理培训课程在
招生中遇到了不小的困难。冯勇明、李家镐、张国华等学院领导不得不
花费大量时间，不辞辛苦地拜访一家又一家公司，宣传管理教育的重要
性和中欧国际工商学院先进的培养模式。

中欧基于国际化教学的高昂成本，导致当时学费也贵得惊人，更增加了招生难度。为开拓国内企业市场，学院还决定对来自国有企业的EMBA学生减收60%的学费，而高层经理培训课程对中资企业的收费仅为每人每日300元人民币。

MBA课程也遭遇到同样的困难。学院收取的MBA学费虽不抵实际办学成本的一半，但仍比本地其他学校收取的学费高出将近一倍。在社会尚未充分认识MBA课程价值的时候，一个全日制MBA学生所要承受的机会成本是很高的。

为了更好地拓展市场，中欧建立了严密的市场营销体系，每次推广活动都有周密计划。比如，刊登广告之后，会有人电话跟踪服务，有人负责招生手册的分发、数据库的建立等，营销的手法不亚于一个高效运营的公司。

另外，学院要求客户经理和营销人员主动拜访企业，提交客户访问报告，描述客户情况，并说明如何跟进、怎么行动，呈送院长并抄送其他部门。这样，既提高了效率，又分享了信息，让学院内部资源整合起来，共同支持客户经理突破销售瓶颈，赢得客户。这些市场化的做法在当时都是非常超前的。

这些市场化的做法，离不开顶尖商学院的智力支持。学术委员会的委员来自全球10所顶尖商学院，他们带来各大商学院市场化运营的经验和智慧。其中，法国的INSEAD商学院、西班牙的IESE商学院和美国的密西根大学商学院是中欧重点学习的对象。

针对企业不了解高层经理培训课程的情况，为了开拓市场，院长们带着员工拜访客户，这也成为中欧创业时期的一大特色。

1995年，李家镐院长、张国华副院长亲自到上海各系统去招收EMBA学生。时任上海市政府副秘书长兼外经贸委、外资委主任朱晓明对此给予了大力支持。经过李家镐、张国华两位院长在外经贸系统总经理会议上发表招生演说，加上朱晓明主任的动员和会后的落实，外经贸委系统输送了一大批中青年干部参加了中欧EMBA和MBA课程的学习。

张国华院长拜访的上海家化，是中欧开拓客户最著名的案例之一。在最初的接触中，时任上海家化董事长葛文耀对国内商学院能否培养出市场需要的人才存有疑虑。为了证明中欧管理教学的价值，学院聘请的哥伦比亚大学市场营销学教授史明博（Bernd Schmitt）专门为上海家化的化妆品品牌写了案例。

葛文耀发现自己的企业上了"教材"，而且言之有道，一下子感到眼前这所商学院和国内其他学校不一样。上海家化的大门被一份案例叩开了，在接下来的10多年里，上海家化持续不断地派高管来参加学院的培训，并对中欧的发展给予了很大支持。

时任外方院长冯勇明和副院长苏史华也频频露面，积极说服外企派员工来培训。此前，在中国的跨国公司还没有派员工去国内商学院培训的先例，但面临日益严峻的人才本土化的挑战，它们也迫切希望国内同样能提供国际一流的管理教育，因此，中欧的出现帮助它们解决了国际化本土人才严重短缺的问题。国际电气行业巨头ABB在中欧办学之初就与学院结下了不解之缘，一直把中欧作为最重要的培训伙伴。

三、体制边缘的绿灯

在中国市场经济建立初期，体制外办学的中欧国际工商学院难免与原有的教育体制有一些不一致的地方，但在上海市委和市政府的关心与支持下，中欧解决了办学中遇到的许多体制难题，一次次渡过难关。

学院建立后，中欧面临一系列实际操作的难题，这些难题包括中欧作为独立机构运作所必需的批准证书和办学许可证问题、毕业生留沪的户口问题、中欧员工参加社会保障的问题、设备进口免税问题等，这些事务之复杂，实在让人难以想象。

1997年6月13日，受上海市领导委托，时任上海市政府副秘书长殷一璀召集上海市教委、计委、外资委、人事局、上海交大和中欧等各方面，召开中欧办学有关问题的协调会议。

尽管受到当时种种条条框框的约束，上海市政府仍然对中欧一路开绿灯，通过协调会议，以及随后对于协调意见的落实，上海市外资委和教委分别向中欧颁发了批准证书和办学许可证；上海市计委和经委加快了浦东校园建设的审批，使校园得以在当年年底顺利开工建设；上海市教委还帮助梳理协调解决了学籍管理、外事管理等一系列问题。尤其是在时任上海市委副书记孟建柱的亲自关心下，通过上海市人事局以人才引进的方式解决户口问题，对中欧MBA毕业生在上海就业帮助极大。

四、寻求赞助

来自欧盟和上海市政府的财务支持迟早会结束，对中欧国际工商学院来说，如果不能在20年合同期内实现财务自立，则未来的运营难免有断炊之虞。但是，在20世纪90年代中期，中国内地的民营企业还不发达，中欧的校友资源也很少，筹资相当艰难。

曾经参与创办多家国际商学院的雷诺教授把目光放在了中国香港，那里有很多跨国公司的亚太区总部。雷诺和杨亨成为中欧的主要募款人，他们几乎每个月都要去香港，与这些公司的亚太区总部沟通。香港浙江第一银行、英美集团、德国拜尔都成了中欧的赞助商，有些赞助持续10年以上。欧方副院长苏史华也奔走于上海、北京等地的外资企业，为学院积极筹款。

借鉴国外顶尖商学院的经验，中欧国际工商学院设立了一系列赞助项目，如教席赞助、校园赞助、研究赞助和物资捐赠等。有的公司则在中欧设立的赞助项目以外选择特定范围的专门项目提供赞助。

五、金桥象牙塔

从一开始，上海市政府、欧盟和办学单位（上海交大和欧洲管理发展基金会）以及其他有关人士一直对学院抱有以下设想：建设一所国际性的商学院；由具有国际水准的建筑设计机构设计；其建设达到国际优质标准。

1997年8月18日，李家镐院长（右）代表中欧与金桥出口加工区开发公司总经理杨小明（左）签署了上海浦东校园土地使用权投入合同

创始人之一杨亨说："我们觉得一个学院，特别是一个商学院，必须有自己的校园，校园除了提供比较好的教育环境、住宿环境和工作环境之外，也会变成学院的一个象征。"

因此，在学院成立之后，管理委员会很快着手为浦东校园设计做准备。1995年，双方院长还专门为此考察了多所美国的顶尖商学院。

基于学院财务依靠欧盟和上海市政府资助的现实，以及未来实现财务自立的目标，管理委员会认为，吸引赞助的最好办法是建造一座本地区独一无二、出类拔萃的校园，并为此寻找国际闻名的建筑师。

管理委员会从欧洲和北美的7家设计公司中，最终选定了著名华人建筑大师贝聿铭先生领衔创办的P.C.F.建筑师事务所（Pei Cobb Freed & Partners Architects LLP），并根据我国相关法规，选择华东建筑设计院作为国内合作方共同设计浦东校园。

管理委员会认为，当时中欧国际工商学院的主要募资对象为香港和上海的企业家，贝聿铭先生祖籍苏州，在国内外备受尊敬，他在香港设计的中国银行大厦也是香港的地标建筑，在香港捐资人中颇有名气，而其在法国卢浮宫的玻璃金字塔建筑在欧洲也是经典之作，其设计水准与能力享誉世界。

建设中的浦东校园

更重要的是，该事务所的另一位创始合伙人亨利·科布（Henry Cobb）先生在洛杉矶为美国加州大学洛杉矶分校安德森管理学院设计的校园广受好评，有设计一流商学院建筑最直接和最相关的经验。

1995年6月26日，学院与P.C.F.签订了概念设计协议，8月7日，管理委员会在洛杉矶对概念设计初步方案进行了评估。管理委员会认为：其设计不落俗套，学术氛围好，能为教学和研究提供幽雅的环境，风格凝重，朴素大方，具有中西文化结合的艺术构思。

随后，P.C.F.和华东建筑设计院成为浦东校园的设计方，中建二局为施工单位，上海建筑科学研究院监理部担任了工程的项目监理。

1997年6月13日，上海市政府召开专题协调会之后，上海市计委和经委抓紧审批了项目。1997年8月18日，由李家镐院长和金桥公司杨小明总经理分别代表中欧国际工商学院与金桥出口加工区开发公司签署了浦东校园土地使用权投入合同。1997年12月28日，浦东校园正式开工建设。

1993年，欧共体对项目进行可行性分析时估计，基建费用大约为1 700万美元，但随后几年的通货膨胀率居高不下（每年在25%上下），使得建校后基建费用大幅超出预算。而且，由于办学规模的扩大，原建议的1.3万平方米一期工程建筑面积已不能满足需求，学院通过与建筑师的沟通，最后将建筑面积确定为2万平方米。

考虑到办学规模的发展和资金来源问题，项目建设采取了整体规划、分期建设的方针。学院首先集中现有资金尽快建成第一阶段工程，然后在中欧的品牌初步形成和新的资金到位后，配合长期教授队伍的建设启动第二阶段工程的建设，与第一阶段工程共同组成红枫路校园。

1998年，中欧浦东红枫路校园建设遇到资金问题，李家镐院长以其长期担任上海工业界领导的威望和人脉积极在上海的国有企业中筹资，校友会也通过校友网络，发动各方力量，先后获得上海石化、上海天原集团、上海万泰集团、上海制皂厂和江苏证券[1]等公司捐资共905万元，雷诺教授也争取到了西班牙政府和环球资源的捐赠。

六、李家镐[2]：鞠躬尽瘁

1998年4月，李家镐院长被确诊患了晚期胰腺癌。5月29日，李家镐院长与世长辞。

李家镐教授出任中欧国际工商学院中方院长时年届七十高龄，在为中欧拼搏的三年半时间中，李家镐院长殚精竭虑、鞠躬尽瘁，把生命的最后岁月献给了中国管理教育这一崇高事业。

李家镐院长的事迹是中欧人创业艰辛的写照，也激励着中欧人不断进取。中欧创业5年实现领先亚洲的奇迹，靠的是全体员工像李家镐院长一样的拼搏精神。

1998年10月7日，《人民日报》以"创造有价值的人生"为题，刊发了金凤先生对李家镐院长的悼念文章，文章说："了解他的人都公认，家镐的内心是一团火，他怀着火一样为国为民的热情[3]。"李家镐院长不

1　1999年，中国证监会正式批准江苏证券增资扩股并更名为华泰证券。
2　关于李家镐院长，详见第六章"中欧领航人"第四节。
3　金凤：《创造有价值的人生》，《人民日报》1998年10月7日第12版。

惜燃尽生命蜡炬，化作火一样的热情，献给了中欧国际工商学院。

1999年6月，根据中共上海市委的推荐，中国社科院原副院长刘吉[1]出任学院代理院长。

七、创业者的中考

1997年，欧盟委员会对中欧国际工商学院项目进行中期评估，在评估报告中，对中欧两年半的办学成就予以高度赞赏：

中欧人才济济，学院迄今为止所取得的成绩以及对未来做出的规划与我们的设想非常吻合。对此，我们表示赞赏。中欧确立了一系列目标，其中有些目标对于这样一所成立不久的小规模学院来说是相当有魄力的[2]。

经过短短两年半的时间，中欧已经就实现这些目标取得了巨大进展，该项目曾遇到一些阻力，但并未因此而止步不前，而且其中有些问题已经得到解决，令人高兴的是，该项目得到了中国政府强有力的支持。

严格的课程设置、考试制度和高负荷的学习任务无疑大大提高了中欧的声誉，学院在不影响学术质量的前提下尽可能强调学生的实践能力。

同样地，中欧的EMBA课程并非照搬西方模式，而是结合中国国情开设，课程着重于将西方商务理论应用到中国的商业环境中，尤其是针对中国企业组织的变革管理。这将提高参加EMBA学习的收益。

在颇具权威性的学术委员会的协助下，无论以什么标准来衡量，中欧在学术方面已经取得了相当不错的开端，前景一片光明。

尽管校园仍在建设中，但中欧国际工商学院的国际化办学路线、教学水准和学术水平已经得到管理教育界、市场和媒体的广泛认可。1996年，美国《商业周刊》（*Businessweek*）报道说，中欧国际工商学院已经

1　关于刘吉教授，参见第六章"中欧领航人"第七节。
2　见中欧档案室存欧盟委员会《中欧国际工商学院项目中期评估报告》。

位列亚洲最佳商学院五强之一。

1999年10月16日，在中欧浦东校园举行的董事会上，翁史烈董事长对过去5年的办学进行总结时指出，第一个5年合同期内，已经"完成了，甚至超额完成了中国政府与欧盟在办学规模、新校园建设、教学质量以及教授队伍发展等方面所规定的任务"。

到1999年10月，中国政府和欧盟的首期《财务协议》行将期满之际，在《亚洲企业》杂志评选的亚太地区50所最好的商学院中，中欧MBA课程名列第17位。2000年5月，在《亚洲周刊》评选的亚太地区50所最好的商学院中，中欧国际工商学院MBA课程名列第14位，EMBA课程名列第10位。

短短5年时间，中欧国际工商学院已经迈入亚洲一流商学院的行列，但是对于追求卓越的中欧来说，这远不是最终目标，年轻的中欧国际工商学院朝气蓬勃，心怀梦想与希望，迈上了建立世界一流商学院的征途。

上海校区红枫路正门

第五节 风生水起：步入发展快车道

在中欧国际工商学院的上海校区，几方浅水围绕着粉墙黛瓦的图书馆，被中欧人称为"风生水起"，而正是在搬进这座美丽校园之后，中欧国际工商学院也进入了"风生水起"的快车道，迅速向世界一流商学院迈进。张国华教授说："中国经济的持续高速增长，为我们提供了一个无穷的机会，中国市场需要我们这样的教育资源。"

一、布局新的5年

1998年，中欧国际工商学院开始着手准备2000—2004年第二个5年计划的制订，时任执行院长菲希尔在1998年10月3日向董事会做了汇报，并得到董事会的支持。

在1999年10月16日召开的董事会会议上，决定刘吉代理院长于2000年1月出任执行院长。在第二个5年即将开始之际，刘吉教授在菲希尔教授的5年计划基础上提出了"学院未来5年战略"的报告。

刘吉教授认为，第二个5年要达成两个重要目标：第一，中欧要成为国际知名的商学院，将有关中国市场的知识与西方管理技能有机结合起来；第二，中欧要实现财务自立。

实现这些目标的途径包括：

第一，根据两个原则制定吸引国际一流的师资与发展自己的核心教授的远景规划。这两个原则一是重质量而非数量，二是确定学院发展的重点领域，吸引一流的师资以增强力量。

第二，加强硬件与软件建设，强化内部管理，提高教学质量。

第三，通过各种途径提高学院的知名度。这些途径包括以下各项：① 国际化（如扩大海外学生的比例）；② 加大公关力度；③ 加强校友与学院的凝聚力；④ 与新闻媒体通力合作，并出版自己的丛书。

第四，为了实现学院财务自立的目标，学院必须做到以下各项：① 充分利用欧盟的最后一笔资助；② 进一步培育教育市场，尤其是扩大高层经理培训课程的作用；③ 增加捐赠教席的数量，并努力争取欧盟进一步的财务资助；④ 建立捐赠基金，通过利息收入和稳健的投资，抵补可能产生的经营赤字；⑤ 建立认真、创新、追求卓越的校园文化。

同时，时任院长博纳德（Albert Bennett）博士也做了5年战略规划的报告。两位院长的战略规划报告作为学院的纲领性文件，引领朝气蓬勃的中欧国际工商学院大步向前。

在中期评估之后，中国政府与欧盟确定了继续出资支持学院第二期项目的方针。2000年1月20日和5月25日，时任欧盟委员会委员彭定康（Christopher Patten）和时任中国对外贸易经济合作部部长石广生先后代表欧盟和中国政府签订了第二期《财务协议》。根据协议，欧盟将提供1 095万欧元，主要用于教授队伍的建设；上海市政府则将提供1 080万欧元，用于学院的基础设施建设。

二、启用新校园

1999年10月，学院384位MBA和EMBA学生、所有高层经理培训课程学员、6名核心教授和其他访问教授，以及117名员工从过渡性的上海交大闵行校区全部迁入了新落成的浦东红枫路校园。这是中欧国际工商学院的一件大喜事，也是具有里程碑意义的事件。

在4万平方米土地上完成了红枫路校园首阶段工程后，学院拥有了空间宽敞、设备先进的办学设施，克服了之前由于教室、办公室和宿舍不足所带来的种种困难。首期工程建成的设施有：教学中心、演讲厅、西班牙中心、图书馆、餐厅和2幢学生宿舍。

随着首期工程竣工，学院立即着手进行第二阶段工程的准备工作。2002年下半年，第二阶段工程正式开工。2004年初，仅花了不到2年时间，第二阶段工程就顺利竣工了。从此，学院拥有了一个融中国古代园林艺术和西方现代建筑风格为一体、开放而又静谧的完整校园。

第二阶段工程的竣工使学院拥有的建筑面积翻了一番，达到了4万平方米。新增加的设施包括：2幢教学中心、2幢学生宿舍、1幢教授公寓和1幢体育馆。

三、二期资金惊魂一刻

1999年底，刘吉教授担任代理院长之后，张国华教授告诉他学院面临一大难题，即欧方的第二期资金无法到位。因为欧方要求中方（上海）承诺配套资金，这样欧盟委员会和议会才能通过审批。但上海市政府认为，欧方的资金到位后，上海市政府自然会提供配套资金。而且，根据相关的外事规定，由于中欧项目属于无偿援助项目，欧方不能附加先决条件，所以中方无法事先发文做出书面承诺。然而根据欧方规定，在未获书面承诺的情况下，欧洲议会无法通过这项预算。这样，第二期资金的落实就陷入了僵局。

欧方给中欧的财政支持属于对第三世界的无偿援助项目，必须由欧盟委员会提出后经议会通过。如果不及时提供必要的文件，有关审议就不能在议会通过。过了1999年底的欧盟议会会期，再申请也就无效了。时间迫在眉睫。

刘吉院长认识到，不事先做书面承诺，绝不是个别部门的意见，而是上海方面根据相关规定所表达的态度。因此，刘吉教授专门找到时任上海市市长徐匡迪，做了专题汇报。

刘吉院长了解到，上海市领导担心，如果做了书面承诺却仍不能通过，该怎么办？此事关系到中国政府的尊严问题。最后，刘吉教授提出了一个折中方案，由中欧向上海市政府报告说明原委，市政府批示："上海市政府对中欧是十分重视和支持的，只要欧方资金到位，上海市政府立即下拨配套资金。"然后，再由中欧将此报告及批示提供给欧方。

有了解决方案后，刘吉院长和张国华副院长随即就将报告写好呈送徐匡迪市长，但是半个月过去了，还是没有消息，距离欧洲议会的审议只剩下一个星期时间了。刘吉院长打电话给徐匡迪市长，徐市长说早就批下去了。

不知道事情卡在了哪里，刘吉院长于是直接找到时任上海市委书记黄菊，汇报了以上情况。最后刘吉院长说道："您让我来做院长，没有钱我怎么干啊？"黄菊书记当场承诺说，这个事情他来解决，保证耽误不了。第二天，批示就下来了，紧接着欧盟议会通过了对中欧的第二期援助。此后，中、欧双方签署了第二期《财务协议》。

这一细节充分体现了上海市委、市政府对中欧国际工商学院一贯的不遗余力的支持。

四、重返北京

中国政府对于高等院校异地办学有着严格规定。然而，政府对"教育特区"的大力支持使中欧处于相对有利和灵活的地位，而中国经济的迅速发展则使学院的区域拓展成为可能。

学院在成立之初，就把自身定位成一所立足中国的国际化商学院。这一定位意味着学院首先要成为一所全国性的商学院。因此，学院立足于上海和长三角，积极寻求向全国拓展的机会。最终，学院选定北京和深圳作为向全国发展和扩大影响的两大基地。

几乎与浦东校园建设同步，学院也加快了改善北京办学设施的步伐。1996年，第一届EMBA北京班开学，借用的是民航管理干部学院和西门子管理学院的设施。1998年，马遇生（EMBA 1995）接到了时任中欧副院长张国华的邀请——筹建中欧北京代表处，开拓北方市场。他相信这是"朝阳行业"，于是向张国华院长表示："北京对中欧来说具有重要的战略意义，中欧如果进入北京，只能成功，不能失败。"1998年12月1日，中欧国际工商学院北京代表处成立。马遇生担任中欧北京代表处首席代表。

一开始，大家在北京希尔顿饭店办公，仅有的三位女同事负责课程的销售与课程管理。之后，北京代表处迁入颐和园附近的皇家园林——达园。由于达园宾馆主要为国家机关和领导同志服务，课程时常要为此让路。通知一来，全体同学就要集体出动搬桌椅，转战至另一个地下会议室上课。大型的招生说明会和论坛则必然要租用外部场地……

1999年3月，北京代表处落户达园

2002年3月，北京代表处迁入
融科资讯中心

2002年3月，北京代表处搬入融科资讯中心，成为入驻融科的第一家"租户"，马遇生笑称在此开始了"八年奋战"。其间，马遇生一刻也没有打消过建校园的"执念"："北京拥有巨大的市场，我们要向社会传递一个态度，我们不是打游击的，而是一家负责任、认真办学的商学院。"2002年，学院董事会根据我国管理教育市场的需求及学院持续发展的要求，决定在已有的北京代表处与教学点的基础上，建立北京校区。

中欧国际工商学院在北京的EMBA课程于1996年首次开办，经过学院和办学单位上海交大的努力，国家教委于1998年正式同意中欧在北京开办EMBA课程。2009年，北京的EMBA班增加到4个，每年招收约240名学生。2010年4月24日，中欧北京校园正式落成，这是一个值得载入史册的日子，标志着中欧崭新征程的起点。

五、展翅鹏城

在中欧深圳联络处成立之前，高层经理培训课程部已经把课程销售到了中国经济最具活力的珠三角地区。当时，高层经理培训课程部进行了大量市场调研及前期拓展，陪同学院及部门领导拜访了诸如华为、乐百氏等多家知名企业，并建议学院设立深圳联络处。

2002年7月，深圳联络处落户
国际商会大厦

　　2002年7月18日，中欧深圳联络处在威尼斯酒店举行了盛大的成立典礼。深圳联络处设立在深圳国际商会大厦A座821室，此后，从这间不足100平方米的办公室出发，中欧正式开启了在粤港澳经济圈"创业"的历程，希冀把最前沿的管理知识传播到华南这块改革开放的热土，为华南地区培养优秀的管理人才，助力区域的改革开放和经济发展。

　　2003年，深圳联络处搬入华侨城汉唐大厦2303B室；2004年，深圳联络处升级为代表处，随后又扩展至2303A室。由于没有固定的酒店服务商，深圳的高层经理培训课程如同打游击。

　　深圳联络处成立后，学院以一名"拓荒者"的姿态，闯入了华南这片管理教育尚属空白的市场。院长助理刘涌洁表示："进入深圳时，人们不仅对中欧品牌没有认知，对管理教育的必要性认知也不够，我们通过教育客户创造了一个管理教育市场，做了无数'第一次吃螃蟹'的事情"。

　　当时，作为唯一的销售人员，时任深圳联络处经理孔飙不仅要通过最原始的方法寻找客户，还要接送教授，开课时运送课程资料，以及处理联络处的其他杂事。"小车不倒只管推"，深圳团队秉持着艰苦奋斗的精神，不断开拓进取。孔飙还记得，2004年，联络处在刚成立2年、只有 5 名员工的情况下，组织了一场超过 700 人的大型论坛，提升了中欧在华南的知名度。

到 2004 年底，中欧在深圳地区已经拥有了一定的市场影响力。高层经理培训课程为 2005 年首届 EMBA 深圳班的开设打下了基础，首届 EMBA 考生中有很多人曾参加过高层经理培训课程，对学院的课程质量和教学服务体验高度认同。刘湧洁表示："首期 EMBA 学生中有 70% ～ 80% 在招收之前我们就已认识了。"

2004 年，深圳代表处迁入第二个办公室所在地——汉唐大厦

六、MBA 学位的体制认可

2002 年 1 月 8 日是中欧国际工商学院发展历史上一个重要的日子，在时任教育部部长陈至立等领导的大力支持下，根据办学单位上海交大的申请，国务院学位委员会办公室下达了 2002 年 1 号文件，同意中欧国际工商学院颁发本院 MBA 学位。陈至立长期关心中欧的发展，曾寄语学院"坚持改革，大胆借鉴，结合实际，努力把中欧国际工商学院建设成国际一流商学院"。

教育部原副部长韦钰在谈到国家对中欧颁发的学位证书予以认可时说："中欧靠他们这么多年的发展，靠实力、特色和质量，现在已经在社会上得到承认了，所以国家也承认。"

刘吉院长说："本来中国政府与欧盟签订了合作办学协议，就已明确中欧是独立法人并有权授予学位。但是办学之初，中欧的办学质量和社会影响尚需实践检验。如果学校不像样子，要人家承认，那不是很荒唐的事情嘛。你把学校办出了水平，人家自然就会来

2002 年，国务院学位委员会关于中欧国际工商学院授予 MBA 学位的批复

承认你的存在。"

2002年，中欧的三大课程全面进入世界百强，学院MBA学位的颁发获得了国务院学位委员会办公室发文同意，中欧国际工商学院可以说是双喜临门。

2003年10月13日，中国政府首次发表了《中国对欧盟政策文件》，其中提出"办好中欧国际工商学院，培养更多高层次人才"。

七、获得国际认可的道路

尽管中欧的教育水准得到了政府和学术界的认可，但公众对中欧的了解仍然不多。在第二个5年，董事会提出了通过各种途径提升学院知名度的要求。菲希尔院长于1999年邀请了曾先后在法国INSEAD商学院和瑞士洛桑国际管理发展学院（IMD）担任过公关总监的苏史曼（Jean-Pierre Salzmann）先生担任学院的公关主任。

INSEAD商学院和IMD商学院都是在欧洲备受尊重、历年全球排名位列前茅的商学院。IMD的前身之一IMEDE和INSEAD都创办于1957年，同样经历过第二次世界大战后快速发展的时期，这两所商学院和苏史曼先生个人的经验都非常值得中欧学习。

1999年，中欧国际工商学院开始准备参加国际权威的财经媒体英国《金融时报》（Financial Times）商学院排名，2000年开始向《金融时报》提供相关报告。这方面的工作最早是由苏史曼着手进行的。

2001年10月，《金融时报》发布全球商学院EMBA课程年度排名，中欧国际工商学院EMBA课程首次进入全球50强，名列全球第29位、亚洲第2位。2002年1月，中欧国际工商学院MBA课程首次进入全球百强，名列全球第92位、亚洲第3位；高层经理培训的公司特设课程排名第45位、亚洲第1位。

到2004年，在英国《金融时报》的商学院排名中，中欧国际工商学院的MBA课程名列全球第53位、亚洲第1位，EMBA课程名列全球第20位。

2004年，中欧MBA课程首次跃居亚洲第1位，名列英国《金融时报》全球排名第53位

在2002年董事会会议上，欧方董事汤姆斯·萨特尔伯格（Thomas Sattelberger）提出，学院要尽快着手欧洲质量发展认证体系（EQUIS）认证。EQUIS认证是欧洲管理发展基金会创办的以认证为形式、对高等管理教育机构进行质量评价、推动教育进步的国际认证体系，也是全球公认的两大管理教育认证体系之一。

EQUIS申请过程于2002年启动，中欧为此成立了专门小组，研究认证的各项指标，按照认证要求改革各项流程，改善各项指标。认证成功的关键指标之一是聘请到25名以上长期教授。这也意味着学院必须着手建立一支有一定数量的长期教授队伍。从2002年开始，学院花巨资引进了一批具有国际水准的教授，到2004年，中欧的长期教授总数达到了29名。

经过2年的努力，并经过EQUIS评审专家组多次来院考核，中欧终于在2004年成为中国内地首家通过EQUIS认证的商学院[1]，这一认证宣告中欧的办学质量得到了国际权威认证机构的认可。此后，学院连续通过EQUIS续认证。

---

[1] 香港科技大学商学院于2000年获得EQUIS认证。

2004年，中欧获得欧洲质量发展认证体系
（EQUIS）认证

在通过认证后，EQUIS评审专家组向中欧提出了两点意见：一是有关长期教授队伍的规模与国际化程度，二是有关研究和创新。2005年，学院向EQUIS委员会就其提出的两点主要意见递交了报告。对于一所成立不到10年的商学院来说，获得国际社会如此高度的认可，不但是中国教育的奇迹，也是亚洲教育的奇迹。国际排名的不断提升和国际认证的通过，对学院的市场推广起到了很大的推动作用。

八、SARS冲击波[1]

正当中欧国际工商学院为国内外各种认可与赞誉而喜悦时，2003年的SARS疫情却让中欧面临建院以来最严重的冲击。

由于SARS疫情发生的春夏之际正好是MBA和EMBA新生入学阶段，因为SARS疫情，MBA课程的部分国际学生放弃了入学，导

1　SARS指"严重急性呼吸系统综合征"，通常被称为"非典型肺炎"，简称"非典"。SARS疫情于2002年在中国广东顺德首发，并扩散至东南亚乃至全球，2003年中期疫情逐渐缓解。

致国际学生比例从2002年的14%下降到11%。生源国际化受到了影响。

EMBA课程当年的申请人数从2002年的876人下降到760人。大量航班的停航使得很多在外地工作的EMBA学生无法每月按时来学院上课，EMBA部分课程不得不推迟到2004年。

高层经理培训课程受到的冲击最大，他们不得不取消了4—7月份的课程，有些课程虽然照常进行，但SARS疫情对于高层经理培训的业务开展造成了极大的影响，销售额与2002年相比明显下降。

当年，学院的财务状况也受到了影响，间接成本有所增加，主要原因是员工与教授人数增加，以及其他营运成本的增加。

好在SARS疫情很快结束了，2004年，中欧国际工商学院的各项收入都出现了井喷式的增长。

九、爆发2004

2004年是中欧国际工商学院建院10周年，也是中欧激情迸发的一年。为了庆祝中国和欧盟之间的有效合作，提高学院的知名度，继续提高教学质量，刘吉院长提出了将全年视为院庆年的思路。

2004年，中欧大规模引进了一批著名教授，使得师资力量大大增强。会计学教授丁远和许定波、经济学与金融学教授许小年、金融学教授张春、管理学教授杨国安、金融学教授张逸民、经济学与金融学教授许斌等都是在2004年加盟的。

2004年9月7日，张国华副院长代表中欧国际工商学院与北京中关村软件园发展有限责任公司签署了《土地开发建设协议书》，并向社会各界宣告：中欧国际工商学院北京校园将入驻国家级软件产业基地——中关村软件园，占地3.3万平方米，与百余家国内外大中型企业毗邻。

十、收获的第二个5年

在中国政府和欧盟第二个协议期2000—2004年的5年中，中欧国际工商学院完成了一系列重要工作，可谓硕果累累：

第一，完成了从依靠国际访问教授到建立自己独立师资队伍的转变。从以教学为中心转变为教学与研究并重，将知识创造放在与知识传播同等重要的位置。

第二，2002年，国务院学位委员会办公室发文批准中欧颁发本院MBA学位，这是中欧历史上的一项重要突破。2004年，学院还获得了国际权威商学院认证体系之一——EQUIS的认证，标志着办学质量达到了国际水平。

第三，完成在中国三大经济引擎长三角、京津冀和珠三角地区开设EMBA和高层经理培训课程的布局。

第四，在国际著名媒体的商学院排名上高歌猛进，三大课程全面进入全球百强，MBA课程更是位居亚洲第一。

更重要的是，伴随着中国经济的强劲发展，中欧国际工商学院基本实现了财务独立。在中国政府和欧盟的呵护下，在中欧人的辛勤栽培下，中欧国际工商学院风生水起，开始闻名世界。

学院建院10周年之际，时任国务院副总理吴仪、时任国务委员陈至立、时任全国政协副主席徐匡迪等均来电来信祝贺，时任上海市人大常委会主任龚学平、时任上海市委副书记殷一璀、时任上海市副市长严隽琪到院庆现场祝贺。中方和欧方代表共同回顾办学历程，展望美好前景。一幅灿烂的蓝图，在前路徐徐展开……

第六节　比肩国际：跻身全球10强

2005年，中欧开始了第三个5年的征程，在这5年中，中欧经历了张国华院长病逝之痛，也收获了中国经济高速发展带来的管理教育的迅猛发展。

2005年，中欧MBA课程在英国《金融时报》全球MBA百强排行榜中从第53位大幅提升到第22位；在《福布斯》（Forbes）中文版的MBA排行榜上，中欧被评为中国最具价值的商学院。2009年，中欧成功跻身《金融时报》排行榜全球10强、名列第8位，成为亚洲首家闯入世界前10位的商学院。

主要成就表现在：

第一，在布局上，进一步拓展全国市场，北京校园的建设于2010年初完工，由高层经理培训课程部负责执行的中国—欧盟商务管理培训（BMT）项目在内陆8个城市全面推开。

第二，在国际化方面，从以前单纯地引进国际资源到转向全面的国际交流，并在欧洲设立了联络办公室，以扩大学院在欧洲的影响力。

第三，在办学标准上，获得了国际商学院联合会（AACSB）认证，成为当时中国内地通过EQUIS和AACSB两项权威认证的两家商学院之一[1]。

第四，在师资方面，学院的长期教授从2004年的29位增加到2009年的58位，并吸引了中国和世界许多一流的人文学者前来演讲和交流。

第五，在学术研究方面，任命了专门负责研究的副教务长，不断推

---

[1]　香港城市大学商学院于2005年获得AACSB认证，于2007年获得EQUIS认证。

进案例中心建设，建立了13个学科研究中心，并吸引了一批年轻的学术精英，为未来学术研究的发展奠定了基础。

第六，在智力资本回馈社会方面，组织了中国健康产业高峰论坛、中国银行家高峰论坛、中国汽车产业高峰论坛、中国传媒产业高峰论坛、全球管理论坛等系列高端产业论坛，在相关行业的影响力大大增加。

一、天妒英才，难阻创造奇迹的雄心

2004年，在第二届管理委员会任期的最后一年，刘吉院长已年届古稀，他郑重地给谢绳武董事长写信，提出辞去执行院长的职务，并向董事会推荐年富力强的张国华教授担任院长。同时也向上海市政府递交了辞呈，并推荐张国华接任院长。

不幸的是，张国华教授在担任院长仅1年之后，就因积劳成疾，于2006年1月10日英年早逝。噩耗传来，校内一片哀痛。作为中欧国际工商学院的创始人之一，从1992年建院谈判开始，张国华教授为中欧整整奋斗了13年。

为创建一所世界一流的商学院，发展中国的管理教育，中欧国际工商学院先后有两位院长在任上病逝，其创业精神为校友和社会各界所尊崇，其不朽业绩更将为后人所传颂。天妒英才，但这不能阻止中欧人不断超越、不断创造奇迹的雄心。

二、选定中欧新的领头人

2006年，经上海市政府提名，中欧国际工商学院董事会任命上海市人大常委会副主任朱晓明教授担任院长。6月5日，在时任上海交大党委书记马德秀的陪同下，朱晓明教授到中欧国际工商学院参加任命仪式，由谢绳武董事长宣读了任命书。当天，朱晓明教授还以院长身份陪同时任上海市委副书记殷一璀调研了学院工作。

根据刘吉院长的回忆，在2006年决定中方院长人选时曾考虑过5条标准，包括身为省部级干部、拥有良好的学术背景、富有领导能力和开拓能力、热爱中欧和管理教育事业、有中外合作的工作经验。朱晓明教授完全符合上述标准。

朱晓明教授在出任院长的当天，在与雷诺院长和吴敬琏教授的叙谈中，发现当年除吴敬琏教授曾到金桥开发公司洽谈中欧项目外，另一位也曾到金桥开发公司调研与洽谈的欧方代表竟然就是雷诺院长。历史就是如此巧合，曾经作为一个项目洽谈的双方，如今又将作为同一所学校的领航人一起共事。

三、中标BMT项目，拓展中西部

从2004年开始，中欧开始注重在中西部地区的宣传及市场拓展。

2007年，中欧在激烈的竞争中脱颖而出，中标了欧盟的"中国—欧盟商务管理培训（BMT）项目"，学院对中西部人才培养的投入大大增加。BMT项目由中欧国际工商学院联合三家合作伙伴——欧洲管理发展基金会、法兰克福金融管理学院（FS）以及IESE商学院共同执行。

BMT项目主要是为提高中国西部、中部以及东北部省份的企业管理水平而设计，主要内容包括中欧商务教育文凭课程、学术—企业研讨会与网络平台、中欧MBA奖学金和中欧MBA学生交换奖学金。

2008年1月15日，BMT项目在中欧上海校区正式启动。作为该项目的重要组成部分，中欧将担负起为中国欠发达地区提供管理教育的任务。授课地点包括安徽省合肥市、江西省南昌市、黑龙江省哈尔滨市等8个城市。

中欧商务教育文凭课程为期6个月，分6个模块，每个模块为期4天，由中欧国际工商学院和法兰克福金融管理学院的教授共同执教。整个课程仅向每位学员象征性收取学费500欧元。

"我们想把中欧送到他们的家门口，这样，将有更多人受益于我们

2009年，中欧商务教育文凭课程合肥一期班毕业典礼暨二期班开学典礼举行

提供的世界级工商管理教育。"时任BMT项目经理、中欧经济学教授芮博澜（Bala Ramasamy）说。

此外，BMT项目还在2008—2012年，每年为12名来自欠发达省份的MBA学生提供全额奖学金。

四、最中国的国际化商学院

中欧国际工商学院的发展，得益于中欧汇集全球资源的能力和智慧。在这一阶段，中欧确定了"最中国的国际商学院，最国际的中国商学院"的独特定位，在整合全球资源的同时，也不断提高全球辐射力和影响力。

2005年，中欧国际工商学院在西班牙巴塞罗那成立了欧洲联络办公室，通过邀请知名教授和校友在国外演讲、授课、举办论坛等形式，努力成为中国商学院在国际上的代言人，搭建中国企业家和欧洲企业家的交流合作平台，提升学校在欧洲的品牌知名度。杨国安教授和著名校友杨澜等都曾赴欧洲进行交流。

2008年10月，管理委员会任命曾任荷兰教育、文化及科学大臣和议员的奈斯安（Annette Nijs）女士担任中欧国际工商学院全球策略总监，帮助中欧提升国际形象，建立和发展与欧洲、美国以及拉丁美洲国家的企业、政府和学术机构之间的联系。

与此同时，学院还致力于向海外发展。这一时期，学院与40多所海外商学院开展交换学生项目，海外学生在近200名MBA学生中所占比例接近40%，成为名副其实的最国际化的中国商学院之一。此外，学院还与西班牙的IESE商学院以及美国的哈佛商学院、沃顿商学院、密西根大学商学院、哥伦比亚大学、INSEAD商学院等密切合作，为跨国企业开设了一系列国际课程。这些合作不仅使教学具有全球化特色，同时也有利于培养具有国际竞争力的高级管理人才。

五、抓住机遇，推进北京校园建设

在北京校园规划阶段，刘吉院长先后多次拜访了北京市政府有关领导，以取得支持。

时任北京市市长王岐山曾非常高兴地说："全力支持你们在北京办分院，分院也可以办得比总院更有名嘛！"北京校友分会也对建设北京校园表示大力支持。

北京市的昌平、海淀和房山等区都表示欢迎中欧国际工商学院入驻。张国华副院长和院长助理兼北京代表处首席代表马遇生先后考察了30多个地块，最终选定了位于北京海淀区中关村软件园、面积为3.31万平方米的地块。

中关村软件园区是北京市唯一的国家级软件产业基地，当时已有百余家企业入驻，包括西门子、甲骨文、东软集团、汉王科技等国内外著名企业。整个园区环境优美、绿化环绕，并有一个面积为3万平方米的人工湖。

由于重大项目决策需董事会同意，而北京有关方面要求在10月8日前签订合同，为此，谢绳武董事长亲自给欧洲管理发展基金会主席、中欧副董事长赫拉德·范斯海克[1]（Gerard van Schaik）博士写信，在第一时间取得了董事会授权[2]。

2004年9月7日，中欧与北京中关村软件园发展有限责任公司签订土地出让合同。

中欧北京校园由欧洲著名的IDOM建筑事务所担任设计公司，国内合作方则选择了中元国际工程设计研究院。中欧北京校园造型简洁现代，首层为不规则椭圆形内部穿插庭院，第二、第三层为5个长条形规则的排列，体现了理性与感性的结合。

2007年10月27日，北京校园破土动工。2008年，为配合北京奥运会的召开，工程不得不停工3个月；建筑师提出的设计调整，又使工期推迟了2个月，为此，基建小组通过与施工单位紧密合作，努力挽回了部分延误的工期。

北京校园的落成，对于学院更好服务于整个中国的经济建设，并在国内管理教育市场激烈的竞争中确保领先地位具有深远意义。朱晓明院长指出，"校园不仅是一所商学院的物理存在，更是其内在精神和气质的外化。北京校园的落成，是中欧发展史上具有战略意义的一件大事，它为中欧进一步提升在华北市场的品牌影响力和市场竞争力创造了契机，也显示中欧以更加成熟、更加自信的姿态迈向未来"。

在推进校园建设的同时，中欧北京校区利用区域优势不断开拓创新，通过一系列论坛活动提升中欧的品牌影响力。2001年，以服务国家战略为导向，北京校区启动了"高朋满座"论坛。多年来，王岐山、丁仲礼、柳传志、宁高宁等100多位国家政要、知名学者和商界领袖都曾莅临演讲交流。

另外，2009年，学院任命许定波教授为分管中欧北京校区事务的副教务长，为北京校区发展提供学术支持，主导北京校区学术相关事务，牵头并负责以京津冀区域经济发展为重点的研究项目等。

1　关于赫拉德·范斯海克博士，详见第六章"中欧领航人"第二节。
2　见中欧档案室存谢绳武董事长给赫拉德·范斯海克副董事长的信。

2008年，朱晓明院长（左三）在中欧北京校园主体结构封顶仪式上致辞（后排右三为中关村软件园董事长周放，右二为院长助理、北京代表处首席代表马遇生）

六、不失时机地推进上海校区扩展建设

早在上海校区建设初期，上海有关方面就将校园东北角的一块土地作为中欧备用扩展用地。曾任金桥开发公司和浦东新区领导的朱晓明院长对上海校区扩展建设做出了重要贡献。

土地使用权审批是任何基建项目的关键。2006年6月5日，朱晓明就任院长后，与张维炯副院长[1]一起先后3次去浦东新区政府汇报上海校区扩建项目土地需求方面的情况，令浦东新区领导甚为感动，并很快得到了浦东新区区委与区政府主要领导的支持。近2个月后，也就是2006年8月3日，张维炯副院长代表中欧与金桥集团公司总经理俞标在上海国际会议中心签署了土地转让协议。值得一提的是，扩展项目得到了俞标总经理和金桥出口加工区开发股份有限公司沈荣总经理的大力支持。

此次签约转让的土地面积约为36 000平方米，这使上海校区面积扩展了近一倍。

上海校区扩建（金科路校园）项目仍由原校园设计单位、贝聿铭大师领衔的P.C.F.建筑师事务所承担。朱晓明院长和张维炯副院长先后多

---

1 关于张维炯教授，参见第六章"中欧领航人"第十一节。

2009年，为上海校区扩建用地做出很大贡献的金桥集团公司总经理俞标（右二）、金桥股份公司总经理沈荣（左三）在扩建地块上听取朱晓明院长、张维炯副院长兼中方教务长介绍扩建规划

次和P.C.F.建筑师事务所洽谈，希望在红枫路校园设计成功的基础上，保留原有特色，并有所创新。时任上海市市长韩正也曾多次对中欧上海校区扩建项目表示支持。在中欧竞标"中国—欧盟商务管理培训项目"前夕，韩正市长即通过上海市发改委做出承诺，上海市愿意与欧盟对等提供约9 000万元人民币，用于支持中欧发展，包括上海校区扩建项目等。

七、深圳代表处走向"业务一体化"

2004年，中欧国际工商学院宣布开设EMBA深圳班，并于2005年3月开学，当时主要在华侨城博林诺富特酒店授课，这也成为众多EMBA深圳班老校友心中难以忘怀的记忆。2009年，中欧开始每年在深圳招收2个EMBA班以满足高速发展的华南企业管理者提升自我的需求。同时，高层经理培训课程也不断蓬勃发展。

随着业务的拓展，深圳代表处的办公环境渐显局促。2009年5月17日，中欧国际工商学院深圳代表处迁入了深圳市福田中心区装修一新的荣超商务中心大楼内，新址面积约1 800平方米，拥有2间阶梯教室、1

2009年，中欧深圳教学中心，拥有2间阶梯教室、1间平面教室、3间讨论室及200平方米办公区域

间平面教室、3间讨论室及200平方米办公区域。

朱晓明院长指出："中欧倾注力量改造深圳教学点，是符合我院发展战略的一项重要举措。通过办好深圳教学点，不但可以满足华南地区对于高层次管理培训日益增长的需求，而且还为我院在香港、澳门以及西南地区扩大影响和开拓业务创造了有利条件。"

2009年也被深圳代表处视为"业务一体化的元年"。此前，深圳的EMBA课程和高层经理培训课程各自向上海总部汇报，首席代表先后由院领导与上海的相关部门负责人兼任且更换频繁，一直没能形成完整的组织架构，10人左右的办公室被戏称为一壁之隔的"东西华侨城"。2009年起，三大课程在深圳开始由代表处统一管理，实现了业务一体化。EMBA课程、高层经理培训课程和校友共同支撑起一个相当强大的信息资源网络，随之而来的是客户群体的扩大以及品牌影响力的上升，这对中欧品牌效应不明显的华南地区尤为重要。

八、政府智库——中欧陆家嘴国际金融研究院[1]的成立

1992年，党的十四大报告提出建设上海国际金融中心，上海逐步奠定了以市场中心为主要特征的国内金融中心地位。2007年1月，全国

1　关于中欧陆家嘴国际金融研究院的详细介绍，参见第三章第四节。

坐落于陆家嘴黄金地段的中欧
陆家嘴国际金融研究院

金融工作会议上提出要加快上海国际金融中心建设，随后召开的上海市
金融工作会议也提出，要在更高起点上加快推进上海国际金融中心建
设、集聚金融人才以及进一步聚焦陆家嘴金融贸易区。

朱晓明院长认为，中欧可通过牵引外资金融机构来沪、培养金融急需
人才、协助组织金融专业论坛，助力上海打造国际金融中心。他将这一想
法专报时任上海市市长韩正与常务副市长冯国勤，得到了市领导的肯定。

经过精心的筹划，2007年10月26日，中欧陆家嘴国际金融研究院
在上海陆家嘴金融贸易区挂牌成立，研究院定位为上海国际金融中心建
设的智库。成立当天，韩正市长亲自为研究院揭牌，冯国勤副市长出席
并致辞。

中欧陆家嘴国际金融研究院由中欧国际工商学院和上海陆家嘴集团
有限公司共同发起成立。它选址陆家嘴黄金地段，为上海国际金融中心
建设和中外金融机构发展提供研究、咨询、培训等服务，搭建沟通、交
流、分享平台。研究院聘请时任全国人大常委会委员、财经委员会副主
任委员，中国人民银行原副行长吴晓灵出任院长，朱晓明院长任理事
长，同时聘请了吴敬琏、许小年、许定波等一大批国内外知名的专家学
者加入。研究院的成立对于陆家嘴金融贸易区加快金融机构集聚、培养
金融人才和营造良好的金融生态具有非常重大的意义。

同时，"陆家嘴论坛"秘书处亦设在研究院，研究院在论坛筹备过
程中承担具体协调和秘书工作。

九、AACSB认证

在通过EQUIS认证后，2006年，中欧开始筹备申请另一项国际权威的AACSB认证，并于2009年1月通过了该项认证。AACSB的评审报告对年轻的中欧国际工商学院给予了高度评价：

中欧国际工商学院能在中外合作商学院这种独特的模式下充分发挥多元化、国际化特色，做到了"中西合璧，兼容并蓄"；将学术研究与实践紧密结合，在经济领域以及社会领域均发挥了极大的影响力；师资力量持续快速增长，为学院发展打下坚实的学术基础；高度重视自身品牌的发展，加强自身品牌形象并使其成为质量保证。

同获全球最权威的两大管理教育认证体系的认证，充分证明中欧国际工商学院的办学质量已达到国际管理教育界公认的标准。

2009年，中欧获得AACSB认证

2009年1月5日，学院举行荣获AACSB官方认证新闻发布会（左起：副院长兼中方教务长张维炯、时任上海市教委主任薛明扬、时任院长朱晓明、时任董事长张杰、时任副院长兼教务长郭理默、时任副教务长兼MBA课程学术主任白诗莉）

十、初步实现财务自立

中欧国际工商学院的创办资金来自上海市政府和欧盟委员会，但根据《财务协议》，学院的最终目标是要实现财务自立。

专业而富有远见的董事会是中欧国际工商学院正确运营的指导者，也是运营风险的控制者。在每年10月或11月召开的董事会上，财务是董事会讨论的首要问题，工商界的董事和管理学界的专家对财务问题驾轻就熟，学院一开始就确立了谨慎的财务策略。

1998年，尽管金桥开发区的土地已经确认转让给中欧国际工商学院，但由于负责基建的李家镐院长逝世，导致土地过户手续延迟，没有如期过户到学院账户，但在财务报表上已经将土地列为学院的资产。最后，董事会责成管理委员会在1998年12月31日前完成土地过户工作。

此类细节比比皆是，历年董事会上，都会对来年的资金预算做基本的评估和保守的评估两种方案，以期对风险有足够的控制，因为财务上的严谨是合作双方互信的最重要的基石。

2001年，中欧基本实现了财务自立。由于开办时间较短，校友及公司赞助占学院收入比例尚不高，学院主要靠运营收入实现财务自立。在这一点上与世界一流商学院相比有很大差距。世界排名前10的商学院，大多拥有雄厚的捐赠基金。学院要为未来的持续发展打好基础，就必须在努力增加运营收入的同时，花大力气做好筹资工作。这是中欧努力的一个方向。

2009年，学院迎来建院15周年，MBA课程也首次跻身世界10强，这是学院的一项里程碑式成就。张国华院长的生前夙愿是把中欧带入世界前10名，因此这项成就亦是对他最好的告慰。在全体中欧人的共同奋斗下，年轻的中欧意气风发，未来可期。

2007年，时任国务院总理温家宝称赞"中欧国际工商学院已成为众多优秀管理人士的摇篮"。在2009年院庆之际，国务院原副总理李岚清为学院题词：为培养更多振兴中华之英才而努力。国务院原副总理吴仪致函，希望中欧"继续坚持市场化办学方向，发挥独立商学院的灵活办学机制优势，努力打造属于中国的世界级管理教育品牌，为中国经济腾飞培养更多优秀的企业家，为中国和欧盟友谊和交流做出更大贡献"。

2009年7月24日，国务院原副总理吴仪为中欧15周年院庆发来的贺信

2009年，国务院原副总理李岚清为学院题词

在10月31日的院庆典礼上，时任商务部部长陈德铭、时任上海市市长韩正等出席庆典并讲话。陈德铭部长表示，作为中国优秀的商学院，中欧国际工商学院有责任也有能力培养更多高素质的管理人才，为中国经济腾飞和世界经济发展做出更大的贡献。韩正市长寄语学院："紧紧围绕社会需求，总结成功经验，着力创新发展，努力培养更多的优秀人才，提供更好的咨询和研究，为我国经济社会发展，为上海加快推进'四个率先'、加快建设'四个中心'，做出新的更大的贡献。"

百尺竿头，更进一步。面对学院的快速发展，朱晓明院长勉励大家："我们应当清醒地认识到，中欧的成功不仅仅是全体师生员工共同努力的成果，同时也是中国改革开放与经济高速发展的成功所致。我们应当虚心学习国内外名校的长处，力争为我国经济社会发展提供最佳的办学设施、最优的管理课程；我们还要力争创办最好的研究机构，使我院成为我国经济社会发展的智库。唯有兢兢业业、不懈努力，我们才能一步一步地从'优秀'迈向'卓越'！"

第七节　承前启后：从优秀迈向卓越

在始于2010年的新一个5年中，中欧以更加自信的姿态向建设国际一流商学院的目标大步迈进。中欧原副院长兼教务长约翰·奎尔奇（John Quelch）[1]教授在任时，将中欧的定位标志语进一步提炼为"中国深度　全球广度"，学院基于此将自身定位调整为"一所兼具中国深度和全球广度的国际商学院"，在扎根中国发展的基础上，致力于将国际标准与全球视野引入学院各项工作，以实现从一家"办在中国的国际商学院"向一家"来自中国的国际商学院"的转变。

2014年，中欧迎来了20岁生日，这既是中欧的成人礼，也是中欧从优秀迈向卓越的新起点。中欧已经成为亚洲领先、国际知名的商学院，堪称世界管理教育领域的中国奇迹。吴敬琏教授曾动情地说："中国经济发展的成功、企业管理水平的提高，要为中欧记上一笔。"

基于中欧在前20年取得的出色成绩，中国政府与欧盟、双方办学单位以及学院协商达成了为期20年（2015—2034年）的办学展期协议。中欧将在下一个20年继续为推动中国转型、打造世界一流企业而努力。

一、办学展期协议开启新的20年

中欧办学展期协议的签署是关系学院未来发展的一件大事。1994年签署的《中欧国际工商学院办学合同》在2014年到期，中国政府与欧盟、双方办学单位和学院为协议到期后办学的展期进行了协商，达成了为期20年（2015—2034年）的办学展期协议。

1　关于约翰·奎尔奇教授，参见第六章"中欧领航人"第十二节。

2012年12月2日，中欧国际工商学院举行办学展期协议签约仪式。时任全国人大常委会副委员长严隽琪出席仪式。时任中欧董事长、上海交通大学校长张杰[1]与欧洲管理发展基金会总干事兼首席执行官埃里克·科尼埃尔（Eric Cornuel）[2]分别代表双方办学单位签署协议，时任上海市副市长沈晓明与时任欧盟驻华大使艾德和（Marcus Ederer）分别代表上海市人民政府与欧盟在协议上签字见证。时任院长朱晓明主持了仪式。

自1994年创办以来，中欧一直实行中西融合的管理体制，积极引进先进的国际教育资源，为中国管理教育的发展进行了卓有成效的探索，为培养我国经济建设和社会发展需要的高端管理人才做出了积极贡献。办学展期协议的签订符合中国发展的需求与中国、欧盟合作关系发展的大局。

与此同时，这一协议的顺利签署也凝结了学院领导的心血与智慧。作为管理教育特区，中欧的许多做法都是对现行体制的突破，展期协议签订的谈判也涉及类似的一些问题。时任中欧董事长张杰、董事科尼埃尔与杨亨、名誉院长刘吉、时任欧方院长雷诺、时任中方院长朱晓明与副院长张维炯等学院领导都从最有利于中欧发展的立场出发，以改革开放的精神积极推动各方协商，在最大限度上坚持了中欧一直以来的发展路线，为协议的顺利签署打下了良好的基础。

为期20年（2015—2034年）的办学展期协议

二、FMBA课程正式推出

在职金融MBA（以下简称"FMBA"）课程[3]是中欧自创立以来开设的首个专业在职MBA课程。该课程的开设旨在为建设上海国际金融中心这一事关全局的国家战略搭建人才输送平台，培养一批拥有"金融深度、管理广度"的高级金融人才，使他们成为中国金融领域"10年之

1　关于张杰教授，参见第六章"中欧领航人"第一节。
2　关于埃里克·科尼埃尔教授，参见第六章"中欧领航人"第二节。
3　自2014年9月起，该课程更名为"金融MBA课程"。

后的领军者"。

2007年前后，一部分中欧教授即萌生了在中欧创办FMBA的想法。从保证一流的教学质量出发，雷诺院长等学院领导对开办在职类课程十分谨慎，没有立即启动课程筹备工作。但中欧从那时起便开始通过创办中欧陆家嘴国际金融研究院、壮大金融会计系的师资力量等方式，加强在金融领域的研究与师资储备。

经过数年酝酿，开办FMBA课程的时机渐渐成熟，加上时任外方副院长兼教务长奎尔奇教授的大力推动及其他学院领导的支持，2011年初，中欧金融学与会计学教授赵欣舸牵头，与黄明、丁远等其他教授成立任务小组，探讨创建FMBA的可行性与落地细节。

2011年8月，中欧正式宣布成立FMBA课程部，赵欣舸教授担任课程主任。2011年11月1日，中欧召开新闻发布会，正式对外推出FMBA课程。2012年9月5日，中欧首届FMBA开学典礼在上海校区举行，FMBA课程正式启动。从最初两届的招生情况来看，中欧FMBA课程得到了市场的高度认可，报考者十分踊跃，生源质量很高。首届FMBA学生62人，第二届即增加到120人。

2012年，中欧首届FMBA班举行开学典礼

FMBA课程的推出使中欧在原有三大课程——MBA、EMBA和高层经理培训课程的基础上，形成了四大课程并驾齐驱的课程架构。这不仅增强了学院在金融学科建设方面的实力，也使学院的未来发展后劲更加充足。

三、博士课程的探索与启动

中欧的发展方向之一是从教学为主转向教学与研究并重。为了顺应这一发展战略，中欧开始围绕推出博士课程进行种种尝试，以增强学院的研究实力，建立更好的研究平台，培养师资力量，提高学院的学术声誉。

在学院管理层的指导下，教务长办公室曾做过一次工商管理博士（DBA）课程的市场调研和论证。虽然当时论证的结果是条件尚不成熟，这一过程却像播下了一颗"种子"。自此以后，学院一面大力加强师资建设，一面开启了尝试性探索，通过开展一些全日制博士课程的合作来锻炼师资、积累经验。

2012年，中欧与西班牙IESE商学院合作开设了全日制博士课程。该课程一方面旨在为中国培养拥有国际经验与水准的管理研究者和学者，另一方面则是为了推动以"中国深度 全球广度"为导向的管理课题的研究。

2014年，中欧在上海交通大学的支持下，正式启动自主培养的博士课程。该课程为4年全日制，每年招生5人左右，博士生导师均为海内外知名学者，有着丰富的教学和研究经验，能引导学生将世界先进的管理理念与中国的管理实践有机结合，进行最前沿的研究。

这些探索，也为之后中欧开设DBA课程奠定了坚实的基础。

四、上海金科路校园全面建成

2006年8月，中欧与金桥集团公司签署了3.6万平方米校园扩建用地的转让协议后，由于建筑需求未确定且缺少专门的负责人去落实，上海金科路校园建设进展较为缓慢。2008年10月底，学院任命参与过上海红枫路校园工程建设的章诚明担任院方项目经理，在管理委员会和基建领导小组的指导下，系统推进金科路校园建设。

新校园土地的建筑容积率最初规划的是1.0，这对于学院的未来发展并不是十分有利。为此，时任院长朱晓明向市规划局积极争取，章诚明也与设计院一起做出了能使容积率调高的设计方案。最终，新校园土地的容积率从1.0提高到1.5，为新校园设计争取到了更大的空间。为使整个校园更好地兼顾美观与实用，最终将容积率调整为略大于1.2。

金科路校园的设计仍由P.C.F建筑师事务所承担。在讨论设计方案阶段，朱晓明院长向P.C.F.提出了几项要求，包括新校园的建筑风格既要在红枫路校园的基础上有延续与传承，又要有所创新，同时必须注重绿色环保。朱晓明院长用"踵事增华"四个字来形容金科路校园的建筑文化理念。基于此，金科路校园仍保留了粉墙黛瓦的风格，水面则变得非常宽阔，P.C.F.设计的"透明金字塔"使校园特色十分鲜明。

金科路校园的国内设计方为中国海诚国际工程投资总院，施工方为上海建工五建集团有限公司，监理方为上海三凯建设管理咨询有限公司。2010年11月6日，中欧举行了上海校区扩建项目奠基仪式。扩建项目的设计方案、扩初设计与施工图完成审批后，2011年5月25日，扩建项目正式开工。2012年7月15日，新校园结构封顶仪式举行。2013年7月，金科路校园正式投入使用。2014年11月，中欧会堂于20周年院庆之际竣工。上海金科路校园的落成使中欧拥有了世界一流的教学和服务设施，为学院的未来发展奠定了坚实的基础。

更为可喜的是，上海金科路校园在设计建设过程中始终坚持绿色校园的理念，并于2013年11月18日荣获"绿色能源与环境设计先锋奖"（Leadership in Energy & Environmental Design，LEED）金奖认证。中欧是全国首个获此殊荣的商学院，也是世界范围内为数不多获得此项认证的独立院校之一。

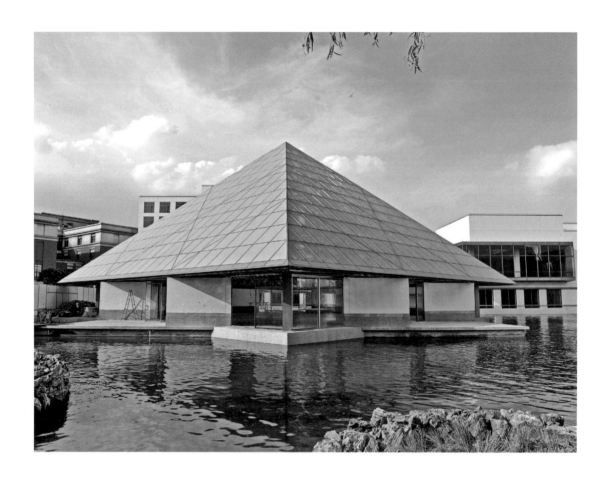

落成后的上海金科路校园

五、北京校园正式启用

2010年3月3日，中欧北京校园正式启用。2010年4月24日，中欧在北京海淀中关村软件园20号楼举办了隆重的北京校园落成典礼。

北京校园选址于中关村软件园内，按照软件园总体规划，项目用地是一块如同"浮岛"般的不规则椭圆形土地，总体建筑高度不能超过13米，对于有着教学大空间要求的中欧北京校园，这些限定条件无疑增加了设计的难度。

北京校园的设计充分利用了项目用地特殊的椭圆形控制线，将其作为建筑首层的轮廓线，形成建筑的基座；第二、第三层设计了5个南北向体块，以此构成建筑的主体形态；将第三层的5个体块部分向外挑出，使得椭圆形基座与上部体块有机地结合为一体，体现了中国传统"天圆地方"的世界认知形态，达到控规与使用功能、感性与理性的合理结合与统一。

北京校园的设计在借鉴上海校园经验的基础上，更加注重人性化与细节的合理性。比如，在中欧北京校园上课的学生以EMBA学生为主，考虑到他们连续集中上课的特点，设计有意放弃了封闭的教学空间，多个窗外庭院的设计使大小不同的房间都有自然通风及采光环境。身为北京校园建设项目负责人的张维炯副院长基于对哈佛商学院等国际顶尖院校的实地考察，提出要打造"管理教育的生产流水线"，为身在其中的人们提供流畅无碍的学习生活体验，这一理念在北京校园得到了较好的体现。

对中欧来说，北京校园的落成意味着一段崭新征程的起点。时任院长朱晓明在落成典礼上表示："我们愿将北京校园的落成作为学院发展的新起点，与兄弟院校一起，帮助企业探索管理真谛，实现'从优秀到卓越'的飞跃，推动中国经济与社会的和谐发展，完成历史赋予我们的神圣使命。"

落成后的北京校园

六、助力非洲：阿克拉教研基地[1]初显成效

国际化一直是中欧的特色与优势。2007年前后，雷诺院长产生了在非洲设立EMBA课程的设想，越来越多的中国企业正努力在非洲站稳脚跟，非洲大陆的管理教育需求也日益高涨。

2008年，在与时任加纳总统约翰·库福尔（John Kufuor）会面沟通时，中欧得到了加纳政府提供官方支持的承诺。为了项目的落地，雷诺院长投入了极大的心血，他从喜力、可口可乐等公司争取到首批赞助，还争取到了私人基金会的资助，总计筹得100万美元，项目由此启动。

2009年3月，中欧非洲EMBA课程正式启动，项目地点选在加纳首都阿克拉，这是中欧第一个海外教研基地，也是当时中国在非洲设立的唯一一个EMBA课程分支机构。加纳人讲英语，教育发展良好，政治稳定，经济增长非常迅速，是一个较为理想的办学地点。

首届学员来自加纳和尼日利亚，课程设置与上海EMBA相同。这些学员多为政府公务员、企业高级管理人员等，平均工作年限有16年之久，录取要求也与在中国开设的EMBA课程一样严格。如同当初中国学生希望抓住机会、不出国门就拿到国际工商教育学位一样，许多非洲学生也把中欧EMBA课程看作在当地接受世界级教育的一种方式。

2012年7月14日，加纳共和国原总统约翰·库福尔（左二）来访

1 2021年更名为"阿克拉校区"。

中欧日益上升的国际声望、高水平的教学队伍以及遍布全球的校友网络都使该项目在当地高管群体中拥有极大的吸引力。

2015年，中欧Global EMBA（简称GEMBA）课程开始独立运营，并在之后吸纳了非洲的EMBA课程学生，并入GEMBA位于苏黎世教研基地[1]的海外班。2018年，GEMBA为提供更加灵活的授课模式并保持统一的招生标准和运营质量，开始由上海校区、苏黎世教研基地和阿克拉教研基地协同招生，并由上海校区统一运营。

在开设EMBA课程之后，阿克拉教研基地持续拓展，于2010年开始新增短期非学位管理培训课程，其中包括了备受好评的非洲女性创业和领导力（WELA）课程。这些课程既有助于帮助非洲企业提升管理水平，也进一步深化了中欧的"全球广度"，推动中非友谊深化。此外，阿克拉教研基地与诸多著名商学院建立学术合作伙伴关系，为学生提供了丰富多元的学习体验。

自2016年起，蔡慕修（Mathew Tsamenyi）博士担任中欧阿克拉教研基地执行主任，他提出了三个愿景：第一，加强与利益相关者的伙伴关系，发挥他们在推动非洲事业发展中的关键作用；第二，扩大中欧在整个非洲大陆的影响力；第三，实现阿克拉教研基地与中欧全球大家庭的紧密融合与协作。2021年，阿克拉教研基地改称"阿克拉校区"。目前，该校区已拥有校友600余名，遍布加纳、尼日利亚、肯尼亚、科特迪瓦、喀麦隆等多个非洲国家，并为超过3 000家企业及其他组织的1万余名高管提供管理培训，为非洲的发展做出了重要贡献。

七、承建上海MBA课程案例库开发共享平台

中欧案例研究在这一阶段也迎来了一次难得的发展机遇。2013年3月25日，朱晓明院长、张维炯副院长到时任上海市副市长翁铁慧处汇报工作，翁铁慧副市长提出中欧可以将案例建设作为未来发展的突破口

---

1 2021年，更名为"苏黎世校区"。

与重头戏。两位领导十分重视这次机遇，立即紧锣密鼓地着手组织项目申请工作。

项目答辩通过后，上海市政府正式决定由中欧承担建设"上海MBA课程案例库开发共享平台"的重任。2013年7月18日，翁铁慧副市长率时任市政府副秘书长宗明、市教委副主任李瑞阳等一同来到中欧国际工商学院调研办学情况，并为"上海MBA课程案例库开发共享平台建设项目"启动揭牌。

MBA课程案例库开发共享平台，采用双边甚至多边模式，由中欧与上海各高校"共建、共享"。在案例开发者方面，注重教授的激励机制、开发团队的提升机制以及案例法的创新机制；在案例使用者方面，主要加强国际国内双轮推广机制。MBA课程案例库开发共享平台，将有别于哈佛大学商学院出版教学资源平台（简称"哈佛案例库"）、毅伟案例库、欧洲案例交流中心全球三大案例库网站，真正基于云技术与Web 2.0概念，汇集案例教学者、研究者、学习者，运用专门为智力工作者开发的软件系统，采用人工智能撰写技术、众包模式、网络学习社区等形式，形成一个全球独创、综合性、互动并具有多边效应的中国本土案例生产与使用平台。项目目标是在5年内，以每年150个新案例的开发能力，结合中欧现有案例资源，达到1 000个左右高质量案例规模，建成全球最好的中国本土案例库。同时，对传统的哈佛案例教学法加以本土创新，围绕中国本土管理重要问题进行案例深度研究，为实践者、教育者和研究者提供有价值的方法和观点。

项目的成功有赖于5个方面：案例建设资金保障（来自政府、学院及企业3个渠道）、上海市教委的指导与监督（通过上海市MBA教育指导委员会）、案例建设方向指导（由上海各高校与企业专家代表组成案例建设指导委员会，该委员会向上海市MBA教育指导委员会汇报）、项目实施团队（设在中欧，协调各类资源），以及MBA课程案例库开发共享平台的研发与维护。

项目的具体工作主要由中欧2001年成立的案例中心承担，时任案例中心主任梁能教授牵头推进。对案例中心来说，这一项目的启动可谓

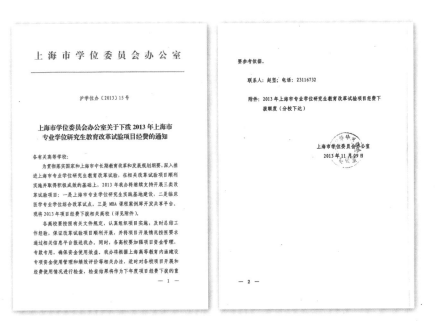

上海市学位委员会办公室关于下拨2013年上海市专业学位研究生教育改革试验项目经费的通知（2013年）

提供了自成立以来最好的历史发展机遇。为此，案例中心启动了新的改革，全面推动绩效管理，全心打造高质量团队，全力建立有效系统。

2014年2月22日，中欧牵头成立了"上海MBA课程案例库建设指导委员会"，成员为上海各大商学院院长；2014年5月，在上海地区各大商学院推荐的基础上，拥有近百位教授成员的"上海MBA课程案例库评审专家委员会"成立，对上海各商学院提交的案例进行双向盲审，确保案例质量。随后，含有264篇案例的"上海MBA案例库"初始库于2014年11月正式上线。

此外，案例中心举办了数次大规模的案例写作培训。平台建设的相关工作一直在卓有成效地推进。

八、国际顾问委员会成立

在时任中欧副院长兼教务长奎尔奇的大力推动下，中欧在2012年成立了国际顾问委员会（IAB）。该委员会由来自世界各地的各行各业卓有成就的著名商界人士组成，是一个旨在汇聚全球顶级企业家智慧、为中欧长远发展出谋划策的高端咨询委员会。早期，大部分外企领袖都是奎尔奇教授亲自邀请来的。该委员会就中欧战略发展方向及人才培养、学术研究、服务社会等办学活动向学院管理委员会提供咨询意见，并为学院进一步提升全球影响力和认可度提供支持。

2012年11月2日，中欧国际顾问委员会首次年度全体会议在中欧上海校区隆重举行，近20名国际顾问委员会成员出席了会议。

近些年来，随着新成员的加入，国际顾问委员会成员群体的背景和国别进一步多元化，性别比例也更为均衡。

九、论坛激发智慧火花

论坛是中欧以智慧资本回馈社会的重要途径，也是中欧的教授和学生与企业联系交流的平台。从建院开始，学院就陆续组织各种研讨会、论坛以促进学院与企业界的关系，提升学院在行业内的知名度与影响力。学院举办的论坛不胜枚举，目前主要包括三大类：行业论坛、高层管理论坛和全球管理论坛。

中欧主办的主要行业论坛

论 坛 名 称	创 始 年 份
中国汽车产业高峰论坛	2003
中国健康产业高峰论坛	2005
中国银行家高峰论坛	2007
全球管理论坛	2008
中国传媒产业高峰论坛	2008
全球创新与创业高峰论坛	2009
中国服务外包高峰论坛	2009
顶级品牌高峰论坛	2009
中国房地产业高峰论坛	2010

（续 表）

论 坛 名 称	创 始 年 份
创新中国高峰论坛	2011
中国国际农商高峰论坛	2012
中国家族传承论坛	2012
中欧国际工商学院欧洲论坛	2012
中欧国际工商学院非洲论坛	2012
中国未来能源论坛	2013
中欧国际工商学院香港论坛	2014
中欧国际工商学院美国论坛	2014

从2007年开始，学院投入大量资金，不断提升行业论坛的影响力和知名度。2008年12月，中欧国际工商学院与第一财经传媒联合举办了首届全球管理论坛，诺贝尔经济学奖得主、新古典综合学派创始人保罗·萨缪尔森（Paul Samuelson）在论坛上发表书面致辞，诺贝尔经济学奖得主詹姆斯·莫里斯（James Mirrlees）发表了演讲。该论坛对中国30年改革开放的历史进行深度观察，对中国企业崛起的过去、现在和将来进行探索，取得了很好的效果。

为推动上海国际金融中心建设，上海市政府与中国人民银行、中国银监会、中国证监会、中国保监会联合主办国际规格的"陆家嘴论坛"。首届陆家嘴论坛于2008年5月9日、10日隆重举行，吸引了数百位全球金融界翘楚，时任国务院副总理王岐山出席并做主旨演讲。2009年5月第二届陆家嘴论坛举行时，已经具备了相当的影响力。中欧国际工商学院与上海市金融服务办公室等单位一起，连续承办了7届陆家嘴论坛，其间，朱晓明院长出任陆家嘴论坛组委会副主任。

在各类行业论坛中，学院邀请到诸多学术界、政界、企业界知名人士到会演讲，如：时任全国人大常委会副委员长、中国民主促进会中央委员会主席严隽琪，时任国际货币基金组织（IMF）副总裁朱民，全国

2012年，"欧洲论坛"在英国伦敦举行

人大常委会原副委员长成思危，欧盟原副主席、时任瑞银投资银行全球副主席列昂·布里坦（Leon Brittan），2004年诺贝尔经济学奖获得者芬恩·基德兰德（Finn Kydland），日本管理学大师大前研一，美国斯坦福大学名誉教授、日本京都大学名誉教授、清华大学客座教授青木昌彦，时任摩根大通银行国际总裁安浩德（Andrew Crockett）等。

此外，学院还经常主办一些全国性或全球性的会议，如中国并购年会、中国国际金融年会、世界经济论坛上海企业家圆桌会议、全球供应链大会、欧洲论坛、非洲论坛、美国论坛等，这些会议成为建构中欧学术话语权的重要途径。

精彩纷呈的论坛和活动进一步扩大了学院的学术影响力，也在公众领域提升了学院的知名度。借助各种论坛，学院教授、学生、校友与国内外政界、学术界和企业界、文化界知名人士在中欧的平台上共同探讨重要问题，进行面对面的交流，并借助思想碰撞和头脑风暴点燃智慧、共谋合作。

十、"大师课堂"群星闪耀

为迎接20周年院庆，中欧于2014年隆重推出"大师课堂"系列讲座，邀请多位国内外顶尖学者与商界领袖激荡思想、共享智慧，旨在为广大校友提供一个与大师面对面的机会，为他们在这个遍布机遇也充满挑战的变革时代指引方向。

"大师课堂"系列讲座于2014年3月正式启动。已发表过演讲的嘉宾包括中国科学院院士、上海交通大学原校长、中欧原董事长张杰，中国科学院院士、复旦大学原校长、宁波诺丁汉大学原校长杨福家，大连万达集团董事长王健林，复星国际董事长郭广昌（CEO 2006），招商银行原行长马蔚华，新希望集团董事长刘永好，芝加哥大学教授、诺贝尔经济学奖得主拉尔斯·汉森（Lars Hansen），TCL集团董事长李东生（CEO 2003），中国工商银行原董事长、中欧陆家嘴国际金融研究院院长姜建清，万科集团创始人王石，耶鲁大学杰克逊全球事务学院与管理学院高级研究员、摩根士丹利亚洲区原主席、首席经济学家史蒂芬·罗奇（Stephen Roach），京东集团创始人刘强东（EMBA 2009），东软集团董事长刘积仁，海尔集团创始人张瑞敏，美国国家科学院院士、物理学家沈志勋，ABB集团亚洲、中东及非洲区总裁顾纯元，维氏首席执行官卡尔·埃尔森纳（Carl Elsener），罗兰贝格全球首席执行官常博逸（Charles-Edouard Bouée），时任中欧国际工商学院副理事长、EFMD名誉主席、喜力（Heineken）集团原CEO范斯海克博士等。对于各位嘉宾的精彩演讲，学院内外好评如潮。

走过20年的创业创新之路，中欧成长为亚洲领先、国际知名的商学院，成为世界管理教育的中国样本。在学院20周年院庆之际，时任全国人大常委会委员长吴邦国发来贺信，时任上海市委书记韩正在学院的书面汇报上做出批示："中欧国际工商学院创建20年来，奋发图强，开拓进取，立足中国实际，突出国际化特色，坚持市场化、社会化运作，着力提升办学质量，创新办学模式，取得长足进步，可喜可贺。希望中欧继续秉承认真、创新、追求卓越的校训，百尺竿头更进一步，建设具有全球影响力的高水平商学院。"

在朱晓明院长看来，在追求卓越的道路上，中欧永不止步。他依然经常提醒大家："我们必须认识到，中欧在综合实力上与其他全球领先的商学院相比仍存在较大差距。中欧只有持续创新、锐意改革，才能确保在前进的道路上继续获得生存和发展。"

第八节　锐意进取：跃居全球前5

2015年，学院开启了第五个5年的征程。这一时期，全球化遭遇的阻力不断加大，"逆全球化"思潮泛起，传统的"全球化"逐渐向"区域化"裂变。但同时，根据世界银行按购买力平价计算[1]，2016年中国正式成为全球第一大经济体，表明中国在全球经济中扮演着越来越重要的角色。此外，"一带一路"倡议稳步推进，中国企业"走出去"步伐加速。2015年，中国对外投资额达1 457亿美元，对外投资流量跃居全球第二，正式成为资本对外净输出国[2]。这一标志性事件意味着，中国经济与全球的连接正越发紧密，中国企业正逐步全面融入国际市场。

全球环境新形势、中国经济新阶段、企业出海新需求，为中国管理教育发展提供了强劲的动力引擎，也提出了更高的要求和期待。在此背景下，学院审时度势、锐意进取，不断推动管理教育创新，提升学院的社会影响力和国际化水平，取得了诸多辉煌成就：MBA和GEMBA课程双双跻身全球前5，这在亚洲商学院中是独一无二的殊荣，在全球商学院中亦属凤毛麟角；"欧洲论坛"走进欧洲腹地，为中国与欧洲的经济文化交流合作搭建桥梁；随着深圳校区迁址扩张、苏黎世教研基地投入运营，学院正式步入了全球五地办学的新格局。

一、新的领航人

在这场新征程的开局之年，朱晓明院长届满卸任，中欧迎来了新的

---

1 《中美GDP比较（PPP）》，世界银行网站，https://data.worldbank.org/indicator/NY.GDP.MKTP.PP.CD? locations= US-CN。
2 《我国对外投资流量跃居全球第二》，中国政府网，https://www.gov.cn/xinwen/2016-09/23/content_5111009.htm.。

领航人李铭俊[1]院长。

2015年3月16日，在学院全体教职员工大会上，时任上海交通大学校长、中欧国际工商学院理事长张杰院士代表学院理事会向李铭俊博士颁发聘书，宣布李铭俊博士出任中欧国际工商学院院长。当天，时任上海市委副书记应勇等领导出席大会。应勇发表重要讲话，对中欧未来发展提出了三点期望：一是怀揣中国梦想，对标世界一流；二是开阔国际视野，贡献中国智慧；三是牢记社会责任，服务发展大局。

李铭俊院长是工学博士，曾长期在上海市科委、科技党委和科教党委工作，也曾在中国驻旧金山总领事馆和驻纽约总领事馆任外交官，后担任上海市人民政府外事办公室主任兼党组书记。他在科技发展管理和教育管理领域有着扎实的理论功底，并在国际合作方面拥有丰富经验。

在李铭俊院长的带领下，学院在国际化、教学研究、创业创新等方面取得了长足发展。李铭俊院长认为，管理教育的初心是培养符合时代发展需要的企业家，中欧培养的企业家要具有社会责任感，不仅要考虑商业的成功，更要考虑对国家、对全球承担的责任。2020年1月，李铭俊院长受邀做客CCTV-2央视财经频道《中国经济大讲堂》，就"管理教育如何解决好中国企业的痛点"讲了生动的一课，节目一经播出，就受到社会各界的广泛好评，获得主流媒体的转载报道。他在演讲中提到，扎根在中国的商学院最本质的任务是要培养符合中国经济发展、中国企业发展要求的人才。随着更多企业走向海外，中欧也将更好地培养适应全球化、具备全球治理能力的高端人才。

时序更迭，华章日新。这一阶段，中欧在不断开启新篇章的同时，也迎来了欧方院长的更替。中欧的创办者之一、时任欧方院长雷诺教授退任，担任学院名誉院长（欧方）。雷诺教授是全球管理教育的积极推动者之一，为中欧的创建和发展做出了杰出的贡献。李铭俊院长曾说："中欧就像雷诺教授的孩子，他一直是学院坚定的拥护者、积极的筹款人和热情的大使，他对中国的热爱、对上海的贡献以及对中欧的奉献得

1　关于李铭俊教授，参见第六章"中欧领航人"第十三节。

到了广泛的认可。学院所有的同事都认识他，也喜欢他——他善良、慷慨、有见地、机智。伟大的领导者不仅帮助人们，而且用自己的行动激励他们。"

2018年9月11日，中欧迎来了新任欧方院长——曾担任过全球三大洲知名商学院院长的迪帕克·杰恩[1]（Dipak Jain）教授。巧合的是，这天也是他担任美国西北大学凯洛格管理学院院长17周年纪念日。作为全球公认的市场营销和创新领域的管理专家，杰恩教授曾先后担任凯洛格管理学院、INSEAD商学院及泰国曼谷朱拉隆功大学萨辛商学院的院长，在商界和教育界都拥有强大的影响力。作为教育工作者、资深的商学院管理者和企业与政府的咨询顾问，杰恩教授在其职业生涯中，对管理教育和企业创新始终保持着前瞻性的思考。在他看来，商学院的使命在于打造学术卓越性（Academic excellence）、商业关联性（Business relevance）和社会影响力（Social significance）。他曾多次指出，面对新形势，中欧要更加国际化，增进和欧美顶级院校之间的联系，加强在欧洲和非洲的运营，并且实行差异化发展，找到自己的独特竞争力，从而提升学校知名度。他身先士卒，为推动学院国际化学术交流、国际化校区运营和国际化品牌传播做出了重要贡献。

带着新的历史使命，中方和欧方两位院长珠联璧合，带领学院管理委员会和全体中欧人，全力推进学院创新建设、国际合作等各方面蓬勃发展，为增强学院国际声誉、打造核心竞争力和提升品牌影响力而不懈努力。

二、课程排名历史性突破

在这5年中，中欧在英国《金融时报》商学院排名、美国《福布斯》MBA排行榜等国际排行榜上取得了史无前例的佳绩，国际知名度

1　关于杰恩教授，参见第六章"中欧领航人"第十五节。

不断提升。

2017年，中欧MBA课程斩获了两个"亚洲第1"：在英国《金融时报》全球MBA百强排行榜中位列全球第11位，亚洲第1位，连续13年跻身全球25强；在美国《福布斯》杂志的全球MBA排行榜中荣获两年制非美国本土MBA课程"全球第3、亚洲第1"的佳绩。

2015年，GEMBA课程开始独立运营。2016年，GEMBA课程表现卓越，名列《金融时报》全球EMBA排行榜第13位。

到2018年，MBA与GEMBA排名再创新高，分别位列《金融时报》排行榜全球第8和第5，成为亚洲唯一一所MBA、EMBA两大课程均进入该榜单前10强的商学院。

2019年，正值中欧建院25周年，两大课程排名又取得历史性突破，为院庆献上了一份大礼。MBA跃居全球第5，创下了自参与《金融时报》排名以来的最佳成绩。GEMBA连续2年位列第5，在亚洲独立办学课程中稳居第1。这是中欧创办25年以来首度两大课程同时跻身全球前5。两大课程并驾齐驱、名列前茅，进一步彰显了中欧在管理教育领域的实力和国际影响力。

对此，时任院长李铭俊教授说："过去25年，中欧见证了中国经济的迅猛发展和综合国力的不断提升，也随之成长为一所亚洲领先、全球一流的商学院……随着中国在经济全球化中扮演越来越重要的角色，时代呼唤更多具有国际视野、中国智慧的管理人才，中欧也将承担起培养更多企业领袖的重任。"

时任欧方院长杰恩教授表示，"中欧的特殊性在于既有中国深度，又有全球广度，可提供物有所值、学有所成的教育价值与品牌价值"。

值得注意的是，在该时期的排名指标中，MBA的校友在"薪资增长"这一项一直位居全球前列，而GEMBA的"校友薪资"也保持在全球前5。这不仅与中国经济的蓬勃发展密切相关，也凸显了在中欧的学习经历对校友职业发展的积极影响。此外，女性师资比例、国际师资等指标均有提升，这表明中欧课程和师资正变得更加多元化和国际化。

三、GEMBA课程鸿业远图

为拓展和加强国际化特色，由原先的中欧EMBA英文班发展而来的中欧GEMBA课程于2015年正式独立运营。

早在1995年左右，中欧EMBA课程创办初期，考虑到不分语种统一授课可能无法保证教学质量，管理委员会就将EMBA学生分为两个班级：英文班用英文直接授课；中文班由同样的外教授课，并配以现场中文翻译。2005年，中欧EMBA英文班特别增设海外模块，强化了国际化优势。2008年金融危机爆发后，为顺应全球经济发展新趋势，在时任课程主任梁能教授的建议和推动下，学院将EMBA英文班定位为"国际班"（International EMBA），外籍学生占比40%左右，师资也更加国际化。2012年，国际班更名为中欧Global EMBA课程，更加注重培养学生的全球化思维和跨文化沟通能力。

经过多年尝试和前期调研，EMBA国际班日益走向成熟。2014年6月，中欧正式宣布GEMBA课程与中文EMBA课程分离为两个独立的课程部门。倪科斯（Nikos Tsikriktsis）教授于同年被任命为GEMBA课程学术主

GEMBA 2015级毕业合影

任，负责新的GEMBA课程部的组建、招生和运营。2015年9月，首个独立运营的GEMBA班迎来了56位新生。5年后，正是这个班级代表GEMBA校友参加英国《金融时报》全球EMBA排名，在其百强榜上首次荣登全球第2。之后，学院充分利用苏黎世校区和阿克拉校区，对GEMBA课程进行了改革和整合，逐渐实现了三大洲招生和运营的格局。

GEMBA课程的发展离不开倪科斯教授的付出。2019年，他因病离开岗位，之后不幸于2021年去世。2014—2021年，在他担任副教务长期间，GEMBA课程逐渐发展成亚洲规模最大的英文EMBA课程，连续3年稳居《金融时报》排行榜全球前5名，并在2020年跃居全球第2名，他的精神将被大家永远铭记。

四、HEMBA课程开启

中欧从2016年起，每年为不同的学位、非学位课程的学生和学员提供前往瑞士及欧洲各国的海外实境教学课程。EHL酒店管理商学院也是中欧在瑞士的合作伙伴之一，在几次短期课程合作后，双方逐渐建立起信任。中欧成熟的商学院课程模式、丰富的中国企业家资源，与EHL独特的专业特色、分布全球的校友网络，可谓优势互补、相得益彰。经过几轮沟通协商，双方初步确定了联合办学的原则、模式和构架，并决定由忻榕教授和EHL分管研究生教育工作的副院长阿希姆·施密特（Achim Schmitt）教授共同担任课程主任。2017年7月，双方在瑞士正式签署合作协议。8月，双方共同宣布开展学术合作，联合推出独具特色的服务管理EMBA学位课程。这一新的学位课程被定名为HEMBA（Hospitality EMBA，即卓越服务EMBA）课程。该课程以服务专业方向和全球化设计为特色，通过卓越服务的理念、思想框架和最佳实践，培养符合新时代发展潮流的高层次管理人才，引领各行业服务转型与升级。

2018年5月，HEMBA课程首期班开学，52名来自多个服务行业的企业家和高管成为首期学生。课程由中欧和EHL两校教授共同执教，

60%的学分由中欧授课（包含必修课、选修课和课题报告），40%的学分为EHL课程。其中，由EHL师资完成的学分全部为必修课程，涵盖开学模块中的"战略决策：培养批判型思维企业"，以及瑞士、新加坡、中国香港、日本和瑞士毕业模块全球五大实境课程。

最初，HEMBA课程招收1个班级，但从2020级开始，HEMBA招生规模稳定在每年2个班，其中95%为企业高层管理人员，女性比例达45%。值得一提的是，创业者及来自家族企业的学生比例高达47%，组成了一个名副其实的卓越社群。HEMBA学生的行业也随着中国经济结构的调整而展现出多元性和强大活力。

HEMBA课程的设立是中欧践行中外合作办学的一次成功尝试，也是中欧在EMBA教育领域向专业化推进的一次有益探索。

五、教授队伍蓬勃发展

2014年时，学院全职教授人数稳定在60人以上。为助推师资队伍规模化发展，2014年以后，学院继续推进制度建设和机制创新，以建立梯次递进的教授培养体系，为教授创造适合职业发展的环境：一方面，学院招聘模式不断升级，提升了教授团队的稳定性；另一方面，通过各项支持政策，缓解教授入职初期的工作困惑，帮助他们平衡研究和教学，并激励教授教学创新，快速成长晋级。

2015年，学院设立了中欧最高研究奖项——中欧杰出研究奖，表彰长期致力于学术研究并做出杰出贡献的全职教授。至2023年，共有芮萌、金台烈、樊景立和赵先德4位教授获此殊荣。

2017年，87岁高龄的吴敬琏教授给中欧MBA 2018届学生上完了最后一堂"中国经济"课程。至此他已在中欧讲台上传道授业长达33年之久。2018年，为表彰他在教学和科研方面的卓越表现和为学院做出的特殊贡献，中欧授予其"终身荣誉教授"称号。吴敬琏教授由此成为学院第一位终身荣誉教授。

随着越来越多优秀教授的加入，中欧名师荟萃、群星璀璨，到

2020年，已经形成了一支由120名教授组成的国际化师资队伍。这是许多学生选择中欧的不二理由，也是中欧能够培育出众多优秀管理人才的秘诀所在。

六、独创实境教学法

为帮助教授成为相关领域的思想引领者，并进一步推动教授与企业学员的深入接触，中欧独创了一种教学法即"实境教学法"（Real Situation Learning Method™），并在2016年的中欧海外游学项目中首次应用。

所谓"实境教学法"，就是将理论与实践、"听"（课堂教学）、"看"（企业参访）和"反思"相结合，参与实境教学的公司向中欧学生敞开大门，就其运营状况与中欧教授真诚交流，也借由中欧师生的视角获得助益。它以一种结构化的方式设计整个体验，确保学生、教授和公司都能受益。

起初，实境教学法组织学生参观维氏军刀等欧洲企业，后来陆续有更多企业加入，为中欧师生打开了深度参访的大门。

随着"实境教学法"在欧洲取得成功，越来越多的中欧教授希望尝试这种新方法。此外，教授为实境教学开发的案例也可以用于课堂讲授。很快，"实境教学法"便开始在中国企业中推广，并被纳入学位课程的教学内容。

2018年4月，由王高教授带领的体育休闲产业管理课程在上海开启了国内实境课的先河，国内和海外实境课从此齐头并进。从2016—2024年，学院海内外实境课程授课次数已达140余次，参访企业包括比亚迪、奥迪、TCL、腾讯、华为等海内外知名公司。到2024年，中欧实境教学课堂已走过20多个国内城市、全球10多个国家。

七、重磅论坛全国绽放

作为中国商业管理问题的专业研究机构，中欧向来注重研究和商业实践的融合，注重管理学知识的创造和传播。

2015年3月，首场"中欧思创会"在重庆举行

2015年，学院创设"中欧思创会"。"思创会"取意"思维之创新"，旨在让中欧名师走向全国，携手当地企业家和校友，分享全新商业思维，助推企业创新和转型升级。该系列活动的一大特色，是以平台思维构筑学院、教授、校友、合作伙伴、目标客户生态圈，助力课程招生，并推动区域经济高质量发展。2015年3月26日，首场"中欧思创会"在重庆举行，中欧原院长朱晓明教授和龚焱教授分别做主题演讲。继重庆首站之后，"中欧思创会"又相继走进南京、大连、广州等城市。

此后，"思创会"每年选取多个全国重点城市举办论坛，由中欧名师团、政企嘉宾同台论道、深入交流。特聘教授、法国原总理让-皮埃尔·拉法兰（Jean-Pierre Raffarin），忻榕、黄钰昌和许斌等中欧名师，福耀玻璃董事长曹德旺、重庆长安汽车董事长朱华荣、九阳原董事长王旭宁（EMBA 2012）等知名企业家，都曾在"中欧思创会"发表重要观点，为区域经济的高质量发展做出了重要贡献。

如今，思创会走到了第10个年头，已经成为中欧的重磅品牌活动之一，是学院在国内的重要品牌抓手，它还建立起与各地校友分会、商会、协会强大的合作网络，足迹遍及全国30多个城市，是中欧持续赋能校友、贡献区域发展、践行社会责任的重要举措。

北京校区持续推出经典论坛活动，杨振宁、德维尔潘（Dominique de Villepin）、姜建清、陈方正、黄奇帆等100多位中外政要、知名学者曾莅临演讲交流。此外，2019年，北京校区以培养学员人文精神为导向，创新策划了中欧首个人文艺术空间——凹凸空间，与中国文化遗产研究院、敦煌研究院、中国营造学社纪念馆、北京中间美术馆、势象空间、读库、昆明当代美术馆等文化艺术机构合作，推出多场展览及相关学术研讨沙龙活动，使浓厚的人文艺术气息逐渐成为北京校区的鲜明特色。同年，学院与外交部欧洲司合作，将"欧洲外交官研讨班"引入北京校区，进一步拓展了学院的国际交流合作。北京校区首席代表肖斌曾表示："曾经，尚没有校园的北京代表处以'软件很硬、硬件很软'著称。在学院的大力支持下，北京校园向着'硬件更硬'不断升级，同时，在品牌与活动上不断推陈出新，从活动频次、层次、规模到影响力都亮点频出，北京校区每个人都是中欧品牌的建设者和传播者。"

深圳校区以服务国家战略、专注区域经济发展为导向，推出了"中欧深圳年度论坛"。迄今为止，中欧特聘教授、法国原总理拉法兰、德维尔潘，中欧特聘教授、WTO原总干事帕斯卡尔·拉米（Pascal Lamy），中国国际海运集装箱（集团）股份有限公司董事长麦伯良、柳工集团原董事长曾光安，敏华控股有限公司总裁黄敏利（CEO 2009）等重磅嘉宾都曾莅临论坛演讲交流，为华南企业家带来前沿思想智慧的交流与碰撞。深圳校区首席代表刘湧洁曾表示："中欧是一个对商业精英非常有吸引力和凝聚力的平台。深圳校区连续举办年度论坛，让很多企业家、高管可以更加可持续地锻炼自己的思想，从而对企业的发展做出可持续的贡献。"

八、"欧洲论坛"助力全球化

作为一所国际化商学院，中欧一直致力于在中国和欧洲双边关系中成为双方增进了解、合作交流的桥梁。中欧建院之初，主要是将西方最佳商业实践带到中国，让中国经理人快速缩小与西方同行在管理水平上的差距。当21世纪走过最初的十几个年头，中国经济已更加成熟，中国企业也越来越重视创新和提升自身在全球价值链中的地位，很多企业已发展出了自己独有的管理实践和商业模式，可供世界其他国家借鉴。

为适应本土和跨国企业不断变化的需求，学院将关注点放到中国经理人与发达国家同行之间更具互动性的双向对话上。在此背景下，学院于2012年策划推出"欧洲论坛"，首场在英国伦敦举办。该系列活动在欧洲主要国家开展，具有国际化、高端化的鲜明特色，每场活动都会邀请来自中国和世界各地政商学界具有全球影响力的嘉宾，围绕双方共同关心的全球性话题展开深度探讨，从而为中国与欧洲乃至世界的交流合作发挥桥梁作用和贡献智库价值。

2016年，中欧重启"欧洲论坛"系列活动，第二届"欧洲论坛"在慕尼黑、苏黎世、伦敦和巴黎四地举办，与会者共同探讨了区域性话题以及更为宽泛的议题，如在中欧合作的具体领域上，合作双方如何实现共赢。

时任院长李铭俊认为，中欧"欧洲论坛"与学院支持校友企业走

2019年"欧洲论坛"巴黎站

向世界的总体战略目标高度契合，也是学院自身在国际化上的努力。他说："今天的世界形势，要求我们必须结合国际环境来看待一国经济，我相信我们的论坛对那些想要更好地了解中国的欧洲朋友大有助益。"

此后，中欧"欧洲论坛"走进了伦敦、苏黎世、华沙、布拉格、布鲁塞尔等地，参会者来自欧洲最具影响力的商业社群，汇聚政府官员、知名教授与行业领袖，共同探讨中国及全球的最新、最热话题。很多在欧洲开拓事业的校友都曾参加论坛的小组讨论，成为学院在欧洲的"形象大使"。"欧洲论坛"也在一定程度上深化了中欧校友与母校之间的连接。

九、深圳校区迁居梧桐岛

在深圳，一波又一波的创业者和管理者走进中欧代表处，借由中欧这个充满浓郁学术氛围的平台，吸收世界前沿管理理论，相互切磋，在交流中提升。然而，随着中欧在华南办学规模的日益扩大，位于荣超商务中心的深圳代表处逐渐面临掣肘：有限的教学空间难以满足快速增长的课程需求。

2017年，深耕华南15年之后，中欧在深圳首次开设总经理课程（AMP）。当年10月，中欧深圳代表处迁入宝安区航空路泰华梧桐岛秋分楼，升级为深圳校区。新校区共有6层，包含3个阶梯教室、2个平面教室以及12个讨论室。校区在建设过程中得到了校友、学员的慷慨捐赠，整体设计装修施工项目、世纪海翔报告厅、中欧味道书吧等都获得了田明（EMBA 2005）等校友的支持。

2017年12月21日，中欧深圳校区启用典礼暨第一届年度论坛成功举办。论坛上，时任院长李铭俊表示，中欧深圳校区从无到有、从小到大，在历经3次搬迁之后，如今牢牢扎根在了深圳这座充满创业创新活力的城市，"未来，我们将抓住粤港澳大湾区的发展机遇，配合深圳这座创新之都日新月异的发展脚步，努力培养更多具有企业家精神、积极承担社会责任的商界领袖"。

2017年，中欧深圳校区迁入
宝安区梧桐岛

十、苏黎世教研基地正式运营

当越来越多的中国企业走出国门，登上国际舞台之时，中欧也迎来了国际化之路上的又一重要里程碑：学院收购了位于瑞士苏黎世的洛朗商学院，使其成为中欧各项课程在欧洲的学习基地，也为中欧校友企业在欧洲收购或建立分公司提供培训课程。至此，中欧三洲五地的国际化办学格局全面开启。

英国《金融时报》当时报道说："当欧洲的商学院还在研究如何进入中国市场时，一家20年前在上海创建的中国商学院——中欧国际工商学院，已经率先打破局面，收购了一所欧洲商学院[1]。"

2015年10月16日，中欧召开新闻发布会公布了这一好消息。时任院长李铭俊表示："通过此举，中欧国际工商学院将在欧洲腹地开展教学与研究工作，巩固'中国深度　全球广度'的定位，加强中欧的国际影响力，更好地满足中国市场的需求。"

1　Della Bradshaw: "Ceibs acquires Lorange Institute in Zurich for CHF16.5m"，《金融时报》（ *Financial Times* ）https://www.ft.com/content/624cda28-7321-11e5-a129-3fcc4f641d98。

2015年10月16日，中欧召开新闻发布会，宣布建立位于苏黎世的教研基地［从左至右：时任副院长兼教务长丁远、时任院长李铭俊、时任院长（欧方）雷诺、副院长兼中方教务长张维炯］

苏黎世教研基地的设立得到了校友的鼎力支持。江苏金昇实业董事长兼首席执行官潘雪平（EMBA 2008）收购洛朗商学院所在地的物业后，以优惠价格出租给学院，从而大大降低了学院的运营成本。

苏黎世教研基地设立的主要目的包括与欧洲校友建立牢固的关系，扩大与合作伙伴和商界的合作网络，招收国际学生参加中欧课程，以及承接海外学习的课程。随着课程和活动逐渐丰富，2019年，苏黎世校区扩建，扩建后面积达到原来的两倍。敏华控股董事长黄敏利（CEO 2009）为校区扩建慷慨解囊。因此，新建成的教学楼被命名为"敏华楼"。同时，协鑫集成科技也为新校园捐赠了太阳能系统。

2019年10月7日，中欧苏黎世教研基地扩建落成典礼隆重举行。时任欧方院长杰恩教授认为："苏黎世教研基地的扩建是中欧实现全球化战略的重要里程碑，不仅增强了学院的跨文化领导和协作能力，也进一步发扬了欧洲和亚洲的企业家精神。"

2019年6月，罗思涛（Robert Straw）博士开始担任苏黎世教研基地首席执行官。近年来，苏黎世教研基地不断加强对欧洲校友的服务，打造校友终身学习平台。同时，作为中国与欧洲交流的平台和窗口，以及中国与欧洲企业间双向交流的重要基地，苏黎世教研基地持续发挥重要的桥梁作用。另外，苏黎世教研基地承接了EMBA、GEMBA、DBA、高管教育等课程的实境教学海外模块。2021年，苏黎世教研基地改称苏黎世校区。

2019年是中欧建院25周年，至此中欧已走过满载辉煌的四分之一个世纪。时任上海市人大常委会主任殷一璀、时任上海市委副书记尹弘一行到访学院，向全体中欧人表示祝贺。尹弘副书记表示，"25年来，学院按照建院时确立的独立法人和自主运营的管理体制，着力提升办学质量，创新办学模式，取得长足进步"。同时，也对学院提出了殷切期望：扎根中国大地，吸收先进经验，提炼中国特色，培养更多兼具中国深度和世界广度的优秀人才，贡献更多具有中国智慧的咨询和原创性管理思想，更好服务国家战略和城市发展，更好推动中欧人文交流与合作。时任上海交通大学校长、中欧理事长林忠钦[1]教授对中欧未来"再创业"提出了三点建议：希望中欧继续坚持正确的办学方向，牢牢把握全球格局变化下的时代需求，并牢牢抓住中外合作办学所面临的新一轮机遇。

在回顾中欧25年来登高涉远的创业历程时，时任院长李铭俊表示，中欧走过的四分之一世纪，是以前瞻目光确立使命、制定战略，并且克服万难、坚定前行的历程；是在中外交融的平台上缔造品牌、发展品牌，并不断赋予品牌美好内涵的历程；是以匠心精神持续优化学院运营，坚持内涵式、高质量发展的历程。时代予中欧以重任，中欧定不负时代。

---

[1] 关于林忠钦教授，参见第六章"中欧领航人"第一节。

第九节　行稳致远：打造最受尊敬的国际商学院

2020年，以新冠疫情全球暴发为起点，宏观环境风起云涌，世界政治经济格局加速演变，"和平与发展"这一时代主题遭遇严重考验。全球经济疫后复苏的不均衡、不同步、不稳定，以及产业链、供应链的加速重构，导致全球经济脆弱性不断上升，也使企业面临着更大的挑战。此外，新一轮产业革命和科技变革带来了深刻改变，物联网、虚拟现实、人工智能等新技术层出不穷，颠覆了原有的商业模式，为全球经济注入了新动能，孕育前所未有的发展机遇。

面对外部环境的变幻和挑战，在新的5年里，中欧主动融入时代发展趋势之中，以意气风发的姿态向未来迈出了坚实的一大步。中欧全力推进八大战略，在变局中巩固全球商学院第一阵营的地位，全力打造世界领先的师资队伍，通过课程创新和智库建设，持续创造立足于中国管理实践的研究成果，打造中国与世界激荡思想、凝聚共识的平台，倡导负责任的管理教育，并不断加快数智化转型，朝着成为全球最受尊敬的国际商学院这一愿景坚定迈进。

一、新的领航人

2020年，李铭俊教授由于年龄原因届满卸任中欧院长。上海市政府经慎重遴选和全面考察后，推荐汪泓[1]教授担任院长，获得中欧理事会全体理事的一致赞同。9月3日，时任上海交通大学校长、中欧国际工商学院理事长林忠钦院士向汪泓教授颁发聘书，宣布汪泓教授出任中

1　关于汪泓教授，参见第六章"中欧领航人"第十四节。

欧国际工商学院院长。受市委、市政府委托，时任上海市委常委、组织部部长于绍良在会上对学院领导班子提出期望：不断增强学校综合实力、核心竞争力和国际影响力，努力建设世界一流商学院，助力上海高质量发展。

汪泓教授拥有上海交通大学企业管理博士学位，2011年起担任上海市宝山区委副书记、区长，并于2013—2020年任上海宝山区委书记。在此之前，汪泓教授在高校工作了近30年，曾任上海工程技术大学校长，拥有多年的高校管理经验，在战略管理、社会保障与养老金融、邮轮经济等领域学术成果卓著。"我曾参加过中欧高管教育课程，也曾受原院长朱晓明教授的邀请到中欧讲授战略学课程。因此，当上海市委书记李强同志与我谈来中欧工作时，我充满喜悦、激情和梦想。"2021年，在接受《经济观察报》的专访时，她如此回忆与中欧的缘分。汪泓院长也是中欧历史上首位女性院长。

从高校到地方再到商学院，汪泓院长对管理教育和中欧的未来发展有着深刻思考，她强调，商学院与其他高校的不同之处，在于学生群体以企业家为主，因此，商学院必须立足国家和区域的发展要求，贴近企业的成长需求，以宏观战略来引领自身的知识创造，以用促学、学以致用，从而为社会贡献最大化价值。2023年，在接受新华网专访时，她指出，中欧要打造"三地"，即"前沿思想发源地，优秀案例集聚地，传播中国商业实践主阵地"。这正是中欧近年来不懈努力的方向。

2022年9月，欧方院长杰恩教授届满卸任，经中欧理事会讨论决定，任命杜道明[1]（Dominique Turpin）教授为新的欧方院长。杜道明教授在日本上智大学获经济学博士学位，曾任瑞士洛桑国际管理发展学院院长兼教务长，并长期担任市场营销学教授。杜道明院长与学院有着深厚渊源，他在中欧建院之初就是学院的学术委员会成员，也曾做过中欧访问教授。

杜道明院长认为，当前对于全球商业领袖来说，了解中国式领导

---

[1] 关于杜道明教授，参见第六章"中欧领航人"第十六节。

力、具备"中国深度"变得愈益重要，中欧积累了许多中国企业的实践经验，同时也和全球有着紧密连接，这是中欧的特别之处。未来，中欧要想在全球产生更大影响力，需不断创新（Innovative ideas），相互理解（Mutual understanding），具有务实精神（Pragmatism），采取切实行动（Action），展开建设性沟通（Constructive communication），并增进信任（Trust），他将其称为IMPACT（影响力）模型。

在学院理事会的指引下，两位院长全力以赴、精诚合作，有力地领导学院管理委员会和全体中欧人稳中求进，推动学院高水平、高质量发展，为将中欧建设成最受尊敬的国际商学院而合力奋斗。

二、现代治理体系

近年来，在上海市政府的关心下，在两任理事长林忠钦、丁奎岭[1]教授与两任副理事长范斯海克博士和科尼埃尔教授的战略指引下，学院在依法依规办学、构建国际商学院的现代治理体系方面取得了丰硕成果，进一步稳固了中欧合作的传统，为合作办学的整体优势奠定了良好的基础。

第一，根据国家《高等教育法》《中外合作办学条例》和办学双方《展期协议》中的相关规定，进一步明晰了学院的办学治理体系，明确了理事会领导下的院长负责制和管委会的决策、落实和推进机制；进一步明晰了组织架构体系及院长、副院长的工作职责与分工，并完善了管委会成员的考核机制。

第二，根据《中外合作办学条例》等法规的要求，结合现行规则和实际情况，制定并发布了《中欧国际工商学院重大事项决策制度》（即"三重一大"决策制度，包括重大事项决策、重要干部任免、重大项目投资决策、大额资金使用等制度），并在管委会层面加以落实，进一步完善了学院重大事项决策机制，并加强了学院的运营风控和合规管理。

第三，作为学院治理体系的重要组成部分，五大校区治理体系日益

1　关于丁奎岭教授，参见第六章"中欧领航人"第一节。

规范和健全。学院初步形成了跨越三大洲五地的全球化办学格局，并不断探索因地制宜、因时制宜的各校区发展模式。管委会明确了五大校区治理结构和模式，贯彻了"三重一大"制度；中外院长根据各自分工行使职权。2023年，为进一步加强海外校区的治理，提高整体竞争力，苏黎世校区理事会、阿克拉校区理事会首次会议先后召开。学院明确了苏黎世和阿克拉校区的功能与定位、组织架构及管理团队考核体系，并逐步完善各项管理规章制度，确保学院八大战略得到有效执行。两个海外校区的主要功能为提升学院的国际影响力，为学院各课程的海外招生与课程运营提供支持，协助维护当地校友关系并开拓合作院校、企业等，搭建促进中国与世界交流合作的重要桥梁和平台。

三、八大战略擘画蓝图

"凡事预则立，不预则废"，作为一名管理学教授，汪泓院长非常重视战略思考和计划。她总是对身边人说："歇后语说'脚踩西瓜皮，滑到哪里算哪里'，我们中欧人可不能这样！"

2020年10月，汪泓院长刚上任，就与杰恩院长举行专题会议，对学院未来的工作重点和发展目标展开深入探讨，启动战略规划编制工作。由于2017—2020年，学院已提前1年完成5年发展战略（2017—2021年）中的工作任务，因此，她建议学院将下一个5年发展战略规划的区间确定为2021—2025年，与国家"十四五"规划更好地同频共振。

两位院长亲自挂帅成立跨部门工作小组，由政策研究室牵头，启动起草工作。在随后半个月内，院长办公室组织教授和中层干部密集召开5场座谈会，校友骨干们也在年度校友座谈会上充分讨论，共绘蓝图。经过反复研讨和打磨，11月中旬，规划初稿形成。11月底，规划获得理事会高度认可。

规划中确立了"站稳第一阵营""打造大师阵容""构建学术高峰""拓展培养体系""致力中欧交流""服务区域战略""引领责任教育""全力赋能校友"等八大战略，并为每一项战略制定了详细的行动纲领和指标体系。

站稳第一阵营：对标国际一流，保持全球领先。旗舰课程排名继续稳居全球第一梯队，并持续创新教学方法和教学内容。

打造大师阵容：招募来自全球不同学科领域的知名教授和顶尖学者。继续加强教授队伍建设，打造更多具有全球影响力的学术领军人物。

构建学术高峰：构建"2+4+X"跨学科研究高地[1]，推动产学研用融合，建成全球最有影响力的中国主题案例库，打造一流智库。

拓展培养体系：为全球培养管理英才，提升实境研究能力。不断完善和优化课程体系，培养更多具有"中国深度　全球广度"的国际化人才。

致力中欧交流：继续以"欧洲论坛"为抓手，助力中国与欧洲在产学研融合领域的合作；以苏黎世和阿克拉校区为依托，服务"双循环"，继续推动中欧经贸往来，构建中国与欧洲乃至世界沟通交流的平台。

服务区域战略：国内三地校区"一体两翼"，服务长三角、京津冀、粤港澳等区域的发展战略。

引领责任教育：形成一批社会责任特色课程和研究成果，在教学、研究和运营中贯穿社会责任和可持续发展理念。

全力赋能校友：以校友终身学习为依托，营造校友生态圈，打通校友服务、学术研究、案例开发和实境教学，打造互惠共赢的共同体。

八大战略承载了学院发展的高远目标，并将发挥长期的纲领性作用，指导学院各项工作有序展开，持续推动学院全方位的建设和创新，引领中欧在成为"全球最受尊敬的国际商学院"这条路上行稳致远。

2021年3月31日，学院在上海校区举行发展战略规划媒体沟通会，汪泓院长等学院领导与国内外30余家主流媒体进行了深度沟通。

当时，《文汇报》这样报道了这场发布会："这所成立仅27年的年轻商学院，深植于中国企业环境，将其成功的管理经验、丰富实践带到了课堂之上……也由此提炼了中国管理智慧……尤其是在新形势下，中欧更需要与国家战略规划同频共振。"

1　详见本节第七部分。

2021年3月,《中欧国际工商学院发展战略规划（2021—2025)》媒体沟通会在上海校区举行

四、迎难而上，站稳第一阵营

2020年，新冠疫情的暴发给全球带来了前所未有的挑战，商学院的国际学术交流和国际招生几乎陷于停滞。同时，随着疫情后欧美老牌商学院的强势反弹，中欧MBA和GEMBA课程在运营中经历了诸多挑战，但在英国《金融时报》的国际排名中依然位居全球前列，巩固了学院在全球商学院第一阵营中的地位。

2020年，中欧MBA连续两年稳居《金融时报》排行榜全球第5位，与哈佛商学院、宾夕法尼亚大学沃顿商学院、斯坦福大学商学院和INSEAD等世界名校比肩而立。2017—2024年，连续8年荣膺亚洲第一，是欧美之外商学院的最高排名。2020—2023年，中欧GEMBA课程在《金融时报》排名中连续4年稳居全球第2，刷新了全球独立办学EMBA课程最高排名。新冠疫情是一次挑战，也是一次机遇，驱动全球商学院进行反思和革新。总体来看，面对新冠疫情的严峻考验和管理教育领域日趋激烈的竞争，中欧保持了一贯的卓越表现。

近几年，为更好地适应商学院的发展趋势并进行更全面的评估，《金融时报》不断调整排名指标。企业社会责任（CSR）指标更名为环境、社会与治理（ESG），后又调整为"ESG与零碳教学"，凸显了全球商学院对环境、社会和治理问题的重视程度。中欧GEMBA课程能稳居全球第2，与学院直面这些重要议题，并专注于为学生提供立足中国实践、融合全球经验的管理教育密不可分。学院将ESG理念贯穿于办学全过程之中，有力提升了学院在《金融时报》排名中"碳足迹"指标上的表现，全球地位进一步巩固。

五、DBA课程启动，拓展培养体系

2021年，在汪泓院长的主导和推动下，中欧推出了拥有自主品牌、独立运营的工商管理博士（DBA）课程。课程定位为培养"应用型商业管理博士"，旨在培养商业领袖的学术能力，使其更加系统、科学地提炼原创商业思想，从而助益行业及中国经济发展，并引领全球经济的未来。

中欧DBA课程是经历了多年的研究、论证和探索后诞生的。学院于2012年与西班牙IESE商学院合作开设了全日制博士课程，又在上海交通大学的支持下，于2014年启动自主培养的4年全日制博士课程。这些探索为打造独立运营的DBA课程积累了经验。

2020年，随着条件日趋成熟，学院重启了DBA可行性论证。当时，中欧已经拥有了强大的教授阵容，完全可以依托稳定的教授资源以及出色的研究能力，建立起在国内甚至国际上屈指可数的博士阶段高管教育。此外，中欧已培养了2万多名校友，其中，很多拥有深厚管理背景、较强学习和思维能力的校友，有着进一步深造的需求。

万事俱备，只欠东风。2020年9月，汪泓院长到任之后，充分听取各方意见，认为中欧具备推出DBA课程的条件。她主动承担起项目"引擎"的角色，推动管理委员会将DBA课程的落地提上日程。由于前期准备充分，定位及战略清晰，该课程得到了上级主管部门的认同。忻榕教授回忆道："尽管我们前期做了大量的论证，但是如果没有汪泓院长的推动，DBA这件事可能还处于悬而未决的状态。"

2020年11月，学院委托黄钰昌教授组织DBA学术委员会，正式开启DBA课程设计。委员会由黄钰昌、忻榕领衔。经讨论，学院将DBA课程定位于培养"应用型管理学博士"，吸引国民经济中最活跃且有学术追求的企业家。2021年4月，中欧DBA课程正式面世。首期DBA课程学生共42人，平均年龄47岁，工作经验将近25年。其中，拥有双硕士学位的学生占比38%，女性比例33%，将近60%的学生为中欧校友，因对终身学习的追求、对母校的热爱而重返校园。

随着越来越多的企业渴望立足企业本身，以更加系统化、定制化的方式培养核心人才，更从容地应对全球竞争和时代之需，2023年3月，中欧又于产学研融合背景之下推出全新公司定制学位课程——CCEMBA，首期课程为创新科技公司——宁德时代量身定制。为了形成系统化且有针对性的课程体系，中欧教授倾注了大量心血，先后多次到宁德时代进行专题考察研究。

六、打造世界级名师队伍

高素质的教授资源是中欧的核心竞争力之所在，也是中欧高速发展的关键引擎。学院持续加大引进和培养优秀师资的力度，优化师资结构，师资规模不断扩大。到2023年底，已建成一支由120位海内外知名学者组成的世界级教授队伍，他们来自20多个国家和地区，98%拥有海外学习或工作经历。

《福布斯》在2022年的一篇报道中这样形容中欧教授："毫无疑问……100多个'最强大脑'，是中欧的压舱石和发动机。"

2014年起，学院教师队伍已实现规模化发展。2021年，在"打造大师阵容"战略的指引下，学院师资建设更是进入了蓬勃发展的新阶段。诸多来自前沿研究领域的教授先后加入，丰富了中欧的研究广度，增强了中欧的学术影响力。

到2023年，在英国《金融时报》权威排名中，中欧师资的国际化程度已连续多年位居全球一流商学院前10名。他们博闻善教、扎根中国，善于将世界最前沿的管理思想与中国管理实践相融合。教授们做到了教学和研究并重，在学术上取得了累累硕果。在爱思唯尔（Elsevier）发布的2023年"中国高被引学者"榜单中，共有17位中欧教授上榜，上榜人数再创历史新高。其中，15位教授登上"工商管理"学科榜单，上榜人数连续4年位列各院校之首；2位教授登上"应用经济学"学科榜单。在此之前，2015—2020年，中欧教授连续6年在"商业、管理和会计"领域上榜人数位居第一（编者注：自2021年起，爱思唯尔调整了学科分类体系）。

七、构建学术高峰，打造一流智库

随着全球新技术不断涌现，新模式快速迭代，时代对企业的管理理论和实践也提出了新的要求。在此背景下，为推进紧贴时代的学术发展和学科研究，学院提出了建设"2+4+X"跨学科研究领域的重要战略：

"2"代表中欧陆家嘴国际金融研究院和中欧案例中心。

"4"代表中国与世界、ESG、AI与企业管理、卓越服务等4个跨学科领域，中欧于2020年10月建立了这4个跨学科研究领域。

"X"则表示学院希望在社会保障与养老金融、智慧医疗、供应链与服务创新、财富管理、卫生健康产业、家族传承等领域继续挖掘跨学科研究优势，形成一批具有学术影响力和决策咨询价值的研究成果。

智库是助力科学决策的重要支撑，是商学院践行社会责任、服务社会高质量发展、打造前沿思想策源地的重要途径。一直以来，中欧都紧跟国家战略规划步伐，致力于打造一流智库，对接国家和区域经济发展的战略需求，为国家发展献计献策。2020年以来，中欧在智库建设上加快了脚步，结合学院自身办学优势，聚焦时下议题和重要关切，相继成立了智慧医疗研究院、社会保障与养老金融研究院、供应链创新研究院等重要的智库平台。

2021年9月，中欧智慧医疗研究院成立，主要集中于"智慧"和"医疗"两个方面的研究。研究院成立后，既为中欧高管教育课程的现有课程提供学术支持，也为分专科、专业的智慧医疗课程设置做规划构思，并在学术研究、产学研融合、支持学生创业创新等方面发挥重要作用。

2022年8月，中欧社会保障与养老金融研究院成立。其中，社会保障领域的研究主要围绕养老保险多支柱体系、健康中国战略与医疗保险、共同富裕与社会保障体系等进行；养老金融领域的研究主要围绕养老金融体系、个人养老金制度、养老金投资运营等进行，旨在深入开展学术理论与公共政策研究，促进经济社会可持续、高质量发展，成为具有全球影响力的研究平台和高端智库。

2023年6月，在中欧供应链与服务创新中心的基础上，中欧供应链创新研究院正式启动，旨在构建以供应链创新为抓手的产学研合作大平台，整合内外部资源，实现多维度产出。

依托这些研究院，中欧整合世界级师资队伍，不断加强对重点课题的研究，持续产出具有"中国深度 全球广度"的研究成果，不断提升研究实力和国际智库影响力，全方位对接国家和区域战略需求，为社会经济的高质量发展贡献中欧智慧。

2023年，学院已初步构建起覆盖宏观经济、金融、国际贸易、区域经济、产业转型、资产管理、社会保障、智慧医疗、邮轮经济等多个领域的决策咨询体系。

另外，依托学院的研究成果，中欧通过不同的途径为国家发展献计献策，充分发挥"思想库"和"智囊团"的作用。

经过国家有关部门慎重考察和层层筛选，2021年1月，中欧国际工商学院被选定为信息直报点，开始正式向国家高层领导报送政策建议专报。汪泓院长高度重视直报工作，将政策研究室作为直报工作的主要牵头部门。同时，调动中欧陆家嘴国际金融研究院、案例中心的研究力量，协调引入经验丰富的外部专家，为直报工作搭建了高效的团队和内外合作机制。

截至2024年9月，学院通过直报点提交了1 000余份政策建议，录用300余份。这些决策成果和政策建议，被政府职能部门采纳，并多次获得国家级和省部级领导批示。2023年，中欧在全国研究机构类直报点中的排名上升至第2位，被评为年度全国政务信息工作优秀单位。这一成绩彰显了学院在智库建设方面不容忽视的实力。

八、服务区域战略，搭建激荡智慧的平台

立足新发展阶段，中欧全方位对接国家和区域的发展需求，秉承教研并举、学术与实践并重的导向，贴近企业的成长需求，取得了许多前沿的研究成果，充分发挥了自身的研究能力和智库影响力。为了将商业管理智慧辐射到更远的地方，学院按照中欧五年发展战略规划中"服务区域战略"的要求，不断推动国内三地校区"一体两翼"协同合作，举办了一系列大型区域论坛，助力区域经济高质量发展。

"中欧思创会"一直以来是中欧助力区域经济的重要系列活动。近年来，结合区域发展战略，中欧围绕京津冀协同发展、长三角一体化高质量发展、粤港澳大湾区建设、成渝地区双城经济圈建设等话题，在北京、南京、深圳、重庆等城市，以思创会为平台，全面提升区域协同发展在构建双循环新发展格局中的作用，助力推动中国经济增长新引擎。2022年，正值中欧深圳校区成立20周年，中欧思创会"粤港澳大湾区经济与人才发展论坛"于11月在深圳前海成功举办。2023年11月，南京思创会暨长三角高质量一体化发展论坛举行，超过400位长三角企业家和高管参加，共同探寻创新驱动下长三角的战略发展机遇、产业链协同方案、生态智慧城建设思路。

随着线上平台的迅猛发展，思创会也与时俱进。2020年疫情期间，思创会移步线上，将中欧教授的知识成果浓缩成近40个小时的在线讲座，为观众提供了特殊时期持续学习的机会。2021年以后，思创会开始采用"线上＋线下"融合传播方式，线下论坛在线上平台同步直播，进一步扩大了活动的影响范围。

此外，学院也在全国其他地区举行了众多区域发展论坛，呈现出百花齐放的态势。2021年11月，中欧和新华社长三角运营中心在中欧上海校区举办首届长三角高质量一体化发展论坛，以"科创涌动力，智慧

2023年，智荟中欧·北京论坛
聚焦"全球价值链调整"

通未来"为主题，探讨了长三角区域协同创新、实现高质量一体化发展的机遇和策略。2022年，北京校区举办京津冀协同发展论坛，邀请政商学界专家分享产业实践与未来契机。

北京校区这一时期创办了"智荟中欧·北京论坛"，聚焦学院"十四五"规划与国家、区域发展战略，吸引了中、美、欧各方政商学界的重磅嘉宾参加，不断深化中欧的国际化特色。2022年，北京校区聚焦"碳达峰、碳中和"主题，推出调研报告、讲座和论坛，帮助企业家解决低碳目标实施中的问题，增强学院"智库"的品牌形象。同年，成功举办了京津冀协同发展论坛，邀请政商学界7位专家分享产业实践与未来契机。

深圳校区亦主动融入国家发展大局，对接"十四五"规划及粤港澳大湾区建设。2021年，为促进深圳校区教研实力和产学研的发展，学院任命运营及供应链管理学教授赵先德为副教务长（深圳校区）。2022年，中欧与深圳前海管理局签订了战略合作协议。根据协议，中欧深圳校区入驻前海妈湾，双方在人才培养、干部培训、港澳青年创业平台等方面展开深度合作，建立"教学+研究+产业"的新平台，形成政、

2022年，中欧与深圳前海管理局签订战略合作协议

产、学、研创新合作的新格局。深圳校区通过举办"粤港澳大湾区经济与人才发展论坛""中欧X湾区会客厅"等系列活动，为粤港澳大湾区的未来发展提供智力支持，并进一步提升中欧在粤港澳大湾区的影响力。2023年9月，中欧深圳校区迁入深圳市前海合作区妈湾片区。汪泓院长表示："中欧深圳校区是华南地区培养高素质管理人才的一颗明珠。过去20年，深圳校区已经取得了令人瞩目的成绩，未来，希望深圳校区在前海这片改革的热土上，创造出更大的成绩，服务区域经济发展。"

与此同时，为了探索与国家发展相结合的更多服务途径，为城市建设提供更多人才和智力支持，中欧积极为政府提供干部培训、决策咨询等服务，切实地为国家发展做出更大贡献。

长期以来，中欧一直是上海市干部教育培训的重要基地。自2012年起，学院已连续承办了18期上海市领导干部专题研讨班，累计培训超过4 500余人次。近年来，除了上海市委组织部、市国资委、浦东新区组织部、徐汇区税务局等有关单位以外，学院还为深圳前海、云南曲靖、福建武夷山等地举办了干部培训班，为江西赣州举办了医院院长升级班，全力支持区域经济社会发展。2023年，学院加入长三角生态绿色一体化示范区开发者联盟，为推进示范区高质量一体化发展贡献中欧智慧。学院还作为主办单位与浦东新区三度联手主办浦东国际人才港论坛，助力浦东打造人才高地。

此外，中欧在智库研究方面全方位对接国家和区域战略需求，不断加强专业研究深度，并拓展与其他智库平台和媒体的合作，在服务区域经济社会发展中做出了重要贡献。学院亦与主流媒体跨界合作，创新传播形式，深耕社交媒体平台，从而使中欧的研究成果、中欧教授的真知灼见得以通过线上线下多种方式得到进一步传播。2024年，学院官方中英文社交媒体平台关注量已超百万，每年阅读量超过6 000万，将中欧最前沿的商业管理知识第一时间传播至更广泛的人群。

九、致力中欧交流，构筑合作融合的桥梁

长期以来，学院致力于为中国和欧洲乃至世界搭建经济文化交流的桥梁。据不完全统计，学院成立至今，有近70位欧盟及欧洲政要来访，近200位欧洲跨国企业CEO及高管出席学院论坛与活动。

在当前多变的全球局势下，世界各国面临着共同的挑战，如气候变化、全球健康危机以及全球供应链变革等，对话与合作变得尤为重要。学院勇担重任，根据中欧国际工商学院5年发展战略规划中"致力中欧交流"的战略部署，通过各种形式，不断促进中国与欧洲之间开展全方位、多层次的合作交流。

"欧洲论坛"是学院发起的海外论坛中最重要的系列活动，也是助力中欧交流的重要抓手。自2012年首次举办，"欧洲论坛"在新的阶段经历了快速的迭代。

2012—2019年，"欧洲论坛"都在海外线下举办，这是该系列论坛的最早期形式。2020年，随着线上直播的兴起，"欧洲论坛"也快速创新，移步云端，开始尝试将线下论坛进行全球同步线上直播，进入2.0时代。到了2022年，受疫情影响，国际交流受阻。为了让"欧洲论坛"如期进行，学院又做了一次大胆的创新尝试，采用中国与欧洲双线下会

场连线模式，完成了布鲁塞尔—上海、巴黎—上海两场论坛，这是"欧洲论坛"首次尝试线上线下的融合。凭借主流媒体直播和学院社交媒体平台，"欧洲论坛"辐射到更多观众，平均每场观看量超过了40万人次。

10余年来，"欧洲论坛"已举办近30场，足迹遍布欧洲7个国家，共计吸引来自世界各地的8 000多名参会者，多位大使、政治家、企业家等出席，并与世界各地100多个最具影响力的商会、协会、智库建立了战略合作伙伴关系，促进中国企业与世界各地同行的交流合作。

与此同时，学院还通过推动高规格的论坛和参访，不断拓展国际网络，与重要决策制定者、商业领袖、商学院同行对话交流，推动全球人文、商业创新。

2023年10月，借第35次上海市市长国际企业家咨询会议（IBLAC）召开之际，中欧和IBLAC秘书处联合举办IBLAC会前论坛"IBLAC全球商业领袖对话中国企业家"，包括罗氏、施耐德、铁狮门等顶尖跨国公司全球掌门人在内的7位IBLAC成员与中欧教授、300多位中国企业家共话新赛道，共谋新发展，获得上海市政府有关领导以及与会企业家的高度评价。

2023年11月，爱尔兰副总理兼外交部部长米歇尔·马丁（Micheál Martin）到访中欧并发表了题为"爱尔兰、欧盟与中国"的主题演讲，进一步推动中国与爱尔兰和欧洲的紧密联系。

此外，宾夕法尼亚大学沃顿商学院、西北大学凯洛格管理学院、欧洲高等商学院（ESCP Business School）、巴黎高等商学院（HEC）、EHL酒店管理商学院、西班牙IE大学、意大利博科尼学院、明尼苏达大学卡尔森管理学院等20余所全球著名商学院领导和学者陆续来访中欧，汪泓院长、杜道明院长、濮方可[1]（Frank Bournois）副院长以及张维炯副院长也在全球各地与哈佛大学、麻省理工学院、宾夕法尼亚大学、耶鲁大学、香港科技大学、香港大学等顶尖大学的商学院院长就深化合作展开务实对话，不断深化校际学术交流、课程创新等多维度合作。

---

1 关于濮方可教授，参见第六章"中欧领航人"第十七节。

以这些活动为契机，学院搭建起对话融合的桥梁，探索商业教育的创新未来，促进国际国内商业领袖的交流，助力中国与世界的友好往来，为推动全球经济的发展和繁荣贡献了力量。

十、引领责任教育，勇为ESG的积极践行者

中欧是内地第一家提倡企业社会责任的商学院，始终与社会血脉相融，在学院的教学、研究和运营等方面贯彻社会责任和可持续发展理念。比如，中欧从第一届MBA学生开始，就开设了商业伦理课，EMBA课程每年评选"善为奖"，鼓励学生积极承担社会责任。

2021年，在全新的5年发展战略规划开始实施之际，学院开辟了四大跨学科研究领域，其中之一就是ESG研究。起初，该研究领域被命名为"企业社会责任与可持续发展研究领域"，后为准确反映研究重点和方向演变，于2022年1月更名为"ESG研究领域"。该领域汇聚了学院五大学科系超过30位教授的教学和研究力量，致力于研究企业如何满足社会各界的期望，减少自身对社会和环境的不利影响，并成为可持续发展的先锋力量。教授们不仅在各个教学项目中提供更多的ESG教学内容和选修课程，还推动ESG议题成为毕业小组课题和毕业论文的必含要素。

自成立以来，ESG研究领域取得了较多研究成果，具有标志性的成果之一便是《中欧CSR/ESG白皮书》。自2017年起，学院每年发布《中欧CSR/ESG白皮书》。此外，研究领域还与校友总会和各课程部门合作，举办ESG主题系列活动。比如，自2021年起，FMBA每年举办中欧绿色金融论坛；学院还联合校友总会举办"中欧企业社会责任/ESG年度论坛"，以推动更多校友成为商业文明和社会责任的践行者。

未来，ESG研究领域将通过建立更广泛的合作伙伴关系，以跨学科研究能力与成果为出发点，继续扩展学术研究，推广ESG教学，并扩大在学术界及企业界的影响力。

随着"双碳"目标的提速，中欧也加快了推进碳中和的步伐。2023

2023年，中欧发布首份《碳信息披露报告》

年，中欧启动"碳中和"战略行动，对全球五地校区开展2019、2021年温室气体盘查，并发布首份《碳信息披露报告》。相较2019年，2021年中欧温室气体排放总量下降4.63%，减排措施效果显著。该报告是中欧碳信息的首次展现，也是中欧对"碳中和"使命的一份坚定承诺。

此外，在汪泓院长的主导与推动下，学院于2021年9月启动了"智慧校园"项目。在项目启动仪式上，汪泓院长表示："中欧'智慧校园'建设是面向未来之举，是学院建设国际一流商学院的核心竞争力，要赋能学院对全球商业领袖的培养，助力学院实现绿色可持续发展，同时也要为上海智慧城市建设和国家'数字中国''绿色中国'战略的贯彻实施做出积极贡献。"

在汪泓院长、张维炯副院长和马磊书记的领导下，信息图书中心、运营保障部协同全校各部门、各校区，经过为期两年多的建设，克服疫情等因素的影响，至2023年底，已基本完成了上海、北京、深圳校区教学设施、运维保障设备、网络信息系统的新一轮提升改造，初步完成了学院全域系统化的业务场景定义、数据治理和一体化管理平台的开发，基本实现"一屏识中欧、一站办实事、一网管校园"的总目标，为学院迎接数字经济和数智时代的挑战，构筑数智化转型新动能、新优势奠定了坚实的基础。

十一、全力赋能校友，引领商业发展的生力军

伴随着30年的快速发展，如今的中欧已经桃李满天下。30 000余名校友分布在全球91个国家和地区，他们在中国乃至全球商业领域中，扮演着引领商业进步的重要角色，发挥了广泛的社会影响力。

作为推动经济社会发展的重要力量，中欧校友在多个榜单上都表现亮眼。多位校友个人或企业常年跻身《财富》《福布斯》等重要排行榜单。2024年《财富》世界500强榜单中，中欧校友在其中15家企业担任董事局主席、正副董事长或正副总裁等职位。在全国工商联发布的"2023中国民营企业500强"榜单中，由中欧校友掌舵的企业达65家。

中欧校友也是社会责任的积极实践者。《2021中欧校友影响力调查报告》显示，高达84%的校友参与社会公益活动，有50%积极参与并担任社会职务。每年发布的《中欧ESG白皮书》显示，中欧校友企业在社会责任多个维度上的平均得分，都高于A股上市企业的平均水平。中欧校友爱心联盟、阿依土豆公益支教组织等校友组织为校友们提供了实现公益理想的平台，并发起了诸多助学项目。在2021年的河南暴雨等自然灾害中，中欧校友一如既往地快速募集资金及物资，第一时间帮助救援。2020年10月，中欧校友总会因其在抗击疫情中的杰出贡献、对商业向善的推动和践行获得了"2020向光奖·组委会奖"，这是中国倡导商业向善的年度最高奖项。

中欧校友令人瞩目的成就和强大的影响力，是对学院"培养兼具中国深度和全球广度、积极承担社会责任的领导者"使命的最好阐释。

十二、众志成城，打赢一场没有硝烟的3年抗疫之役

2020年，一场突如其来的新冠疫情开始席卷海内外。面对疫情带来的困难和挑战，学院领导班子带领全体师生员工以坚定的信心、精准的施策和高效的管理，筑牢了疫情防控屏障，保障了校园一隅的和谐稳定，守护了师生的健康安全，最大限度地降低了疫情对招生教学工作的冲击。学院的各项工作在三年中没有停摆，反而在防疫之役中，抓住危

机之机，主动创新求变，围绕八大战略，练足内功，强化能力，做到了疫情防控、事业发展"双推进、两不误"。

3年中，疫情发展"一波三折"，防控常规工作和处理突发应急事件的管理成本陡增。学院领导审时度势、科学研判，确定了"既要守得住，也要放得开，更要管得好"的工作总基调，坚持"校内无阳"的底线要求，确立了"立足于早、立足于防、立足于快"的防控体系建设和防控机制运行原则，成立了领导小组、工作组和4个工作专班，指挥统筹三洲五地校区的防疫工作。2022年全球疫情高位流行，新冠病毒变异快、传播力加强，国内外防控形势严峻复杂，仅这一年领导小组就召开涉及各个业务层面、职能层面的专题会议近百次，充分了解疫情发展趋势和动向，全面掌握学院防控工作的总体情况，及时应对、重点研究解决工作开展的难点问题，最大限度保障教学活动顺利开展，最大限度降低疫情负面影响，学院创造了疫情3年上海校区、深圳校区无感染，北京校区无扩散的纪录，最早实现了复工复学。

3年中，五地校区受所在地疫情防控政策影响均经历了时间长短不一的防控管理，疫情带来了一些新问题、新困难和新挑战，给学院正常的教学秩序和工作开展带来了不小的冲击，但也促成了很多业务创新和模式创新。

在防控工作中，学院一直把师生员工的健康安全放在心上，千方百计统筹各类社会资源为师生员工纾困解忧，并给予了高度的人文关怀。3年中，30多万人次的入校却从未让健康安全的大门失守，背后是学院科学化管理、精细化管理和人性化管理的体现。在防疫物资相对紧张的时期，先后筹集到了口罩110万个、抗原试剂4万余盒、各类药品1 700余盒。学院在2022年初率先部署驻点核酸检测设施，成为上海第一家校园内有专业检测机构提供24小时检测服务的单位。

经过短短30年的创业创新之路，中欧已跨越了很多商学院百年的发展历程，跻身世界一流商学院阵营。30年来，学院秉承"认真 创新 追求卓越"的校训，致力于培养兼具中国深度和全球广度、积极承担社会责任的商业领导者，从西方经典管理理论的引进者、阐释者，逐渐成长为全球化时代中国管理知识的创造者、传播者，在国内外商学院的激烈竞争中脱颖而出，建立了中国管理教育领域一流的中国品牌，成为中国与欧洲乃至世界沟通的桥梁，构建起卓越的全球影响力，并获得了社会的高度认可。

2021年9月，国务院总理、时任上海市委书记李强在调研学院时表示："中欧国际工商学院在开放中成长，在创新中发展，为国家发展、城市发展做出了贡献。"2023年12月，上海市市长龚正在调研学院时指出："中欧国际工商学院扎根中国、融通中外、潜心办学、追求一流，为上海增添了一张颇具标识度的教育名片。"

2024年1月，欧盟委员会原主席、意大利原总理、中欧理事罗马诺·普罗迪（Romano Prodi）教授做客"中欧话未来"，高度肯定了中欧的成就："中欧取得了难以置信的成功，超越任何想象，是人类美好未来的一份保险。"

作为中国和欧盟合作的成功典范，尽管学院各项事业都在稳步推进，中欧国际工商学院仍然时时深自砥砺，以求对中国经济发展、管理教育进步、世界经济文化交流做出更大贡献。

走过30载，中欧人将继续在前进的道路上持续创新、锐意改革，坚守世界商学院第一阵营，为把学院建成最受尊敬的国际商学院而不懈努力。

2024年，普罗迪教授在"中欧话未来"活动中发表演讲

第二章 蓬勃发展的学院课程

30年来，学院密切聚焦社会发展需求，紧跟全球趋势演变，将前沿的国际管理教育理念与中国本土商业实践相结合，不断拓展课程体系，培养兼具中国深度和全球广度、积极承担社会责任的商业领导者。

　　"人才是第一资源"，建院之初，学院高起点、高标准起航，设立了全日制全英文MBA、在职EMBA和高层经理培训等经典课程，并根据社会经济发展对特定人才的需求持续完善培养体系：为助力上海国际金融中心建设，培养兼具"金融之术"与"管理之道"的未来领导者，推出金融MBA课程；为顺应国际化趋势，培养深谙中国市场、兼具国际视野和跨文化管理能力的全球领导者，在英文班EMBA的基础上设立了Global EMBA课程；随着国民经济向高质量发展转型，以卓越服务驱动产业升级的全行业服务化渐成趋势，学院与EHL酒店管理商学院联合推出HEMBA课程；为更好地满足企业家终身学习的需求，为商业文明发展贡献原创性思想，学院推出了DBA课程……蓬勃发展的多元化课程体系，为社会经济发展和商业文明进步提供了坚实的人才支撑，做出了重要的贡献。

第一节　中国管理教育的第一方阵

　　课程体系是商学院实现人才培养和自身可持续发展目标的关键支撑。世界一流的商学院，必有享誉全球的培养体系。

　　建院之初，中欧一反当时国际商学院先开设MBA、待积累经验后再开设EMBA、最后扩大规模开设高管教育的发展路径，以时不我待的精神，三大课程同时启航，并始终紧跟社会经济的发展趋势，以及市场对管理教育需求的转变，持续创新、完善培养体系，在不断巩固"中国深度　全球广度"独特办学定位的同时，初步构建起金字塔式课程体系，为社会经济发展和全球合作交流提供了坚强的人才支撑。

一、高起点、高标准启航

　　中欧在建院之初，就定下了在第一个5年里达到亚洲一流水平的目标，当时这在任何人看来都绝非易事。

　　创建一流商学院的起点不在大楼，而在课堂，这是大家的共识。要提供领先的管理教育，一定要依靠一流的教学质量和以管理知识为企业创造价值的能力。于是，借用国际一流的师资，开设国际一流的课程，成了中欧最早做出的战略决策之一。

　　同时，中欧采取高标准、高起点均衡发展的战略，MBA、EMBA和高层经理培训三大课程同时起步，这成为学院前期发展最重要的支撑体系。

　　1978年改革开放带来的历史性转折，使企业和社会管理的每个层面，都对学习现代管理理念和技能产生了巨大的兴趣和需求。1992年，中国正式确立建设社会主义市场经济体制的目标，这进一步激发了市场竞争和随之而来的管理需求。诞生于1994年的中欧幸运地抓住了历史机遇，可谓生逢盛世。中国市场经济的蓬勃发展，中国于2001年加入世界贸易组织后与全球经济的大融合，为以培养国际化管理人才为使命的中欧跻身世界一流商学院行列提供了广阔的舞台。

二、课程组织架构的早期建设

中欧国际工商学院成立后，随即开始了三大课程的筹备和推广。1994年11月，中欧的高层经理培训课程部率先开设了"大型国有企业外向型人才"课程，随后又为全球领先的电力与自动化技术集团ABB公司开设了公司特设课程。1995年3月13日，中欧首届MBA班预科模块开课。同年5月8日，中欧首届MBA和EMBA班正式开学，这也是中国内地首次开设EMBA课程。由此，中欧成为中国内地第一家同时开设MBA、EMBA和高层经理培训三大课程的商学院[1]。

由于EMBA和高层经理培训课程针对的都是企业的高层，面对建院初期开拓市场的巨大阻力，学院在组织结构上将MBA课程部列为一个单独部门，EMBA和高层经理培训课程归由高层经理培训课程部统一管理。到1996年，学院设立了专门的EMBA课程部。

最初，MBA和EMBA课程部并未任命主任，一直由学院领导直接管理。1997—1998年，2个课程先后聘任课程主任，三大课程的组织架构基本确立。2006年4月以后，为了进一步加强对三大课程的领导，管理委员会任命了3位分管各课程的副教务长。

三、统筹课程体系，完善发展布局

经过建院后十几年的发展，MBA、EMBA与高层经理培训三大核心课程已在国内确立了明显的竞争优势。

---

1 香港中文大学的MBA、EMBA和高层经理培训课程比中欧更早。

紧跟上海推动国际金融中心建设的进程，中欧审时度势，又于2011年正式推出了第4个课程——中欧在职金融MBA课程（FMBA课程）[1]，这也是中欧推出的首个非全日制专业MBA课程。由此，学院形成了MBA、FMBA、EMBA与高层经理培训四大课程并驾齐驱的发展格局，课程实力得到了进一步增强。

2008年金融危机爆发之后，全球化企业在风险管理方面的不足暴露无遗，这对企业管理者的全球化意识和跨文化管理能力提出了更高要求，也为管理教育的发展带来了更多启示。为适应这一变化，学院对EMBA英文班进行了多轮改革，并于2014年6月将Global EMBA课程从中文EMBA课程中分离出来，形成两个独立的课程部门。2015年，Global EMBA开始独立运营。

在共建"一带一路"的大背景下，中国企业加速海外扩张，服务业与制造业的深度融合成为大趋势，中国亟须深谙服务经济的管理专才。在此背景下，中欧HEMBA课程于2017年应运而生。HEMBA作为学院与EHL联手打造的中外合作办学学位课程，是两大国际知名学府在学术创新与课程合作方面的重大突破。

2021年，在前期积累的经验基础上，学院重启DBA课程的可行性论证，最终成功推出拥有自主品牌且独立运营的DBA课程。自此，中欧"金字塔"培养体系初步建成。

2022年6月，EQUIS认证评审专家在给认证委员会的报告中给予中欧这样的评价："中欧国际工商学院的课程体系一直保持相对稳定，以本地EMBA和MBA为核心，通过增设全球EMBA（GEMBA）和金融MBA课程进行精心拓展。后期新增的HEMBA和工商管理博士课程符合学院的长期发展目标，展现了明智的决策。此外，高管教育课程反应迅速、管理完善，为学校提供了稳定的收入来源。"

经过多年发展，学院形成了多元化发展布局，初步形成了金字塔式课程体系，具备了培养不同层次的管理人才的能力，助力企业和个人实

1　自2014年起更名为"金融MBA课程"。

现了持续发展并成长为具有国际竞争力的商业领导者。

四、中欧的课程特点

中欧始终恪守"认真、创新、追求卓越"的校训精神，将最前沿的国际管理教育理论与中国本土商业实践相结合，培养兼具中国深度和全球广度、积极承担社会责任的商业领导者。尽管各有侧重，中欧的课程仍然有其共同特色，如坚持以学生为中心，推进国际化，注重商业实践，关注企业社会责任/ESG，注重领导力以及领导者人文素养提升，开展实境教学，以及为学生提供全方位的学习体验，等等。

特点一：以学生为中心的教学模式

建院伊始，中欧就将教学根植于实际商业活动中，创建了独特的以实践为导向、以学生为中心的教学模式。

首先，以学生为中心的教学模式强调教授与学生的互动以及案例教学法。鉴于引进的案例缺乏与中国经济、政治和文化环境的衔接，很难满足本土学生的需求，中欧于2001年组建了专门的案例研究中心，开发基于中国商业环境的教学案例。20多年来，案例中心始终坚持国际标准，深入探索中国工商管理的特殊问题和决策情境。中欧每年产出100多篇案例投入课堂教学，成为学院高质量教学的重要保障。中欧每年持续向哈佛案例库、毅伟案例库、欧洲案例交流中心输送最新案例，分享具有中国特色的企业实践和管理探索，面向全球课堂讲述中国故事，成为全球化时代中国管理知识的创造者和传播者。

2015年，中欧将案例教学法进一步迭代升级，独创了实境教学法。这一方法将理论与实践、"听"（课堂教学）和"看"（企业参访）相结合，创造机会让学员走入案例企业充分交流，从而取得最佳学习效果。中欧实境教学法最初应用于学院的欧洲系列游学课程，之后案例企业从欧洲企业扩展到中国公司，并提供给学位课程的学生。截至2024年3月底，中欧在国内外一共开办了125次实境课，参访了比亚迪、奥迪、麦

中欧实境课堂

当劳、欧米茄、TCL、腾讯、华为等海内外知名企业。

其次，以学生为中心的教学模式强调应用导向型，构建了产学研一体化体系，促进管理教育的"知行合一"，即有实践基础的管理教育与有理论指导的管理实践相互促进、有机统一，共同推动知识创造、传播与实践。

中欧在办学初期就将"产学研融合"理念融入学院的发展战略，着力推动产学研体系的建设。学院设立了国际顾问委员会（IAB）和公司顾问委员会（CAB），为产学研一体化搭建了稳定的合作关系和平台，使教学、科研与企业的管理实践能够紧密结合。

中欧在知识传播过程中采用"理论+实践"的一体化教学模式。从学生入校后的第一课"开学模块"，到"中期模块"，再到"毕业模块"以及毕业论文答辩，全方位帮助学生提升理论素养和实战能力。例如，

"开学模块"课程设置了管理实战模拟、ESG等方面的内容，帮助学生全方位理解与体悟管理学框架与商业运作，锐化学生的商业敏感性，同时引发对"底线、责任和幸福"的思考；"中期模块"课程由谈判起始，一步步走向最后的博弈；"毕业模块"课程整合与运用课程所学来展开合作与竞争，帮助学生体悟自身在领导力、团队合作等方面的优势和弱点，重新认知自我、认知世界、认知未来。曾有学生感慨道："真后悔没有早几年来上中欧的课，要是早运用老师传授的战略理论和知识，企业完全可以避免曾遭受的上亿元资产损失。"

中欧所有学位课程的毕业论文均紧密贴合商业实践，以小组课题报告形式完成。每个课题都以解决公司实际问题为目标，充分将课堂所学的管理理论与框架运用到实际商业问题中，具有很强的实战性。特别是在中欧MBA中国综合战略咨询项目（Integrated China Strategy Project,

部分中欧教研基地揭牌仪式

ICSP）中，许多企业以赞助商或合作伙伴的身份积极参与MBA学生的小组课题，让学生帮助企业解决关键战略问题，并提出创新、有效且实用的建议。

在实境教学法的基础上，学院于2018年启动"教研基地"项目，促进产学研融合，实现校企共赢，以中欧智慧助推企业发展，以企业实践反哺知识创新。截至2024年3月底，包括华为、上工申贝、三一重工、汇付天下、飞书、SAP中国研究院等40多家各行各业的海内外优秀企业已相继成为中欧教研基地。

特点二：国际化的教学模式

中欧自建院开始就使用国际化的师资、课程和教材，并采用国际通用的招生和培养方式，因此，国际化是中欧课程最重要的特点之一。办一所不出国也能留学的商学院，是各界的期许，也是学院的目标。

学院还利用与国际商学院的广泛联系，以交换学生、合作课程以及合作学位的方式培养学生的国际化视野，并在国际交流中使学生重新认识自我，在全球化视野中完成自我认知和定位。作为两大国际化英文课程，MBA从第二届起就开始招收国际学生，国际学生的比例长期保持在30%左右。此外，学院先后与全球40余所商学院推出MBA学生交换项目；Global EMBA平均每年要运营16～24个遍布五大洲的海外模块，还与多所海外知名商学院开展"互换席位"选修课程，让学生沉浸于各地的商业环境与实践，培养其国际视野下的领导力。作为与EHL联合打造的国际化课程，HEMBA课程包含5门全球实境课，让学生在全球服务领先的地区亲身体验原汁原味的服务理念和最新最佳实践。其余各课程也都包含了海外选修课或海外模块。

另外，2018年以来，学院为海外20余所商学院开设中国浸入式特设课程（CIP），通过讲好中国故事，让海外商学院学生深入了解中国的经济和文化。

2023年，学院各课程共构建了近50个海外模块；到2024年，海外模块数量预计将达到100个，覆盖北美洲、欧洲、亚洲和非洲的10多个国家和地区。

中欧于2022年成功获得EQUIS续认证，EQUIS在对中欧的评价报告中如此评价道："对于中欧国际工商学院而言，最具代表性的特点便是国际化。从创建初衷到实际治理，学院始终致力于成为连接中国与世界的桥梁。显然，随着中国经济的迅速增长和环境变化，交流的方向和强度也在随时间发生着变化。在最初阶段，学院的首要任务是将海外的管理知识引入中国。而进入第二阶段，学院新增了一个目标：成为中国知识的创造者，并将其传播至世界各地，这充分体现了学院中西合璧、兼容并蓄的融合力。"

特点三：关注商业伦理、企业社会责任和ESG

从第一届MBA学生开始，学院就开设了商业伦理课（business ethics），并在此后将其设为必修课，由美国圣母大学国际商业伦理学阿瑟及玛丽·奥尼尔教席教授乔治·恩德勒（Georges Enderle）授课。

之后，中欧与社会血脉相融，将社会责任理念融入教学、研究、论坛等日常运营的方方面面。在EMBA课程中，商业伦理课是EMBA学生在中欧的第一堂课，中国知名企业家、联想控股董事局主席柳传志，中国广受尊敬的法学家江平教授都曾应邀在开学典礼上为EMBA新生主讲企业社会责任问题。从2007年开始，这一内容被正式设为EMBA课程的一部分，且作为学生入学的第一门课，安排在开学住读模块开设；学生在中欧讨论的第一个案例，就是企业社会责任和商业伦理案例。从2008年起，中欧又设立了"EMBA善为奖"，专门用以表彰在承担企业社会责任方面做出突出贡献的学生。

同时，中欧积极在非洲履行社会责任，包括在非洲加纳设立校区，开设女性领导力培训课程，为部分非洲企业家提供免费课程，通过管理教育推动当地经济发展。截至2023年，非洲校区已培养校友500多名。

经过数十年的高速经济增长，中国已迈入一个全新的发展阶段，高质量发展、共同富裕以及"双碳"目标成为国家发展的重要主旋律、战略目标和新引擎。在此背景下，环境、社会和公司治理（ESG）的理念逐渐成为管理教育的核心关注点。

因此，在学院5年发展战略规划（2021—2025）中，中欧将"引领责任教育"作为8项重点战略之一，通过开设各类课程和活动，引导和鼓励全体中欧人参与公益事业、积极践行ESG，并推动ESG的理论研究与实践。学院将企业社会责任/ESG相关内容融入课堂教学之中，ESG课程体系已初具规模，在核心课程中，ESG相关内容比例接近20%，并贯穿于各个课程始终，从多维度推动中欧学生树立并践行ESG理念，并将ESG理念应用到学院办学的全方位、全过程之中。

特点四：提升领导力

领导力是决定任何组织绩效的关键因素。中欧要培养的商业领导者必须具有超群的领导能力，必须具备杰出的领导素养和人格魅力，这是学院在建立伊始即确立的信念。因此，提升学生的领导力成为学院教学的核心目标之一。

中欧多个课程都开设了"领导力之旅"——在开学模块即引入领导力课程，从戈壁到舞台，从赛艇到课堂，一系列的"戈壁领导力""赛艇领导力"等情境化"行动领导力"课程，以及体验式领导力学习贯穿始终。多位组织行为学教授组成团队，采用新的实践方式，激发学生参与、反思并完善领导能力和潜力。

在中欧毕业生对母校的评价中，从大型企业董事长到中小企业管理者，最常说的一句话是："中欧改变了我的人生。"外人或以为言重，但体验了思维模式转变、领导力锤炼的校友们自有深刻体会。

正是由于对卓越办学的不懈追求，中欧的声誉得以不断提升和巩固。截至2024年2月，中欧在英国《金融时报》全球MBA百强榜单中已连续8年荣膺亚洲第1，在其全球EMBA百强榜单中连续4年名列前2，在高管教育课程综合排名中保持亚太领先，体现了一所"亚洲顶尖、全球一流"商学院的办学实力和影响力。

第二节　全球领先的MBA课程

MBA是"Master of Business Administration"的英文缩写，中文全称为"工商管理硕士"。作为学院的旗舰课程，中欧MBA课程致力于培养既深谙中国市场，又具备国际视野和跨文化沟通能力的未来全球商业领袖。中欧MBA课程拥有中国商学院中最国际化的学生群体，每一届学生都有丰富多元的文化背景和独特的经历，构筑起国际化和多元化的学习环境，面向全球培养了众多国际化的未来领导者。

创立30年以来，MBA课程在诸多方面开创了国内管理教育的先河，并始终与时俱进、不断革新，一路成长为亚太地区乃至全球最具影响力的MBA课程之一，连续多年在英国《金融时报》全日制MBA课程全球百强排行榜中稳居亚洲第1。

一、MBA课程的发展历程

MBA课程在1908年诞生于美国哈佛大学。之后，宾夕法尼亚大学沃顿商学院、斯坦福大学商学院、芝加哥大学布斯商学院、西北大学凯洛格管理学院等纷纷推出MBA课程。

第二次世界大战之后，欧洲百废待兴，对高层次人才产生了大量的需求。1957年，INSEAD商学院推出了欧洲首个MBA课程。之后，英国、法国、西班牙、意大利、瑞士等国家的商学院也纷纷推出MBA课程，MBA教育在欧洲进入蓬勃发展期。2010—2011年，MBA成为美国第一大硕士课程[1]。

---

[1] John Byrne: "By The Numbers: How Rare Is Your MBA Degree?"，Poets & Quants网站，https://poetsandquants.com/2022/04/27/size-of-top-u-s-mba-programs-by-enrollment/。

中国大陆的 MBA 教育[1]，则起源于 1984 年国家经委与欧共体联合开办的中欧工商管理中心 MBA 班，和中美"中国工业科技管理大连培训中心"与纽约州立大学布法罗分校合办的 MBA 班。

1989 年初，国务院学位委员会办公室和国家教委研究生司发出《关于设立"培养中国式 MBA 研究小组"的通知》。1990 年 10 月，国务院学位委员会第九次会议通过《关于设置和试办工商管理硕士学位的几点意见》。1991 年，中国政府批准了 9 所高校试办 MBA 教育，开始探索中国自己的 MBA 教育道路。1993 年，又增加了 17 所院校作为 MBA 试点院校。

1994 年，国务院学位委员会成立了"全国 MBA 教育指导委员会"，对 MBA 教育进行统一规划指导。1997 年，国家教委推出 MBA 全国联合考试，一定程度上解决了当时国内 MBA 教育招生不严、学生质量参差不齐的问题。1998 年，招收 MBA 的体制内院校增加到 56 所。

为了让国有大中型企业以及经济管理部门的中高层管理人员接受工商管理硕士教育，1997 年 4 月，国务院学位委员会与国家经贸委决定在普通 MBA 学位之外，开通"企业管理人员在职攻读 MBA 学位"的渠道。

在取得丰富的试点办学经验之后，国家教委于 2000 年宣布 MBA 教育结束试办阶段，开始正式培养 MBA 人才。此后，招收 MBA 的院校数量一路增长，到 2023 年已经增加到 278 所。

尽管《工商管理硕士试行培养方案》规定，工商管理硕士"实行弹性学制，可以脱产学习，也可以半脱产或不脱产学习"，但除港澳台地区的 MBA 课程、中欧 MBA 课程及其他少数几个国际合作 MBA 课程以外，其他中国商学院以培养在职（即不脱产）MBA 为主。

中欧以创办世界一流 MBA 课程为目标，因而走自主品牌的国际化全日制 MBA 的发展路线成为必然选择。经过多年的摸索和艰苦奋斗，中欧 MBA 建立了自主的高端品牌，并已在全球 MBA 教育领域建立起影响力。

1　在香港，香港中文大学于 1966 年开设了第一个 MBA 课程。

1994年建院伊始，学院就着手为MBA招生做准备工作，这是为期18个月的全日制国际化课程，全部采用英语教学。中欧是当时中国内地唯一提供全日制MBA课程的教育机构。

1995年3月，中欧首届MBA（1995级）预科模块开课。当年5月，MBA 1995级与EMBA 1995级学生一起参加首届开学典礼。为保证招生和教学质量，MBA课程最初两年招生一直比较谨慎，直至1997年才首次扩招，由1个班60人左右扩展为2个班120人左右。2005年，MBA课程再次扩招到3个班，学生180人左右。2020年疫情暴发后，招生人数下降到150人左右。2021年起，为保证招生质量，招生人数调整为120人左右。2023年起，面对未完全复苏的MBA教育市场，由3个班改为2个班，招生人数维持在120人左右。

1994年，《中华工商时报》刊登的中欧招生广告

中欧MBA课程始终与时俱进，根据内外部环境的变化和课程发展趋势调整课程定位和培养方向，培养开放创新、锐意进取，面向全球培养未来的年轻商业领导者。

创立初期，基于师资绝大部分为海外访问教授的特点，MBA课程延续了CEMI时期模块化教学的课程安排，将1年半的课程分为7个为期7周的模块、3个月实习期和为期1个半月的小组咨询项目三部分。到2005年，学院已有30位全职教授，在课程时间安排上就有了更大的自由度。MBA启动首次大规模课程改革，由课程制改为学分制，将模块制改为学期制，并沿用至今。

2008年起，为了进一步提高课程安排的灵活性，MBA学生可以根据选修课和实习安排来调整MBA第2年的课程。2015年，MBA在标准学制18个月基础上推出了1年制（12个月）课程，为希望能在较短时间内完成学业的学生提供便利。尤其是近年来，根据市场需求的快速变化，MBA课程也频频调整：2020年秋季入学的学生，标准学制调整为16个月；为让学生拥有更多参与课外活动的灵活度，MBA课程对标海外顶尖商学院，进一步优化了课程设置，学生可以在前5～6个月完成大多数必修课程，同时也增加了集中式授课的选修课数量，为学生安排实习就业提供更多的便利。

除紧跟市场趋势，制定前瞻性的战略，不断推动课程迭代和改革之外，中欧MBA课程还持续深化国际化特色，提升全球影响力。

MBA课程在开设之初就注重对学生国际视野的培养，与全球顶尖商学院建立了交换学生项目，并设立"中欧交换奖学金"资助参加国际交换的学生。当时，国内还少有其他院校开展同类型的国际交流项目。近30年来，中欧MBA不断延续和增进与合作院校的交流和交换，至2024年，已与全球41所顶尖商学院建立了交换学习项目，覆盖欧洲、北美洲、南美洲、亚洲以及大洋洲的16个国家，沃顿商学院、INSEAD、巴黎高等商学院、新加坡国立大学等顶尖商学院都是中欧的交换院校。同时，MBA还与美国诸多顶尖学府建立了合作学位项目。

中欧MBA自2013年开启海外模块，带学生"走出去"，为他们提供与全球各地企业家和教授思想碰撞的难得机遇。新冠疫情前，海外模块目的地包括希腊、美国、法国、日本、以色列、马来西亚、德国、加纳。疫情后，中欧MBA重启海外模块：日本模块帮助学生了解创业与创新；马来西亚模块让学生体验社会责任领导力；加纳模块关注非洲

MBA2019级同学参加非洲模块

的经济增长和商业机会。课程部还在持续探索更多丰富多彩的海外模块目的地。

在拓宽"全球广度"的同时，MBA课程也不断强化"中国深度"。中欧MBA奉行知行结合的理念，课程设置中有许多偏重实践的科目，比如必修课"中国综合战略咨询项目"（ICSP），学生组成5～6人的咨询团队，在教授的指导下，与中欧合作伙伴企业密切合作，为其解决一些关键的战略问题；"中国模块"通过中欧独创的实境教学法，将课堂讨论与实地参访相结合，加深学生对中国商业背景下的企业全球化发展、家族企业管理、创新模式以及领导力培养的了解。目前开设的中国模块包括广州/深圳模块（全球创新中心的崛起与打造）、长沙模块（揭示企业竞争优势的根源）、上海模块（卓越的创新、精准和设计——探索欧洲在沪领先企业）、宁波模块（家族企业与传承）和戈壁模块（行动中的领导力）。

在此过程中，中欧MBA课程在全球MBA教育市场中崭露头角，排名不断攀升，国际影响力大幅提高，逐步迈向全球领先地位。

二、走在国际前沿的课程设计

中欧MBA课程内容设置始终以"为学生提供最有价值的课程"为宗旨，既对标国际顶尖商学院，又顺应中国市场的需求和学生的期望，以人为本，不断精进。

建院初期，MBA课程部由学院创始人之一、时任副院长兼中方教务长张国华教授负责。张国华教授曾任上海交大管理学院常务副院长，对MBA教育有非常丰富的经验。他曾牵线上海交大管理学院和新加坡国立大学联合举办MBA课程，这成为中国高校首次海外办学的成功尝试。张国华教授认为，"MBA培养的是企业家，不是科学家；培养的是通才，不是专才"。MBA赋予学生的是理论武装和基本技能，让他们在经济全球化背景下，更具备参与国际竞争的条件和素质。因此，在课程设计上，涵盖了中国经济、市场营销、财务、统计、投资、人力资源、企业管理、领导艺术等各个门类最先进的管理知识。

同时，张国华教授认为，国际化是中国企业的必经之路，如果企业家缺乏国际眼光和到国际市场中去竞争的魄力和实力，便很难将企业做大。因此，MBA在培养未来的企业家时，必须关注国际化。在他的领导下，课程创立之初就与全球顶尖商学院建立了学生交换项目，并为参加交换的学生设立奖学金。交换项目不仅让中欧学生有机会接触不同国家的商业实践和案例，同时也借此吸纳了来自世界各地的交换学生，进一步强化了国际化的氛围。

1998年2月，在第一次扩招后不久，王建铆教授担任首任MBA课程主任，任期3年。王建铆教授在美国佛罗里达大学获得经济学博士学位，是国际商务、知识经济等领域的知名学者之一。他尤为重视提升MBA的国际化水平，在他的建议下，中欧于2000年设立"欧盟奖学金项目"，赴欧盟成员国商学院交换的学生全部享受全额资助，由此MBA 1999级参加交换的学生比例超过了30%，成为中欧MBA课程国际交换项目史上的一个里程碑。王建铆教授还重视诚信，强调不实报名材料招收的学生将带给学院学术和道德的双倍伤害，并建立材料审核机制，让中欧的"认真"在业界赢得了广泛认可与赞誉。

2001—2004年，两位长期教授胡祺（John Hulpke）和傅礼斯（Gerald Fryxell）先后担任MBA课程主任。2004年10月，王建铆教授再次担任MBA课程主任。有感于当时的MBA课程偏重于制造企业的管理和市场营销，服务业相关内容不足，在他的推动下，中欧MBA从2004级开始增设实战性咨询课程。

2005年开始，MBA课程管理团队逐渐开始将学术和行政职能区分开来。学术方面，2006年4月，白诗莉（Lydia Price）教授接替王建铆教授担任MBA课程学术主任。2009年，职业发展中心并入MBA课程部后，白诗莉教授又分管了职业发展中心，积极推动MBA课程和学生群体的国际化发展，带领MBA课程走向国际舞台。

白诗莉教授在美国哥伦比亚大学获得市场营销学博士学位，早在学院创办之初即加入学院作为一名兼职教授为MBA学生授课，后成为全职教授。在她担任课程学术主任期间，她主持推动了一轮大规模课程改革，主要包括更加关注中国，注重与中国商业环境和中国企业管理实践密切结合；整合多领域课程，帮助学生将课堂所学知识系统地运用于解决商业实际问题；倡导创业学和企业家精神，增加创业管理学，包括企业家思维和创业管理技能等必修课和选修课；加强沟通、领导力等软性技能和分析能力；新增基础模块，注重培养学生应用商业知识的技能等。同时，她极具前瞻性地引进了可持续发展的管理理念，现已成为MBA课程的重要组成部分。这一轮改革标志着中欧MBA课程进入了一个新的发展阶段。

2012年7月，陈世敏教授接替白诗莉教授担任MBA课程学术主任。他在美国佐治亚大学获会计学博士学位，曾任教于多所知名大学，获诸多教学、研究奖项。为顺应国际化趋势，在竞争激烈的市场上确保领先优势，2013年，由陈世敏教授主导，对MBA课程进行了进一步调整：特别开创了"MBA领导力之旅"课程；推出创业学专业方向并启动开阔学生海外视野的海外选修课；启动合作学位课程；成立学术与专业行为委员会（APCC）。其中，合作学位课程与海外模块已成为MBA国际化课程的核心。

在此期间，中欧MBA课程开始与美国弗莱彻法律与外交学院合作MBA/MALD（法律和外交学硕士）项目，与美国约翰斯·霍普金斯大学合作MBA/MPH（公共卫生硕士）项目，与美国康奈尔大学合作MBA/MMH（酒店管理硕士）项目，吸引了更多具有独特行业背景的学生。合作学位项目让学生可以进行不同领域的交叉学习，用更短的时间获得两个含金量极高的学位，为未来职业发展奠定更广、更深的基础。

2017年7月，来自西班牙的范悦安（Juan Fernandez）教授接任MBA课程学术主任。他在西班牙IESE商学院获得MBA和博士学位，曾在西班牙巴塞罗那国际商学院（ESCI）任教。为提升MBA学习体验，他进一步引入中国企业案例，并广泛采用实境教学法；增加中国模块、海外模块，帮助学生深植本土、开阔国际视野，塑造全球思维及了解多元文化；优化必修课与选修课的比重，同时提供多样的课程主题，使学生能够根据自身兴趣和职业志向更加灵活地制订学习计划。

2020年，沙梅恩（Shameen Prashantham）教授接任MBA课程学术主任。他在英国斯特拉斯克莱德大学获博士学位，曾任教于诺丁汉大学商学院（中国）和格拉斯哥大学。他带领MBA课程部在新冠疫情这一特殊时期迎难而上，平稳渡过难关。2023年，针对后疫情时代的经济形势和特点，以及新形势下MBA课程的人才培养方向，沙梅恩教授开启了新一轮课程设置优化，其阶段性举措包括：增加热点领域课程主题，并提升实境教学和体验式学习的比重；重视领导力培养，迭代"领导力之旅"；在所有必修课程和综合战略咨询项目中增强ESG内容，培养可持续发展理念，为学生提供全方位的认知。

自2024年10月起，庄汉盟教授接替沙梅恩教授，担任副教务长兼MBA课程主任。甫一上任，庄汉盟教授随即着手实施一系列课程革新举措，在继续保持并深化"负责任的领导力"以及"中国深度 全球广度"等原有课程特色之外，引入数字化、人工智能、可持续性等更多与当前商业战略密切相关的内容，以夯实中欧MBA在中国的引领地位并进一步提升其全球影响力。

行政管理方面，2005年，李瑗瑗（EMBA 2002）开始担任MBA课程运营主任，主管MBA招生、市场宣传与学生事务，2010年增加职业发展服务职能。在任的12年间，她和团队一起，在全球市场宣传、招

MBA 2023级同学参加"领导力之旅"的赛艇活动

生、学生活动、职业发展等方面推出了许多创新举措，为MBA课程发展和国际排名提升奠定了扎实的基础。她格外关注部门与学生的沟通，丰富MBA课堂以外的学习体验，关注生源的国际化，以及毕业生就业情况及满意度。李瑗瑗于2017年转入院长办公室。

马宁（MBA 2002）于2010年加入MBA课程部，负责课程运营工作，协助历届课程主任持续优化课程体系，推进课程创新，推动学生领导力发展，创新学生主导的大型活动等，并于2020年1月升任课程行政主任，同年6月转任FMBA课程行政主任，其MBA课程主任一职由朱炎（MBA 1998）接任。她全面负责MBA课程部招生、运营、职业发展的工作，有力促进了3个团队的高效融合；2024年朱炎带领招生团队首次推出了MBA预录取项目，针对本科或研究生最后一年的学生开放中欧MBA申请资格，提前锁定优质生源；她还带领团队共同开创了后MBA课程，赋能校友，增进校友和中欧之间的良性互动。

三、培养国际化的未来领导者

中欧MBA课程的国际化基因从开设之初就已显现，首届招生目标即为年轻且受过良好教育的中国学生提供国际标准的工商管理教育，为国家培养具有国际视野的管理者。中欧MBA课程从第2届起开始招收国际学生，多年来亦一直坚定不移走国际化道路。至今，中欧MBA课程已发展成为中国商学院中规模最大的全日制全英文MBA课程之一，拥有最国际化的学生群体，学生质量更是在整个亚太地区首屈一指。

作为中国管理教育的"试验田"，中欧MBA课程的招生一直走与国际接轨的道路。MBA课程的招生笔试采用国际通行的"管理学科研究生入学考试"（GMAT）或"美国研究生入学考试"（GRE），两者选其一，对分数的要求也和欧美顶尖商学院不分上下。同时，MBA招生关注个人综合素质和领导潜力，而非仅侧重学术成绩，注重招收具有全球竞争力，同时对中国商业有着强烈好奇心并愿意积极扮演桥梁角色的国际化人才。

MBA课程的招生流程一直秉持严谨规范、公平高效的原则，核心是要确保每个申请者都有平等的机会，不受歧视或不良外界因素的干扰。经过多年的不断改进，MBA课程于2021年实现了招生全流程无纸化，不仅提高了招生效率，还提升了招生的精准度。

严格把关、优中选优的招生机制为中欧MBA课程带来了高层次、高质量的生源。中欧MBA学生的平均工作年限一般为5～6年，平均年龄为29～30岁，海外留学归来的学生占比越来越高，而在中国接受本科教育的学生绝大多数来自顶级院校。学生就读MBA课程前所从事的行业十分多元，遍布金融、咨询、医疗、科技、制造业、零售等领域。近20年来，民营企业背景的学生数量增长趋势明显。

MBA课程持续在亚太、欧洲、北美、拉美地区开拓市场，1996年，第二届MBA课程就迎来了外籍学生。2005年MBA首次扩招三个班的规模。2006—2020年，中欧MBA一直维持三个班的规模和三分之一左右的国际生比例。2009年，中欧与香港科技大学、新加坡南洋理工商学院和印度商学院一起，作为《金融时报》排名最高的4所亚洲商学院，成立了"亚洲顶尖商学院"招生联盟（TABS-Top Asian B-schools），在欧洲与北美洲联合宣传亚洲商学院，并在多家全球MBA巡展中共同布展，成功在欧美市场打开了知名度，吸引了一批欧美顶尖生源，也借此机会进一步拓展了亚太市场。2009年，来自欧洲的学生数量高达27人。2011年，来自亚太地区的学生数量达到43位，国际学生比例也达到39.4%，创历史新高。2021年，北美地区的生源突破历史纪录，达到21位。此外，2015级和2020级生源来自25个国家，同样刷新了历史纪录。受新冠疫情影响，2022级和2023级国际生比例下降，但仍旧保持在15%和18%的较高水平。

为进一步吸引全球优秀生源，MBA课程不断丰富奖助学金体系，以使之可惠及一半左右的学生，其中包含中欧优秀奖学金、各类企业赞助和政府支持的奖学金，以及中欧刘吉教授和吴敬琏教授设立的助学金等。同时，中欧MBA课程也引入了多种学生贷款。2013年，MBA课程首次引入Prodigy贷款[1]，为部分国际学生提供贷款渠道；2015年，启

---

[1] Prodigy Finance 是一家总部位于伦敦的金融科技公司，公司主要帮助国际留学生在不需要共同签署人和抵押的条件下获得贷款。

动"中欧—诺亚滴水泉"贷款项目，汇聚海内外校友公益资金，向符合条件的学生提供低息助学贷款。2021年起，滴水泉项目为学生提供零息贷款。

体验式招生活动也是招生工作的一大创新，如2013年开始举办的Pre-MBA暑期训练营（Pre-MBA Summer Boot Camp）、2022年未来商业领袖体验营（Beyond Borders Camp）、中欧校友二代商业营（Alumni 2nd Gen Camp）等多种活动，帮助国内外潜在申请者更深入地了解中欧MBA课程，传递品牌声音。

2005年以来，随着课程规模的扩大及国际化程度的提高，MBA课程部愈发重视开展学生的各种在校活动，并鼓励学生自行组织和管理学生会、班委会、俱乐部、学生大使等各类学生组织。活跃的学生组织和多样的学生活动，不仅丰富了学生的校园生活，也提供了学以致用、展示才华、提升领导力、扩大社交圈的广阔舞台。其规模和影响力在MBA学生群体中享有盛誉，大幅提升了中欧MBA课程的知名度。

参与国际竞赛是中欧学生走上国际舞台的重要形式。中欧学生在多项国际竞赛中脱颖而出，载誉而归：2014年在IPADE–德勤国际案例大赛获得亚军，2018年和2023年在巴塞罗那举办的罗兰贝格国际案例大赛中成功斩获冠军头衔，2019年在南洋理工大学并购挑战赛中夺得冠

2023年罗兰贝格国际案例大赛，
MBA 2022级学生夺得冠军

军，2020年在"创意中国"挑战赛中夺得亚军，等等。这些成绩向全球其他商学院和众多跨国公司展现了中欧MBA学生的卓越能力和风采。

除国际竞赛外，MBA课程部还支持学生发起并组织各种年度大型活动，在中国及周边地区MBA学生群体中产生积极影响。其中，2006年首次举行的企业社会责任全球论坛是中国第一个由MBA学生发起并组织的国际论坛，之后升级为社会影响力与责任论坛（Social Impact and Responsibility Forum）；TED×CEIBS是获得TED官方授权的论坛活动，2023年以"望"为主题举办了TED×CEIBS 10周年特别场。此外还有涵盖医疗、投资、女性领导力等多行业和领域的年度论坛，展示中国地域文化的年度盛宴"上海之夜"晚会等文化交流活动。这些活动展示了MBA学生开放、多元和包容的形象，也锻炼了其创新、团队合作能力及领导力，更体现了其强烈的社会责任感。

四、全力赋能学生职业发展

中欧MBA课程之所以得到业界的广泛认可与褒奖，除了对招生质量的严格把关、课程设置的不断革新之外，也与中欧对学生职业发展的高度重视密不可分。中欧是中国内地首家设置职业发展中心（Career Development Centre，CDC）的学校[1]，2009年职业发展中心并入MBA课程部，更好地助力MBA学生的职业发展。CDC依托学院的平台和资源，为MBA学生和校友提供多角度、多形式的职业发展服务支持。通过持续努力，MBA学生的就业率自2013年来一直保持在90%以上，在英国《金融时报》全球排名第一梯队的商学院中处于领先水平。

CDC每年举办近百场职业活动，如企业校园宣讲、公司拜访、行业交流会、猎头交流会等，在帮助学生增强职业发展技能、增长行业知识的同时，积极拓展学生与雇主、校友以及其他相关渠道的联系与交流。这些活动中，尤以"职业探索之旅"的影响最为深远。这一项目

1　有香港的商学院更早设置职业发展中心。

最早开始于2012年，先在亚洲地区稳健推进，此后逐渐走向欧美市场，带领MBA学生参访世界一流企业，了解其人才战略与发展需求，并与企业高管及当地校友互动交流。

自2013年开始，学院先后与哈佛商学院等世界一流商学院建立职业发展互惠合作，双方学生可以互访对方学校，预约面对面职业辅导并享用对方的职业平台。

CDC不仅关注在校学生，也注重赋能校友。2018年，CDC开始为毕业5年内的MBA校友提供全方位的职业支持，包括创建校友职业平台、提供一对一职业辅导、举办行业分享及交流会等，为校友们搭建起跨年级、跨界交流的平台，助力其持续就业和转型发展。2022年，MBA课程部推出后MBA课程，为MBA校友持续打造终身学习平台，获得热烈响应和积极反馈。

2023年5月，中欧校友后MBA课程在黄山开课

CDC同时也努力打造更紧密、团结的校友圈。整合业内校友行业俱乐部等各种资源，陆续推出校友企业职业交流、猎头公司交流会、国际校友聚会、行业论坛交流等各类校友互动活动；邀请校友担任良师益友导师、职业发展导师或校友大使，为MBA课程推荐候选人，为学生

提供职业机会等；举办校友返校活动，从而让毕业10年以上的资深校友再度与学院建立深度连接。通过这些举措，让校友持续不断地参与学院的发展与建设，与中欧建立起深度连接。

五、领跑亚洲的办学成绩

经过多年发展，中欧MBA课程在英国《金融时报》、美国《商业周刊》《福布斯》、Poets & Quants等业内广泛认可的全球MBA排行榜中表现出色，国际知名度和影响力不断提升。

截至2024年，MBA课程在英国《金融时报》全球MBA排行榜上共15次位列世界前20名，曾连续4年跻身世界前10名，连续8年获得亚洲第1名。从校友职业发展评估指标来看，MBA课程在校友加权平均工资、工资增长百分比、职业发展排名以及毕业生就业率4个单项评估中表现出色，充分证明了MBA课程在助力校友职业发展和进步方面的实力。在"多元化"一项的评估上，国际教授占比、女性学员占比以及国际课程体验排名表现出色，体现了MBA课程在国际化师资、学生性别比平衡以及丰富国际课程体验方面的优势。自2019年起，"企业社会责任"也被纳入评审标准，MBA课程在该单项排名中曾3次进入前30名，MBA课程在课程设计以及人才培养中对企业社会责任的重视获得了充分肯定。

2019年《福布斯》全球MBA排行榜中，中欧MBA在两年制非美

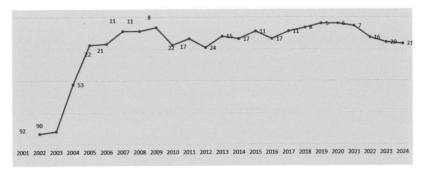

中欧MBA课程历年在英国《金融时报》全球排名中的名次

国本土MBA课程位列亚洲第1名；至2023年，中欧MBA在《彭博商业周刊》全球最佳商学院排名中共计5次荣登亚洲第1名；2023年，在Poets & Quants发布的不含美国地区的国际MBA排名中，中欧MBA课程位列全球第5名、亚洲第1名，这也是迄今为止亚洲商学院在该排名中取得的最高成绩。Poets & Quants还设有"最优秀的MBA"（Best and Brightest MBA）和"最值得期待的MBA"（MBA to Watch）等MBA毕业生榜评选，至今累计有20位中欧MBA学生和校友上榜。

在各榜单的评选中，MBA毕业生的职业发展以及对商业领域的贡献都是重要的衡量指标。中欧MBA毕业生一直是就业市场上的佼佼者，成为各行各业的中坚力量，在风险投资领域更是高居国内MBA院校榜首，越来越多的校友在这个领域中崭露头角，为学院MBA增光添彩。2023年，福布斯公布了2023年"全球最佳创投人"榜单，上榜的14位中国人中有3位是中欧MBA校友，分别是张斐（MBA 1997）、刘芹（MBA 1998）和计越（MBA 1998）。

中欧MBA对学生们的职业发展影响深远。中欧MBA 1995校友齐欣（葛兰素史克中国总经理、福布斯中国2024杰出商界女性100强得主）曾说："中国经济的强大韧性和澎湃动能为世界带来了更多增长机遇，也持续助力越来越多的女性高管走向国际舞台。是中欧塑造了此刻的我，中欧给予了我全维度的企业运营方法，推动着我在职业生涯中一步步前进。"

彭博电视主播及首席市场编辑大卫·英格斯（David Ingles, MBA 2008）表示："我从银行业转型去了新闻行业，经常有人问我读MBA值得吗？我会说值得。我现在每天都能用到读MBA时学到的技能，MBA给我的训练使我可以在彭博生存、发展起来。"

展望未来，面对竞争激烈的全球MBA教育市场，面对纷繁复杂的多重挑战，中欧MBA课程使命不改、初心如磐。原课程主任沙梅恩教授表示："中欧MBA课程将继续加强全球合作，不断丰富课程体验，培养更多善于驾驭复杂国际环境的未来领导者。"

第三节　企业家云集的EMBA课程

EMBA英文全称为"Executive Master of Business Administration"，直译为"高层管理人员工商管理硕士"。

中欧国际工商学院的EMBA课程于1995年正式启动，经历了"从0到1，从1到N"的发展历程，筚路蓝缕，胸怀鸿鹄之志，从最初不为人所熟知，到广受企业家和工商管理人士追捧，至2024年，EMBA校友已达15 000多人。

由于管理教育发展背景不同，与国外商学院相比，中欧EMBA课程的一个显著特点在于，学生的平均管理层级更高，2/3以上都在企业内担任董事长、总经理等最高决策管理职位。因此，一直以来，拥有广泛社会影响力的EMBA校友群体都是中欧高端品牌形象与社会知名度的重要载体。

一、EMBA课程的发展历程

成立于1898年的芝加哥大学商学院，是全球最早创办的商学院之一。1943年，芝加哥大学商学院开设了全球第一个EMBA课程。

由于各国管理教育发展水平不同，EMBA教育在各国的规模也不相同。在美国，据国际商学院联合会（AACSB）统计[1]，EMBA学生数仅占整体MBA学生数的7%左右。因此，美国EMBA教育的市场份额远小于其他类型的MBA课程。

而在改革开放初期的中国，大多数高层管理人士并未获得MBA学

---

1 John Byrne: "By The Numbers: How Rare Is Your MBA Degree?"，Poets & Quants 网站，https://poetsandquants.com/2022/04/27/size-of-top-u-s-mba-programs-by-enrollment/。

1997年4月8日，中欧首届
EMBA毕业典礼在上海商城举行

位，也缺乏系统的现代管理教育。在1994年中欧国际工商学院创建时，
全国接受过MBA教育的商界人士还不到1 000人。而同年，外商在中国
的直接投资流入已经达到了338亿美元。中国以前所未有的速度融入全
球经济体系，中国的企业家和经理人需要快速提升商业理念和技能以适
应这种变革。

　　1995年，中欧国际工商学院开设了中国（除港澳台地区）第一个
EMBA课程。为了满足不同学生的需要，更为了办出真正国际化的一流
课程，中欧EMBA课程从一开始便分设了中文班和英文班。由于国内
当时还没有针对企业高管的学位课程，在长达7年的时间里，中欧一直
是国内EMBA教育的探索者，并且确立了早期国内EMBA教育的标准
模式。

　　2002年，中国政府批准了30所高校开展EMBA课程试点。由于中国
EMBA教育师资严重匮乏，教育部要求EMBA课程的师资1/3来自国外，
也鼓励教育机构与国外大学合办EMBA课程。各大院校在EMBA课程的
办学上取得了很大的自主权，纷纷和国际上著名的商学院进行合作。

2009年，中国政府又批准了32所高校开展EMBA教育，市场竞争日趋激烈。

在中国开展EMBA教育，挑战最大的是师资。从解决师资问题的角度来分析，国内商学院开展EMBA教育主要有3种模式。

一是"顾问模式"，即依靠本校师资，颁发的是国内学位，主要通过请国外名校教授作为顾问培训本校师资，靠原有教师教学水平的逐步提高来达到提高教育质量的目标。

二是"外资模式"，用类似于"以市场换技术"的办法来解决师资问题。学校全部聘用国外师资，直接授予国外学位。这条道路起点高、速度快、一步到位，能与国际接轨，但由于颁发的是国外商学院的学位证书，课程设置、招生规模等关键决策控制权掌握在外方手中，导致对中国市场的投入不足，与中国国情的结合不足。

三是"创业模式"。中欧选择的就是第三种模式，起步虽难却前景广阔。中欧既不依靠国外学位，也不依赖国外名校，而是白手起家，充分利用以全新体制创办的独立学院所拥有的优势，全面整合国际资源。中欧在全球范围招聘EMBA课程教授，但颁发的是本院学位。这样既充分利用了国外资源，又最大限度地保留了中欧EMBA课程今后长期发展的战略自由。

"创业办学"的道路一开始非常艰难，初期所需的投资极其巨大，而且刚开始时国家教委尚未承认中欧的学位，想在这种条件下招到愿意付出高昂学费与较高时间成本的学生并不容易。但经过30年的奋斗，中欧EMBA课程的发展道路越走越宽。

1995年，中欧EMBA课程在上海启动，首届学生共42名。学院创始人李家镐、张国华认为，起初的规划规模太小，满足不了经济发展的需求，于是重新规划，扩大招生规模。1996年，为了占领战略制高点，中欧在名校云集的北京成功开办了EMBA班。2005年，中欧又在深圳成功开设了第一届EMBA班。到2009年，EMBA每年招生的班级数扩大到12个。此外，学生的学历层次也显著提升，2023年拥有硕士以上学位的EMBA学生比例达到31.3%，这对教学提出了更高的要求。

在多年的发展过程中，尽管规模不断扩大，中欧EMBA课程始终坚持高品质路线，通过严格的招生流程保证生源的高质量，通过课程内容与运营的不断调整创新，更好地满足目标人群的需求，培养理念也从强调培养管理人才发展到强调培养商业领导者，眼光更加高远。

正如已故的张国华院长所言："中国有许多优秀的EMBA课程，但是，它们的优势在很大程度上来自百年老校的根基，或者在相当程度上依赖于所颁发的国外学位。中欧最值得自豪的是，我们是白手起家，发的是自己的学位证书，可以说靠的完全是自己的努力。"

二、4次关键的课程演进

从0到1的"创业"开拓

1996年，学院设立了单独的EMBA课程部，并开始招募有学术背景和管理教育经验的人士来负责这一课程。1997年5月，学院邀请曾任上海交大管理学院副院长的张维炯教授负责EMBA课程。张维炯教授在加拿大不列颠哥伦比亚大学商学院获得市场学硕士学位和企业战略博士学位。

上任伊始，张维炯教授面临的最棘手的问题就是招生。他结合市场营销理念，提出了一个在当时国内并不常见的观点：将EMBA课程视为一种"产品"。

基于此，张维炯教授制订了市场营销计划，其中包括有步骤地在《解放日报》《文汇报》上刊登广告，给企业高管邮寄课程宣传手册，和招生团队一起拜访企业，参加管理教育展会，举办招生咨询会等。

市场营销思路正确，加上中国经济发展使国内企业对高管培训的需求日益增长，EMBA课程的招生情况很快有了起色。中欧EMBA课程在1995年只有1个上海班，1999年已发展到上海、北京共5个班，272人。张维炯教授在EMBA课程部任职5年，是从0到1的"创业型"开拓者，为EMBA课程务实文化和成本意识的塑造以及日后发展奠定了

1997年10月5日，中欧国际
工商学院举办招生咨询会

坚实的基础。

面对严峻竞争，明确课程定位

2002年是中欧EMBA课程发展过程中至关重要的一年。彼时，30
所中国最优秀的大学进入EMBA教育市场，国外名校也纷纷进入中国
市场，在国内开班。尽管当时中欧在中国EMBA市场已经深耕7年，确
立了相当大的领先优势，但这时，中欧既要在国内与拥有大批了解中国
经济环境师资的本土院校竞争，又要在国际上与拥有世界一流师资的顶
级名校一较高下，形势一时相当严峻。

2002年1月，学院邀请曾任北京大学中国经济研究中心BiMBA
（北大国际MBA）课程中方主任的梁能教授担任EMBA课程主任。梁能
教授1986年在美国宾夕法尼亚大学沃顿商学院获得工商管理硕士学位，
1990年在美国印第安纳大学获得国际商务博士学位，曾任美国马里兰
洛约拉大学管理学终身教授、中国留美经济学会副会长。

在学院管理委员会的指导下，中欧EMBA在2002年对市场竞争进
行了一系列的分析，全面客观地评估了自身能力和竞争态势。在给董事
会的报告中，梁能教授提出了应对竞争压力的战略方向，即根据学院

"最国际的中国商学院，最中国的国际商学院"的定位，把中欧EMBA课程定位为"立足中国的国际一流EMBA课程"，目标是为本土企业和志在中国发展的跨国公司培养世界一流的高级管理人才。

与国内的百年名校相比，中欧的体制和师资是国际化的，EMBA课程设置与国际接轨，教育质量达到国际一流；与国外一流商学院相比，中欧EMBA课程的立足点和战略重心是中国，对中国企业家的特点和需求了解得更加具体、深刻。同时，国际化体制又保证了中欧EMBA课程能以最先进、最合理和国际化的方法来进行教学、建设及管理，同时更善于把国际最先进的理论与中国实践相结合，形成并坚持自己的特色，在这一特定领域赶超世界最优秀的商学院。

从这一定位出发，学院确立了将EMBA打造成为具有自己独立品牌、中国最好、世界一流的管理教育课程的愿景。根据这一愿景，学院管理委员会决定，中欧EMBA应坚持从开办以来始终遵循的教学质量优先的策略，同时逐步提高品牌知名度和研究实力，并在保证教学质量的前提下，通过各种活动增强学生之间的凝聚力。

梁能教授明确提出，中欧EMBA要办成"商界精英的思想健身房"，而不是"富人俱乐部"。2002年的课程演进帮助上海、北京和深圳三地的EMBA团队统一了思想。大家一致同意，为了办好EMBA课程，必须做对三件事：招对学生、问对问题、端正学风。

所谓"招对学生"，就是中欧EMBA要招的是那些"不但成功，而且好学"的企业家和高层管理人员。

所谓"问对问题"，就是要求中欧EMBA任课教授不仅要了解现代管理理论，而且要了解学生实际工作中碰到的管理难题。

所谓"端正学风"，是指中欧EMBA从入学笔试到教学管理，都须强调认真，强调端正态度和学风。在梁能教授的推动下，EMBA课程部还把学术道德声明置于每门课教材的首页，学院也专门成立了纪律委员会，处理违纪事件。

在中欧建院10周年之际，梁能教授曾写下一首《中欧吟》，其中"宏图招生严，远虑治学勤。授课有名师，满座是精英"这两句，正是这一时期中欧EMBA课程的真实写照。

从专注管理到培养领导者

2009年12月，学院任命陈杰平教授担任EMBA课程主任。陈杰平教授1995年在美国休斯敦大学获得工商管理博士学位，曾任香港城市大学会计学系终身教授兼系主任、香港会计学会会长。

2012年2月，学院又任命苏锡嘉教授担任EMBA学术副主任。苏锡嘉教授在加拿大蒙特利尔市康考迪亚大学获得管理学博士学位，曾任香港城市大学商学院会计学系副主任、副教授。

在此之前，中欧EMBA课程部已凝聚了共识：一个优秀的EMBA课程，不仅要关注"知识"的传授，更须重视"人"的培养。EMBA学生不但应该懂专业，懂管理，懂国际惯例，而且应该有思想深度，有文化品位，有人格魅力，有比商业成功更高的追求。

2006年，在"思想健身房"的口号被普遍接受之后，中欧EMBA课程部提出，EMBA课程也应当是学生全面发展的精神乐园。2009年，中欧EMBA课程部明确提出"转型性"学习与"知识性"学习并重，并将之作为贯穿整个EMBA课程学习主线的教学管理目标。课程的培养方向也进一步清晰，培养目标从"适应全球化经济的管理人才"调整为"勇于承担社会责任的领袖"。这些举措在国内外的EMBA课程中，都是走在前列的。

2009年以后，在陈杰平教授的推动下，中欧EMBA课程加强了对学生企业社会责任、管理实战经验和人文精神的培养，不仅广泛邀请商界领袖、资深校友来课堂做分享，还于2011年，率先在开学模块第一课中开设"企业社会责任"讲座；2012年，独创了后EMBA人文艺术课程；2015年，率先创立了"戈壁行动领导力"选修课。

从课堂步入企业，从中国走向世界

2017年1月，学院任命朱天教授担任EMBA课程主任。朱天教授于1995年在美国西北大学获得经济学博士学位，曾在香港科技大学任教

10年。

2020年11月，学院又任命自2004年起负责课程招生工作的赵筱蕾（EMBA 1997）出任EMBA行政主任，全面负责课程的运营和招生工作。

21世纪的第二个10年，中国经济总量在世界经济版图中已然是一个"大块头"了，经济发展也进入"换挡提质"的新常态阶段。中国企业要适应全球化和高质量发展，管理教育势必也要迈上一个台阶。

中欧EMBA课程的对策首先是充分挖掘"中国深度"，更加强调课程的实践性。自2018年在杭州试水首门国内实境选修课以来，中欧EMBA课程至今已开设40门国内实境选修课，覆盖25个城市、88家企业，累计开发58篇相关的中国企业案例。

于商学院而言，传统的"全球广度"是引入海外师资的国际化，而新意义上的"全球广度"则是走出去的国际化。

面向志在走向世界的中国企业，中欧EMBA课程在1997年开始组织双语海外游学。到2016年，又领行业之先，在欧洲开设海外实境选修课。

从此，持续20多年的EMBA海外游学项目，被系统纳入选修课体系，覆盖亚洲、欧洲、非洲、北美4大洲16个国家，涵盖智能制造、创新变革、卓越服务、商业机遇、科技与人才等多元化主题，到访美国宾夕法尼亚大学沃顿商学院、斯坦福大学商学院、西北大学凯洛格管理学院、西班牙IESE商学院、INSEAD商学院等知名院校，以及谷歌、微软、eBay、先锋集团（Van Guard）、默克等国际知名企业，在中国经济融入世界的进程中，帮助中国企业和企业家在跨文化市场中取得成功。

自2008年起，中欧EMBA课程便设立"善为奖"，旨在鼓励和表彰积极承担社会责任、为社会做出贡献的应届毕业班级和毕业生。经过10余年的努力，企业社会责任的升级版——ESG已经贯穿了"开学—必修—选修—毕业课题"整个EMBA课程体系，每门必修课中ESG的平均比重超过20%，还增设了1门ESG必修课和5门ESG领域的选修课，从多方面推动学生树立并践行ESG理念。

"实境教学、国际视野、社会担当。"EMBA课程主任朱天教授总结

2014年，中欧EMBA海外游学项目到访剑桥大学

说，"中欧EMBA课程在教学上加强了这三方面的探索。"

EMBA课程在上海、北京、深圳三大经济中心办学授课。北京团队1998—2020年间由时任院长助理、北京校区首席代表马遇生负责。2020年，萧斌接任北京校区首席代表。深圳团队2005—2008年间由EMBA课程部直接管理，2006—2008年，赵筱蕾兼任深圳校区首席代表；2009年扩招后，由院长助理刘湧洁负责。2021年，学院又任命孔飙担任深圳校区运营主任。

EMBA课程的北京、深圳团队行使区域的人员管理职责，业务上由EMBA课程部统筹，在全国整体战略之下，从无到有开拓区域市场，并且打造了极富地区特色的创新样本。

三、全球少见的高品质生源

中欧EMBA课程历年新生的平均年龄是40岁左右，平均工作年限为17年，来自各行各业。入读中欧时，2/3以上的EMBA学生在企业内担任董事长、总经理等最高决策管理职位。拥有丰富职业经历及出色管理经验的EMBA学生群体和中欧EMBA课程双向奔赴，彼此都受益匪浅。

时任欧方院长雷诺教授（Pedro Nueno）曾这样评价中欧的学生质量："真正让中欧区别于其他商学院的，正在于中欧所录取的学生质量。"中欧前副院长兼教务长约翰·奎尔奇（John Quelch）教授曾将哈佛校友数据库与中欧校友数据库做过比较，结果发现中欧校友中担任董事长、首席执行官等公司最高领导职务的人员比例明显高于哈佛商学院。而在这些高端学生中，EMBA的校友占了很大比例。

中欧EMBA课程也一直陪伴着中国民营企业的成长，伴随它们从初创到壮大，再到成为在中国乃至世界有影响力的企业。京东、阿里巴巴、腾讯、美的、蚂蚁、网易、三一重工、亿纬锂能、维谛技术、横店、协鑫、安踏等大型集团，持续输送核心岗位的高管报考中欧EMBA课程。

在可观的招生规模下坚持严格的入学标准，是中欧EMBA课程招生工作面临的一个难题。多年来，中欧EMBA的报考淘汰率居于国内商学院最高之列，也远远高于国际水平。即使在中欧EMBA的招生规模扩大到全国12个班之后，仍然保持较低的录取率，这为生源的高质量提供了有力保障。

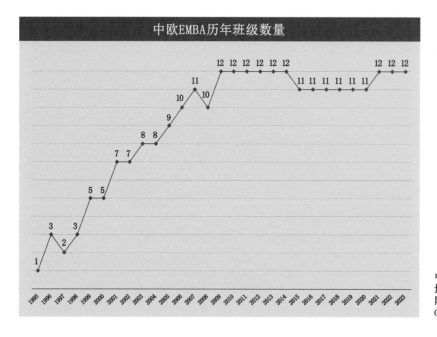

中欧EMBA课程历年班级数量（2015年，中欧EMBA国际班成为独立运营的中欧Global EMBA课程）

回眸2004年，EMBA课程招生团队的"市场、招生、录取"三驾马车构架基本形成。优质生源的背后是打造品牌的持续努力与专业严谨的招生流程。

2014年，时任EMBA课程副主任赵筱蕾提出了"跨校区品牌协同"理念，在统一管理中欧EMBA品牌形象的同时，亦尊重北京、深圳校区的个性化做法，保留了弹性。

中欧最初创立时，来自外资企业的EMBA学生占绝大多数；之后，来自外企、政府和国企、民企的学生各占1/3；目前，中欧EMBA学生有70%以上来自民营企业。伴随着学生构成的变化，EMBA课程的招生和市场策略也在持续演进。

2015年，中欧EMBA课程微信公众号的创办，标志着课程的市场传播由原来的依靠传统媒介开始向数字传播转型。公众号中的教授观点深入浅出，话题贴近当下，而校友故事则试图走入企业家的内心，揭示他们的决策动机和成长的原动力，这些都为招生和品牌传播提供了重要推力。此后，2021年上线的中欧EMBA视频号，以及2022年推出的中欧EMBA播客"合以见得"，与公众号合力构成了中欧EMBA自媒体矩阵，截至2024年3月，总用户数超过25万人。

招生"收官"阶段的笔试、面试是确保优质生源的关键环节。中欧EMBA课程的笔试素以严格著称，大约1/3的考生无法进入面试。学院内外都曾有人质疑EMBA课程入学笔试是否难度过高，但EMBA课程部对此态度明确，要测试报考人认真学习的态度，笔试便是淘汰那些"拉关系、混江湖"人士的一个重要方法。

而面试中，面试官的每张评估表上都印有一句话，提醒面试的过程是一次双向选择的过程。无论考生最终是否被录取，中欧EMBA课程都力争在每一个环节给考生留下专业的印象。

严谨"收官"的同时，出于对推动经济持续且平衡发展、践行新商业文明和社会责任的考量，EMBA课程也积极为定向考生提供助力，这其中包括考虑到中欧是中国政府与欧盟合作办学的历史渊源而设立的政府奖学金，以及陆续推出的公益奖学金、女性创业奖学金、中西部地区奖学金和国家级专精特新小巨人企业奖学金。

多年来，中欧EMBA的招生流程一直在不断优化完善，其中，引入校友面试官是一次较大的变革。最初EMBA招生面试官只有教授，有一次时任院长张国华提出，柳传志、李东生等人跟他反映，中欧EMBA招生面试可能存在问题，他们企业重点培养的一些骨干接班人都没能通过中欧的面试。经过反思，EMBA课程部开始尝试邀请优秀EMBA校友与教授一起担任面试官。出身企业、重视实战的企业管理者与教授形成互补，评判角度更加全面。至2006年，系统化的校友面试官体系和报名表评估体系，最终合并成综合评估分体系。

2003年，中欧在国内率先开通EMBA网上报名系统。2022年，受新冠疫情影响，又上线了面试和笔试系统。至此，EMBA课程的招生工作已经探索并实施了全流程在线模式。

事实证明，EMBA招生团队的卓越表现成效明显。很多考生正是在报考中欧EMBA课程的过程中，在比较过中欧与其他院校招生人员的专业性、国际化和招生体系的严谨周到程度之后，最终决定选择中欧的。

2021年，春季班开学模块中的EMBA学生

四、顺应时势的课程革新

为更好地满足学生的需求，中欧EMBA课程部始终锐意革新，不断调整并完善课程体系。课程部通过每年对学员进行课程调研，结合国际国内的课程发展趋势，并据此改革课程设置，大力进行课程创新，受到市场的认可。

知识与视野　　　　转型与内化

综合与应用
小组课题

升华
后EMBA人文课程

视野与实战
国内外实境课程

转型
企业深访、行动领导力

深化与拓展
70+门（140+次）
选修课涵盖6大系列

融合
红枫论坛、中欧预见、合一讲堂、
共赢行思课堂、博约讲堂

基础与核心
14门必修课
（包括两大住读模块）

启航
入学指导、团队建设、ESG力行

中欧EMBA课程"金字塔"体系

住读模块增进交流，激荡人心

EMBA学生每个月集中4天上课。为了增进同学间的相互了解，中欧EMBA课程组织了很多跨班级、跨地区的活动以及国内外实境课。其中，首创的开学与毕业住读模块包括了企业社会责任、管理实战模拟、行为反思等内容，为同学之间的交流和良好的学习体验提供了有力的支持。

2021年，中欧EMBA课程在开学住读模块中，创造性地启用由中欧教授自主研发及执教的"征程"管理实战模拟。"征程"由张维炯教

授牵头设计，朱天、苏锡嘉、陈杰平、白果、郭薇、程林等教授共同
参与，经过精心打磨及反复演练，成功取代了过去20年在国内管理教
育市场上占主导地位的舶来产品"TechMark"。一位EMBA新生表示：
"'征程'激荡人心、玄机莫测，给我们这些浸润商海、浮沉十几年甚至
几十年的所谓行业精英们，结结实实地上了一课。"

选修课体系与时俱进

自2002年起，学院尝试开设少量选修课。这一做法既充分利用了
中欧EMBA课程的规模优势，满足不同学生的需要，同时也开创了一
条课程创新和教授发展的新途径。

此后，中欧EMBA课程的选修课数量逐年增加，2023年增加至142
次，不仅在课程内容上不断迭代，而且新课数量平均每年超过15%。除
增加选修课投放的数量外，选修课在中欧EMBA课程总学分中的比例
也在逐渐提高，使EMBA课程体系的灵活性与针对性进一步增强。

近年来，EMBA课程部还定期邀请跨领域的专家学者与有影响力的
业界人士走进EMBA课堂，通过系列讲座等形式，给EMBA课堂注入
与时俱进的跨界视野、前沿科技、人文素养，以及鲜活的实战分享。

领导力发展贯穿始终

中欧EMBA课程学生的平均管理层级比国外EMBA要高，掌管企业
的"一把手"比比皆是，因此，国外EMBA那种侧重功能性、技术性、
工具性的课程并不能满足中欧学生的需要。自创办以来，中欧EMBA
课程体系完善的一个重要方向，就是培养学生的战略思维与领导力
素质。

领导力发展历来是EMBA教育的重点，也是难点。2006年起，中
欧EMBA课程明确了"硬化软课程"的战略方针，把领导力发展提至
首位，在国内率先引进360度领导力发展项目。

2007年起，梁能教授又在毕业住读模块中增加行为反思内容，通
过绘制和讨论反映同学人生主要阶段的"生命图"，在更高的层次上理

2023年，中欧第10届行动领导力戈壁远征

解"成功""责任"和"幸福"，引导学生展开对人生意义的哲学探索。

2009年之后，中欧EMBA还在必修课体系中增加了为期4天的领导力必修课，进行系统和强化教学。2015年，李秀娟教授在敦煌的戈壁上率先开设了"行动领导力"选修课，同学们在戈壁的极限环境中，体验"见天见地见自己"的沉浸式学习。

此后，李秀娟教授、王安智教授又分别推出了"教练式领导力""团队动态领导力"等多门沉浸式行动学习课程，通过不同场景来帮助EMBA学生塑造领导力，突破自我。至此，围绕领导力的实践与修炼，贯穿了EMBA整个学习过程。

"后EMBA课程"开启人文之旅

为了更好地保持中欧EMBA学生的学习热情与习惯，满足其持续提升人文素养与企业家精神的强烈需求，中欧于2012年率先推出了仅面向应届毕业生的"后EMBA课程"（简称"后E课程"），每期后E课程为期1年，共设文史哲及艺术等7个模块。

中欧后E课程的师资阵容非常强大，邀请的多是各个领域的顶尖学者，如台湾大学傅佩荣教授主讲哲学与人生，美学大师蒋勋教授主讲东方文化，清华大学彭凯平教授主讲积极心理学……这些课程都深受同学们喜爱。

后 E 课程不仅是 EMBA 课程体系的有机组成部分，有助于形成从社会责任引领、企业管理、商业实践、国际视野到人文精神的闭环，同时也是"成长有来处，精神有归处"终身学习的一环。

教学与实践知行合一

中欧特别重视教授的实践经验和授课能力，尤其是对中国企业的实际了解和研究中国问题的能力。哈佛的跨国公司案例，讲的多是发达国家的总公司如何控制发展中国家的子公司。但中欧的学生面临的很可能是相反的问题，如作为西方跨国公司海外分部的管理人员，应该如何在总公司的管理框架下取得发展；或者一个本土公司的创业者，如何带领业务"出海"等。

为了帮助海外教授了解中国国情，从 1999 年开始，在时任课程主任张维炯教授的带领下，EMBA 课程增加了学术交流和参访企业的内容，这种做法一直延续至今。

而为了紧跟学生需求，结合当下商业热点和科技趋势，中欧 EMBA

2023 年，中欧 EMBA 国内实境选修课到访三一重工

课程部通过举办讲座与论坛，定期邀请知名企业家、行业专家与学者分享自己的实战经验与理念，也持续组织学生参访企业，了解最新的商业实践。

值得写上一笔的还有兼具中国深度与全球广度的实境选修课。自2016年把传统的海外游学项目转型为海外实境选修课，并在2018年于杭州开设首门国内实境选修课以来，2023年国内和海外实境课共开课25次，形成了领先于兄弟院校同类课程的实境教学优势。

创新师资管理机制

优秀的师资与优质的内容是EMBA课程口碑的重要保障。作为早年加入EMBA课程的副主任，赖卫东亲历了课程师资从最开始不得不依赖访问教授，到后来主要依靠长期教授的发展过程。他曾为引进教授而投入选修课和新课程的开发，也费心于游说访问教授加入中欧。

除此之外，中欧EMBA运营团队还花大力气帮助仍处于过渡阶段的新师资、新课程顺利进入轨道，例如，安排新教授与学生提前见面交流、请新教授试讲、开设选修课、参与课题报告辅导和答辩、旁听课程等多项举措。

还有一项创新由时任EMBA课程主任陈杰平教授在2009年推动。"团队教学"也称为联合教学，即把原来由一位教授单独执教四天的课，改由两位或多位教授联合授课。

出名的严格管理和高品质服务

中欧的严格管理在国内商学院名声在外。"'不论你们有什么头衔，不论你们身家多少，你们只是中欧的学生'，下面鸦雀无声。"这是沈迦（EMBA 2003）在开学报到后所写的日记，这里记录的是所有EMBA学生都必须参加的第一堂入校教育课实景。

中欧EMBA课程的严格管理贯穿于学生求学过程的所有环节。一本厚厚的《学生手册》把学术要求、学籍管理、行为规范等写得详细明确，连作业的格式、用什么字体都做了明确的规定。2年20多门课，门门有作业，门门要考试。

由于EMBA学生在职学习时间特别紧张，对课程服务的要求也非常之高，课程部便给班主任制定了4方面的角色要求。他们既是执行学院制度的管家，又是班级活动的组织协调者，还是推动班级文化建设的思想工作者，同时也是在教育第一线代表学院的形象大使。2003年，中欧EMBA课程部率先编制了助教/班主任（TA/CC）工作手册，形成了一套完整的班级管理与服务流程。

EMBA课程的班主任团队以自己的敬业精神、高品质服务和严格管理赢得了学生由衷的尊重。梁能教授曾说，除了体制优势、师资优势之外，出色的EMBA课程运营团队和招生团队也是中欧EMBA课程最关键的核心优势。

五、令人瞩目的办学成绩

开办30年来，中欧EMBA课程在人才培养、课程创新、校友网络等各个方面都形成了强大的竞争力。

从学院角度来看，EMBA课程无论在学费收入，还是在高端品牌塑造方面，都扮演着中流砥柱的角色，同时为其他课程提供了课程共享、学员引荐、创新经验分享等各种有力的支持。

第一，中欧EMBA课程为中国培养了一大批最早的管理精英，至今已有15 000多位企业家和高层管理者在中欧接受了系统、正规的国际化工商管理教育。截至2024年3月，中欧EMBA校友中走出了9位全球500强企业和31位中国民营500强企业的掌舵人；另有329位EMBA校友在国内416家上市公司中担任董事长、总裁或总经理。他们对中国经济、社会的发展和改革开放的深化起到了直接的推动作用。

许多EMBA校友感叹中欧为自己带来的巨大改变，在中欧EMBA的求学经历不仅使他们的管理水平得到明显提升，让他们结交了一批志同道合的朋友，甚至带来了他们人生的转变。

京东集团董事局主席刘强东（EMBA 2009）说："中欧带给我开阔

的国际化视野、丰富的师生共享资源和深厚的友情。来自全球各国顶尖教授的认真调教，同学们激烈的思想碰撞，高水平的论坛及讲座……这些都使我得到升华。能够进入中欧学习，是我人生当中又一个很重要、很幸运的转折点。"

第二，中欧为中国EMBA教育探索出了一条"既国际，又中国""严而有格，导而弗牵"的办学道路，为后来的EMBA课程提供了宝贵的借鉴。中欧首创的每月4天集中授课的学制，外教上课配以现场口译的授课模式，鼓励学生对教学效果进行评估的质量控制手段，笔试和面试并重的招生方式，覆盖国内25个城市、全球16个国家的实境教学优势，ESG贯穿整个EMBA课程体系的社会担当，都领行业风气之先，并已成为中国EMBA教育界普遍认可和对标的惯例。

第三，中欧EMBA课程倡导了中国EMBA教育严谨而又活泼的学习风气。在EMBA优质生源的竞争中，中欧所坚持的严谨学风恰如一股清风，受到越来越多的学生与企业的认可；中欧EMBA课程提出的"商界精英的思想健身房""全面发展的精神乐园""比商业成功更高的追求""培养勇于承担社会责任的未来领袖"等定位也越来越深入人心。

第四，EMBA校友也是学院赞助的重要来源和社会公益事业的积极参与者。1997—1998年，当浦东校园建设遇到资金方面的困难时，EMBA学生与校友所在的企业共捐助了大约905万元。2013年，由陈希校友（EMBA 2002、CEO 2009）和陈南校友（EMBA 2005）创立的三全食品向学院捐赠，获得上海红枫路校园餐厅的冠名权，该餐厅现命名为"三全餐厅"。

自2008年起，中欧EMBA课程设立了"善为奖"，倡导和鼓励EMBA学生积极承担企业家应尽的社会责任。善为奖设立以来，EMBA公益项目已深入乡村振兴、精准扶贫、公益助学、关爱儿童、疾病救助、大灾救援、生态环保等方方面面。

EMBA校友也大力支持学院发展和师资队伍建设，累计捐赠了5个教席和多个研究中心。凯辉私募股权投资基金董事长蔡明泼（EMBA 2004）、鹏瑞集团董事局主席徐航（EMBA 2002）、京东集团董事局主席刘强东（EMBA 2009）、横店集团董事长兼总裁徐永安（EMBA 2003）、运连网科技有限公司董事长王超军（EMBA 2017）及CEO王超峰（EMBA 2013）都向中欧教育发展基金会捐赠了教席。此外，越来越多的EMBA校友开始参与"中欧返校日捐赠／月捐计划／班级捐赠／毕业捐赠"活动，为母校提供源源不断的支持。

过去30年，中欧EMBA课程取得了令人瞩目的成绩，立足本土且连接世界，引领中国商业实践与商业文明澎湃向上，也将管理教育与可持续发展紧密连接在一起。

谈及未来展望，中欧EMBA课程主任朱天教授说："中欧EMBA课程将踔厉奋发，笃行不怠，积极响应新时代国家人才战略，在认真严谨的同时不断创新，继续引领中国EMBA教育，坚持不懈地为中国经济的高质量发展培养优秀的高级管理人才，为实现中国式现代化贡献更多中欧力量。"

第四节　稳居世界第一阵营的 Global EMBA 课程

Global EMBA 英 文 全 称 为 "Global Executive Master of Business Administration"，直译为"全球高层管理人员工商管理硕士"。中欧国际工商学院 Global EMBA 课程（简称"中欧 GEMBA"）由中欧 EMBA 课程 1995 年开设的英文班发展而来，于 2015 年独立运营。

作为中国内地第 1 个英文 EMBA 课程，中欧 GEMBA 课程和中国经济发展同频共振，在培养国际化高级管理人才、搭建中国与世界的沟通桥梁方面发挥了重要作用。至 2024 年 3 月，中欧 GEMBA 课程培养学生共近 2 300 名。这些杰出的校友中，不乏众多跨国公司在华 CEO 和大量有志于拓展海外业务的民营企业家。

GEMBA 课程是中欧最具国际知名度和美誉度的课程之一。目前，该课程是亚洲地区最大的英文（国际）EMBA 课程以及最有影响力的 EMBA 课程，全球排名稳居第一阵营。根据英国《金融时报》2023 年全球 EMBA 课程百强榜单，中欧 GEMBA 课程连续 4 年稳居全球第 2 名，是中国内地唯一进入第 1 梯队的课程[1]，这也是全球独立办学 EMBA 课程取得的最高排名。

一、GEMBA 课程的发展历程

20 世纪 40 年代后，伴随着经济全球化趋势的发展，企业对全球商业管理者的需求日益增长，世界各地的商学院纷纷开设了适应国际化商业管理者的课程，GEMBA 课程也在此时应运而生。开设 GEMBA 课程

1　香港进入第 1 梯队的是 Kellogg-HKUST EMBA。

的目的，从根本上来说是为了培养具有国际视野和跨文化管理能力的全球领导者，其招生覆盖世界各地，授课地点遍布全球，学生文化背景、行业来源和工作职能都较为多元化。

步入20世纪90年代，中国改革开放逐步深化，中国企业开始面向更广阔的全球市场，也由此面临更严峻的全球竞争，因而亟待提升自身在全球舞台上的竞争力。同时，在华外资企业普遍具有加强本土化的需求，也急需培养兼具全球视野和中国经验的管理者，GEMBA课程为这些走向全球的中国企业和深耕中国的外资企业的管理者，提供了学习和提升的平台。

目前，在中国的GEMBA课程可分为合作办学课程（joint programme）和独立办学课程（stand-alone programme），中欧GEMBA课程就是国内为数不多的全球顶尖独立办学课程。相较合作办学课程，独立办学课程具有更高的自主权和灵活度，更连贯的战略实施以及更稳定的运营支持。

发轫期（1994—1998年）

中欧EMBA创办之初，师资以外籍访问教授为主，学生多数来自外企。鉴于学生的英语水平参差不齐，统一授课可能无法保证教学质量，因此1995年首期班时学院管理委员会迅速做出决定，将一个班的EMBA学生分为两个小班：英文班20人，授课语言为英文；中文班22人，由同样的外教授课，配以现场中文翻译。尽管这意味着学院的EMBA教育成本大幅增长，但因教学效果良好，统一师资、分班教学的办法得到了认可。自此，EMBA英文班和EMBA中文班的教学模式一直沿用，并逐渐演变发展出针对不同学生群体的不同课程定位。

建设期（1999—2007年）

作为走在改革开放前沿的城市，北京与上海一直是吸引外商投资的重地。1999年，为进一步满足市场对国际化企业高级管理人才的需求，中欧在北京校区开设了第一个EMBA英文班。

早期EMBA英文班的海外模块

2001年中国加入世界贸易组织（WTO）后，对外开放进入新阶段，市场需要更多深谙中国市场又通晓国际惯例、具备国际视野的优秀高级管理人才。为了满足市场对国际化人才的巨大需求，强化国际化优势，中欧EMBA英文班于2005年特别增设了海外模块，学生可以到沃顿商学院等国外一流院校交流学习，并对当地跨国企业进行实地考察，开阔国际视野。虽然此阶段的EMBA英文班与中文班课程结构基本相同，但英文班可以更直接地满足学生进行跨文化交流的需求，并帮助他们建立一个既具有全球视野又立足于中国的商界网络。

随着改革开放的推进，上海作为国际经济和贸易中心的定位更加清晰，长三角地区逐渐成为吸引外资的沃土，北京市场对英文EMBA课程的需求相对有所降低，同时，华北地区EMBA课程市场的竞争也日益激烈。2007年，北京英文班完成最后一届招生。1999—2009年，北京英文班共有520位学生顺利毕业。

发展期（2008—2014年）

2008年金融危机爆发后，全球范围内，无论是欧、美、日等发达经济体，还是包括中国、印度、巴西等国在内的新兴市场，都经历了经济增长的低迷期，对企业管理者的全球化理念和跨文化管理能力提出了更高的要求。

为顺应全球经济发展新趋势，中欧EMBA英文班启动了新一轮改革。2008年，在时任课程主任梁能教授的建议和推动下，学院将EMBA英文班定位为"国际班"（International EMBA），将招生目标锁定为在中国工作的外籍高管、邻国的企业家和职业经理人以及中国企业国际业务的负责人。国际班约有40%左右的学生是外籍，师资也更加国际化，课程设置充分考虑了学生对培养国际视野和跨文化交流能力的迫切需求，每个学生都必须完成至少一个海外模块的学习。为了进一步体现国际班的特色优势，2009年国际班开设了第二个海外模块，该模块分别在西班牙IESE商学院和瑞士IMD商学院举行。

2010年，方睿哲（Ramakrishna Velamuri）教授出任国际班学术主任。2012年，为了把国际班打造成学院的旗舰课程，与中文班形成更加清晰的差异化，方睿哲教授对国际班的定位和课程设计进行了一系列改革。为了与同类课程接轨并充分顺应课程的国际发展趋势，国际班的学制从24个月缩短为18个月，课程设置也进行了相应调整，并更名为中欧GEMBA课程，更加注重培养学生的全球化思维和跨文化领导力。

2012年，范悦安教授出任GEMBA课程学术主任，并继续优化GEMBA课程设计，开发了GEMBA学生个人发展项目（"领导力之旅"的前身）。2013年，GEMBA的海外模块已经扩展为4个，覆盖美国、西班牙、瑞士、韩国和日本5国。2014年，GEMBA的学制调整为20个月。

经过多年的不断探索与打磨，中欧GEMBA课程日臻完善。最初，该课程与中文班的区别仅体现在教学语言和教学材料等方面。随着一系列课程改革的推进、学制的调整、海外课程的丰富，课程的定位和设置差异化更加突显。

为进一步增强GEMBA课程的国际化属性，提升市场竞争力，全方位为学生打造更加独特的课程体验，学院于2014年6月将GEMBA课程和中文EMBA课程分离为两个独立的课程部门。已故的倪科斯（Nikos Tsikriktsis）教授于同年被任命为GEMBA课程学术主任，负责新的GEMBA课程部门的组建、招生和运营。

新时期：独立运营（2015年至今）

2015年前后，贸易保护主义在全球范围内抬头，经济增速放缓成为新常态，中国经济面临从高速增长向高质量发展的转型。管理教育更加注重创新、全球化、社会责任和新技术应用等方面，以培养具备多元化能力和面向未来的领导者。

独立运营的GEMBA课程在2015年迎来了新的发展阶段。骆莺（GEMBA 2010）加入课程部，出任行政副主任，并于2020年升任行政主任。在倪科斯教授和骆莺的带领下，GEMBA课程部搭建起新的核心团队并对课程进行了全面改革，将课程目标定位于"培养深谙中国、放眼全球的跨文化、跨区域高级管理人才"。2015年9月，56位新生加入独立运营后的首个GEMBA班。2020年，这个班级作为中欧参加英国《金融时报》全球EMBA排名的评估对象，使中欧GEMBA课程首次荣登全球第2名。

GEMBA 2015级毕业照

2009年3月，中欧在加纳首都阿克拉开设了EMBA课程。2016年，学院决定充分利用苏黎世教研基地和阿克拉教研基地，对GEMBA课程进行新一轮的改革，从而实现三大洲招生和运营的格局。GEMBA课程从最初的1个班增设为2个班（上海班和苏黎世班），其中，苏黎世班主要由非洲教研基地所招学生和海外中国学生组成，学生背景更加多元。2个班课程设置相同，仅上课时间有所差异。在必修模块阶段，上海班每月上课1次、每次4天，而苏黎世班则每2个月上课1次、每次8天。在选修模块阶段，2个班合并在一起进行选修。

2018年，为提供更加灵活的授课模式并保持统一的招生标准和运营质量，上海校区、苏黎世校区和阿克拉校区开始协同招生。从这一年开始，2个班的人数基本持平，每年招生总数达到100人，其中超过25%的学生工作驻地在海外，主要集中在亚洲其他地区、非洲和欧洲。

GEMBA课程的发展离不开倪科斯教授的倾力付出。在课程设计方面，他主导推动了GEMBA课程的多项重大创新举措，包括开设贯穿始终的领导力课程和遍布五大洲的全球选修课程。令人无比痛惜的是，倪科斯教授于2021年因病去世。在他担任副教务长期间（2014—2021年），GEMBA课程逐渐发展成为亚洲规模最大的英文EMBA课程，课程足迹覆盖了全球五大洲，并连续3年稳居《金融时报》排名全球前5名，2020年更是跃居全球第2名。作为富有远见卓识的领导者和鼓舞人心的教育家，他的精神将被全体中欧人铭记。

在2019年11月—2020年5月倪科斯教授重病期间，杰弗里·桑普勒（Jeffrey Sampler）教授出任中欧代理副教务长和GEMBA课程学术主任。

2021年2月，芮博澜教授被任命为副教务长兼GEMBA课程学术主任。他是一位来自马来西亚的经济学家，对亚洲经济、外国直接投资、企业社会责任及国际商务战略有着深入研究。他于2006年加入中欧，曾先后3次获得中欧优秀教学奖，深受学生爱戴。同时，他还热心于培养青少年领导力的公益事业。用芮博澜教授的话来说，他自己就是多元文化的"产物"，同时也是全球化的受益者。芮博澜教授的教学和

GEMBA "钻石" 课程模型

研究理念也体现在他对GEMBA课程的变革中。在他的带领和推动下，GEMBA课程进行了新一轮改革，包括强化领导力课程，全面提升海外课程体验，开发"中国深度"系列课程，以及在ESG等领域进行课程内容的优化和创新等。GEMBA的"钻石"模型课程设置和培养体系就是由芮博澜教授全新设计推出的。该课程设置兼具中国深度和全球广度，并把责任型领导力的培养置于核心地位。

二、顺应时代变革的课程革新

自2015年独立运营以来，GEMBA不断与时俱进，深化课程改革。

遍布全球五大洲的海外课程

自2005年起，GEMBA课程便踏上了全球之旅，不断投入并深化海外课程的开发。2015年，GEMBA对海外课程进行了重大改革，将以前的4个海外模块扩展到遍布五大洲的11个模块。课程足迹遍布西班牙、德国、瑞士、希腊、阿联酋、加纳、印度、以色列、美国、巴西以及东南亚等国家和地区。这一变革不仅丰富了学生的学习体验，更为他们开阔了国际视野。

GEMBA的海外模块融合了学术授课、公司参访、主题研讨、领袖见面和实境案例分析，让学生沉浸于各地的商业环境与实践之中。2021年，芮博澜教授根据调研反馈和市场需求，围绕"国际体验和国际视野"的培养目标，对所有的海外课程进行了梳理。重新设计和整合之后，国际体验课程分为海外模块必修课（亚洲模块和欧洲模块）、海外模块选修课、合作学校选修课交换席位课程和海外移动课堂4类。截至2024年初，GEMBA海外模块目的地选择已超过20个，并与全球5所顶尖院校（西班牙艾赛德商学院、西班牙IESE商学院、欧洲高等商学院、新加坡国立大学、加利福尼亚大学洛杉矶分校）的EMBA课程开展选修交换课程。GEMBA课程部还锐意创新，邀请国际顶尖教授为学生推出了一系列线上课程，丰富了学生的国际课程体验。

深耕中国的知识与智慧

"中国深度 全球广度"是中欧的定位，也是GEMBA课程的真实写照和差异化特点。一方面，必修课中，中国本土案例使用占比逐年递增，鼓励中外教授联合教学，提供双重视角，以激发学生的多元思考；另一方面，学院非常注重与中国本土经验相关的课程开发。2020年，芮博澜教授打造了"中国深度"（China Deep Dive）系列选修课，由教授带队走访国内多地的外资与民营企业，围绕中国主题案例，通过深度参访和高层对话，让学生直观了解企业面临的挑战和取得的经验。同时，在芮博澜教授的引领下，GEMBA课程部还创新性地推出"中国与世界"系列课程，对话全球顶尖商业领袖，深入探析中国与不同经济体的关系，为学生提供独特的宏观视角和微观洞见。

贯穿始终的领导力之旅

在早期，中欧EMBA英文班的学生入学后都会参与360度领导力评估，并在组织行为学教授的指导下，深入解读评估结果，明确个人发展方向，进而制订个性化的领导力提升计划。自GEMBA独立运营以来，课程团队不断深化领导力教育，为学生打造了包含开学、中期和毕业模块在内的一系列领导力课程。该课程由忻榕教授担纲，贯穿整个EMBA学习的始终。特别值得一提的是，GEMBA首创性地引入了"高管教练"机制。在领导力之旅中，组员们共同成长，高管教练持续跟踪辅导，学生通过系统化的训练，不断挖掘并释放自身潜能，进而在团队和组织中发挥更大影响力。

培养肩负社会责任的商业领导者

GEMBA将社会责任教育贯穿于教学全流程之中。自2020年起，芮博澜教授结合领导力之旅的课程框架，将ESG系列课程正式纳入必修课体系，增设了"社会责任：行动与反思系列课程"，将领导力培养与社会责任紧密结合，形成了独特的"责任型领导力"培养体系。

除专题课程外，ESG教学也融入进GEMBA的必修和选修课体系中。至2023年，GEMBA必修课中ESG相关内容占比已上升至20%，同时还新增了循环经济、新能源等广受学生好评的主题课。

三、汇聚全球精英的学生群体

在建立之初，GEMBA课程主要聚焦培养外资企业在华管理人才。在发展过程中，GEMBA课程秉承中欧的国际化基因，立足中国实践，逐渐成为服务中国和全球经济发展的重要力量，致力于培养深谙中国市场、具备全球视野并勇担社会责任的未来商业领导者。

起初，GEMBA课程主要在中国大陆招生，主力生源为在华外资企业的高层管理人员，中期则逐渐吸引了来自中国香港、台湾地区以及周边国家和地区的学生。但由于当时每个月1次、每次4天的课程设置，所以招生半径比较有限。从2016年开始，GEMBA课程增加了每2个月1次、每次8天的课程设置，以及在国内和国外交替上课的授课模式，大大扩展了招生半径，迎来更多来自其他亚洲国家、欧洲、美洲和非洲的学生。

课堂上的GEMBA学生

2020—2022年，新冠疫情席卷全球，国际差旅受限，全球招生的GEMBA招生工作受到了极大挑战。2023年，海外招生逐渐恢复，当年110位学生来自全球21个国家和地区，工作驻地遍布全球30个城市，他们拥有GEMBA课程有史以来最丰富的工作和管理经验、最广泛的全球工作驻地和最多元的行业分布。

多元化的高品质生源，得益于全球化的市场拓展。GEMBA课程市场与招生活动以其国际化和高标准、高质量为特色，平均每年在全球范围内举办近40场英文活动，每年吸引超过2000人次的国际高管和企业家参会。

秉持全球化的市场定位，GEMBA课程积极拓展与国家重大战略及中国企业全球化趋势相关的海外市场。在保持欧洲、非洲市场稳定投入的同时，重点开拓"一带一路"共建国家以及东南亚等新兴热点市场，如通过在中东和新加坡举办GEMBA论坛或其他活动，吸引与中国市场同频共振的国际化管理人才。

GEMBA课程始终坚持高标准、严要求的招生准则，淘汰率在同类课程中一直处在高位，生源质量也一直稳定在较高水平。优质的生源离不开对申请、笔试和面试各个环节的严格把关。中欧GEMBA课程的申请人来自全球各地，对招生和录取工作的灵活性要求很高。为应对这一挑战，GEMBA课程部坚持从考生的体验出发，不断推进招录工作的数字化改革；坚持采用全球认可的标准化考试高管评估（Executive Assessment）作为入学考试。此外，中欧教授和校友面试官共同参与面试环节，确保对每一位考生的评估都做到严格、全面、公平和公正。

GEMBA课程部在中欧上海校区、阿克拉校区和苏黎世校区均设有招生团队，招生半径辐射全球。经过多年的实践和优化，已经形成了高效的三地协同模式，确保招生和录取工作遵循全球统一的标准。这背后体现了GEMBA市场招生团队的专业素养和国际化视野，以及他们在保持"一致性"和"敏捷性"之间所达到的完美平衡。

四、国际一流的课程运营和服务

GEMBA课程的学生和校友来自世界各地，国际学生比例高达1/3，超过70%拥有海外教育经历，国际经验丰富。他们的需求非常多元，对课程体验要求颇高，并且难以统一。另外，和其他中文课程以在国内授课为主不同，GEMBA课程平均每年要运营16～24个遍布五大洲的海外模块。因此，课程的高效运营和良好服务，离不开专业化程度高、跨文化沟通能力强、工作高效、合作紧密的国际化运营队伍。很多校友在回顾就读GEMBA课程的体验时，都对这支运营团队称赞不已。

学生和校友是GEMBA最为珍贵的财富之一。正因如此，GEMBA持续投入、多措并举增强校友间的凝聚力，打造了"无边界GEMBA社区"。

GEMBA课程部每年都会开展一系列校友活动，比如返校日、公司参访、嘉宾讲坛、校友分享讲座等。这些活动旨在打破年级与班级的壁垒，增强校友之间以及校友与学院、课程部之间的黏性，打造GEMBA国际校友社区和终身学习平台。其中特别值得一提的是GEMBA年度研讨会，这是芮博澜教授推动的面向GEMBA学生和校友的旗舰品牌活动，邀请世界级的政要或经济学家以及世界500强公司的中国区一把手，深度研讨微观领域企业发展和宏观领域经济发展趋势等问题，深受学生欢迎。

为满足学生和校友在课堂之外跨班级和年级的交流需求，GEMBA课程部还推动成立了各类学生俱乐部。至2024年初，GEMBA课程部共计成立了9个学生俱乐部，会员累计超过1 000人，每年举行超过25场活动。2023年12月，代表整个GEMBA社区的"GEMBA Circle"正式成立。这象征着GEMBA社区已经打破了传统的学生俱乐部的组织运营模式，进一步向着无边界、大社区方向发展，在更广泛层面服务学生及校友，并进一步扩大了GEMBA社区在中欧校友社区乃至整个学院中的影响力。

学生和校友是GEMBA的最佳口碑传播者，GEMBA课程校友推荐率常年保持在25%左右，"伯乐精神"在社区中蓬勃发展。为了激励校友回馈社区，GEMBA课程部发起了"Global EMBA校友大使"项目。此外，班级捐赠也是历届GEMBA毕业班级饮水思源、回馈母校的传统。

五、领先全球的办学成绩

2023年10月，英国《金融时报》公布全球EMBA课程百强榜单，中欧GEMBA课程再传捷报，连续4年位居全球第2位，连续6年位居全球前5，是中国内地唯一进入第1梯队的课程，这也是全球独立办学EMBA课程取得的最高排名。

GEMBA在全球范围赢得了极高的声誉，助力推动了学院品牌美誉度和全球影响力不断提升。2017年，骆莺受邀作为亚洲顶尖商学院的代表之一，参加全球EMBA理事会（EMBA Council）全球委员会，并当选为亚洲唯一的理事代表。在这期间，中欧上海校区举办了"全球EMBA理事会亚洲峰会"，这是全球EMBA理事会历史上规模最大的亚洲峰会，来自亚太地区30多所商学院的70多位杰出代表出席了峰会。

中欧GEMBA课程始终伴随和助力中国经济成长。课程最大的贡献，是培养了近2 300名兼具"中国深度"和"全球广度"的优秀跨文

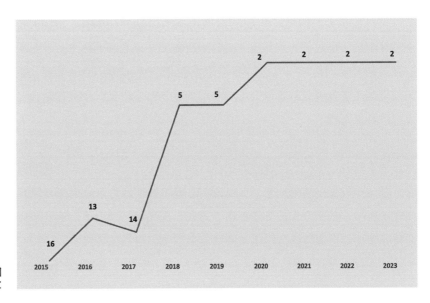

中欧GEMBA课程历年在英国
《金融时报》全球排名中的名次

化管理者和企业家。他们遍布全球近50个国家和地区，在促进中国与世界经济、商业交流方面发挥着举足轻重的作用。他们是学院国际化发展的代言人，是连接中国与世界的桥梁。据不完全统计，在世界500强排名前100位的公司中，GEMBA校友担任或曾经担任要职的达到了80%。其中，许多杰出校友更是成为世界500强公司的中国区第一批华人总裁，进而跻身全球核心管理团队，负责包括中国市场在内的全球业务。

阿斯利康全球执行副总裁、国际业务及中国总裁王磊（GEMBA 2001）曾慨叹："中欧为中国培养输送了大批商业领袖，成就之大，无出其右。我有幸在中欧度过了一段宝贵时光，其间发生的点点滴滴都是对我生命的滋养。新形势下，中欧定将一如既往地担当起贯通中西、为世界培养未来商业领袖的大任。"

同时，那些希望通过GEMBA课程来全面提升自身能力的外籍学生，也掌握了在中国商业环境中成功发展事业的秘诀，得以顺利进入世界500强公司的全球核心领导层，为事业发展开辟了更广阔的空间，成为推动世界与中国交融发展的坚实力量。

来自加拿大的路易丝·沃格尔（Louise Volger，GEMBA 2010）是一位从中国市场成长起来并成为渣打银行集团全球高管的校友。她对中欧强大的校友网络和领导力培养心怀感恩："过去30年，中国实现了史无前例的经济发展。若要深入了解中国独特的经济模式，中欧就是独一无二的最优选择。"

　　展望未来，GEMBA课程主任芮博澜教授说："当今世界充满变数，时代渴求具备责任心、同理心与敏捷性的全球领导者。中国经济长期向好，是全球发展的重要引擎。GEMBA课程将继续致力于做中国与世界沟通的桥梁，培养学生的责任型领导力和全球思维，助力他们更好地应对复杂多变的商业环境，为未来的商业世界贡献自己的力量。"

第五节　融通金融与管理的FMBA课程

FMBA英文全称为"Finance Master of Business Administration"，直译为"金融工商管理硕士"。FMBA课程是中欧创立以来开设的首个专为在职、专业人士设计的MBA课程，是学院在原有的全日制MBA课程、EMBA课程以及高层经理培训课程的基础上进行的一次纵深拓展。

中欧FMBA课程于2011年正式启动，课程为金融机构与实业中从事与金融、财务相关工作的中高层管理人士量身定制，通过"金融×管理"的课程体系，培养能够将"金融之术"与"管理之道"融会贯通的未来领导者。课程开设至今，培养了1 400余位管理人才，为上海国际金融中心建设乃至金融强国建设做出了重要贡献。

一、应时而生的中欧FMBA

从国际上来看，设立FMBA课程的商学院寥寥无几，虽然工商管理硕士与金融硕士十分常见，但少有学校将两者结合。工商管理硕士教育通常被视为一种综合性管理教育，很多业内人士认为不应再从其内部划分专业。

尽管FMBA不多见，但由于金融对社会经济的影响力不可小觑，聚焦金融的教育产品早已出现。1986年，法国巴黎高等商学院（HEC）推出了全球第一个与金融相关的硕士课程，之后，全球各地商学院陆续开设类似课程，如伦敦商学院（LBS）1994年推出金融硕士课程——MIF（Masters in Finance），专为长期从事金融工作的人士设立。同时，由于金融行业发展持续深化，不断涌现出新的交叉学科或细分领域，因此也逐渐形成了更多专业金融硕士课程。

在国内，金融被称为国民经济的"血脉"，因此对高级金融人才的培养历来受到极大重视。2000年，国内产生了首个金融方向的工商管理硕士课程。到2009年左右，国内院校陆续开设FMBA课程，大多以产融结合为特色，即招收的学生半数来自金融行业，半数是希望从其他行业转入金融行业的学生。

中欧萌发培养金融管理人才的想法由来已久。原院长朱晓明教授曾表示，早在他2006年就任院长之初，刘吉院长就曾语重心长地提出了三点要求，其中一条便是要推动金融课程建设。究其原因，自1992年上海正式开启国际金融中心建设以来，日新月进、久久为功，取得了巨大进步，但是，金融高级人才的匮乏依然是一个制约性因素。学院作为一所扎根中国的国际化商学院，通过人才培养助力上海国际金融中心建设，赋能区域经济高质量发展，是应尽之责、应有之义。

虽使命重大，但学院深知打造一门全新课程并非朝夕之事，因此并没有急于启动，而是充分依托学院的教授资源和研究能力，循序渐进，在前期进行了大量积累与准备。

2007年10月，学院与上海陆家嘴（集团）有限公司共同发起创办了中欧陆家嘴国际金融研究院，通过举办金融家沙龙，开设金融法官、金融检察官以及金融警察的培训课程等，为日后FMBA课程的创立积累了丰富的经验和案例。同时，学院不断壮大金融系的师资力量，教学团队也有意识地加强对金融领域前沿课题的探讨，并致力于增强金融课程的实践性。

2011年初，时机和条件已初步成熟。在时任院长朱晓明教授、时任副院长兼教务长奎尔奇教授等管理委员会成员的支持下，学院决定由赵欣舸教授牵头，与丁远教授等金融学和会计学系的教授一起成立任务小组，具体探讨创建FMBA课程的可行性与落地细节。经过大半年的准备，2011年8月，学院宣布成立FMBA课程部。2011年11月，中欧正式推出FMBA课程。2012年9月，首届FMBA开学典礼举行，62名学生相聚一堂，FMBA课程正式启航。

金融行业的变化与发展尤为迅速，尤其近年来，绿色金融、开放金

2011年，中欧召开新闻发布
会，正式推出FMBA课程

融、普惠金融等"新金融"概念不断涌现，FMBA课程紧跟金融最新发展趋势，以及学生学习需求的变化，对课程设置和运营等进行全方位的迭代和创新：一方面，持续挖掘"金融深度"，与时俱进地推出学生急需的专业课程；另一方面，不断拓展"管理广度"，通过贯穿始终的领导力学习与锤炼，让学生不断提升在新形势、新环境下的领导力。在此过程中，持续对标打造"金融管理学位课程第一品牌"，为金融和产业培养了1 400余位中坚管理人才，为上海国际金融中心建设提供了坚实的人才支撑。

二、前沿创新的课程设置

2011年8月，FMBA课程部成立后，学院任命赵欣舸教授为课程主任，朱炎（MBA 1998）任副主任（2020年升任行政主任）。赵欣舸教授在美国西北大学获得经济学博士学位，曾在美国威廉与玛丽学院商学院任教，并在中国数家上市公司和金融投资公司出任独立董事。

在FMBA课程的前期筹备中，赵欣舸教授和任务小组经过充分讨论后认为：课程要聚焦金融特色，也要凸显中欧在管理领域拥有的巨大优势，以及学生未来职业发展的要求，于是提出了"金融深度，管理广度"的口号，确定了培养金融领域的"明星中层""中坚力量"的定位，树立了培养"十年之后的领军者"的愿景。

依靠准确定位与精心运营，中欧FMBA课程迅速得到了市场的认可。为满足市场需求，2013年第二届就进行扩招，2个班级共120人，几乎是首届人数的2倍。之后，尽管申请人的报考热情不减，但学院还是决定不再进一步扩大招生规模，因此，2个班的招生规模一直持续至今。对此，赵欣舸教授曾表示："教授资源有限，生源的质量也需要保证，我们希望精耕细作，真正将FMBA课程打造成一个汇聚金融界英才的精品课程。"

在授课形式方面，由于FMBA不少学生身处中国金融行业的前台部门，周一到周五需要坚守岗位，而且多数FMBA学生处于公司中层，非周末时间难以完全放下日常事务，因此，中欧FMBA课程每个月平均安排2个周末集中上课，学制接近2年，并以中文授课，以更好地满足中国金融行业对人才培养的需求。

在课程体系方面，考虑到中欧FMBA的许多学生已是金融领域的中层管理者，该领域的专业性较强，想要成为企业领军者，仍须系统提升金融理论知识和实战能力，因此，中欧FMBA课程主要包括金融类专业课程和综合管理类课程两大类，将"金融之术"与"管理之道"融会贯通。金融学、会计学、经济学领域的众多教授亲自参与课程设计，为FMBA开设了许多独有的金融类专业选修课程，包括公司财务、投资学、数量金融学等。此外，还对核心模块中的管理学、营销学、经济学等综合管理类课程进行了定制化设计，使之更加符合金融行业的特点和需求。同时，FMBA还与EMBA互相开放选修课，这也为两个课程的学生提供了直接交流的绝佳机会。

中欧FMBA立足金融，又高于金融，希望培养富有战略思维和跨界视野的领导者，学生除了深入掌握金融专业知识外，必须对企业管理有更为深入系统的了解，如怎样管理团队，如何具备战略思维，等等。基于这一要求，FMBA课程的核心模块与综合性MBA的课程设置基本一致，涵盖了组织行为学、战略管理、市场营销学等综合管理精华科目，同时增设投资学的科目。事实证明，中欧FMBA学生对综合管理类知识的需求十分强烈，尤其对于中层管理者来说，综合管理知识更是其职业上升通道中必不可少的"装备"。

此外，为了提升学生的全球素养，加深其对全球顶级金融机构的了解，中欧FMBA课程特别安排了为期一周的"海外模块"，包括海外商学院课程以及企业参访等活动。自2012年FMBA课程开设起，欧洲最大的金融中心城市伦敦便成为海外模块的首个目的地，FMBA与伦敦商学院的合作也一直持续至今。

FMBA2021级同学在伦敦游学合影

为帮助学生深入了解本土企业运作，增强其解决实际问题的能力，FMBA课程还专门设有"金融管理实践项目"，课题小组选择一家真实的公司，针对其在管理上遇到的真实问题进行调研，并在最后的专题研究报告中提出解决方案，促使学生将课堂所学和实践有机结合，真正做到学有所用、用以促学。

在师资配置上，中欧FMBA的师资与EMBA课程大致相当，核心课程设置也参考了 MBA 和 EMBA 等综合管理类课程，高起点启航保证了课程的高质量开展。

2017年，FMBA 课程将品牌价值主张全新升级为"金融深度 × 管理广度"，其中的乘号强调了金融与管理的融会贯通。

2021年9月，余方教授接任 FMBA 课程主任。余方教授在芝加哥大学获得金融学博士学位，曾在明尼苏达大学商学院任教，也曾在巴克莱全球投资管理公司工作。在此之前，2020年7月，马宁（MBA 2002）接任 FMBA 课程部行政主任。

为积极响应2021年8月《上海国际金融中心建设"十四五"规划》提出的"国际金融人才高地加快构筑，金融人才创新活力不断增强"的要求，加快培养高素质的国际金融管理人才，FMBA 开启了课程体系的2.0版本，打造了核心模块、金融升级、前沿思维、卓越领导力、国际视野、金融管理实践项目六大板块。

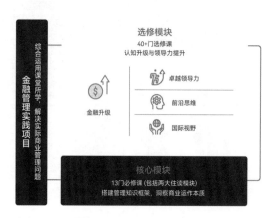

中欧 FMBA 课程体系 2.0

在2.0版本中，FMBA 课程部对现有的选修课进行了重新梳理，从而确定了"金融升级""卓越领导力"以及"前沿思维"三个方向。其中，"金融升级"仍然是 FMBA 持续打造和发挥的优势，为后续选修课拓展定义了方向，同时也帮助学生在选课时理清思路，优化选课组合。

自2022级起，海外模块由原先的必修课改为选修课，目的地也增加了瑞士苏黎世、意大利米兰及新加坡等，新增"创新欧洲""绿色金融及金融科技"等主题，以增强课程的国际化特色，丰富学生的学习体验，进一步开阔学生的国际视野。

除了课程体系的调整，FMBA 也不断针对课程内容和形式进行创新。

首先，基于学生对课程实践性的需求，课程部与教授积极推进必修课和选修课的创新，探索产学研一体的实境教学课堂。2021 年，芮萌教授和方跃教授共同开发推出"金融科技"实境课。2023 年，投资学授课教授王任轩带领学生走进汇添富基金管理股份有限公司，深度体验企业文化，并邀请高管分享实操经验。同时，FMBA 加大寻求外部金融实践师资的力度，邀请外部金融行业专家执教选修课，进一步丰富课堂的金融深度。

其次，依托学院优势学科和顶尖师资，中欧 FMBA 开设了"信息技术与决策分析""数字化时代的战略重构""量化投资"等课程，联动科技与金融双向赋能，助力企业中高层管理者在人工智能商业化场景中提高创新与逻辑思维、管理与领导能力，运用"数商"应对科技带来的商业挑战，拥抱人工智能时代的发展机遇。

此外，针对学生提升领导力的诉求，FMBA 打造了贯穿两年的卓越领导力成长之旅，包含开学模块中的"入学导引：领导力成长之路"、

实境课"金融科技"走进众安科技

必修课"组织行为学"和"领导力与变革"、领导力序列六门选修课以及毕业模块中的"团队领导力"。此外,为了更好地追踪学生的领导力发展轨迹,FMBA推出"领导力评估项目",以量化课程对学生领导力发展的影响。

除了优化课程组合,FMBA也在教学方式上进行了创新与迭代,大力支持教授对内容进行升级和优化,在课堂中融入行动学习法与体验学习法,例如,在"组织行为学"中增加赛艇领导力和晚间小组PDP教练辅导,在"领导力:从'我'到'我们'"中新增领导力教练,备受学生喜爱的"戈壁行动领导力"也持续优化。

FMBA课程自开设以来,始终重视学生的社会责任教育。芮萌教授的开学第一课"金融从业者道德操守与专业行为准则",让学生们学会不但要正确地做事,还要时刻谨记做正确的事。与此同时,为贯彻学院"引领责任教育"的战略,FMBA将必修课中的ESG内容提升至近30%,增设"ESG金融:企业行为与投资决策"这门课,加强了ESG与金融实践项目的联系。

此外,2021年起,FMBA课程部每年携手中欧陆家嘴国际金融研究院、中欧校友金融MBA俱乐部,共同倾力打造中欧绿色金融论坛,助力更多校友和学生成为企业社会责任的践行者与"金融向善"的推动者。

三、培养融通金融与管理的未来领导者

FMBA课程将目标人群定位于金融机构与实业中从事与金融、财务相关工作的中高层管理人士。他们已在金融领域有较为丰富的工作经验,处于职业发展的中段,为更上一层楼,既需要对金融知识进行系统梳理,同时更需要提高综合管理能力,以便将来胜任更高层级的管理职位。

普通金融硕士所学的知识局限于金融领域,未包含综合管理类知识,而且对入学人群没有工作经验与行业背景等方面的要求;而综合性

全日制MBA课程对这一人群而言，辞职读书的机会成本太高，金融行业的针对性也相对欠缺；此外，这一人群中的多数尚未跻身企业领军者之列，一时也难以达到EMBA课程的入学要求。在此背景下，金融方向的专业MBA课程应运而生。

中欧开设FMBA时，市场上已有类似课程。为了实现差异化，打造竞争力，更好地体现中欧的优势和特色，中欧FMBA始终坚持招生的高标准，保证生源的高质量。

从招生要求来看，开设类似课程的学校一般要求申请人拥有3年以上工作经验。中欧FMBA则明确要求，申请人必须拥有5年以上工作经验及2年以上管理经验。

事实证明，招生的高标准使中欧FMBA与市场上已有课程形成了明显区分，更高的门槛不仅没有影响申请者的积极性，反而使课程拥有了很强的吸引力，成为很多申请人的首选。

中欧FMBA学生的平均工作经验为10年左右，管理经验为5年左右，远远超出"5+2"的最低要求。女性学生的占比12年来持续上升，从2012级的26%提升至2023级的51%。学生工作所在地也更趋多元化，工作地在上海以外的新生占比从2012级的21%上升到2023级的32%。学生中硕士以上学历占比常年保持在30%左右，具有留学经历的学生

锁定金融中高层
生源背景常年稳定

		2012	2013	2014	2015	2016	2017	2018	2019	2020	2021	2022	2023
平均年龄 **33.3年**		33	33	33	33	32	33	33.5	33.9	33.9	34	34	34
平均工作年限 **9.9年**		9.7	9.8	9.6	9.2	9.3	9.5	10	10.3	9.9	10.2	10.5	10.3
平均管理年限 **5.3年**		5.5	5.4	5.3	5.1	4.9	5	5.4	5.7	5.2	5.5	5.6	5.3
女性占比		26%	33%	33%	42%	42%	40%	43%	48%	46%	52%	45%	51%

中欧FMBA历届新生入学数据趋势

占比逐年上升至37%，学生群体日益国际化。

近年来，产融结合已成为金融服务实体经济发展的重要方式和切入点。FMBA课程紧跟趋势，在招生层面不仅关注金融机构的申请人，也持续关注实业中从事与金融、财务相关工作的申请者。FMBA学生中，来自非金融机构的占比从首届的11%逐步上升至近年的30%左右。

FMBA学生群体中近30%来自实业，另外70%来自各金融机构，除了传统的银行、保险、基金、信托、证券、投资机构外，也不乏第三方支付、房地产金融、金融监管等领域的机构。更有不少学生来自世界500强或知名跨国企业，如汇丰银行、中国平安、海通证券、四大国际会计师事务所等。从各方面来看，中欧FMBA学生群体都是推动中国产融结合迈向新高度的关键力量。

四、打造紧密共赢生态圈

FMBA课程从开设之初起，就尤为重视生态圈的打造，不断丰富学生的学习体验，提升FMBA课程的品牌知名度。

2021年，FMBA课程整合过往活动，升级推出了全新的F4系列活动，即聚焦金融专家行业洞见的"金融讲读会F-Dialogue"；碰撞F人金融从业经验的"行业分享F-Talk"；创新型企业轻实境教学的"轻实境参访F-Walk"，以及分享F人职业发展之路的"职场私享会F-Career"活动。

经过多年耕耘，F4系列活动已逐步建立了一定的品牌知名度，得益于口碑效应，每年举办近40场活动，话题涉及人工智能、ESG、IPO注册制、并购交易等。这不仅是FMBA课堂教学的重要延展，也是打造FMBA生态圈的有力引擎。

FMBA学生大多为企业中层或新晋高层，处于职业的爬坡阶段，是典型的职场"夹心层"。2023年，FMBA课程部在中欧MBA"良师益友"项目的框架基础上，结合FMBA学生的需求，首次启动了FMBA"良师益友"项目，借助校友的力量助力FMBA学生的职业

法国原总理、中欧特聘教授德维尔潘做客F-Dialogue

发展。

经济发展与科技创新是一个动态的过程，为助力校友们持续学习与自我迭代，更好地成为金融领域的领导者，FMBA课程精心筹备了F校友充电课堂，开放部分在校生课程，让校友们能够重返课堂，学习最前沿的行业知识。这不仅能帮助校友们丰富知识、开阔视野，更为其提供了一个与在校生互动的机会。此外，也可通过这一方式强化校友终身学习的习惯和热情，并在与FMBA课程的持续互动中对课程产生更强烈的认同感与归属感。

FMBA课程秉承开放心态，在近年来不断拓展与各方的合作，在打破边界的同时，逐步扩大品牌影响力。

对内，FMBA课程与中欧陆家嘴国际金融研究院、中欧金融会计系、中欧校友FMBA俱乐部等紧密合作，重磅推出了系列F-Dialogue活动。

对外，FMBA课程与IMA（美国管理会计师协会）、ACCA（特许公认会计师公会）、澳洲CPA（澳洲会计师公会）以及CFA（特许金融分析师）等优质行业协会/机构，以及华尔街见闻、法国巴黎银行等金融机构，分别携手举办重磅论坛等活动。另外。2023年，FMBA课程推出"校企奖学金"，奖励历年来持续为中欧FMBA课程输送优秀学生的行业头部企业。

五、引领市场的办学成绩

开设至今，中欧FMBA课程逐步形成了自身的发展优势，通过"金融×管理"的课程体系，凭借学院多年积累的品牌影响力、严格的招生标准与更具针对性的课程定位，在深化金融人才队伍建设、为金融强国建设提供人才支撑等方面均发挥了积极作用，已然成为市场的引领者。

FMBA的学生们通过课程系统性地学习了金融和管理知识，拓展了能力边界，提升了商业认知，培养了长期主义格局观，具备了职业发展的更多可能性，在各自的工作岗位上发挥着中流砥柱的作用。FMBA课程的第一位申请者赵湘怀曾表示："在中欧两年多的学习时光，对已工作多年的我们来说，是一次对知识架构的系统性加固与拓展，我很怀念中欧的课堂氛围。"

也有不少同学在就读后走上了创业道路。其中，收钱吧董事长兼CEO陈灏（FMBA 2012）的公司就脱胎于FMBA课程的小组课题报告，他曾指出："在中欧学习期间，我收获非常大。因一份毕业课题实现了创业梦，收获了一群创业伙伴，做成了每天服务超过1 800万人次的项目。"

面向未来，打造上海国际金融中心"升级版"以及坚持金融服务实体经济的国家战略方向，对中欧FMBA课程提出了更高要求。FMBA学生构成多元，专业知识储备参差不齐，如何更好地满足每位学生的学习需求，也是一个挑战。对此，FMBA课程主任余方教授说："培养能为上海打造国际金融中心做出切实贡献的人才，是中欧FMBA课程的初衷；培养更多能将'金融之术'和'管理之道'融会贯通的未来领导者，是中欧FMBA课程的目标。这个目标不容易实现，但我们将继续奋力前行。"

第六节　独具特色的HEMBA课程

HEMBA英文全称为"Hospitality Executive Master of Business Administration"，直译为"卓越服务高层管理人员工商管理硕士"。HEMBA课程是中欧国际工商学院与EHL酒店管理商学院（以下简称"EHL"）于2017年共同开设的EMBA课程，是国内主流商学院中第一个专注于服务升级和转型的EMBA课程。HEMBA课程的设立，是中欧践行中外合作办学的一次有益尝试，也是中欧在管理教育领域向专业化推进的全新探索。HEMBA打造了一个非常独特的"顶尖商学院＋顶尖专业大学"的合作模式，填补了中国服务管理EMBA教育的空白。截至2024年3月，HEMBA课程已为中国各行业的服务升级与转型培养并输送了超过500名高层次管理专才。

一、HEMBA课程的发展历程

纵观管理教育在全球的发展，国际化和专业化是两大主流方向，这与经济全球化和分工精细化的趋势息息相关。作为中国管理教育的先行者，中欧与时俱进、不懈创新，顺应这两大方向，先后推出金融MBA和Global EMBA课程。如何在现有课程基础上，结合中国新兴产业的特点和趋势，打造更具有专业特色的工商管理课程，以满足更多元的学习需求，是中欧探索设立HEMBA课程的初心。

2017年，全球化浪潮正值高点，在"一带一路"倡议的推动下，中国企业以前所未有的速度进行海外扩张。在产业层面，以新技术和新商业模式推动的产业变革方兴未艾。在消费升级的大背景下，传统行业不断创新服务增值模式，提升产业价值链水平。然而，中国作为全球第二大经济体和最大的增长引擎，服务业在经济中的占比仍远远落后于发达国家，服务业贸易逆差与制造业之间的巨额顺差形成了强烈的对比和反差，产业亟须进行服务升级和转型，而深谙服务经济的管理专才相对短缺，这为HEMBA课程的诞生创造了必要条件。

基于对市场需求的洞察，中欧和EHL在2017年发挥两校教研优势，创造性地开设了HEMBA课程，课程以服务专业方向和全球化设计为特色，致力于通过卓越服务的理念、思想框架和最佳实践，培养符合新时代经济发展潮流的高层次管理人才，引领各行业服务转型与升级。

时间回到2015年，中欧开始为不同的学位及非学位课程提供到瑞士及其他欧洲各国的海外实境教学，EHL也成为中欧在瑞士的长期合作伙伴之一。2016年春季，山上的雪刚刚开始消融，在群山环绕的EHL洛桑校园，中欧副教务长忻榕教授，带领一群来自中欧EMBA的企业家学生开展以"卓越服务"为主题的海外实境教学。EHL颇具设计感的校园环境、人性化的校园设施、充满仪式感的运营流程……极致的体验无不让来自中国的企业家们惊叹。

作为一所具有130多年历史的学院，EHL在全球服务管理的教育领域享有盛名。它不仅在全球QS大学排行榜上连续多年位居"泛服务管理学科"榜首，还有近3万名服务于各行业的优秀校友。值得一提的是，尽管EHL起步于高端酒店管理教育，但时至今日，有超过70%的毕业生活跃于医疗、金融、地产、顶级品牌等众多非酒店行业，从而成为名副其实的泛服务管理专业大学。

几次短期课程合作使双方逐渐建立起信任。中欧成熟的商学院课程模式、丰富的中国企业家资源，与EHL独特的专业特色、遍布全球的校友网络，可谓优势互补、珠联璧合。于是，在时任中欧副院长兼教务长丁远教授和副教务长忻榕教授的推动下，2017年3月，EHL高管团队到访中欧上海校区，双方初步确定了联合办学的原则、模式和构架，并决定由忻榕教授和EHL副院长阿希姆·施密特（Achim Schmitt）教授联合担任课程主任，开启课程设计。忻榕教授在美国加州大学获得管理学博士学位，曾任教于瑞士洛桑管理学院、南加州大学、香港科技大学等高等学府，具有极为丰富的教学、研究和咨询经验，足迹遍及世界各地的众多大学和跨国公司。

7月，双方正式签署合作协议，并于8月共同宣布推出HEMBA课程。

HEMBA课程首期班于2018年5月开学，用中文授课（或英语授课配翻译），由中欧和EHL两校教授共同执教。课程在瑞士、上海及亚太多地进行，学生毕业后将获得中欧和EHL联合颁发的高级工商管理硕士学位以及由中欧单独颁发的工商管理硕士学位，同时获得"双校友"资格，其含金量不言而喻。

二、兼具国际化与专业化的课程特色

作为中欧首个与国际顶尖院校合作的专业方向EMBA课程，国际化与专业化是HEMBA课程的最大特色，在课程设置上，既有中欧的核心工商管理课程，又有百年世界名校EHL独特的服务专业课程，在夯实商业管理基本能力的同时，从产业融合的新角度启发企业家在全球视野下勤思博学。

为了体现差异化定位，课程主任忻榕教授还有针对性地设计了两个特色模块：一是结合EHL在全球泛服务领域的绝对优势，围绕服务升级与转型推出全球五地实境课；二是针对学生特性所设计的贯穿始终的领导力课，带领企业家们深入探讨自我认知，从而更好地赋能团队。

HEMBA课程包含了在瑞士洛桑、苏黎世，新加坡，日本东京，中国香港展开的五个全球实境课。在实境课堂中，EHL教授通过"体验式教学法"，将理论的系统学习、服务的鲜活体验、嘉宾的广博分享和企业的实境参访进行充分融合，打造全新的学习体验。课堂之外，HEMBA课程会根据当下的热点和课程内容定制企业参访，让学生在全球服务领先的地区亲身体验原汁原味的服务理念和最新、最佳实践，实现从实境体验到反思感悟再到反哺实践的完整学习闭环。

在全球实境课中，ESG处于核心地位，教授和嘉宾会分享最新的相关学术成果和实践，探索将ESG理念转化为促进商业增长和经济社会

HEMBA 2019级同学在EHL课
堂中

可持续发展的经验。比如，新加坡模块组织参访樟宜机场，了解其投资
建设的绿色基础设施和环保交通项目；日本模块组织参访黎明咖啡，现
场观察技术发展如何为每一位行动不便的人士创造参与社会生活的新方
式；中国香港模块组织参访赛马会，深入认识其积极投身社会发展，在
教育、医疗和文化等诸多方面的ESG实践和贡献。

　　HEMBA学生群体以高层管理者为主，且有约一半为创业者或来自
家族企业，因此，学生的领导力发展是课程的重要目标，也是HEMBA
课程的核心价值之一。但是，领导力的培养与发展却非朝夕之事，为
此，忻榕教授为HEMBA课程精心设计了贯穿始终的一系列卓越领导力
课。首先，HEMBA开学模块中以领导力课破冰，加深学生对于领导力
的感悟和观察。其次，通过组织行为学教学帮助学生探究如何在乌卡
（VUCA）时代的变革管理中，运用不同领导力风格实现高绩效。最后，
在瑞士毕业模块"挑战极限：高绩效领导力与行为反思"中，学生还将
在忻榕教授和国际人质谈判专家的带领下，学习如何通过领导力手段有
效管理冲突，实现对领导力的终极锤炼。

　　除必修模块外，HEMBA课程每届有高达80%的同学选修忻榕教授

的"戈壁行动领导力"课程，这也激励着一届又一届HEMBA学子积极参与"玄奘之路国际商学院戈壁挑战赛"，践行"把卓越服务带到戈壁"的理念，为学院的荣誉而战。

三、多元化的学生群体

课程开创之初，在副院长兼中方教务长张维炯教授的有力支持和协调下，HEMBA课程就确立了内部协同和外部开拓并行的招生策略：一方面鼓励各课程部、教授、员工为新课程引荐贤能，在这一过程中，中欧EMBA课程部为HEMBA课程的招生做出了积极贡献；另一方面鼓励校友回炉再造，并通过各地校友会为HEMBA品牌建设赋能。HEMBA课程首期班共52位学生，近1/3的学生是中欧校友。诚信行物业管理集团董事长、中欧校友会济南分会会长王宏杰（EMBA 2006，HEMBA 2018），广西花红药业董事长、中欧校友会广西分会会长韦飞燕（EMBA 2004，HEMBA 2018）等中欧老校友，都在了解新课程的独特定位之后，选择成为HEMBA课程第一期的学生。

HEMBA 2018级学生首个瑞士模块合影

HEMBA课程首次推出时,定位为"为泛服务业领导者定制的EMBA课程",因此,首期班学生的工作背景涵盖了金融财富、商业地产、健康医疗、文化娱乐、设计咨询、酒店旅游、教育培训、餐饮、物业管理等多个泛服务业行业,学生的行业分布与课程定位以及市场趋势息息相关。

随着经济发展进入"新常态",各行各业都迫切地需要转型升级。同时,国家也在大力促进先进制造业与现代服务业的深度融合,打造和提升服务功能。从产品提供商向解决方案的服务提供商转型,成为产业转型的趋势;创建以用户为中心的服务导向型公司,成为更多行业的选择。很多学生在这一趋势的推动下,到HEMBA课程中寻找解决方案,对HEMBA课程的需求也日益迫切,如蔡司光学中国区总经理杨晓光,希望推动企业从低频次耐用消费品制造商向视光解决方案提供商转型,抱着进一步学习卓越服务理念的目标走进了HEMBA课堂。毕业时,他和课题小组独创了零售卓越服务标准"HEMBA模型",将卓越服务理念落地运营并不断优化,最终为蔡司的商业转型打开了新思路。

为顺应市场的需求和变化,2022年,HEMBA课程的定位从"为泛服务业领导者定制的EMBA课程"升级为"引领各行业服务升级和转型的课程",这为课程的长远发展指明了新方向,也为HEMBA课程带来了更广泛的生源。

从2020级开始,HEMBA课程的招生规模稳定在每年2个班,平均入学年龄40.8岁,平均工作年限17.4年,平均管理年限12.6年,95%为企业高层管理人员,女性比例达45%。HEMBA课程突出的国际化和专业化特色,尤其吸引创业者和来自家族企业的学生,使其比例高达47%。学生的行业来源也随着中国经济结构的调整而更加多元化,医疗健康、地产建筑、金融服务、现代制造、信息服务在行业来源中排名前5位。

四、"双"剑合璧的卓越课程运营

作为中欧和EHL联合开设的EMBA课程,HEMBA课程融合了中欧在管理教育领域的深厚积淀和EHL在服务管理领域的专业深度与全球资源，"双"剑合璧、优势互补，从而具有鲜明的特色。

在行政管理上，HEMBA实行双课程主任制，由忻榕教授和阿希姆·施密特教授担任课程联合主任，两校在课程招生、运营管理等多方面通力合作。

在招生过程中，申请人须通过两校的联合考核后方可录取。HEMBA学生在两年的学习过程中，由来自两校的名师授业解惑。作为学位课程的重要一环，HEMBA学生除了要参加中欧组织的课题答辩外，还要在EHL洛桑校区进行课题陈述，并在中欧上海校区和EHL洛桑校区分别迎来难忘的毕业典礼。

虽课程定位迭代升级，招生规模不断扩大，但HEMBA课程依然特色鲜明、口碑良好，这离不开运营团队不懈的倾力付出，树立并巩固了课程的卓越品牌形象。

HEMBA课程自开设以来，一直将"卓越服务"理念贯穿在每一个运营细节中，并以中欧校训"认真　创新　追求卓越"和EHL校训"卓越、家庭、尊重、学习、创新"（Excellence, Family, Respect, Learning, Innovation）为核心价值，引导学生提升自我，并进行班级文化建设。

在HEMBA课程开设初期，为了解决运营人手紧缺的问题，首期班的班主任调动在读学生一起参与卓越服务论坛以及开学迎新的组织工作，这一传统在后续的班级中得以传承，并取得了意想不到的成效：从新生入校的第一刻开始，便有学长们贴心帮助，并分享课堂学习、班级生活等方面的体验，在让学弟学妹们快速了解和适应新的学习生活的同时，打破各年级之间的壁垒，展现HEMBA课程的温度与传承。

HEMBA课程运营的另一特色是非常有仪式感。根据合作院校 EHL 的传统，课程的着装要求是商务正装，HEMBA学生常常成为中欧校园里一道靓丽的风景线。

HEMBA课程尤为注重班级的家文化建设与正能量传递，培养学生的感恩之心和利他精神。2021年3月，"HEMBA教室"在中欧上海校园落成。"HEMBA教室"由中欧教育发展基金会与HEMBA 2018级、2019级校友共同发起设立。其中，HEMBA 2018级亦创下当时中欧毕业班级捐赠纪录。作为开放式捐赠项目，"HEMBA教室"将汇集未来

HEMBA课程所有毕业捐赠款项，成为连接HEMBA校友与学院的情感纽带，并让捐赠文化在HEMBA学子中传承。

HEMBA课程的纪律管理也是出了名的严格。开学第一天的"入学指导"环节，课程主任便会带领同学们详细解读《学生手册》中关于学术要求、学籍管理、行为规范等方面的规定。无论是必修课还是选修课，学生们在每堂课开始前，必须将手机调至静音或关机后置于"停机坪"，以保证全情投入课堂学习和讨论互动。多年来，HEMBA课程良好的课堂秩序赢得了授课教授的一致赞许。

在课程创办5周年之际，2023年12月，"HEMBA之家"正式成立。这是一个由HEMBA学子自发集结、携手构建的社群，代表着先进教育理念与国际化视野的完美融合。这一独特的社群，建立起横跨不同届次的桥梁，促进知识与经验的互传互鉴；也积极对外连接，打造开放、多元、创新的交流平台，为HEMBA课程在全球范围内赢得了更广泛的知名度与影响力。

新冠疫情期间，HEMBA课程运营团队秉承着"停课不停学"的原则，不断调整优化课程安排。来自学院5个学科系的27位教授，为HEMBA增设了29门次线上线下课程，深受学生们的喜爱。在开设线上课程的同时，运营团队坚持练好"内功"，不断提升学习体验。线上课要求班主任和助教团队以及所有学生保持视频开启，全程在线，并依次记录考勤。看似严苛的要求给教授带来了良好的教学体验，同时也有力地督促了学生，保证了学习效果。HEMBA课程良好的课堂礼仪及其所体现的温暖且正能量的文化，给授课教授留下了深刻的印象。市场营销学教授王高、金融与会计学教授芮萌、创业管理实践教授龚焱等多位教授都曾感慨道，即使在课程安排压力较大的情况下，HEMBA课程始终保持着极佳的授课体验。

五、卓越的办学成绩

HEMBA课程在持续的考验与挑战下，在不断的奋斗与成长中，走出了一条目标明确且坚定的发展道路，既拥有多项国际认证打造的"钢筋铁骨"，又注入了独具特色的"鲜活灵魂"。

为了进一步对标国际，提升HEMBA课程品质，HEMBA课程陆续参与了多项欧美权威国际认证。2019年，HEMBA课程首先通过了NECHE认证。NECHE是受美国教育部、全美高等教育认证委员会（CHEA）认可的新英格兰地区的认证机构。NECHE认证基于严格的九大系统化标准，确保认证学校在办学理念、组织治理、学术及教学水平、学生服务等方面表现优异。

2021年4月，HEMBA课程又正式成为EFMD认证课程。EFMD课程认证体系是全球商业和管理课程最权威的认证体系之一，对课程的多元化、国际化、责任管理理念以及与实践的关联度等进行全面评估。

2023年3月，HEMBA课程正式通过瑞士认证与质量保证机构（AAQ）的评估，AAQ的认证标识代表着公认的品质保障。AAQ评估委员会在评估报告中写道："该课程作为两校联合课程极具特色，它充分利用了两所学校在卓越服务与工商管理上的专业特长，采用全球授课的形式，并和企业界始终保持紧密联系，保证了学术严谨和学生的实践体验。"

HEMBA获得NECHE、EFMD认证，并通过AAQ评估

HEMBA 课程富有特色的课程设计，卓越的课程运营，让学生们培养起更国际化的视野以及穿透不确定性的洞察力，从而持续推动企业服务化转型和创新发展，自创办以来，得到了学生的广泛好评。首期班校友王宏杰曾在多个场合分享道："回顾 HEMBA 求学之旅，从当初刚进学校时急于想要一个答案，到后来我们学会深度思考，HEMBA 课程始终在影响着我们，让每一位 HEMBA 学生面对今天这样起伏不定的全球环境和周期规律之下的中国经济，能够走得更加坚定。"

HEMBA 课程的诞生，脱胎于中国服务经济和服务贸易加速发展的大趋势中。它的发展，是中国企业在向价值链高端升级和转型背景下的必然选择。它的未来，蕴含于中国经济的高质量发展和企业创新的不竭动力之中。

对于 HEMBA 课程的未来发展，忻榕教授认为，HEMBA 课程必须在产学研的深度融合上更进一步："坚持专业特色，将泛服务领域的管理实践融合到 HEMBA 课程的教学体系、课程迭代中去；同时，通过中欧和 EHL 在卓越服务领域的联合研究，不断创造新的、紧扣产业热点和发展方向的管理思想和理论，进一步指导实践，这是 HEMBA 课程正在前行和需要坚持的道路。"

第七节　厚积薄发的DBA课程

在中国拥抱全球化浪潮的过程中，MBA、EMBA等工商管理课程的引入，实现了对一代中国企业家管理思想的启蒙。

在管理科学与中国实践的交相辉映中，中国诞生了一批具有中国基因、全球视野的企业，取东西方文化之长，自成一体，在全球范围内发挥着独到的商业影响力。对中国企业成长机理展开研究，并在此基础上总结提炼为管理思想，已成为全球管理教育中亟待补上的一课，而这一过程的实现需要学界与商界的携手共创。

中欧是中国MBA、EMBA和高管教育课程的先行者，但在DBA（Doctor of Business Administration，即"工商管理博士"）课程的开拓上则是"后起之秀"。在国内DBA课程普遍采取中外合作办学的情况下，拥有全球资源的中欧反而更为谨慎。

在快与慢的抉择中，学院希望依托自身在管理教育领域的深厚积淀、顶尖的教授资源和杰出的研究能力，以学者与企业家共创的方式，输出中国式管理实践，以此建成具有中欧特色的DBA课程。

经过多年的研究论证，在汪泓院长的大力推动下，学院于2021年创新性地推出了拥有自主品牌、独立运营的DBA课程。课程定位为"应用型商业管理博士"，旨在培养商业领袖的学术能力，使其能更加系统、科学地提炼原创商业思想，从而助益行业及中国经济发展，并引领全球经济的未来。

截至2023年，DBA课程已经开办3届，学生总人数已超过120人。

一、DBA 的发展历程

全球首个全职DBA课程由哈佛商学院于20世纪50年代推出。这是其继1908年首创MBA课程之后，对商学教育的再一次升级，目的是为商学院培养实践与学术研究能力并举的教学和科研人才。

随着商学院纷纷建立起严谨的学术体系，除哈佛商学院之外，欧美商学院逐渐开始授予自身培养的博士毕业生PhD学位，DBA则逐渐演变为博士层级的专业学位。1993年，美国的凯斯西储大学率先推出工商管理博士（Executive Doctor of Management）学位，开创了这一领域的先河。该课程要求报考者拥有超过10年的管理经验，求学期间可以兼顾工作与学习。这类课程旨在培养"具有研究能力的专业人才"，并以此与PhD学位所强调的"专业的研究人才"进行区分。

DBA课程始于美国，却在英国和澳大利亚取得了长足发展。此后在亚洲地区，如新加坡以及中国香港的一些大学也相继推出DBA课程。

随着工商管理教育在国内的蓬勃发展，2000年前后，一些DBA课程开始进入中国，到2020年，国内市场上仍在招生和运营的DBA课程大概有30个左右。

经过市场的自然演化，DBA在中国逐渐形成了两种办学模式：一种是合作办学，主要合作对象是美国、英国、法国、新加坡以及中国香港的大学，颁发海外院校或中国香港院校的DBA学位；另一种是海外院校在中国独立办学。

作为DBA领域的后来者，中欧如何从前人的经验和探索中，开拓出一条具有中欧特色的DBA教育新路呢？

早在2014年，在学院管理委员会的指导下，教务长办公室就曾做过一次DBA课程的市场调研，虽然当时论证的结论是条件尚不成熟，却埋下了一颗"种子"。自此以后，学院一面大力加强师资队伍建设，一面开启了尝试性探索，通过开展一些全日制博士课程合作来锻炼师资、积累经验。

2020年9月，汪泓院长到任后不久，在广泛听取各方意见，并盘点了中欧的师资力量后，认为教授有意愿、市场有需求，便很快将启动

DBA课程提上了日程。在调研中，汪泓院长对教授们关于DBA课程的愿景尤为认同，即通过学界和商界的共创，凝练根植于中国实践的管理思想，并改变未来管理教育的发展模式。作为学者型的管理者，她深知在这一愿景的感召之下，一群具有强大自驱力的知识创造者将能迸发出巨大的能量。

汪泓院长全力推动，主动承担起课程"引擎"的角色，与相关政府部门、上级主管单位、理事会和管委会进行了密集沟通。由于前期准备充分，定位明确，战略前景清晰，即将推出的课程得到了大家的一致认同。

忻榕教授此后曾说："尽管我们前期做了大量的论证，但是如果没有汪泓院长的推动，开设DBA课程这件事可能还处于悬而未决的状态。"

如果说中欧的成功是一个传奇的创业故事，那中欧人在DBA课程的启动上则再次展现了根植于血液中的创业精神。

2020年11月，学院决定成立DBA课程学术委员会，由黄钰昌、忻榕教授领衔，包括金昶贤（Changhyun Kim）、戴维（David Erkens）、郭薇在内的5位不同系科的教授担任委员，正式开启DBA课程设计。2021年3月，学院任命会计学终身荣誉教授黄钰昌为DBA课程学术主任。

在运营团队的组建上，汪泓院长创造性地提出"一个团队两块牌子"的大胆设想，由忻榕教授担任课程主任的HEMBA课程部承担起DBA课程的"创业"任务，随后在2022年3月正式任命忻榕教授为DBA课程主任，并于2024年1月任命王泰元教授为DBA课程副主任，协助忻榕教授和黄钰昌教授负责DBA课程部门的工作。

在教授们紧锣密鼓地设计DBA课程体系的同时，招生团队开始在教授们的指导下凝练课程价值主张，提炼课程特色，反复讨论招生流程方案，以确保公平性、公正性和兼容性。运营团队则着手根据学术委员会的框架性设计，完成DBA课程教学运营和学生管理的教务工作准备。

2021年4月，中欧在上海校区举办了首场DBA课程招生咨询会，线上线下共有逾6 000人参加。2021年10月，首期DBA课程迎来了42位新生，汪泓院长、忻榕教授、黄钰昌教授等18位教授出席开学典礼，中欧DBA课程由此正式面世。

DBA 2021级同学在课堂上

二、体系严谨的DBA课程

中欧是DBA市场的"后起之秀",从决定创立的那一刻起,目标就不是做市场的"N+1",而是要做"不可或缺",或者说具有"唯一性"的那一个。而"唯一性"体现为独立办学、独立师资以及独立颁发学位。这是一个史无前例的想法,既然是后来者,那就要勇做"唯一"和"第一"。

课程主任忻榕教授曾在南加州大学、香港科技大学担任博士生导师,培养出诸多杰出学术人才。她认为DBA课程的学习是一个双向奔赴的过程:"DBA学生更为年长一些,通常人们认为50岁是职业生涯的尽头,但这时人生的阅历和经历反而是最丰富的。通过深造,他们可以把自己的经验沉淀下来,结合新理论,输出全新的管理体系,再回到实践中检验。这样的迭代升华,或许可以反哺行业,帮助新兴企业成长。"

学术主任黄钰昌教授曾是美国亚利桑那州立大学博士班的主任。他对中欧DBA学生寄予厚望:"我希望有学生毕业后能当'临床教授',成为商界思想家,也许有小部分学生能够进入中欧的师资队伍。这不仅将改变商学教育的运营思维,而且将改变商学教育的未来愿景。"

除了教授们对于DBA课程的设想,在整体规划中,一个不能忽视的因素是时代背景。世界政治、经济格局正在发生深刻变化，新一轮产业革命波澜壮阔，新技术的影响无远弗届，但同时，商界领导者正在面临全球产业链重构、地缘政治、价值观冲突、信息茧房等议题的困扰，积极因素和消极因素共同构成了乌卡时代的特点，因而明辨信息和做循证决策的能力变得尤为重要。由此，学术委员会认为，在DBA 2.0时代，课程训练的重点应该放在学术思维上，重在赋能，帮助学生通过科学方法论来解释复杂世界中的问题，从而做出富有逻辑的商业决策。

根据这个指导思想，DBA课程学术委员会设计了层次丰富、循序渐进、充分赋能学生的课程体系。为期4年的课程，将分为两个阶段，其中第一、第二年为课程学习阶段。在课程学习阶段的首年，先是以基础课夯实学生的理论基础和研究能力，再以涵盖经济、金融、管理等6个方向的专业课帮助学生探索研究兴趣；第二年，以选修课和研究实践课相结合的方式，把学生带至更为细分的前沿议题，帮助学生锚定未来的研究方向，并反复在课堂上进行研究训练。第三、第四年为研究和论文阶段，将通过点对点的教授辅导和定期举行的应用研究研讨会，不断督促学生推进研究进展。

如果去细探中欧DBA的课程设计特点，则更能领会中欧DBA课程学术委员会在设计中的独特用心：

作为博士课程，教授们认为夯实研究能力是任何博士学习的基础，所以基础模块可以说是博士生们"开光启智"的起点。在这一阶段，学校给学生安排了10门与研究方法相关的课程，包括科学哲学、定量定性分析、心理学和行为研究、田野调查等。但相较于PhD课程，DBA课程的基础模块会致力于将理论基础与应用型商业研究相结合，力求行之有效地解决现实中的商业实践问题。

相较于其他一些DBA课程聚焦金融或科技等方向，中欧作为综合性的商学院，经济学、管理学科门类齐全，所以，中欧DBA课程开设了多达6个专业方向：前沿金融、新时代财务、战略进阶、营销战略、现代组织行为和激励与绩效。绝大多数学生可以从中欧DBA课程中找到合适的、感兴趣的研究方向，并找到心仪的博士生导师。

根据师生比，中欧每年限定招收30～40个DBA学生。即使是小班制运营，中欧依然给DBA课程单独开设了多达10门选修课，全部由教授为DBA学生全新定制，没有任何一门与其他课程的选修课共授。与专业课相比，选修课在细分领域的探索更为深入。

DBA学术委员会的成员绝大部分有十几年甚至几十年的管理教育经验，他们深谙企业家学生的学习习惯和特点。研究实践课正是基于对学生特点的洞察，为DBA学生量身定制的创新课程。如果说基础模块是为学生配备研究工具"百宝箱"，专业课是带领学生领略不同学科、不同学术方向之美，那研究实践课就是手把手带领学生从百宝箱中选择工具，为独立展开深度研究提供"利器"。比如，许斌教授先用两天时间讲授他的选修课"中美经济比较"，第三天实践课由学生从教授提供的国家样本中选择研究对象，要求学生应用所学的研究方法对所选国家的经济成长路径构建理论假说并提供经验证据，帮助学生学以致用。

对学生学习习惯的深刻洞察，也体现在研究研讨会的应用和设计上。根据教授们的观察，在第三、第四年的研究和论文阶段，学生没有了稳定的课业压力，最容易放松自己，或者出现闭门造车的现象。因此，在中欧DBA课程的设计中，即使在第三、第四年，学生也需要每半年"回炉"一次参加研讨会。不同年级的DBA学生和导师们汇聚一堂，陈述自己的研究构想、开题报告和阶段成果，或进行论文答辩。学生可按照自己的研究领域，选择不同类别的会议，了解论文写作的不同阶段，还能与不同年级的学生跨级、跨界交流，共同探寻有趣、有价值的潜在研究方向，逐步完善研究构想，最终完成论文。

除了课堂学习，教授们还为DBA学生设计了聚焦循证研究和循证决策的海外模块。2023年11月，由忻榕教授亲自设计的DBA课程首个海外模块在瑞士举办。在诺华（Novartis）总部，学生们深度了解循证医学的应用和落地。在世界卫生组织（WHO），学生们学习国际非政府组织（NGO）如何通过数据和应用研究为政策决策提供支持。

普通学术研究经常会出现理论学习脱离实际的现象，而中欧DBA课程所提倡的应用型商业研究，则通过科学研究方法来解决实际商业活

2023年，DBA 2021和2022级学生在世界卫生组织学习

动中的具体问题，从而让学生拥有对复杂世界的洞察能力，这是教授们设计DBA课程的落脚点。

三、培养企业学者型领袖

什么样的人适合就读DBA课程？什么样的人有学习DBA课程的诉求？这是中欧在开设DBA课程之初就热烈讨论的两个核心问题。中欧是一所具有"认真、创新、追求卓越"精神的商学院，而DBA课程是中欧培养体系"金字塔"的"塔尖"课程，理应招募一批有强烈求知欲和良好学习能力、对社会和商业有积极影响、乐意为社会经济和社区福祉做出贡献的群体。这部分人被定义为"企业学者型领袖"。

在"企业学者型领袖"这一清晰画像的指引下，DBA课程的招生标准在首期班的录取中逐渐成形。

首先，课程学术委员会确定了申请DBA课程的基础条件：硕士以上学位，12年以上高层管理经验，以保证DBA学生的基础学习能力和对管理的深入理解。在申请流程方面，忻榕教授提出了3个要求：一是重视个人自述，每位考生需要撰写不低于2 000字的自述，阐明自己对DBA课程的理解、学习动机和主要兴趣领域；二是每位考生需要有一位学术推荐人，对考生的学术能力进行评估；三是入学面试全部由中欧教授担任面试官，"博士面博士"，重点考查考生的思辨能力和管理认知。汪泓院长连续3年亲自参与DBA课程入学面试，指导教授们不断校准和把握招生方向。

报考流程设置了预报名和初筛环节，会对考生的学习意愿、学习能力、管理背景等进行综合考查，考查通过的申请人才能进入面试阶段，面试通过之后方可录取。成功录取的学生，有三类典型画像：

第一类学生希望通过DBA课程来梳理和总结自己的行业和管理工作经验。这类同学普遍拥有20年甚至30年的行业经验，在各自的领域颇有建树。他们期待DBA课程的系统学术思维训练，能够帮助他们对以往经验进行总结、梳理和提升，为后来者留下宝贵的参考。

上工申贝董事长张敏（DBA 2021, EMBA 2013）在面试时说："我在国有企业、中外合资企业、混合所有制企业都干过管理，现在通过兼并收购走上中国企业全球化道路，我一直希望有机会能把我在不同所有制下的管理经验以及对中国企业全球化的思考做个梳理和提炼，写本书留给后来人。"

第二类学生希望通过自己的研究来影响行业发展，推动社会变革。部分同学认为他们所在的行业亟须转型，或需要建立更多的标准和行业规则。他们认为，对特定领域的应用研究，将能够帮助他们对行业和社会发展做出更有普适性的贡献。

时任兆易创新首席执行官的程泰毅（DBA 2021, EMBA 2016）在申请DBA课程的自述中写道："我们这代人承载着完成我国半导体产业战略提升的历史使命和社会责任。中国的半导体产业处在发展早期，也处在智能时代的高速演进周期，中国半导体产业和半导体公司发展如何实现智能时代的创新和该有什么样的公司治理，是我希望深入研究的内容。"

第三类学生有传道授业的精神，希望通过DBA课程学习完善自身的学术素养，未来成为大学兼职教授或教育机构导师，从知识的吸取者向知识的创造者和传播者转型。

张宇（DBA 2021, EMBA 2008）是淘宝初创始团队成员之一，也是阿里巴巴的合伙人之一。2021年在她决定从阿里巴巴退休之前，就已在湖畔创业研学中心给创业者讲学。当时在阿里巴巴商学院担任产业研究中心主任的中欧战略学副教授陈威如建议她回学校深造，不仅可以进一步提炼智慧，形成系统化的输出，还可以学习从实践到理论的研究方法。

截至2023年底，中欧DBA课程已有3届学生，超过120位在读学生。他们平均年龄47岁，平均工作年限24年，平均管理经验19年，近1/3是女性企业家，核心管理层比例100%。他们100%拥有国内外一流名校的硕士学位，几乎1/3的人已经拥有2个以上的硕士学位，是一个名副其实的学霸群体。

他们来自国民经济中极具活力的各行各业。除信息技术、现代制造、医疗健康、金融投资等传统行业外，还有航空航天、深海数据、新能源等新兴行业或未来产业。

2023年10月，DBA课程2023级学生开学合影

这就是中欧DBA学生。他们怀着不同的初心而来，拥有迥异的行业背景，但又呈现出共同的鲜明特性。参与面试和授课的教授们将他们形象地描述为"同时具有好奇心、使命感、强逻辑、内驱力和多元化特质的人群"。

四、开创性的教学和运营

中欧DBA课程设计逻辑缜密、形式多样，因此，在课程启动期，无论对教授还是学生都有较大挑战性。为此，DBA学术委员会创造性地提出了在课程设计和运营上的"共创"理念：让教授、学生、课程部悉数参与DBA课程的建设和优化。

卓越的师资是中欧的生命力和竞争力，也是打造DBA课程的基础。为DBA学生授课和担任导师的教授中，有多位荣登爱思唯尔（Elsevier）"中国高被引学者"榜单，具有很高的学术地位和广泛的影响力。同时，DBA课程的教授团队采用资深教授与新锐教授组合的方式，使充满活力的前沿思想与成熟的教学经验相融合，新老教授互学互鉴，并与学生共建共创，对前沿领域展开深入研究。

为了让所有授课教授对中欧DBA课程的教学目标、培养模式达成一致认识，在2021年正式开学之前，学院多次组织召开授课教授午餐会，反复讨论授课内容和授课方式，同时明确不同模块的教学特点和目标，并形成指导文件统一发送给所有教授。但同时，指导文件也提出，"如何以合适的方式进行课程设计和教学，最终的决定权仍掌握在每位授课者手中"。这一集体讨论和学习的过程，既提高了中欧DBA课程输出的一致性，又保证了每位教授的学术自由和教学创新。

在DBA课程进入日常运营轨道后，经验丰富的课程运营团队在课程主任忻榕教授、学术主任黄钰昌教授的指导下，在"课程部—教授""教授—教授""教授—学生"之间的反馈机制中担起了重任。

在"课程部—教授"的反馈机制中，课程运营团队承担起观察员的职责，详细记录每一门课程的教学情况，整理成课堂观察笔记，并在课后系统梳理，形成对每门课的观察报告，上报给DBA课程学术委员会，相关工作可谓"巨细靡遗"。

在"教授—教授"的反馈机制中，课程运营团队不断总结提炼各位教授在DBA教学中的特点，如授课方式、控场技巧、内容设计、课堂反馈等，并将这些成果通过课前教授沟通会、定期组织汇报交流等方式进行输出和交流，实现经验和信息的共享。

在发挥授课教授能动性的同时，课程运营团队还用心设计了"教授—同学"多维度互动共创机制。每个年级的学习委员，都承担起收集和梳理同学课后反馈的任务，每一堂课结束后都有来自学生的真实反馈去帮助教授们校准授课方式与内容。

正是基于"共创"的理念，中欧DBA课程在首年运营的过程中，即开启了迭代优化。2022年10月，在多次亲身体验DBA课程的课堂教学后，汪泓院长召集DBA课程学术委员会和课程部，讨论如何从授课频次、课程内容、授课师资等多方面优化课程设置。优化方案实施后，越来越多的学生可以更加从容地面对DBA课程学习，享受这一学习的过程，使学习体验"渐入佳境"。

DBA课程运营是一个系统工程，教授教学在前，后端则需提供完善的运营保障机制。在这方面，汪泓院长、忻榕教授、黄钰昌教授和课程部投入了大量的时间和精力，很多做法在中欧的课程运营中属于首次。

第一个重要尝试，是建立了DBA论文流程框架及导师匹配制度。整个论文流程分为初步构思、导师匹配、提纲报告、开题报告、进度报告和论文答辩六大步骤。中欧为每位学生配备了一个由指导教授、委员教授、答辩教授3位教授共同组成的论文委员会，并在制度中详细规定了每位导师的具体职责。在导师匹配环节，学生将有超过6个月的时间与教授们进行充分交流，并最终双向选择和确认指导关系。

第二个重要尝试，是将DBA论文进度管理全面电子化。DBA论文写作历时至少2年，最多长达4年，在这么长的时间里，如何跟踪、管理教授和学生的研究进度呢？"DBA论文进度线上管理系统"的开发，使课程部实现了对论文进度的跟踪管理，便于及时发现问题，追踪研究进展。同时，提升了论文指导的工作效率，降低了教授间的配合难度。此外，它还实现了论文全过程一键查询，便于回溯历史，为未来DBA课程认证做好准备。

第三个重要尝试，是向DBA学生分享中欧教授的学术资源。2022年，在教务长办公室的大力支持下，学院开始将中欧教授学术讲座对DBA学生开放。中欧学术讲座是中欧学术水平最高的研讨会之一，它为DBA学生提供了高端的研究平台及深入了解教授研究的途径。

五、光芒初现的办学成绩

经过3年精益求精的耕耘，DBA课程让学生在知与行上皆受益颇丰：既有挑灯夜战完成作业时的辛苦，又有打开思路后的兴奋；既有时事研讨，对新兴领域与新型技术的探索与实践，也有学术与实践的碰撞；既有教授对学生的"无情鞭策"，也有学生对教授的"灵魂拷问"。

在DBA课程2023级开学之前，课程部对前2届的学生进行了问卷访谈，请他们谈谈在DBA课程学习中的最大感受和主要收获。在这份匿名问卷中，有学生说："我觉得自己的思维模型在升级，知道了透过现象看本质，知道研究路径和工具，然后在学业的压力引导下，去探索自己之前不会去想的知识空白点。"

也有学生说："DBA课程的学习坚定了我对理论指导实践的信念。由实践进行总结、提炼、体系化，形成理论；由理论带入、边界扩大、假设放松，进而指导实践是可行的。"

海平屋脊创始人易海贝（DBA 2021, MBA 2009）聆听了许斌教授的选修课后在朋友圈里分享："从入学到今天，不知不觉已经两年了。思维方法不知从哪一天开始，底层已发生了改变。看万事万物就像看冰山，总会自动构建水下的样子。"

除了课堂学习、论文写作之外，中欧DBA课程还致力于引导学生锤炼原创性管理思想，鼓励学生通过中欧的平台不断打磨和分享思想成果。

DBA课程自2021年开课以来，已有两位同学出版了个人著作。张宇同学在疫情期间完成了《生长：从战略到执行》一书，盖伦董事局主席云关秋（DBA 2021, EMBA 2002）出版了中英文诗集《银河之外的星光》。

此外，在学院搭建的平台上，上工申贝董事长张敏、值得买董事长隋国栋（DBA 2021, EMBA 2016）、荣正咨询董事长郑培敏（DBA 2021, LCP 2018）等6位同学先后走进EMBA、HEMBA、金融MBA、GEMBA、创业营等课程的课堂，与中欧同学分享经验和见解，真正践行学界与商界的共创，以思想的传播为学院和社会创造更大的价值。

为DBA课程投入大量精力的教授们，对同学们也表达了青睐，并寄予了厚望。双方既是师生关系，也是同修共创，如同陈威如教授所形容的，DBA学生和教授是学术上的"半个同道中人"。

组织行为学教授金台烈给DBA首次授课时曾说："我是位研究型学者，在中欧我已经等待博士课程10多年了，我非常期待把我毕生所学传授给你们。"

芮萌教授的ESG课程是每届DBA学生的第一课，他也在2022年受邀加入DBA课程学术委员会，他说："哈佛通过案例教学法引领了过去50年的商学院教学，我希望中欧能够通过DBA课程引领未来的商学院教学模式创新。"

终身荣誉教授樊景立则如此勉励同学们："DBA课程是一场学者与实践者的思想碰撞与知识共创，每一个人都可以成为自己的哲学家。"

由于DBA课程未能像EMBA课程一样拥有国际权威的认证和排名，因而缺乏统一的评价体系作为指引。各个学校在DBA课程的定位、设计、培养目标上也存在较大差别。但正因如此，DBA课程是一块值得每个商学院集合自身优势去打磨和耕耘的"新领地"。

根据EFMD和国际工商管理博士委员会（Executive DBA Council, EDBAC）2023年9月出版的《商学院DBA市场前瞻》（*The Future of DBA Market Perceptions of Business Schools*）调研报告，有合计86%的受访学院认为DBA市场正在进入上升轨道，在尚未开设DBA课程的受访学院中，有23%计划在近期开设DBA课程。当然，报告也披露了很多学院对于开设DBA课程的顾虑，有67%的受访学院认为，DBA课程的品质差异巨大是阻碍DBA市场发展的因素之一。

在这样一个"群雄逐鹿"的市场上，中欧作为中国管理教育的先行者和标杆，要坚持打造高标准、高品质、高影响力的DBA课程，还有很长的路要走。

展望未来，汪泓院长对中欧发展好DBA课程满怀信心："在民族复兴的进程中，中国学界和商界有责任共同创造根植于中国商业实践的管理思想，也为全球管理思想的进步贡献智识。这是我们拓展开设DBA课程的初心和愿景。而中欧强烈的使命引领、优秀的教研团队和强大的保障机制，是我们取得成功的底气。"

第八节 国际一流的高管教育（EE）课程

中欧高管教育课程（英文全称为"Executive Education Programmes"，1994—2020年称为"高层经理培训课程"，2021年更名为"高管教育课程"），定位于"赋能组织，卓越个人"，涵盖了公开课程（Open Enrolment Programmes，简称OEP）与公司定制课程（Company Specific Programmes，简称CSP）两大类型，具有市场化程度高、内容针对性强、形式灵活多变等特点，旨在助力各类组织培养适应时代需求的领导人才。

凭借深厚的管理教育底蕴，30年来，中欧高管教育课程持续为中国及亚太地区的企业和组织提供国际一流的高管教育课程，培养更多兼具"中国深度"和"全球广度"、积极承担社会责任的高级管理人才。

历经30载不懈努力，中欧高管教育课程已累计培训超过25万人次，服务企业超过2万家，逐步发展成为全球规模最大的高管教育课程之一，并连续多年在《金融时报》高管教育课程综合排名中稳居亚太地区前列，是中国高管教育课程的开创者与领导者。

一、高管教育的发展历程

高管教育起源于美国。1945年，哈佛商学院推出首个高级管理课程（Advanced Management Programme, AMP）。到20世纪70年代，全球已有约40多个国家的商学院开设了高管教育课程。发展至今，高管教育与MBA、EMBA并列，共同成为商学院的三大课程，全球几乎所有知名商学院都开设此课程。哈佛商学院、宾夕法尼亚大学沃顿商学院、法国INSEAD和西班牙IESE等世界知名商学院，在全球高管教育市场中处于主导地位。

但是，与MBA、EMBA等学位课程不同，高管教育课程是主要面向企业组织与中高层管理人才的商业教育，同时也是商学院收入的主要来源。

早在1984年，中欧国际工商学院的前身——中欧管理中心（CEMI）便推出了一系列面向企业管理者的培训班，性质类似于后来的高管教育课程。1994年3月，随着CEMI南迁至上海，中欧高层经理培训课程随即成立，并迅速推出了首个公开课程——大型国有企业外向型人才课程，由吴敬琏教授担任课程主任。除此之外，中欧高层经理培训课程还为ABB等国际知名公司量身设计了公司定制课程。

尽管当时已有一些中外合作的培训机构和教育机构在中国内地提供高管教育课程，但中欧是首家常年开设此类课程的商学院[1]。中国内地的体制内商学院大多到2000年后才开始提供高管教育课程。目前，全国大部分知名高校已经开设高管教育课程，但中欧始终是这一领域的领军者。

创业期（1994—2003年）：市场培育

在CEMI高管教育课程10年深耕的坚实基础上，中欧的创始团队对高层经理培训课程寄予厚望，期望其在学院成立4年后能够领先亚洲，并为学院的财务自立做出贡献。然而，中国的高管教育市场犹如深山中的富矿，蕴藏丰富，但开发难度同样巨大。

面对尚处于萌芽状态的中国市场，高层经理培训课程在创立初期面临的首要挑战便是市场培育与开拓。

与学位课程不同，高层经理培训课程高度市场化，同时又要秉承中欧一贯以来对于课程质量的高标准、严要求。在此严苛标准下，一系列高质量并且符合市场需求的课程应运而生。1996年，时任中欧学术委员会主席雷诺教授开设了中国的投资环境（China from the Inside）课程，这

1　香港开设得更早。

是中欧高层经理培训课程的第一个国际课程，吸引了来自世界各地的近20位企业家参与，精彩的课程内容获得了学员的一致好评。1998年，顺应外企人才热的需求，学院又开设了管理文凭课程，受到市场极大的欢迎，并成为中欧高层经理培训的旗舰课程之一。

中欧高层经理培训课程起步艰辛，从创立开始连续3年处于亏损状态，甚至一度传出部门裁撤流言，所幸经过各方努力，参加培训人数逐年显著增加。至1997年，公开课程培训人数从1995年的240人次激增至1 707人次。

为了改善业绩并控制成本，中欧高层经理培训课程自1998年起开始对标世界同类商学院课程，深入分析自身的不足。经过细致调研，学院果断决定停办一些长期销售不佳的课程并不断加强市场开拓，开设符合市场需求的课程，这一战略调整最终帮助课程在1998年实现了盈利。

在创业阶段，中欧高层经理培训课程首任行政主任比利时人范汇东（Stefaan van Hooydonk）和负责部门运营的副主任李月庆为课程发展做出了重要贡献。他们在早期建立起学院的市场化绩效管理制度与积极创新、勇于开拓的团队文化，并在之后很长一段时期通过躬身践行将其发扬光大。

发展期（2004—2014年）：高速发展

中欧高层经理培训课程的一个重大转折发生在2001年中国加入世界贸易组织后。随着国内经理人对工商管理教育的需求急剧增加，中国高管教育市场迎来了前所未有的高速增长期。特别是民营企业的蓬勃发展，进一步加大了人们对商业管理知识的需求。

高管教育市场的繁荣也带来了激烈的竞争。2002年，多家国际知名商学院纷纷在中国开设高管教育课程。面对这一挑战，中欧高层经理培训课程采取了一系列创新策略，以构建自身的竞争优势，包括：开发具有高质量和独特性的课程，提升内部运营的效率与有效性，与全球顶尖教授和领先组织建立合作关系，以及努力营造卓越的客户服务体验等。

其中，开发具有高质量和独特性的课程起到了至关重要的作用。在时任中欧高层经理培训课程负责人、行政主任刘涌洁的积极推动下，课程研发团队开发了一系列多模块课程，包括全球CEO课程、中国CEO领导力课程、总经理课程AMP、管理发展课程（MDP）、首席营销官课程（CMO）、首席财务官课程（CFO）等领国内风气之先的旗舰课程，使得中欧高层经理培训课程的优势不断巩固扩大。

为进一步提升高层经理培训课程的学术水准，2006年，学院任命飞利浦人力资源管理教席教授杨国安担任副教务长，分管高层经理培训课程并担任学术顾问。2011年，管理学教授忻榕担任主管高层经理培训课程的副教务长。

同时，为进一步扩大影响力，中欧高层经理培训课程将目光从本地投向了亚太地区乃至全球，尤其在竞标争取公司定制课程时，更是与全球顶级商学院展开直接竞争；丰富且高质量的高管教育课程，也为中欧各类课程带来了后续销售机会。

随着业务爆发式增长，中欧高层经理培训课程也开始向可持续的、健康的组织转型。在刘湧洁的大力推动下，客户关系管理系统（CRM）成功在中欧落地，中欧高层经理培训课程成为中国商学院中"第一个吃螃蟹的人"，CRM成为中欧高层经理培训课程可持续发展的新引擎。

2006年，中欧高层经理培训课程销售收入首次突破了亿元大关。2009年，受全球金融危机冲击，各大企业纷纷削减培训支出，中欧高层经理培训课程也因此受到冲击，但通过不懈努力，2010年课程恢复增长势头。2013年，中欧高层经理培训课程已跻身亚太地区最具影响力的高管教育课程之列，其培训规模在全球商学院高管教育课程中稳居前15位。

成熟期（2015年至今）：赋能组织，卓越个人

为进一步推动中欧高管教育课程的高质量发展，持续打造优质的高管教育课程体系，建设起中欧校友终身学习的平台，从2015年起，学院委任宝钢市场营销学教席教授王高担任副教务长，分管高管教育课程。王高教授在美国耶鲁大学获社会学硕士和博士学位，拥有非常丰富的教学研究经验，并在多家企业担任咨询顾问。

2020年，学院任命自2003年起负责课程运营工作的李洁出任行政主任，负责上海校区的招生与三地校区的运营工作；任命自2016年加入中欧的李剑青出任业务开发主任，负责北京校区的招生和三地校区CSP的业务开拓工作。2022年，学院任命李剑青接任行政主任，全面负责招生与运营工作。

随着中国经济进入新常态，企业对高层次人才的需求也发生了变化。为了更好地适应市场需求，在王高教授的推动下，中欧高管教育课程进行了一系列变革，比如将"高层经理培训课程"更名为"高管教育课程"；进一步明确"赋能组织，卓越个人"的课程定位，致力于推动企业发展和个人能力提升；从四个维度确立中欧高管教育课程的目标，包括开发以市场、客户需求为导向的课程，助力学员发展，传播中欧智慧、影响更多企业经营者，与中欧员工共同成长。

在高速发展时期，中欧高管教育课程的开发以市场需求为先，一系列久经市场考验的课程也发展为中欧高管教育旗舰课程。随着商业教育市场的成熟，客户需要的是能够帮助他们解决未来需求的产品，并且他们的需求也更加多样化。在此背景下，中欧高管教育课程以产品思维重

金字塔形课程体系

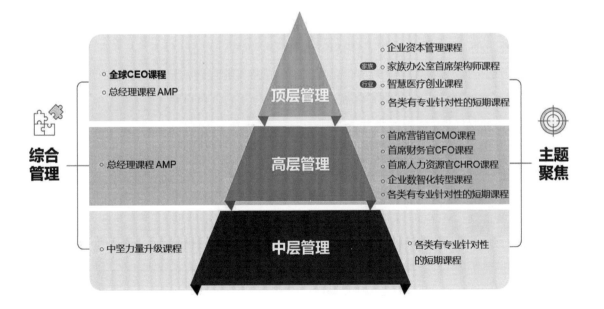

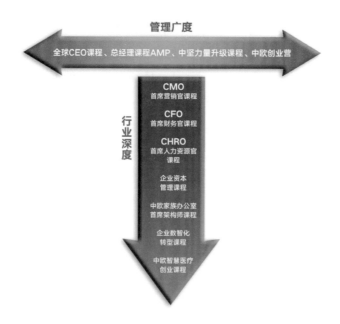

管理广度

全球CEO课程、总经理课程AMP、中坚力量升级课程、中欧创业营

行业深度

CMO
首席营销官课程

CFO
首席财务官课程

CHRO
首席人力资源官
课程

企业资本
管理课程

中欧家族办公室
首席架构师课程

企业数智化
转型课程

中欧智慧医疗
创业课程

高管教育T形课程体系

新梳理现有课程，建立起金字塔形与T形相结合的课程体系。从受众群体来看，全球CEO课程、总经理课程、首席系列课程、中坚力量升级课程等，形成了由上至下的金字塔形课程体系；从课程内容来看，综合管理类、战略类、金融与会计类、市场营销类、组织管理类、行业类等课程，形成了兼具管理广度与行业深度的T形课程体系。

2019年，在王高教授的主导下，围绕中欧高管教育课程"品质年"战略，多模块课程学术主任年度大会、"课程学术主任+课程经理+班主任"的铁三角管理模式以及课程运营全流程管理等一系列创新措施全面推进。王高教授对此表示："提升学员的学习体验对课程实现稳定、可持续发展至关重要。只有课程提供'好体验'，才能塑造'好口碑'，进而吸引更多学员，实现'好招生'，形成良性循环。"

同时，中欧高管教育课程持续加强国内三地校区协同，有效整合资源，增强管理能效。一方面，采取属地化管理，加强属地校区不同课程部门联动，实现了当地资源的最大化效应。另一方面，通过一系列措施加强三地团队紧密合作。管理体系化的成果显而易见，中欧高管教育课程建起了一支能够直面挑战、在逆境中砥砺前行的团队。

2023年，中欧高管教育课程在培训规模上稳居中国商学院中的领头羊位置，各项运营指标屡创新高，为学院的整体发展做出了重要贡献。

二、市场驱动的课程创新

高管教育课程分为两大类型：公开课程与公司定制课程。公开课程侧重于企业管理者个人能力的培养与发展，而公司定制课程则侧重于组织整体能力的增强与管理水平的提升。如同航班之于旅行者，公开课程如同定期航班，学员根据自身需求选择合适的班次；公司定制课程则如同包机，根据企业自身需求量身定制其专属的学习旅程。

公开课程

课程体系的建立是一个长期而艰巨的任务。在初创阶段，中欧高管教育课程参照海外商学院，开设了6门课程，主要提供3～10天的短期培训。

20世纪90年代，中国吸引了大量外商投资，越来越多的外企向中欧提出了中高层人才培养需求。高管教育课程凭借敏锐的市场触觉与丰富的课程开发经验，于1998年开设了第一个多模块课程——管理文凭课程（Diploma in Management Programme，DIMP）。该课程共有10个模块，囊括了战略、市场、财务、运营、人力资源等主题，主要面向外企管理人员，全英文授课。课程一经推出即获得市场的认可，中欧高管教育课程也因此成为500强外资企业培养中坚力量的重要伙伴之一。

随着管理文凭课程的成功尝试，中欧高管教育课程意识到多模块课程在管理教育领域的巨大市场潜力，并迅速做出反应，结合多年的市场化运作经验，建立起一套成功的课程研发模式，由此开启了一系列首创课程，开创多个中国高管教育课程的先河。

2002年，为满足国内民营企业日益增长的管理培训需求，打造真正有分量的旗舰课程，高管教育课程开始着手设计一门全新的重磅课程——CEO课程，目标学员为中国企业"一把手"中的翘楚。鉴于当时国内尚无同类课程，高管教育课程大胆采用了不同以往的设计思路，不再依照先设计课程、后寻找客户的传统做法，而是先调研目标客户的核心需求，再设计课程内容。

2002年11月，在上海中银大厦顶楼的银行家俱乐部，刘湧洁等一批课程部员工组织召开了首场"CEO圆桌会议"，由吴敬琏教授主持，时任上海光明乳业集团总经理王佳芬（EMBA 2002）、时任恒源祥（集团）公司董事长刘瑞旗（CEO 2003，SLM 2016）、时任横店集团总裁徐永安（EMBA 2003）、时任上海文广新闻传媒集团总裁黎瑞刚（EMBA 2007）、时任《中国企业家》杂志社社长刘东华等20余位国内知名企业家受邀参加了圆桌讨论，围绕"最关注的企业管理发展问题""对CEO课程的期望"等话题进行了深入交流，此后，在上海和北京又召开了多场研讨会议。刘吉院长和张国华副院长对高管教育课程的创新尝试给予了大力支持，亲自主持并旁听了部分讨论。

2003年，中欧CEO课程正式启航，首批学员中不仅汇聚了刘瑞旗等参与过圆桌讨论的企业家，还有TCL集团董事长兼总裁李东生（CEO 2003）等商界精英。运营两年后，课程迎来了新的发展机遇。在时任执行院长雷诺教授的大力支持下，中欧与哈佛商学院、西班牙IESE商学院于2006年携手推出全球CEO课程，在原有课程设计的基础

2021年10月，全球CEO课程开班

上，融入了原汁原味的哈佛商学院案例式教学，增添了国际化的元素。3所顶尖商学院联合组成的一流教授团队也显著提升了课程的品牌影响力，吸引了中国最优秀的企业家群体。

张维炯副院长曾指出："CEO最迫切的两件事，一是学到新知识，二是能与自己同级别的CEO对话。"基于这一理念，2018年，中欧的"全球CEO课程"再次重磅升级，由张维炯副院长和王高教授担任联席课程主任，联袂主持课程设计。课程紧跟市场需求，全面迭代，涵盖四大国内模块及四大海外模块，从宏观、企业和个人三个层面提供一次升华的学习旅程。"全球CEO课程"也成为中欧高管教育课程在中国最具影响力的课程之一。

中欧高管教育在课程研发上不仅注重市场需求，并且具有前瞻性与前沿性，为行业的学术研究与产业发展以及专业人才培养提供支撑。2016年，朱晓明教授以创业创新为主题，围绕数字经济和智慧医疗，在国内首创了中欧智慧医疗创业课程，并任创始学术主任，这是商学院课程创新的又一次成功探索。该课程采取中欧教授授课、行业领袖实践分享与学员分享有机结合的授课形式，帮助医疗健康行业创业者全方位开阔视野，把握医疗健康领域的发展趋势和创新创业机会，有效掌握精益创业方法，提高创业成功率。

从创立伊始，中欧智慧医疗创业课程的授课内容就年年迭代，不断丰富，持续更新。截至2023年，智慧医疗创业课程已成功开办8期，培养了400多位医疗创业者，举办了4届智慧医疗产业论坛和2届中国智慧医疗创新创业发展论坛，并发布了瑞金医院、中山医院、华山医院、第六人民医院4家沪上三甲公立医院的数字化转型案例（同步收录于中欧案例库与哈佛案例库）以及《智慧医疗：大医精诚·同心战疫·社会责任》白皮书，取得了丰硕的学术成果。朱晓明教授与汪泓院长率先在中欧开设了"初学涂鸦，AI不误工"人工智能课程，并首次在中欧课堂讲解了卷积神经网络（CNN）、视觉智能、语言语音智能、ChatGPT、多模态大语言模型（LLMs）、脑科学与类脑科学等前沿科技。在2023年数字医学技术及应用创新大赛上，中欧智慧医疗创业课程校友荣获重

要奖项，凸显了中欧在创新人才培养、科学研究等方面所取得的一系列成果。

2023年，第八期智慧医疗创业课程开班

汪泓院长自2024年起担任智慧医疗创业课程联席课程主任，她提到，"智慧医疗创业课程得到了众多院士、专家、教授等重量级人物的大力支持，他们亲临授课，业内的顶尖企业家和大咖纷纷加入，使其成为集学术与实践于一体、具有极高学术性和影响力的学术高地"。

智慧医疗创业课程创始学术主任朱晓明教授谈到课程创立的初心之时说："中欧是永不落幕的课堂，智慧医疗创业课程永远刷新着我们的认知和视野。智慧医疗创业之路，是充满艰辛之路，但也是光明在前的彩虹之路。向医者致敬，与智慧同行！"

2011年，时任中欧教务长兼副院长奎尔奇建议，中欧可以借鉴哈佛商学院与伦敦商学院等院校的经验，设立与创业投资相关的专门机构，由此开启了中欧在双创领域的独特实践。

2012年，中欧在本土商学院中率先推出针对中国最具潜力的创始人CEO的创业课程——中欧新生代创业领袖成长营（即"中欧创业营"），由创业管理教授龚焱作为课程主任全程带队，并特邀多位中欧教

2022年，汪泓院长、朱晓明教授亲临创业营课堂授课

授担纲授课，旨在发现中国极具潜力的创业人才，通过提供优质的创业管理指导，帮助他们提升个人格局，开阔国际视野。

2015年，中欧又启动了"中欧创新投资家成长营"（即"中欧创投营"），实现创业创投课程体系的完整闭环。目前，中欧创投营由会计学教授苏锡嘉以及战略学教授张宇担任联席课程主任，全力帮助投资人理解行业变革与前沿趋势，并与创业营课程深度互动，搭建创业资源与投资资源整合平台。

张维炯副院长认为："创业者是我们社会中最稀缺的人群，他们代表着国家发展的未来；创业者和投资人面对着太多的不确定性，时间极其宝贵，所以创业营、创投营课程的质量非常关键。"龚焱教授指出："创业营永远只聚焦一件事，那就是学习。创业营的愿景就是打造一个'温暖的学习型组织'，陪伴创业者成长，助力中国民营企业发展并走向国际。"

截至2023年底，中欧创业营已开办12期，累计陪伴600多名杰出创业者共同成长，学员入学时平均融资规模近2亿元人民币，累计提供就业岗位60万个，近一半学员企业估值超过1亿美元，其中有50家上

市公司。中欧创投营至今已开办5期，200余名校友覆盖海内外母基金、天使投资、风险投资、私募股权、企业战略投资、家族办公室、产业投资等。

此外，中欧高管教育课程还在多个领域进行全新的探索，打造多个国内首创课程，不断引领行业发展。如2005年开设了中国最早的高端综合管理类课程——总经理课程AMP，专为高速成长企业的总裁、总经理和集团公司事业部总经理，以及极具潜质的高层管理人员而设置，截至2023年已成功开设74个班级，学员超过4 000名，AMP校友也由此成为中欧最大、最具有活力与影响力的校友群体之一。针对企业专业管理人才，中欧高管教育课程首创了首席系列课程，分别于2005年、2010年、2018年开设首席财务官课程、首席营销官课程、首席人力资源官课程。

依托中欧的研究中心与师资资源，中欧高管教育课程还打造了一系列各具特色的课程，包括携手中欧财富管理研究中心联合打造全国首创的全体系家族办公室首席架构师课程。2016年，体育产业热度不断升温，中欧高管教育课程开设了亚洲首个体育休闲产业管理课程，助力中

2005年，首期总经理课程开班

国体育产业化和高端人才培养。为响应国家"走出去"的大战略，基于自身的国际化平台和教研资源优势，中欧高管教育课程于2017年开设了第一个全球化中国企业核心人才特设课程，由时任中欧院长李铭俊教授担任课程主任，帮助中国企业全方位培养全球化人才，抓住机遇，少走弯路，实现跨越式发展。2020年，疫情加速了企业的数字化转型，中欧高管教育课程部顺势推出全国首个企业数智化转型课程……

21世纪初，中欧高管教育课程开启了国际化探索的道路。如2006年，与哈佛商学院、西班牙IESE商学院联合开设了全球CEO课程；2009年和2012年，分别与越南国家商会、韩国能率协会（Korea Management Association, KMA）合作在当地开设CEO课程等。此外，中欧高管教育课程还与企业合作在海外城市开设公司定制课程，如早在2004年就为TCL在瑞士开设公司定制课程。截至目前，中欧高管教育课程已将课程带到美国、瑞士、法国、荷兰、英国、俄罗斯、肯尼亚、加纳、巴西、日本、新加坡、印度尼西亚、以色列、越南、韩国、中国香港等国家和地区。通过与国际顶尖商学院持续合作开发课程，一方面为国内企业家打开了看向世界的窗户，学习西方先进的商业管理知识、开阔国际化视野；另一方面为中欧教授打开了国际交流的窗户，引入先进的教学方法与课程管理经验，让中欧课堂与国际接轨。

早期的中欧高管教育课程通过不断引进国际商学院的顶尖名师来提升课程质量。近年来，中欧高管教育课程通过不断走出去持续深化课程国际化水平，提升企业家的国际化视野。在公开课程方面不断增加海外模块，如全球CEO课程包含4个海外模块；为校友提供"卓越品牌""中欧体育休闲产业管理课程欧美游学"等海外游学选修课程等。

中欧高管教育课程不仅持续在课程品类上创新，同时也不断探索全新的授课形式，如推出数智升级训战营、品牌训战营等课程，均获得了良好的反响。

通过不断推陈出新，重量级的长期课程与丰富的短期课程一起，共同构建了层次分明、覆盖全面的公开课体系，同时也为中欧培养了众多忠诚的高层次校友。

公司定制课程

与公开课程不同，公司定制课程的独特优势在于，它由中欧教授根据每个企业的具体需求及其所在行业的特点进行个性化设计，旨在协助企业解决管理中的关键问题，促进企业中高层管理者思维和认知的转变。作为帮助公司管理团队迅速达成共识、提升战略规划与执行力的有效手段，公司定制课程日益受到企业管理者的重视和青睐。

在中欧成立初期，当时的高层经理培训课程部便为施贵宝、马士基、ABB等企业提供了公司定制课程。然而，早期的课程在个性化定制方面并不显著，通常只是将已有的公开课程引入企业内部。经过多年发展，公司定制课程已能提供基于问题解决方案的综合性学习服务。在课程体系的设计过程中，学院教授、课程部团队与企业内部人员密切互动，对企业面临的问题和挑战进行深入研究与分析，参与搭建定制课程的内容框架，确保课程效果达到最佳。

此外，高管教育课程每年推出专为校友定制的校友特设课程，为校友们打造跨班级、跨地区、跨行业的终身学习平台。针对全球CEO课程、总经理课程AMP的校友开设校友课程，如后CEO课程、后AMP课程等；针对不同地区校友企业开设校友课程，助力当地校友企业的人才建设。

三、培养企业人才的摇篮

中欧高管教育课程秉承"赋能组织，卓越个人"的定位，助力企业培养符合市场需求和发展要求的高层次人才，成为培养企业人才的摇篮。由于高管教育课程体系较为多元，因此，所覆盖的学员群体亦较为广泛。

作为中欧高管教育课程"金字塔"体系的"塔尖"课程，全球CEO课程针对的是行业标杆企业或行业隐形冠军企业的创始人、董事长、总裁、CEO等核心决策者。近3届学生平均年龄47.3岁，女性学员占27%，超过70%为企业股东或创始人，近60%具有硕士及以上学历。

从主题细分来看，同样位于"塔尖"的还包括智慧医疗创业课程、家族办公室首席架构师课程、企业资本管理课程等。智慧医疗创业课程的学员主要包括医疗健康企业创始人、大股东，医疗健康领域创业者，尤其是未来3～5年有上市计划或者具有高增长潜力的医疗健康领域创业者。近3届学生98%都是企业创始人。家族办公室首席架构师课程专为家族财富拥有者和部分高级经理人量身打造，99%的学员为企业股东或创始人。企业资本管理课程学员大多为企业创始人、合伙人、负责企业并购和战略投资的企业决策层成员，以及企业财务负责人和董事会秘书、投资者关系管理负责人等高管。

处于金字塔"塔身"的AMP课程，则专为高速成长的企业领导人、总经理，以及集团公司事业部的总经理设计，帮助总经理全方位提升框架理论与综合管理能力。近3届学生的平均年龄为40.5岁，女性学员占36%。

主题更为聚焦的首席营销官（CMO）课程、首席人力资源官（CHRO）课程、首席财务官（CFO）课程等首席系列课程同样属于"塔身"课程的重要组成部分，主要面向企业不同职能部门的一把手，要求学员在所在领域至少拥有8年管理实战经验。从近3年的学员情况来看，CMO课程学员平均年龄为38.6岁，女性占46%；CHRO课程学员平均年龄为40.8岁，女性占73%，人力资源专业条线的总监以上级别学员占到70%以上；CFO课程学员平均年龄为42岁，女性占58%。企业数智化转型课程主要面向计划推进企业数字化转型的企业高管，以及已启动数字化转型项目但亟须解决转型难题，或希望学习成功转型企业最佳实践经验的企业决策者。该课程超过50%的学员具有硕士及以上学历。

位于"塔基"的中坚力量升级课程，学员主要为企业中具有3年以上管理经验的中层管理人员，近3届学生平均年龄为38.9岁，女性学员占32%，具有多元化的行业背景。

与公开课程相比，在近30年的发展中，公司定制课程的市场增长相对平稳，但客户画像发生了明显的变化。随着中国经济的快速发展和巨大变化，越来越多的中国本土企业认识到人才发展和高管培训的重要性，开始重视企业经营人才的发展战略，这为公司定制课程带来了广阔的发展空间。与早期以外资企业客户为主不同，截至2023年，中国企业在客户中的占比已超过60%，2013—2023年，公司定制课程排名前10位的客户中包括中国平安、中国银行、浙商银行、卡尔蔡司光学等企业。

四、持续革新的课程运营

中欧高管教育课程是全球规模最大的高管教育课程之一。以2023年为例，全年开设超过40门公开课程，培训课时超过1 000天，培训学员超过2万人次，服务企业超过1 000家。面对如此庞大的课程体系与繁重的课程运营任务，中欧高管教育课程将精益求精的课程运营与持续革新的招生手段结合，打造了符合市场需求的高质量课程，建立起了国际化的课程运营标准。

办学之初，中欧高管教育课程部便积极向国际同行学习。IMD商学院作为全球高管教育课程的领军者，建立了全球商学院最优秀的高管教育课程服务流程。中欧高管教育课程便邀请曾经为IMD设计流程的人员，根据中欧的特点设计了一套符合国际标准的服务流程。该规范对高管教育课程的每个岗位、每个环节、每个流程节点都进行了清晰的定位，实施后使高管教育课程的服务焕然一新。随后，通过多次派遣员工赴海外顶尖商学院考察、交流、对标学习，部门的组织能力又实现了进一步提升。

2019年，随着"品质年"战略的提出，中欧高管教育课程全面推行"全流程管理"政策，进一步优化了从课前、课中到课后的全流程管理，实现了课程运营的精细化、精准化，有效提高了课程运营效率和课程质量，学生课评均维持在较高水平。

与高水平的运营一脉相承的，是持续创新的招生和营销方式，中欧高管教育课程在这方面始终走在教育领域的前列。

早期，中欧首创了"路演+推销"策略，这种主动出击寻找客户的模式为学院奠定了成功的基础。此后，高管教育发展出"总经理论坛""总经理沙龙""观摩课堂"等多种多样的线下招生活动。2020年开始，受新冠疫情影响，高管教育课程迅速调整策略，推出"全民营销"政策，鼓励包括班主任在内的后台员工全员参与招生工作。经过不断完善，"全民营销"已经成为高管教育课程日常招生的重要渠道之一。同时，高管教育课程打造出"首席说"在线论坛IP，截至2023年底已经举办超过30期。另外，高管教育课程通过微信公众号、视频号等，打造出"CEO之声""AMP青年说"等IP专栏，聚焦中国企业家，讲述中国故事。高管教育课程还进一步完成"智慧"升级，搭建起销售数据看板、学员一站式服务大厅等一系列"智慧"工具，一方面提高了工作效能，另一方面持续提升学员的学习体验。

五、辉煌的办学成绩

截至2023年底，中欧高管教育课程已培训企业中高层管理人员超过25万人次，并与众多全球顶尖公司建立了紧密的合作伙伴关系。在中国高管教育课程领域，中欧已树立了标杆地位，在各方面取得了辉煌的办学成绩。

中欧高管教育课程不断助力提升中欧品牌在全球的美誉度与影响

历年高管教育课程学员人次

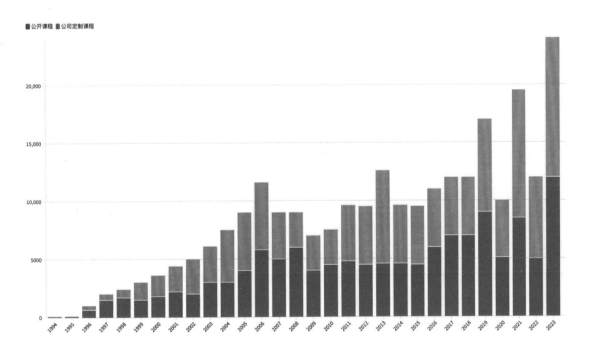

力，自 2003 年首次参与《金融时报》排名以来，始终位列全球前 50 强，在亚洲处于领先地位。2022 年，其综合课程排名位居全球第 14 位，中国内地第 1 位[1]。

此外，中欧高管教育课程还积极参与高层管理培训国际大学联盟（UNICON，The International University Consortium for Executive Education）等国际组织的交流活动，是国内最早加入 UNICON 并成为董事会成员的商学院。早在 2000 年，中欧高管教育课程便首次将 UNICON 会议引入中国，举办了国内第一次 UNICON 行业会议，100 多位来自世界各地的商学院同行齐聚于上海校区，共同探讨高管教育的全球化发展。中欧高管教育课程通过与全球同行的交流，更好地借鉴国际先进经验，开拓创新思路，从而进一步提升了中欧乃至中国高管教育课程在全球的影响力。

中欧高管教育课程还始终以"引领责任教育"为己任，不仅在课程中融入 ESG 内容，还持续助力地方政府培养高层次人才。在历任院长的推动下，高管教育课程持续为地方政府机构、国有企业领导干部等提供公益性管理培训，开阔和提升其在经济管理领域的视野与认知，从而推动地区经济的发展。

开办 30 年来，中欧高管教育课程为中国企业中高层人才梯队的培养，为助力杰出的中国企业家成长做出了重要的贡献。以全球 CEO 课程为例，迄今为止已培养了 800 多位企业家。快尚时装（广州）董事长兼首席执行官李明光（CEO 2019）曾说，"我非常荣幸参加了中欧全球 CEO 课程学习，各领域专业教授的倾囊相授使我获益良多。在课堂上与来自各行各业的精英企业家的交流与思想碰撞，更是丰富了我对企业发展的思考"。

同时，通过高质量的学习，高管教育课程推动了学员思维的转变、视野的开阔、经验的沉淀以及知识体系的重构，于不确定的时代中寻找到企业发展之道。宜家（IKEA）贸易服务（中国）董事总经理陈慧

1　在香港设有校区的韦仕敦大学毅伟商学院排名在中欧前。

（AMP 2022，CFO 2024）说："中欧的学习给我带来了不断的成长与惊喜。教授们不仅有学术界的严谨性，还有商界的敏锐度；通过全方位、体系化的梳理，以及实战案例的分析和讨论，帮助我重新搭建了系统性的知识体系，开阔了我的视野，使我能够更好地承载企业未来的发展。"

每年发布的诸多国内重量级榜单，如全国工商联的"中国民营企业500强"等榜单，都有不少高管教育课程校友登榜，体现了高管教育课程校友广泛的影响力，以及在推动社会经济发展中做出的重要贡献。另外，高管教育课程校友积极捐赠助推学院发展，积极投身社会责任实践，体现了其对中欧精神的传承和使命担当。

面对百年未有之大变局，中国经济的发展已经站到新的起点上，中欧高管教育课程也迎来了全新征程。展望未来，中欧高管教育课程主任王高教授说："中欧高管教育课程将继续秉承'赋能组织，卓越个人'的理念，与时俱进地提供企业需要的课程，帮助企业培养管理人才，构建高层次人才的终身学习平台，为中国经济社会的高质量发展贡献智慧和力量。"

第三章　国际一流的师资与教研支持系统

"所谓大学者，非谓有大楼之谓也，有大师之谓也。"一支全球化、高影响力的教授队伍，是中欧的核心竞争力所在，也是中欧高速发展的关键所在。汪泓院长曾明确指出："中欧打造商科教育新标杆，要有一支有忠诚度、有凝聚力、有核心竞争力的师资队伍，要有一整套科学精准的绩效考核和队伍建设体系。"

学院始终高度重视师资建设。建院初期，学院领导层就认识到，一流商学院的本质是一流的师资队伍，不能等一切硬件具备了才开始建设这支队伍。30年来，中欧师资建设走过了从"借鸡生蛋"到"筑巢引凤"再到"蓬勃发展"的历程，建成了一支由120位国际知名学者组成的世界级教授队伍。在英国《金融时报》商学院排名中，中欧师资队伍的国际化程度连续多年位居前列。得益于师资力量的不断壮大，学院的学术研究实力和智库影响力也日益增强。在爱思唯尔"中国高被引学者"榜单中，中欧教授在"工商管理"领域连续多年上榜人数位列国内各院校之首。中欧案例已走进了哈佛案例库、毅伟案例库、欧洲案例交流中心三大国际案例库。学院不断产出高水平政策建议，为国家和区域发展提供智力支撑。

一流的师资队伍需要有一流的教研支持体系。30年来，中欧的教研支持系统日趋完善，涵盖教授服务系统、智慧校园和IT系统、市场与传播系统、翻译支持系统、图书和信息系统、校园运营保障系统等，打造了"近者悦，远者来"的人才环境，形成了大师云集、成果涌流、人才辈出的蓬勃发展局面。

第一节　日臻完善的师资队伍建设

教授是商学院最宝贵的资源。在全球范围内，商科学者的培养长期跟不上管理教育的发展速度，导致商学院教授资源一直处于稀缺状态，因而教授招募成为学院工作的重中之重。

在建院之初，中欧"背靠大树"，继承了CEMI时期利用欧方访问教授组织教学的经验，确定了以访问教授为主、逐步培养长期教授的计划。这个计划在内部被称为"借鸡生蛋"和"筑巢引凤"。这一策略的成功实施，不仅使学院拥有了世界级的访问教授，还逐步培养出一批长期教授，为学院的后续发展奠定了坚实的基础。

近10年来，学院更是不断通过制度建设和机制创新，助推师资队伍建设行稳致远。学院将"打造大师阵容"确立为5年发展战略规划（2021—2025）中的八大战略之一，在进一步扩大师资规模、优化师资结构的同时，致力于打造一个具有全球影响力的名师阵容。经过30年的努力，学院的师资队伍建设已进入了蓬勃发展、行稳致远的新阶段。

一、"借鸡生蛋"：初具雏形的学院师资队伍

建校初期，中欧确立了建立一支稳定的全职教授队伍的明确目标。各方都深刻意识到，符合国际标准的教学水准是学院的生存和发展的根本所在，舍此，学院便无立基之地。李家镐院长曾在接受媒体采访时表示，培养21世纪所需的人才，必须要有一流的师资，要加大教授招聘的力度。

聘请国际师资难度很大。一流教授是国际管理教育界竞相争夺的稀缺资源。由于在文化、语言、社会和其他方面均存在一定程度的差

异，外国教授来华工作要经历很长的调整和适应过程，教学环境、子女就学、配偶就业、业余生活、交友圈子、饮食习惯、社区服务甚至税率等，都会对聘用产生很大影响。更大的难度在于，中欧当时在全球管理教育界还寂寂无名，中国内地仍然是全球管理教育的"洼地"[1]。

这种情况下，学院继承了CEMI时期依靠访问教授的做法，让CEMI时期积累的教授资源成为学院建院初期的主要教授来源。

1984—1994年的CEMI时期，曾有来自全球多个国家的91位访问教授前来授课。中欧成立后，他们中的很多人依然坚持到中欧执教。他们对中欧和中国有深厚的感情，为中欧的发展做出了很大贡献。从CEMI时期开始，谢家伦（Tse Ka Lun）教授与CEMI和中欧保持了长达20年的学术关系，并一度出任学院的副教务长。郭理默（Rolf Cremer）教授从1990年开始担任CEMI的访问教授，2003年受聘为学院全职教授，并于2004—2011年担任副院长兼教务长。CEMI时期的访问教授安德烈·威尔茨玛（Andre Wierdsma）、顾凯诗（Keith Goodall）、任杰明（Jaume Ribera）、白诗莉（Lydia Price）等也都成为中欧长期教授并执教多年。在回忆加入中欧的经历时，白诗莉还记得时任教务长白思拓（Alfredo Pastor）劝说她"何不来中欧长期任教呢？这可是个好机会"，后来她被说服了，在2003年正式加入中欧，而时间也证明了这是一个正确的决定。她说："我相信，中欧讲台上的每一位教授都清楚，当代中国的绚烂图景中，有你我浓墨重彩的一笔。"顾凯诗教授早在CEMI时期便为学生授课，并在中欧成立后长期执教。在学院成立10周年之际，他曾表示："来自全球多个国家的中欧教授，依然不断提出各种创见，依然有很多非常有趣的事情可分享……虽然社会经济已发生巨变，但中欧的激情和动力依旧如初！"

另外，根据协议，欧洲管理发展基金会（EFMD）利用其广泛的学术关系，为学院聘请了许多访问教授，学院的学术委员会也为壮大师资队伍做出了不少贡献。访问教授和学院没有长期合同关系，聘请访问教

---

1 当时香港的管理教育已发展起来。

授的原则是如果讲课没有达到预期效果，课程结束后就不再续聘。如果表现好，则发展成为长期访问教授。通过这样的严格筛选，中欧保留了一批授课水平较高的访问教授，并成为全职教授队伍的重要补充。据统计，在中欧创立后的最初10年，超过330名来自世界各地的教授到中欧讲学，无形中创造了一个很不简单的纪录。

就访问教授而言，尽管学术水平无可非议，但是一些教授因为个人原因而不得不临时取消课程，给学院的日常教学安排带来了不确定性。为解决这一问题，学院制定了教授分类管理制度，使学院教授队伍逐渐趋于稳定。

1995年开始，学院聘请了几位每年执教两个月的访问教授，西班牙IESE商学院的运营管理学教授任杰明和荷兰奈耶罗德大学的金融学教授谢家伦都是在这一时期加盟中欧的。

1996年，中欧聘请了一批"长期访问教授"，这些教授保留了与其他商学院的合同关系，同时与中欧签订了一份承诺3年内累计执教7个月的合同。由于教授同时拥有2所学校的长期工作合同，研究成果归属双方学校共同拥有，所以又被称为"合聘教授"。

到1996年底，有19位来自国际一流商学院的教授成为中欧的访问教授，另外还有9位教授准备在1997年加入中欧访问教授队伍。这时，学院已初步建立起一支富有教学经验和国际学术水平的教授队伍。

然而，即便有3年内累计授课7个月的承诺，一些"长期访问教授"对中欧身份的认同并未达到中欧所期待的程度。1997年，学院评估了3年内累计授课7个月的合同形式，重新界定了教授类别，有6位教授被确定为"核心教授"，以区别于其他访问教授。

管理委员会在提交给董事会的报告中说："我们称呼他们为核心教授而不是长期教授，这样能更贴切地描述他们在发展一个更为协调的教授组合基础时所起的核心作用，也反映了我们所支付的报酬是以他们的服务性质而非服务时间为基础的。"

后来，随着中欧长期教授队伍的逐步建立，"核心教授"这一称呼逐渐退出历史舞台。

除吸引已在国际上享有盛名的教授外，学院开始积极寻找在学术上有所建树，并愿意扎根中欧从事教学和研究的年轻学者，前提是这些学者必须在国际著名商学院获得博士学位。

与此同时，国内管理教育市场逐渐升温，学院EMBA、MBA和高层经理培训（现高管教育）课程招生规模随之扩大，师资出现短缺，访问教授的不确定性和不稳定性，也对学院课程质量的稳定性造成挑战。到1999年前后，学院决定，无论多么艰难，必须着手建立一支自己的全职教授队伍。在这一阶段，学院管理委员会成员和课程主任也开始亲自授课：如时任教务长菲希尔（William Fischer）教授开设了"中国经营"，时任EMBA课程主任张维炯教授开设了"会计学导论"。

二、"筑巢引凤"：日渐壮大的全职师资队伍

1999年，浦东校园的建成为组建全职教授队伍提供了良好的教学和办公条件。随着教学和研究水平的提升，学院的学术声誉不断提高，财务状况也有所改善，管理委员会开始着手招聘全职教授。

2000年5月，中国政府与欧盟签署的第二期《财务协议》规定："为了加强学院的研究能力并建设一支核心的教授队伍，项目第二期欧方将出资设立3个欧洲教席、引进8名助理教授，时间为2000—2004年。"基于中国经济在这一时期的飞速发展和管理教育需求的急剧增加，教授人数增长大大超出了计划。

学院对教授招聘设置了严格的条件。首要条件是必须具有国际知名学府经济或管理领域博士学位，拥有在全球一流商学院执教多年的经验，并在国际一流学术期刊上发表过论文。同时，还要求在相关领域从事过多年有关中国问题的研究。

访问教授经历了与学院彼此适应、磨合和评估的过程，所以学院首先邀请访问教授中的合适人选转任全职教授。2000年，范悦安（Juan Fernandez）、霍华德（Howard Ward）和温伟德（Wilfried Vanhonacker）签约成为全职教授。

为配合支持师资队伍建设，学院广纳贤才，徐惠娟于2001年加入教授支持部（现教务长办公室），担任助理主任一职。她充分发挥自己的专业素养和才能，全力投入学院师资队伍的建设中。为了找到合适的教授候选人，徐惠娟带领团队梳理了在全球排名前50名的商学院任教的华裔教授，并逐一联系，不放过任何一丝希望。

与此同时，时任副院长张国华、教务长白思拓和副教务长张维炯与时任教授支持部助理主任徐惠娟多次赴美国和加拿大，拜访当地著名商学院的教授。许斌教授记得，他们到美国招聘教授时，专门租了一辆车，一个个学校地跑，去拜访美国商学院的华裔教授，"至今想来还是非常感动"。

1999—2004年，学院建立了以27名全职教授为核心的教授队伍，他们在各自领域享有广泛的学术声誉，一些教授还是所在领域的权威并曾在其他国际商学院担任管理职务。这一时期加入学院的教授有朴胜虎（Seung Ho Park）、杨国安、张春、忻榕、梁能、周东生、许小年、许定波、许斌和丁远等。

其间，学院也着手建章立制，以国际规范为标准，确保师资队伍的高质量发展。2003年，学院首次出台了与教授相关的政策——《中欧国际工商学院教授组织章程》。紧接着，学院制定了《中欧国际工商学院行为准则》，并在随后的发展过程中，根据需要不定期出台和修订教授相关政策。

随着师资队伍初具规模，学院于2005年将教授分别划入四大学科领域，分别为：经济学与决策科学、金融学与会计学、管理学和市场营销学，并任命了相应的学科主任，以更好地规划与发展同一学科。2008年，学院管理委员会根据2005年确定的四大学科领域设定了四个系并任命了系主任。

后来，随着教授队伍不断发展壮大，管理学系教授人数持续增长，2012年10月，学院决定把这个教授人数最多的系拆分成两个新的系，即战略学及创业学系和组织行为学及人力资源管理学系。两个新学科系的成立使各学科系更加专业化，更利于各个学科系内教授之间开展交流与合作。学科系的规模小型化也更有利于各学科系教授招聘和教学协调等工作的开展。

在努力招聘教授的同时，学院也开始从在中欧任职、拥有海外博士学位的研究人员中甄选出有潜力的人选，尝试自己培养师资。2007年，学院任命了3位讲师，其中，陈少晦已成为学院管理实践教授，张华已成为金融学副教授。

在经过10年的努力后，为了让学院师资队伍的建设更好地匹配学院的发展，学院开始从战略角度出发制订各学科系教授招聘计划，积极开发有效的招聘渠道。

2011年2月，曾在学院担任访问教授，并于2001—2010年担任哈佛商学院资深副院长的约翰·奎尔奇教授担任学院副院长兼教务长。他拥有20年丰富的教学与高层行政管理经验，对师资队伍的建设极为重视，他的到来加速了中欧师资队伍的壮大。

到2014年，学院全职教授人数已稳定维持在60人以上。2005—2014年，累计有76位教授加盟学院全职教授队伍，其中包括李秀娟、朱天、赵欣舸、芮博澜（Bala Ramasamy）、方跃、蔡舒恒（Soo-Hung Tsai）、韩践、陈世敏、陈杰平、王高、余方、蒋炯文、苏锡嘉、金台烈（Tae-Yeol Kim）、向屹、陈威如、芮萌、庄汉盟（Han Ming Chng）、赵先德、黄钰昌、龚焱等多位与学院"中国深度　全球广度"的定位相切合，拥有丰富国际学习、教学经验的教授。

在回忆2007年加入中欧的场景时，蔡舒恒教授清晰地记得，时任欧方教务长郭理默教授和中方教务长张维炯教授为自己举办了一场非常难忘的欢迎晚宴，自己很快便与其他教授打成一片。"这种亲密无间的感觉，我在其他商学院未曾体会过。我和同事们都相信，中欧很快便会跻身世界一流商学院之列。"

中欧在常规的教授队伍建设之外，也十分注重与业界实践的对接与合作。2011年3月，学院启动"中欧客座导师"项目，旨在引进企业高层管理者与从业者，为学生与教授分享经验见解。他们的到来给中欧社区的成员们带来了更多与商界领导者全方位交流沟通的机会。多位商界领导者受邀访问，如：摩根士丹利亚洲区原非执行主席史蒂芬·罗奇（Stephen Roach），联想集团原主席柳传志，招商银行原执行董事、行长马蔚华，塔塔汽车原CEO兼副董事长拉维·康特（Ravi Kant）、依视路陆逊梯卡集团原副董事长孙余沛（Hubert Sagnières）等。

三、蓬勃发展：师资队伍建设行稳致远

自2014年起，学院的教师队伍实现规模化发展，通过持续创新和不断完善多项与教授职业发展和规划息息相关的政策与举措，设计和构建中欧师资建设系统工程，培养具有竞争力的中欧师资人才后备军。

2021年，学院在5年发展战略规划（2021—2025）中的"打造大师阵容"部分明确指出："进一步扩大师资规模，加大引进和培养优秀师资的力度，优化师资结构；保持中国最具实力的教研地位；强化教研并举、学术和实践并重导向，支持鼓励名师教授在打造学术研究高地的同时，面向业界和政策制定者开展全方位、多角度的知识创造和知识传播，打造一个具有全球影响力的名师阵容。"

截至2024年3月，学院已建成一支由120位海内外知名学者组成的世界级教授队伍。

善于"引才"，凝聚人才发展动力

这一时期，学院时任教务长丁远和中方教务长张维炯肩负使命，不断分析总结教授招聘的痛点，积极推动改革创新，有针对性地制定了一系列有助于吸引教授候选人的措施。

首先，学院于2016年将讲师职位制度化。该职位针对新近毕业的博士生，为期3年，教学量低，并安排一对一导师指导。这一举措有效破解了博士毕业生的招聘和留任等难题，降低了高质量教学要求所带来的心理压力。自2017年首批2位讲师入职至今，学院一共招聘了9位讲师。在学院的配套机制和资源支持下，其中3位成功晋升为助理教授，2位晋升为副教授。

其次，学院以更加积极、开放、务实的方式，持续拓宽招聘途径。比如参与北美和欧洲的师资招聘会，在美国管理学会、中国管理研究国际学会等国际知名学术组织的年会期间举办招待会，举办各学科系的年度研讨会，以及根据需求梳理海外商学院的师资情况并主动建立联系等。

另外，学院设立特聘教授职位，广纳全球范围内杰出的领袖人物。他们的加入不仅充实了学院的师资队伍，对于提升学院的全球影响力、提升学生的全球素养和领导力也起到了重要的推动作用。

2018年，学院先后迎来了3位特聘教授——法国原总理多米尼克·德维尔潘（Dominique de Villepin）、让-皮埃尔·拉法兰（Jean-Pierre Raffarin）以及世界贸易组织（WTO）原总干事帕斯卡尔·拉米（Pascal Lamy）。三位特聘教授不定期地到访中欧，通过讲座、演讲以及多种形式的对话，与中欧教授、学员和校友展开思想与智识的碰撞和交流，学院为师生提供了与全球顶级专家互动的平台，推动了中国与欧洲之间的双边交流。

谈及担任中欧特聘教授的感想时，他们这样说：

"中欧在短时间内崛起并跻身顶尖商学院之列。学院把握契机，在海外设立多个校区，增强国际办学实力，由此丰富了经验和开阔了视野，扩大了国际影响力。"

——德维尔潘教授

"中欧国际工商学院是一个真正的商业教育和知识分享的全球化平台，学院为推动全球视野所做出的努力有目共睹、令人钦佩。"

——拉法兰教授

"我曾见证邓小平和时任欧共体委员会主席雅克·德洛尔（Jacques Delors）为中欧国际工商学院的诞生播下种子，也为学院的办学成绩而感到骄傲，并将继续不遗余力地支持学院未来的蓬勃发展。"

——拉米教授

得益于一系列举措，学院在教授招聘方面取得了显著成果，吸引了一批具有优秀教学能力和研究实力的教授，其中一些教授在中欧实现了快速的职业发展。如：乔维斯（Travers Child）于2017年作为讲师加入学院，2019年晋升为助理教授，2023年晋升为副教授；戴维（David Erkens）于2020年加入学院，担任会计学教授，先后出任金融学及会计学系系主任和卓越服务研究领域主任等职；程林于2021年作为会计学副教授加入学院，一年后晋升为教授，并被任命为金融学及会计学系系主任；王雅瑾于2021年作为市场营销学副教授加入学院，一年后晋升为教授，并被任命为ESG研究领域主任，2024年被任命为副教务长。

新生力量的加入，使得学院教授平均年龄逐步降低到50岁左右。他们经验丰富、年富力强，维持了教授队伍整体的成熟稳定。学院教授队伍也形成了可持续发展的老中青梯队，在满足学院高标准教学要求的同时，也保持着学术研究的活力和实力。

尤值一提的是，即便在新冠疫情期间国际往来不便、国际师资招募面临严峻挑战的情况下，中欧国际师资招募工作仍取得了突出成绩，国际化师资比例与疫情之前基本持平，也侧面体现了学院在全球范围内的吸引力。根据2024年3月的统计数据，学院98%的教授在海外知名商学院获得博士学位或者有海外工作经历，40%左右拥有中国国籍，近30%拥有北美国家国籍，约15%拥有欧洲国家国籍。

合理"育才"，优化人才结构

学院致力于建立一个覆盖全面、衔接有序、梯次递进的师资培养体系，通过持续完善"政策链"，创造适合教授发展的优良环境，让每位教授在中欧都能够稳步提升教研水平。

首先，自2016年起，学院对新入职的讲师、助理教授和副教授在教学和研究方面提供1～3年的导师辅导，帮助他们在尽快适应学院教学环境的同时，保持研究上的发展势头。

其次，为更好地帮助新入职教授平衡研究和教学工作，学院于2018年通过预借研究工作量政策，有效地缓解了新教授入职初期的工作困惑，使他们在规划研究和教学工作时更加从容不迫。

再次，学院于2017年制定了教授工作量的有关政策，将教学、研究和服务工作量作为整体进行考量。为了鼓励教授发表更多高质量的论文，学院于2018年对FT期刊进行分级，并于2021年提高了对发表在一级FT期刊上论文的奖励。为促进教授在研究中能更好地将理论与实际结合，学院于2018年推出实境教学政策，独创了中欧实境教学法，教授们不断产出教学案例以及顶级实践类期刊论文等高质量研究成果，快速成长为相关领域的"思想领袖"。

最后，学院还制定了其他多项政策，为教授的职业发展提供强有力的支持。在教学方面，2017年制定的教学支持政策、2018年出台的教学创新政策，有效提升了教授教学创新的热情。在绩效考核、晋升和合同续约等方面，自2016年以来，教授的年度绩效考核由教授考评委员会完成，教授考评委员会针对教授教学、研究、服务3个维度，制定了一整套考核标准，加强了教授年度考核的透明度和公平性；2020年，教授考评委员会进一步明确了衡量教授晋升和合同续约的标准，这些标准不仅使教授更加明确学院的战略需求和自身的发展方向，而且保证了教授考评委员会的评估连贯性和公平性。此外，学院修订了教授退休政策，提前进行整体师资梯队建设规划，适时招聘新教授为学院注入新的活力，并给年轻教授创造更多晋升和发展机会。退休教授也可接受学院的返聘邀请，发挥自身优势，继续从事教学和研究工作，成为学院全职师资队伍的有益补充。

师资培训作为提升教学质量的重要手段已经成为学院长期发展的一部分。学院致力于建立完善的培训机制和体系，持续提供培训资源和支持，为教授的发展提供坚实的保障。中欧于2011年加入国际教师项目（ITP），并安排教授参加培训，蔡舒恒教授担任ITP董事会成员。10余年来，27位处于初级和中级职业生涯的教授先后参加ITP培训，包括：丁远、陈少晦、张华、韩践、余方、蔡慕修（Mathew Tsamenyi）、朴玹煐（Hyun Young Park）、书博承（Sebastian Schuh）、沙梅恩（Shameen Prashantham）、李尔成（Byron Lee）、乔维斯、郑雪、张宇、王泰元、王琪、郭薇、江昉珂（Gianfranco Siciliano）、王任轩、樊凯（Venkat Peddireddy）、孔博（Viktar Fedaseyeu）等。他们对培训表达了积极的评价，认为ITP培训涵盖了多种文化、个性、观点与教学方法，极大地开阔了教学视野。

PCMPCL（后更名为GloColl）是哈佛大学开设的以参与者为中心的案例教学法培训项目。2005—2016年间，中欧先后有范悦安、张逸民、郭理默、白诗莉、朱天、赵欣舸、梁能、周东生、芮博澜、许小年、李秀娟、张维炯、丁远、王高、陈杰平、张宇等32位资深教授参与了该项目，他们深入学习了哈佛大学商学院的案例教学法，并成功地将这一教学方法应用于课堂教学。此外，这一项目还激发了教授们主动研究和开发关于中国工商管理领域的高质量教学案例的热情。教授们最深刻的体会是："PCMPCL提高了教师在案例教学和启发式教学方面的熟练运用能力。"

教学研讨会是中欧每年举办的重要教授培训活动，为教授们提供一个相互学习和分享经验的平台，不断提高教学水平和质量。自2009年以来，中欧的教学研讨会经历了多年的发展与演变，涵盖了广泛且丰富的讨论主题。最初5年的研讨会重点关注"技巧与陷阱"，强调教学实践技能和应对挑战；自2015年起，研讨会主题逐步拓展到案例教学法、在线教学等领域，体现了教学模式的多样性和创新。为满足各课程部门需求，学院还开展了有针对性的研讨会，如MBA教学研讨会、EMBA教学研讨会和EE教学研讨会等，覆盖了不同课程项目的教学实践和策略。近2年，研讨会更加注重全球视野和教学创新，探讨学生学习需求变化，分享教室技术和资源的最佳应用，共同研究如何将全球视野融入课程，以促进学生跨文化理解和全球商业趋势把握。学院已成功打造了一个积极、开放的教学交流平台，为各级教授提供持续学习和成长机会，努力塑造全球化视野并提升学生学习体验。

教授培训在提高教学质量和推动教学方法创新方面具有重要意义。通过参与多样化的培训项目和研讨会，教授们得以开阔视野、优化教学方法和技巧，以及丰富课堂教学的形式与内容。这些培训成果有效促进了教授个人的成长，同时也对提升学生的学习体验和满足各类课程项目需求发挥了关键作用。

这些举措使得不同职级的教授在加入学院后，都能获得良好的发展。例如，书博承于2013年作为国际研究员加入中欧，2015年成为助理教授，后分别于2018年和2022年晋升为副教授和教授，2021年开始担任组织行为学及人力资源管理学系主任。他曾表示："中欧是我职业生涯的一个转折点，为我打开了一扇大门，让我在研究和教学中都取得了长足的进步。"沙梅恩于2015年加入学院，担任国际商务及战略学副教授，2020年晋升为教授，并于同年10月至2024年9月担任负责MBA课程的副教务长。学院创投营联席课程主任张宇于2015年作为管理学助理教授加入学院，分别于2017年和2022年晋升为副教授和教授，并于2024年开始担任战略学与创业学系系主任。

用心留才，优化人才发展生态

随着教授队伍的日益壮大，学院致力于打造人尽其才的环境，加强福利保障，提高教授服务管理水平。通过创造充满活力的机制和完善的制度保障，形成一个真正关心、关爱和支持教授发展的良好氛围，使教授们能够感受到强烈的成就感、归属感和荣誉感。

首先，搭建广阔平台，激发教授成就感。作为中国唯一一所由中外政府联合创建的商学院，中欧为教授创造了一个独特而广阔的平台。得益于这个平台，教授们能够在研究和教学等方面充分发挥才能，实现自我价值，进而获得成就感。

在研究方面，学院定期组织各类丰富多彩的学术活动，鼓励教授参与国际学术会议，支持教授参与国内外各类研究项目，为教授们提供更多交流和合作机会，提供充足的研究基金支持。此外，学院还设立了专门的教授研究支持团队，协助教授开展各项研究工作。

在教学方面，学院的多元化学生构成极大地丰富了教授的授课体验，促进教学相长；学院设立的导师项目可以助力年轻教授快速成长；学院拥有自己的案例中心，每年自主开发100多篇案例，以支持教授的课堂教学；学院还为教授们提供了教学助理，协助教授开展各项教学活动。

其次，学院与时俱进，建立了一套人尽其才的教授制度，将教授划分为学术型教授（career faculty）、管理实践教授（practice track faculty）、兼职教授（adjunct faculty）、访问教授（visiting faculty）等，并针对不同类别提供系统性的制度支持，让教授们充分发挥才智和潜能，共同推动学院研究实力和教学能力的提升。

此外，持续完善激励机制，提升教授荣誉感。秉承"认真、创新、追求卓越"的校训精神，学院陆续设立了多项奖励，对在教学、研究和服务等方面取得优异成绩的教授给予表彰。

2010年前后，学院出台教授退休政策和荣誉退休教授政策，目前，有近10位荣誉退休教授依然发挥余热，满怀热情投身于中欧教学和研究工作中，他们多年的教学经验和深厚的学术造诣依然是学院宝贵的财富。

最后，构建全面支持系统，培育教授的归属感。学院建立了完善的教授支持系统，为教授提供全方位的服务和关怀。

中欧主要教研奖项

奖 项 名 称	设立时间	获奖人（截至 2023 年）
中欧教学优秀奖	2002 年	白诗莉、柏唯良（Willem Burgers）、蔡舒恒、陈杰平、陈威如、丁远、方跃、龚焱、顾凯诗、韩践、黄生、黄钰昌、江平、杰弗里·桑普勒（Jeffrey Sampler）、李尔成、李秀娟、梁能、倪科斯（Nikos Tsikriktsis）、芮博澜、芮萌、书博承、苏锡嘉、王高、吴敬琏、谢家伦、忻榕、许斌、许定波、许小年、杨国安、余方、张逸民、张宇、周东生、朱天、朱晓明
中欧教学名师奖（最高教学奖项）	2006 年	黄钰昌、王高、吴敬琏、许斌、许定波、许小年、杨国安
中欧优秀研究奖	2011 年	程林、大卫·德克莱默（David De Cremer）、丁远、杜雯丽（Emily David）、樊景立、方睿哲（Ramakrishna Velamuri）、郭薇、亨理克（Henrik Cronqvist）、黄生、金台烈、麦克罗（Klaus Meyer）、芮萌、沙梅恩、书博承、王安智、王雅瑾、忻榕、余方、张华、张宇、赵先德
中欧杰出研究奖 （最高研究奖项）	2015 年	樊景立、金台烈、芮萌、赵先德
中欧"合之星"教授服务奖	2016 年	蔡慕修、陈少晦、韩践、黄生、黄钰昌、江旴珂、梁能、芮萌、沙梅恩、盛松成、苏锡嘉、王泰元、王雅瑾、忻榕、许斌、张逸民、张宇、郑雪
中欧教授公益奖	2016 年	陈杰平、芮博澜、许定波、许小年

为了让新入职的教授快速融入学院，学院开设了新教授入职培训，加深大家对中欧组织架构、课程运营及学院文化的了解。在生活方面，学院聚焦教授生活中的实际困难，完善落户、住房、医疗、子女就学等多方面保障措施，形成配套体系，提供精细化服务，让教授安心工作，无后顾之忧。学院每年都会精心设计教授年度战略会议，邀请教授们短暂地离开"三尺讲台"，集思广益，探讨学院师资发展、国际化办学及建立研究优势等重要议题。学院还鼓励各系教授举办公司参访、团建活动和新年聚会等，帮助他们放松身心，加强交流与沟通。学院也非常重

2018年度、2023年度教授战略会议分别在江苏苏州和浙江湖州举行

视创造良好的工作氛围：教授休息室准备了丰富的茶点，体育馆配备了完善的健身设施，教授楼开设了以中式推拿和运动康复手法为主的理疗服务等，致力于为教授们营造充满人文关怀的环境。

四、名师队伍俊采星驰

中欧之所以为中欧，是因为拥有一支融汇中西、博学善教、知行合一的教授队伍。他们之中有中国经济改革的参与者，有民法典的起草人，有中外前政要，有学贯中西的经济学者，有理论功底深厚兼备实战经验的金融学者和管理学者。在教学上，他们擅长化深奥为浅显，化枯燥为生动；他们擅长运用案例教学、实境教学，教会学生如何用理论来指导实践；他们擅长融合中西商业实践，帮助学生站得更高、看得更远；他们在传授知识的同时，也积极传播理念和价值，帮助学生从一名管理者成长为积极承担社会责任的领导者。

中欧许多课程都是由所在领域最权威的大师来讲授，吸引着莘莘学子慕名而来。在放下教鞭之前，吴敬琏教授曾在中欧开设"中国经济"一课，他是中国经济改革的参与者和亲历者，因为积极倡导社会主义市场经济而获得了"吴市场"的美誉。吴老与中欧有着深厚的渊源，他曾说："我的中欧故事归结起来可以用一句话来形容，就是和中欧一同成长。"早在CEMI时期，吴老便为学员们授课，并成为学术委员会唯一的中方成员；1996年，他开始亲自为学生们讲述中国经济改革进程的前因后果及其演化路径，后来根据这门课的讲义出版了非常有影响力的专著《当代中国经济改革》。2017年，87岁高龄的吴老给中欧MBA 2018届同学上完他在中欧的最后一堂课。至此，他在中欧的讲台上足足站了33年。

已辞世的法学泰斗江平教授曾在中欧开设"商法"一课。江平教授是我国民商法学的主要奠基人之一，曾参与制定《中华人民共和国民法典》等法律法规。由他来讲授商法，对中欧学生来说是莫大的幸运。除了讲授商法，江平教授也曾为中欧EMBA学生讲授开学第一课"企业家与社会责任"。他告诫来自各大企业的成功企业家们："你们来读书，中欧国际工商学院绝不是简单地教给你们管理知识，或者管理技能，而是我们在社会中应该承担一个什么样的责任，树立一个什么样的形象，起到一个什么样的作用。"

"在中欧学习，所遇名师不少，其中堪称大师者，当数吴敬琏、江平二老。我一直惊异于吴敬琏这样一位干瘦的老人，上课时怎么能有如此的力量与激情。4天的课里，每天8点半准时上课，下午5点半准时下课，已76岁高龄的一代大师，竟能底气十足、声音洪亮、激情澎湃地每天讲课近8个小时。更使我深受感染的是他那一腔忧国忧民的赤子情怀和饱经风霜后仍旧热忱的活力心态。

另一位大师江平也是20世纪30年代生人，同样的激情澎湃，同样的率真爽直。江平老师同样有许多发人深省的点拨，令人有醍醐灌顶之感。他说，私权是'权利'，公权是'权力'，法律无非是解决权利和权力的问题。这就是悬在法律这根绳两头的东西。

授人以鱼，不如授人以渔。大师与其他老师的根本不同之处，也许就是授我们以渔吧！"

——李亚东（EMBA 2005）

在吴敬琏教授和江平教授这样的大师之外，中欧还涌现出一批接一批的优秀教师。吴敬琏教授于2007年首获"中欧教学名师奖"后，杨国安教授于2009年荣获该项殊荣。他是企业组织和战略人力资源管理方面的专家，既有深厚的学术功底，也有极为丰富的实践经验，他缔造了著名的"杨三角理论"。

"我不知道是否所有的教授都有实践自己所信奉的东西的勇气；我也不知道是否所有教授宣讲的都是自己实践过的东西；我更不知道忙于著书立说的教授是否敢用自己的学说去挽救一个濒危的企业……能做到这些的，当然应该是中欧的教授。下课后，很多同学长时间的思维方式还是'三角形'的。"

——管洁（EMBA 2003）

许定波、许小年和许斌是著名的中欧"三许"，他们三人分别于

2009年、2010年和2019年荣获"中欧教学名师奖"。

许定波教授于2004年加入中欧，由他执教的"战略管理会计"成为中欧同学心目中最让人"痛并快乐着"的必修大课。他用一口湘音，在各大课程的讲台上展现他热情睿智的风采。在许教授的课堂里，高深的会计理论与风趣的案例故事比翼齐飞，趋势数据与诗词雅韵相映生辉。

上过许定波教授管理会计课的人都不会忘记相思山。韩践教授说："有幸旁听许定波教授的管理会计课程，受益匪浅。真正能把管理会计讲得如此深入浅出并妙趣横生，的确是需要些'仙气'的[1]。"

《破阵子——许定波教授赋》

锦绣文章千百，性情真切豪迈。

扶疏天宇扬中外，独领风骚映未来。

传道育英才。

诗作韵长如沐，酒意深似太白。

打岔小年赛德云，妙语连珠耀九垓。

相思定波在。

——王琛（EMBA 2021）

许小年教授是中国知名经济学家，于2004—2018年担任中欧经济学与金融学教授，讲授"宏观经济学"等课程。他的课是中欧最受欢迎的课程之一，滋养了一代又一代的中欧人。他敢说敢言，将市场理论讲得富有逻辑且清晰透彻。他授课的小秘密是：在选修课的第一天讲讲人文和历史。

"有同学说许小年教授的宏观经济学是'余音绕梁，三日不绝于耳'。可我觉得那种对头脑、心灵的震撼，岂止是三日，一定是三年、三十年，直至坟墓了。从定义、假设、模型到实证，他循循善诱，引领同学们步步深入经济学的殿堂。如绵绵细雨，一点点地浸润干涸的土地。华丽的语言之下，一步步都是冷静的经济理论分析，使同学们

透过弥漫的硝烟，看清了金融大战的实质。4天的课程，教授不但讲了经济学，更涉及社会、历史、宗教、文化，从经济学的角度给予理性的解释，同学们有如醍醐灌顶，换了一种思维。不管讲的是什么内容，他的神情始终平静，波澜不惊。在他一贯的语调和语速下，同学们常常哄堂大笑。教授的幽默不是来自诙谐，而是来自智慧，点到要害之处。"

——秦艳玲（EMBA 2006）

许斌教授是国内国际贸易学领域的顶尖学者，他师承著名国际贸易学大师罗纳德·芬德利（Ronald Findlay）。他于2004年加盟中欧，讲授宏观经济学、国际金融等课程。在他的教学中，经济学理论不再晦涩难懂、高高在上，而是融入实践，走入生活；在他的课堂上，不仅有专业理论，也有人生哲理，两者融会贯通，孕育出"许十条""新4C理论""产出＝智商×情商"等脍炙人口的许氏哲理。

"许教授三天课程，以经济为尺，横览世界，纵观历史，听索罗、罗默、卢卡斯，Y=AKL的变化取舍的底层逻辑，高处着眼，微处落脚。"

——徐俊（DBA 2021）

王高教授毕业于耶鲁大学，是兼具丰富管理经验和深厚定量分析理论功力的营销名师，2019年荣获"中欧教学名师奖"。他是中欧课堂上最会"讲故事"的教授。他的课堂以案例教学为主，不仅使用西方经典案例，也自己开发撰写中国本土案例。他还开发了中欧首次实境教学课，将课堂搬到案例企业并邀请企业负责人参与。"企业备柴、教授点火、学员燃烧"，这一教学模式的创新为学员提供了丰富的实践经验和多元化视角，极大地提升了学习体验。

"我非常感谢王高教授，他在中欧全球CEO课程中展现了卓越的教学实力，因专业知识和教学热情，深受学生尊重，得到了广泛赞誉。尤其是CEO课程，融合了前瞻性理论和全球最佳实践案例，引领我们深入思考。在精心设计的全球CEO课程海外模块中，王教授深入的商业洞察为我们提供了全新视角。他开放式的教学方式也引导了我重新审视现有商业模式，激发了创新思维，让我更有信心拥抱美好未来。"

——赵栓明（CEO 2019）

黄钰昌教授是全球管理会计学界的资深专家，于2020年荣获"中欧教学名师奖"。他拥有渊博的学识、丰富的业界经验，总能以大道至简的方式阐述高深的理论，为同学们授业解惑。他始终将最前沿的商业趋势、管理热点与跨领域研究发现相结合，运用到每次课程的创新迭代中。

"聆听世界级经济学家的管理会计课程，满满4天，振聋发聩、醍醐灌顶。这真是无与伦比的知识盛宴，如滔滔江河，磅礴希声；亦似涓涓细流，如切如磋，如琢如磨。非常感谢黄钰昌教授，这也是对我人生影响最大的一堂课。"

——林林（EMBA 2018）

忻榕教授是中欧众多优秀女教授的杰出代表。她在教学、研究、学院管理等各方面都做出了卓越贡献，于2023年荣获上海市"白玉兰纪念奖"。她深耕人力资源与领导力研究领域，曾连续10年入选爱思唯尔"中国高被引学者"榜单。她潜心研究、不断创新，在教学中引入变革领导模拟游戏，通过线上演练、线下复盘的方式，帮助学生理解变革领导的理论和框架。她的领导力课程多年来一直深受学生好评。

"忻教授的课程设置特别巧妙，用实战体验的方式让学生感受不同领导力的魅力，包括不同环境的碰撞冲击引起极大的感悟，理论与实践相结合，生动而深刻！"

——张敏（DBA 2021）

专注于中国经济问题研究的朱天教授，一直是中国经济的乐观派。他于2005年加入中欧，讲授管理经济学等课程，在教书之余笔耕不辍、著书立说。过去数十年来，他一直通过国际比较，探求中国经济增长的秘密，著有《中国增长之谜》《中国式增长》和《赶超的逻辑：文化、制度与中国的崛起》等书。2017年，他荣获美国比较经济学会颁发的比较经济研究最佳论文奖——伯格森奖。朱天教授把自己对中国经济的洞见带进课堂，帮助学生理解中国经济快速增长的真正原因。

"朱天教授是一位怀抱着深厚爱国情怀的学者,他的课堂永远是思想的盛宴,给予我们不同的视角,充满了积极的乐观情绪。在教学过程中,他善于运用科学数据进行精准的分析,揭示问题的本质,引导我们深入思考。他的讲课风格既充满活力又不失严谨。每个观点都经过深思熟虑,得出的结论令人信服。正是在他的指导下,我们不仅增长了学识,更懂得了如何将理论运用于实践,为国家的发展贡献力量。"

——郑学海(EMBA 2021)

芮博澜教授于2006年加入中欧,他的研究集中在亚洲经济、外国直接投资、企业社会责任及国际商务战略等方面。从2015年起,他年年入选爱思唯尔"中国高被引学者"榜单。他的授课风格热情洋溢,讲解深入浅出,给诸多希望通过"国际化"走出去的校友企业家带来了深刻启发。教学之余,他还热心公益,设立了非营利公益项目"小火苗"(Flame),致力于培养青少年的领导力。这一项目得到了众多中欧校友和教职员工以及各行各业专业人士的支持。

"芮博澜教授用实际行动践行着自己的道德准则,这激励了我努力去追寻同样的价值观。我相信,他不只影响了一个个学生,也帮助塑造了中欧的精神品质。"

——塞德里克·德夫罗耶(Cedric Devroye)(GEMBA 2015)

会计学教授苏锡嘉于2010年加入中欧,讲授财务会计等课程。他的授课具有独特的"苏式魅力"。他谈古论今、妙语连珠,冷幽默层出不穷,不但能调节课堂气氛,激发学习热情,更能深入浅出地教学生揭开财务数据的面纱,透过现象看本质。他的课堂深受学生欢迎,他的讲座总是座无虚席,有学生甚至整理了"苏式冷幽默语录"。他在学院官微开设的"苏氏漫谈"专栏,通古今中西,谈商业智慧,已成为官微最受欢迎的专栏之一。苏教授在担任EMBA课程学术副主任期间,一手建立起人文艺术课程体系。在他眼里,成功的企业家不仅要懂管理,更要具备一定的人文素养。

"苏教授是学术和生活兼顾的典范,不仅财务专业课深受学生们的欢迎,饱含深刻人生哲理的课外讲座更是内容丰富、精彩纷呈。他说,读书是人生中成本最低、回报最高的生活享受。"

—— 陈龙（EMBA 2020）

创立30年来，在"中欧国际工商学院"的匾额之下名师荟萃、群星璀璨，教授们的思想智慧和师者风范，是许多学生选择中欧的重要原因，也是中欧能够培育出众多优秀管理人才的秘诀所在。

海纳百川，方成其大。面对经济社会发展的新阶段、新挑战和新趋势，如何建设一支高素质、高水平、高影响力的教授队伍，培养具有思想引领力的大师级教授，是一个长期挑战和艰巨任务。站在"三十而励"的新起点，学院将继续优化各项师资政策，增强对全球顶尖学者的吸引力，汇聚全球前沿领域的名师阵容，从而更好地成为前沿思想的发源地、优秀案例的集聚地、传播中国商业实践的主阵地。

第二节 融通中外的学术研究

30年来，中欧秉承"教研并举、学术和实践并重"的导向，在学术研究上持续创新突破，开创了"学术研究＋实境研究"双轮驱动模式，持续提升"2+4+X"跨学科研究领域和重点前沿领域的学术实力，支持教授开展全方位、多角度的知识创造和传播，构建产学研融合发展新生态，发挥在管理教育界的引领作用。学院亦将"构建学术高峰"确立为八大战略之一，以期进一步增强学术研究能力，打造跨学科研究高地，提升广泛的学术影响力。

一、学术研究的发展历程

建院以来，中欧学术研究经历了三个发展阶段：

起步阶段（1994—2007年）

建院初期，根据教学需求，学院将研究重点放在编写基于中国商业环境的教学案例上，出版了《中欧管理译丛》。学术委员会在1995年首次批准了4个研究项目，并开始招聘研究助理来协助研究。1996年，管理委员会确认学院的主要工作之一是开展研究，并要求以国际学术界关注的前沿研究为重点，为合聘教授和访问教授制订了研究资助计划，逐步推动对中国问题的研究。1998年，学院明确提出"智力资本开发"的口号，通过研究创造各种智力资本，帮助学生、赞助企业在内的各方深入了解中国的管理实践。学院也开始积累组织大型学术会议的能力，以促进新知识在中国管理舞台上的传播。这些会议包括工商学院公共管理研讨会、澳大利亚及太平洋地区组织研究（APROS）研讨会、中国市场竞争研讨会、中国金融市场研讨会等。

2000—2007年，学院建立了各具学科特色的研究中心，构建了研究工作的主要组织架构，涵盖了多个领域，以推动学术研究的发展和交流。除课题研究之外，研究中心也参与或组织了各大领域的学术会议，扩大了与企业界、政界和学术界的交流，提升了学院的影响力。吴敬琏、范悦安、李秀娟、许小年、忻榕、陈威如、朱晓明等多位著名教授的多篇论文获得了国际学术机构的奖项，确立了学院在相关领域的研究地位：中欧已经不是一个模仿者和追随者，而是开始用自己的思想与国际同行展开对话。

快速发展阶段（2008—2014年）

在这一阶段，随着学院教授人才的快速引进，师资队伍不断壮大。学院鼓励教授进行学术创造和创新，首要任务是为来自全球各地的教授们规范学术研究活动，制定规章制度，实现激励与约束之间的机制平衡。学院提出了明确的研究目标，即"促使中欧教授的研究活动与学院愿景及使命协调一致。学院的研究活动要引领立足真实情境的知识创造，辅助课程教学，提升学院声誉和国际排名，深化中欧兼具中国深度和全球广度的领先商学院形象"。在此目标下，学院持续为学术研究提供一系列的坚实支撑，包括提供启动经费和项目经费、成立研究中心等。中央和地方政府的研究项目和企业赞助等，也都为学院研究工作的开展提供了经费保障。

为推动研究工作快速发展，这期间学院的研究管理体系、机制建设、招聘培训、数据管理等方面有诸多建章立制或创新举措，研究工作呈现出生机勃勃的局面。

首先，为优化研究管理体系，为研究的顺利开展提供有力保障，自2008年开始，学院任命了专门负责研究事务的副教务长，负责研究政策制定、研究项目管理、研究成果评价及推广等。历任负责研究事务的副教务长分别为：张春教授（2008—2010年）、许斌教授（2011—2021年）、李秀娟教授（2021—2024年）以及王雅瑾教授（2024年7月起）。

同时，学院还设立了研究委员会，进一步完善了学术研究的组织架构。学院还逐渐构建了一套完整的研究管理组织架构。这一架构由两位教务长领导，副教务长（研究）负责具体的组织策划工作。与此同时，研究委员会与教务长办公室紧密协作，共同确保政策得到有效执行。

其次，学院着手构建规范的研究机制，鼓励教授在英国《金融时报》认可的50种管理类核心期刊（FT50）上发表学术论文。教授每发表一篇FT50论文，学院即给予一定量的教学工作量减免作为奖励。

许斌教授在担任负责研究事务的副教务长期间，为学院教授研究体系的建设和持续优化做出了重大贡献，并积极推动学院为学术规范建设提供制度保障。他10余次主持修订了《中欧国际工商学院教授研究政策》，扩大了适用于减少教授工作量政策的期刊范围。持续改进的研究政策效果显著，中欧教授发表的高质量论文数量有了明显增加。

2012年，他主导设计和研发了"中欧教授研究数据库"。这个数据库使教授的研究成果一目了然，既实现了各类研究数据的快速检索、组织和管理，也实现了数据的共享和协作。这为教授招聘、绩效考核等业务决策提供了有力支持。

学院还设立了中欧优秀研究奖，制定了评选标准和流程。同时，为加强中欧在国际研究领域的影响力，自2012年起，中欧正式实施教授校外学术荣誉的认可和奖励政策，其表彰项目包括：担任FT50期刊或澳大利亚商学院联盟（Australian Business Deans Council，ABDC）制定的期刊目录A*类期刊核心编委会成员；在重要国际学术协会担任高级职务等。

此外，学院于2013年出台了《研究数据管理办法》，依据学术界惯例，细化了研究数据的使用、管理、保存和转移等各项规定，以鼓励符合学术规范的数据创造与传播。

转型升级阶段（2015年至今）

这一阶段，学院的研究管理主要侧重于以下几个方面：研究政策的迭代升级、研究中心的优化重组，以及丰富多样的学术活动。

自2015年起，学院不断创新和修订研究政策，以持续推动研究改革。在研究政策和制度逐渐完善的过程中，学院加大了对研究拨款和研究奖励的投入，为开展高质量科研活动创造了更有利的条件。这一系列的努力取得了鼓舞人心的成果。

2016—2017年，学院强调将国际前沿的管理理论与中国管理实践相结合，彼时负责研究事务的副教务长许斌教授积极建言献策，得到了教务长丁远教授和中方教务长张维炯教授的大力支持。在他们的共同努力下，学院推出了一种独特的学术研究和实境研究"双轮驱动"的模式。同时，学院再次调整研究政策，以激励更多教授参与实境和学术研究。新政策不仅包括减免教学工作量的奖励，还加大了对在顶级期刊上发表论文的奖励力度。2022年，副教务长（研究）李秀娟教授主导设计推出"教授研究管理在线系统"，该系统通过整合教授的研究经费、研究工作量以及研究奖励申请等多个关键要素，实现了研究管理的全面信息化，提高了科研管理的效率和安全性。这些政策和措施的调整，使得学院在全球EMBA课程百强榜单中"研究"这一指标上取得了显著提升，从2014年的第71位攀升至2023年的第33位，创下历史新高。

学术出版机构爱思唯尔"中国高被引学者"榜单自2015年开始发布。2015—2020年，中欧教授连续6年在"商业、管理和会计"领域上榜人数位居第一。2021年起，爱思唯尔调整了学科分类体系，中欧教授又连续4年在"工商管理"领域上榜人数位居各院校之首。会计学荣誉退休教授陈杰平，会计学教授陈世敏，战略学副教授陈威如，会计学教授戴维、丁远，终身荣誉教授樊景立，管理学副教授关浩光，管理学教授金台烈，经济学教授芮博澜，国际商务及战略学教授沙梅恩，管理学教授忻榕，经济学与金融学教授许斌，金融学教授余方，管理学教授赵浩，运营及供应链管理学教授赵先德等都曾荣登榜单。

此外，为进一步加强研究实力，许斌教授对研究人员的人事管理工作进行了优化，创新制定了《中欧国际工商学院学术员工评估政策》。在他的建议下，学院于2017年成立了中欧学术员工评估委员会，将研究助理和研究员的招聘、培训、培养、绩效考核等工作与普通行政人员相关人事工作进行区分。研究人员定期培训机制也逐渐形成。为配合研究政策的调整,学院加大了对研究项目的投入和支持力度,以满足不断增长的研究需求并推动学术发展。同时,随着越来越多的企业为特定课题的研究提供资助,学院开始面向全球征集研究课题,从而提升成果质量,扩大学术影响力。学院为专项课题资金的管理制定了完善的政策,要求每项资金都必须配备主管教授和研究质量评估人员,以确保实现最大产出。

中欧专项研究基金来源包括企业捐款、研究中心收入以及其他来源(比如政府基金)。截至2023年,学院已设立了8个专项研究基金,支持47项学院内部研究课题和30项外部课题项目。这些基金包括:中欧凯辉私募股权投资研究基金、中欧九阳研究基金、中欧 Aged to Perfection 研究基金、中东欧研究基金、中欧企业社会责任/ESG研究基金、中欧嘉银研究基金、中欧健康产业研究基金和中欧玛氏互惠经济学研究基金。其中,中欧凯辉私募股权投资研究基金、中欧 Aged to Perfection 研究基金以及中东欧研究基金的设立,是学院与全球顶尖研究学者和海外商学院在研究上的首次合作。这3个项目均已于2023年圆满结束,其间共举行了4次研究成果汇报学术研讨会,获得了赞助企业、研究基金获得者以及参会教授和学生们的高度评价。

通过使用企业捐赠的研究基金开展高质量研究,学院不仅能满足企业对科研成果的需求,提升其行业影响力,还能够聚集全球特定领域内的优秀学者,为中欧学生和校友提供额外的学习机会,也为学院教授们提供了与国际顶尖专家交流的平台,激荡思想,推动特定学术领域的创新与发展。

此外,学院还通过举办各类学术活动,积极营造浓郁的学术氛围,扩大学术交流,推动学术发展。

2016年,学院启动中欧"客座学术领袖"(Visiting Thought Leader)项目,通过深化中欧与国内外院校、研究机构之间的研究合作,促进中欧教授与国际权威学者、教授之间的沟通交流,从而进一步增强中欧的研究实力。同时,学院鼓励年轻教授通过积极参与"客座学术领袖"访

2017年5月，学院举办首届经济学研讨会

问期间所举办的学术研讨会、圆桌会议等学术活动，提升自身的学术水平，扩大学术社交圈。截至2024年初，陆续有19位知名欧美学者受邀担任中欧"客座学术领袖"，他们不定期到访学院举办学术研讨会，与中欧教授开展一对一的学术交流。

为加强各系的学术氛围和凝聚力，学院鼓励各系组织年度学术会议。这种学术会议不仅是教授招聘和发展的有效途径，还是传递中欧文化、交流研究成果的绝佳平台。各系的小型研讨会每月不定期举办，也成为教授们进行学术交流的有效方式。

学院每年举办线下或线上"中欧教授学术研讨会"，与多家国内外知名院校的教授和学者进行学术交流与研究互动。此外，学院也与其他学校联合举办研讨会，持续发挥在管理教育界的引领作用。

2021年，汪泓院长提出打造"2+4+X"跨学科研究高地的目标，致力于成为解读全球环境下中国商业问题的权威。"2"指案例中心[1]和陆家嘴国际金融研究院[2]；"4"指四大跨学科研究领域——中国与世界、

---

1 详见本章第三节。
2 详见本章第四节。

第五届组织行为学及人力资源管理学系年度学术会议（第一行左）；第二届中欧决策科学系年度学术研讨会（第一行右）；第五届战略学及创业学系年度学术会议（第二行左）；第六届金融学及会计学系年度学术会议（第二行右）；第四届市场营销学系年度学术会议

ESG、AI 与企业管理和卓越服务 4 个研究领域；"X"代表研究中心、研究院和其他重要研究领域。学院将围绕"2+4+X"，不断提升学术实力，持续巩固学院在管理教育第一阵营的地位。

二、潜心研究的名师风采

2015年，学院推出"杰出研究奖"，以表彰在研究领域保持高产、高质量和高影响力的全职教授。截至2023年底，共有4位杰出教授获此殊荣，分别是芮萌教授（2015年）、金台烈教授（2017年）、樊景立教授（2019年）和赵先德教授（2023年）。他们在全球范围内的相应研究领域享有极高的学术影响力，凸显了中欧在特定领域的学术领导地位。

芮萌教授

芮萌教授在金融领域的研究成果丰硕，发表了超过70篇国际权威期刊论文和20余篇国内顶尖期刊论文。凭借对金融学的卓越研究，他先后荣获了世界金融大会最佳论文奖、中国金融研究大会最佳论文奖、中国管理研究国际学会最佳论文奖以及EBES最佳论文奖等众多荣誉。

芮萌教授出版了包括《中国股票市场实证研究》《公司理财》在内的多部重要著作，充分展现了他在金融学科的卓越洞察力与博学多识。他常年受邀担任《纽约时报》《金融时报》《彭博商业周刊》等国际知名媒体的智库成员。近年来，芮萌博士的研究领域不断拓宽，延展至ESG、绿色金融和家族财富管理等诸多前沿领域。除此之外，芮萌教授还荣获了EFMD案例写作奖、教育部社会科学优秀成果奖、上海市哲学社会科学优秀成果奖等诸多荣誉。

金台烈教授

金台烈教授以其对领导力、动机与激励、团队与个人创造力、自我验证努力及人—环境适配等领域的深入研究而著称。他在《人际关系》杂志担任副主编，并在多个国际知名期刊担任编审委员会成员，包括

《管理学报》《组织行为期刊》和《管理与组织评论》等。他的研究成果在许多知名学术期刊发表，如《管理学会期刊》《应用心理学期刊》《管理研究期刊》《人际关系》和《人力资源管理》等。在全球顶尖期刊上，他累计发表了30余篇优秀论文。

金台烈教授在研究和教学领域取得了突出的成就，荣获了众多荣誉和奖项。他连续多次上榜爱思唯尔"中国高被引学者"榜单，并斩获2020年社会学最佳图书奖、2019年威立出版社2017—2018年间下载次数最多文章奖、《人际关系》杂志"2017年度审稿人奖"、2015年及2014年Emerald卓越引文奖等多项荣誉。

樊景立教授

樊景立教授以其对中国情境下管理理论的研究而闻名学界。他的开创性著作涉及中国情境下的领导（家长式领导）、中国情境下的组织公民行为理论、关系与信任、个人传统价值观及权力距离如何影响员工的工作行为等领域。他在《管理科学季刊》《管理学会期刊》《组织科学》《应用心理学》《人事心理学》等国际顶尖管理期刊发表了50余篇文章。

樊景立教授是中国管理学研究方法论教育的先行者。1999年，他与香港科技大学的徐淑英教授共同创建了研究方法论发展工作室，用现代社会科学研究方法论来培养内地管理界学者，这一创新取得了开创性的成功。在之后的20年中，他们培养了超过1 000名管理学学者。2002年，他参与创办了中国管理研究国际学会（IACMR），这是中国最大的学术组织，旨在推进中国的管理学研究。他参与撰写的《组织与管理研究的实证方法》成为中国研究生学习管理学科的热门方法论教材。

樊景立教授的研究成果多次获得学术界引用奖项。他曾多年上榜科睿唯安（Clarivate Analytics）发布的全球商业和经济学领域高被引学者榜单，以及爱思唯尔"中国高被引学者"榜单。他还荣获了2019年度《管理期刊》统计的最具影响力学者称号，以及2013年度和2015年度《Emerald管理学评论》的杰出引用奖等荣誉。

赵先德教授

赵先德教授是供应链管理领域的领军学者之一，他引领了20世纪90年代起面向中国供应链管理问题的研究热潮，也是将实证研究引入供应链管理领域的先驱者。

在近40年的学术生涯里，赵先德教授在国际期刊发表学术论文180余篇，包括15篇顶刊论文（FT50），总引用次数超过15 600，H指数[1]达到61。他不仅连续多年入围爱思唯尔"中国高被引学者"榜单（2016—2023年），而且获授了决策科学院（Decision Science Institute, DSI）院士和国际供应链与运营管理学会（ASCOM）会士等头衔。此外，赵先德教授关于供应链整合的代表作曾荣获顶刊《生产运营管理》的Jack Meredith最佳论文奖（仅授予影响力最高的学术论文），该文的被引次数超过3 400，他本人也被《国际生产经济学期刊》评为亚洲供应链管理领域最有研究影响力的学者。

除发表论文外，赵先德教授还主持或联合主持国家自然科学基金委员会、国家社会科学基金委员会的多项重大或重点科研项目，其中多个项目被评为优。他的研究也转化为教学案例、教材和专著等多种形式，在学术界和工业界广泛传播，其中，多篇案例获得毅伟案例库最佳案例、中国工商管理国际最佳案例、全国百篇优秀管理案例等奖项。

近年来，学院陆续涌现出一批充满活力和潜力的年轻学术新星，如：余方、书博承、黄生、沙梅恩、郭薇、王雅瑾等。他们在国际顶级学术期刊上高频次发表论文，展示了在各自领域的卓越才华。学院为这些青年研究者们提供了优越的学术环境，为其成长提供了丰富的资源和支持，激励他们勇于创新，争取更大的突破。

---

1 H指数，即赫希指数，是评估作者学术产出数量和影响力的指标，代表作者发表了至少h篇论文，且每篇论文至少被引用h次。

三、打造跨学科研究高地：四大研究领域

2020年10月，为切实帮助教授们开展跨学科学术探索，学院确立了中国与世界、企业社会责任/可持续发展（后更名为ESG）、数字时代管理（后更名为AI与企业管理）和卓越服务四大研究领域。这四大研究领域通过交叉融合的跨学科研究、洞悉趋势的论坛活动和整合创新的课程设计，取得了一系列显著成果，有效提升了学院品牌和社会影响力。

首先，开展跨学科研究，催生首创性研究成果。各研究领域汇集了来自不同学科的教授，共同研究和探讨该领域的重要课题。自成立以来，四大研究领域已发布《ESG白皮书》《企业上市前股权激励实施研究》和《中国商业调查报告》等研究报告，为企业和政策制定者提供了高质量建议；撰写了多篇高水平案例，剖析不同行业的实践和挑战，为企业的管理和运营提供新的战略思路；发表了数篇高影响力学术论文，推动知识的整合和创造，为企业创新转型和经济高质量发展提供深刻见解和建议。

其次，举办论坛活动，增强中欧的知识影响力，如"股权与激励设计论坛"吸引了数百位校友及商业领袖齐聚一堂，共同探讨企业数字化转型与激励机制设计等热门话题；"人工智能的伦理挑战"国际论坛在上海和加纳阿克拉校区分别举行，邀请了来自谷歌、Adobe、思爱普等公司的嘉宾，共同探讨AI技术发展和应用中出现的伦理问题，为迫在眉睫的伦理挑战寻找可行的解决方案。

最后，打破学科壁垒，创新课程设计。研究领域的教授们可在合作交流过程中开阔视野、跨界整合，打破学科之间的壁垒，创新传统教学内容，开发出更具创新性的课程。如ESG研究领域的教授不仅在各个教学项目中加入更多的ESG相关内容，推动ESG议题成为毕业小组课题和毕业论文的必含内容，还为EMBA引入了ESG必修课程"环境、社会和公司治理"。

展望未来，四大研究领域将携手更广泛的合作伙伴，凭借跨学科研究能力与成果，继续扩大在学术界及企业界的影响力。

汪泓院长曾表示："商学院除了传授传统和经典的管理知识，也要适应变化、紧跟形势，将知识的创造和传播与正在发生的商业实践相结合，持续创新管理理论，不断提升知识创造与迭代的能力。四大研究领域通过打通学科的边界，可提升中欧的研究优势，形成一批具有学术影响力和决策咨询价值的研究成果。"

四、聚焦前沿重点方向的研究院/研究中心

研究能力的不断提升一直是中欧快速发展的重要引擎之一。从2001年开始，中欧先后成立了约30个研究中心。为了集中力量聚焦在重点方向展开研究，学院逐步对研究中心进行调整，将一些研究中心合并转型为4个研究领域，并保留了供应链创新研究院/供应链与服务创新中心、卫生健康产业研究中心、家族传承研究中心、财富管理研究中心，同时于2024年成立了中欧企业与资本市场研究中心、中欧国际邮轮经济研究中心和中欧AI与管理创新研究中心。2021和2022年，学院紧跟《"健康中国2030"规划纲要》国家战略规划，依据新时代国家社会保障与养老金融发展战略要求及发展趋势，先后成立了智慧医疗研究院、社会保障与养老金融研究院，深入开展学术理论与公共政策研究，促进经济社会可持续、高质量发展。

社会保障与养老金融研究院

汪泓院长是中国社会保障领域的知名权威专家。自2020年担任中欧院长后，她持续推动学院在社会保障领域不断取得新的研究成果，为学院在社会保障领域开辟了一方独具特色的新天地。2022年8月，为积极应对人口老龄化，更好落实习近平总书记关于扎实推动共同富裕、促进我国社会保障事业高质量发展、可持续发展的要求，响应《国务院关于印发"十四五"国家老龄事业发展和养老服务体系规划》中明确提出的加强养老智库建设的号召，在汪泓院长的主导下，学院正式成立了中欧社会保障与养老金融研究院。

2022年8月，中欧社会保障与养老金融研究院成立（左起：张维炯、李友梅、叶国标、李江、毛丽娟、汪泓、董克用、李逸平、刘吉、朱晓明、夏科家、奚立峰、祈彦、彭琼林、费予清）

　　研究院基于"中国深度　全球广度"的战略定位，致力于搭建国内外社会保障研究的学术网络和交流平台，提升中国社会保障研究的国际学术影响力，为党和国家制定社会保障与养老金融政策提供依据，促进经济社会可持续、高质量发展。在社会保障领域，研究院主要围绕养老保险多支柱体系、健康中国战略与医疗保险、共同富裕与社会保障体系等开展研究，养老金融领域主要研究养老金融体系、个人养老金制度、养老金投资运营等主题。

　　研究院集聚了董克用、迪帕克·杰恩、朱晓明、李玲、杨燕绥、郑秉文、米红、董登新、彭希哲等大批海内外社会保障学界权威专家，汇聚了国家政策制定部门、国际高端智库机构和高校、养老金融企业家等各方研究力量。自成立以来，研究院每年举办社会保障与养老金融国际高峰论坛及中国社会保障前沿问题国际高峰论坛。研究团队发布了《中国健康人力资本：测量预测与发展战略》《新时代社会保障制度的高质量发展研究报告集》等重大成果，出版了《上海社会保障改革与发展报告（2023）》绿皮书，多次承接国家哲学社会科学基金项目和省部级社科基金项目，提交政策建言专报80余份，其中，政府采纳30余份，录用及批示近20份，此外还发表媒体报道和观点文章近100篇，在业界产生了广泛的影响力。

智慧医疗研究院

2016年，《"健康中国2030"规划纲要》将健康中国建设提升至国家战略地位。中欧紧跟国家战略规划步伐，结合自身优势，展现使命担当，于同年开设智慧医疗创业课程，成为国内最早推出医疗健康课程的商学院之一。

中欧原院长朱晓明教授为课程的开设做出了重要贡献。在此之前，中欧曾开设针对上海各大医院院长的管理赋能课程，由美国礼来公司资助，朱晓明教授参与授课，为此专门开发了一门叫"数字化与医疗"的课程。后来，中欧独立运营这门课程，长期关注数字经济的朱晓明教授认为，医疗要和数字经济、数字化转型结合起来研究，于是创造性地推出了中欧智慧医疗创业课程。自2016年创立至今，课程以创业为主题，以物联网、智慧产业、智慧医疗为主线，以医疗创新、服务创新为主旨，通过精益化地编撰个性化的教材，数字化的授课方式，以及特色的服务，帮助医疗健康行业创业者全方位开阔视野，把握医疗健康领域发展趋势和创新创业机会。

2021年9月，中欧智慧医疗研究院正式成立，朱晓明教授、汪泓院长联合领衔任学术委员会主席，石四箴教授任顶级专家代表，庄松林院士任学术委员会名誉主席，樊嘉院士、宁光院士、毛颖教授任学术委员会联席主席，可谓群星闪耀。

研究院主要集中于"智慧"与"医疗"两方面的研究，"智慧"包括人工智能、数字技术等；"医疗"包括中医西医领域中的循证医疗、临床医学、精准医疗、转化医学、未来医疗等。研究院的定位，是为中欧高管教育课程中的现有相关课程提供学术支持，也要为其他医疗相关的课程设置作规划构思、师资积累、课程设计，并在学术研究、论文/报告撰写、沟通产学研医教、支持学员创业创新等方面发挥重要作用。

朱晓明教授曾评论称："智慧医疗研究院是吸纳研究型大学与应用型大学两个特色的好项目、好命题、好使命。没有担当，绝无

2021年9月，中欧智慧医疗研究院成立（左起：王高、史健勇、姜微、庄松林、石四箴、朱晓明、宁光、汪泓、毛军发、毛颖、于广军、张维炯、黄反之）

可能完成使命。有使命感，才有信心引领智慧医疗学科建设的持续创新。"

成立以来，研究院出版了《同心战疫白皮书》，记录了智慧医疗课程校友企业在上海新冠疫情防控中的事迹；同时，还发布了瑞金医院、中山医院、华山医院、第六人民医院四所上海顶尖三甲医院数字化转型的最新案例，助力公立医院探索数字化创新模式与实践路径。其中，瑞金、中山两家医院的案例成功入选中国工商管理国际案例库，并被哈佛案例库同步收录，体现了其在学术和实践方面的重要价值。

供应链创新研究院/供应链与服务创新中心

中欧供应链与服务创新中心于2014年成立。彼时，正值中国产业转型升级进入加速期，供给侧改革的思潮初现，赵先德教授与柯雷孟（Thomas Callarman）教授基于多年研究发现，提出"供应链创新"和"服务创新"是支撑中国企业转型升级的两大支柱，并由此来命名研究中心。为了更好地服务中欧"八大战略"，研究中心于2023年进行了升级，正式成立供应链创新研究院。研究院定位于通过构建以供应链创新为抓手的产学研合作大平台，整合内外部资源，实现知识创造、知识传播、政策建言、校友赋能等多维度产出，助力国家、区域和学院发展。赵先德教授担任研究院院长。

2023年6月，中欧供应链创新研究院成立（左起：张莉、袁晗、刘湧洁、汪泓、赵先德、陈龙、张成康、高峰）

研究院最突出的特色是供应链领域的合作研究网络建设。该网络主要由海内外知名院校从事供应链相关研究的专家学者、中欧从事与供应链交叉学科研究的教授，以及供应链相关产业的校友企业构成。研究院/研究中心通过开展兼具学术与实践价值的高水平研究，保持了稳定的研究产出：累计在国际学术期刊发表120余篇论文，包括8篇FT 50和22篇A*论文，总引用超过4 900次；完成1项国家自然科学基金重点国际（地区）合作研究项目，评估为优，并正在承接1项国家社科基金重大项目；出版20余篇教学案例，其中多篇荣获毅伟、中欧和百优案例奖项；出版5本专著、3份行业报告和1套行业指数。

研究院/研究中心也积极筹办国际学术会议和行业论坛，已协办了10届国际运营与供应链管理学术会议（ICOSCM），1届卓越管理服务国际研讨会（QUIS），并主办了10届中欧供应链创新高峰论坛、协办了6届战略供应链思想领袖论坛，在供应链垂直领域产生了较大的学术和行业影响力。

卫生健康产业研究中心

中欧卫生健康产业研究中心前身是2006年成立的中欧卫生管理与政策中心。为顺应中国医疗健康产业升级发展趋势、契合学院在大健康领域的研究深度与广度，学院于2020年对中心进行了重新定位，将其正式更名为卫生健康产业研究中心，由中欧市场营销学教授周东生担任主任。

中心致力于实现赋能中国健康产业、提升全民健康福祉，定位为"平台+智库+窗口"。

中心通过丰富的行业活动，为医疗健康政产学研各界搭建一个开放交流的"平台"。作为中心的品牌活动，中欧卫生政策圆桌会议已成功举办30余场，邀请院士、政府官员、顶尖三甲医院院长、知名学者等就重大政策主题进行演讲和圆桌讨论，得到了行业人士的广泛认可。中心也会根据行业热点适时举办独立的主题论坛，如政策主题的"十四五"医保高质量发展论坛、行业主题的医药营销趋势论坛、健康知识传播主题的"企业家的健康管理"论坛等。

中心通过各类研究产出，成为助力中国医疗健康产业高质量发展的专业"智库"之一。中心聚焦中国医疗健康产业的宏观政策和发展趋势，探讨卫生政策前沿话题、行业发展趋势、本土企业创新实践以及学科交叉研究，深入调研相关企业上百家，开发了数十篇案例，其中多篇进入哈佛案例库、毅伟案例库和中国工商管理国际案例库，并根据调研结果持续发表高水平学术论文、产出政策直报文章、发布调研报告等，为产业发展提供洞察和借鉴。

中心通过满足广大师生校友和行业人士的学习和合作需求，成为中欧在医疗健康领域一个内外联系的"窗口"，如开发医疗健康相关课程、组织实境教学、企业参访、定向交流等，促进师生校友与行业建立合作网络。

未来，中心将坚持定位，继续开展高质量知识创造和知识传播活动，服务学院和医疗健康行业的创新发展。

家族传承研究中心

随着改革开放后第一代民营企业家逐步退出舞台，企业交接班和财富传承的挑战接踵而至。中欧家族传承研究中心于2012年应运而生，由管理学教授李秀娟创立，随后金融与会计学教授芮萌、管理学教授蒋凤桐和管理学副教授王安智加入。中心通过与校友企业家、海外家族企业和学术机构进行联盟与协作，共同打造家族企业精神与财富的创造、传扬和承载的平台，实现知识创造、知识共享和知识传承。

在知识创造方面，中心的研究不但聚焦中国家族企业，也与国际化接轨。通过各类研究主题的白皮书、学术论文、家族企业案例、书籍、媒体文章等形式，中心在国内外发布了一系列相关的研究成果，传播中欧家族传承研究中心的思想。成立以来，中心在《家族企业评论》（*Family Business Review*）、《管理杂志》（*Journal of Management*）等期刊上发表了若干学术文章；先后发布5本白皮书；开发的20余篇教学案例进入哈佛案例库和毅伟案例库；出版了家族企业传承相关的书籍，如《当传承遇到转型——中国家族企业发展路径图》《家族财富的灵魂》《传承密码——东西方家族企业传承与治理》《亚洲家族企业——传承、治理和创新》（*Asian Family Businesses—Succession, Governance and Innovation*）、《家族企业中的女性》（*Women in Family Business*）等。

在知识共享方面，中心与许多国际商学院的家族传承研究中心合作举办论坛、研讨会等。其中最具代表性的是"中国家族传承论坛"，来自世界各地的家族企业掌门人、接班人、专家学者齐聚一堂，从多重视角分享家族企业的创新与创业，共同探寻家族企业的发展之道。自成立以来，该论坛已举办12届，现已成为中国家族企业传承领域规模最大、会期最长、家族企业家参与人数最多、影响力最大的盛会。

在知识传承方面，中心在EMBA、MBA和高管教育课程中开发了许多家族企业的课程和私董会，分享研究成果和实践案例，帮助校友解决企业传承过程中面临的挑战和问题。其中最具影响力的是2015年成立的、由校友家族企业第二代组成的中欧创二代私董会。私董会提供信任、私密、有深度的实战问题讨论和分析，并开展追踪研究。

未来，中欧家族传承研究中心将继续深耕中国，连接世界，做家族企业领域的思考者和领航者。

财富管理研究中心

中欧财富管理研究中心于2015年在金融与会计学教授芮萌的主导和推动下成立，对处于高速增长和变革阶段的中国财富管理行业进行持续深入的研究，为行业发展和实践提供新锐的洞见和前瞻性的分析。2020年5月，中欧国际工商学院荣任上海金融科技产业联盟副理事长单位，由中欧财富管理研究中心承担主要研究工作。

在芮萌教授的指导下，中心围绕财富管理、金融科技、家族办公室、家族慈善、企业社会责任、可持续发展等领域，推出了《中国财富管理发展白皮书》《区块链延保服务应用白皮书》《数字家族办公室白皮书》《家族慈善白皮书》《A股上市公司企业社会责任报告》等多项具有行业影响力的研究成果。同时，开发教学案例近40篇，多篇入选哈佛案例库，还出版了6本专著。

此外，中心主导开发了两门模块制课程——"家族办公室首席架构师"和"金融科技"。其中，"家族办公室首席架构师"课程是全国首创全体系的家族办公室课程，是中心对家族办公室全行业生态系统理论研究和实践相结合的最佳范本。

中心还始终致力于投资者教育和理念分享，通过视频栏目和出版物加深大众对投资和资产配置工具的了解，并通过举办私人财富投资论坛、影响力投资论坛、家族信托研讨会，出版行业报告等，为提升行业标准和专业化做出贡献。

未来，中心将持续跟踪行业和市场的演变，通过对投资者核心需求和新兴技术应用的洞察，总结最佳实践和核心见解。

2024年春，为了进一步提升学科竞争力，学院开设了3个新的研究中心，培养更多高水平的学科人才，并为政府提供决策支持。这3个研究中心分别是：中欧企业与资本市场研究中心、中欧国际邮轮经济研究中心和中欧AI与管理创新研究中心。其中，企业与资本市场研究中心由黄生教授领衔，旨在全面理解企业和资本市场运作机制，为市场相关方提供前瞻性建议；国际邮轮经济研究中心由院长汪泓教授和副教务长忻榕教授领衔，专注于邮轮产业研究和政策建议，致力于成为邮轮产业研究领军机构；AI与管理创新研究中心由方跃教授领衔，围绕国家AI发展战略进行研究和教学，重点关注AI对企业管理的影响，致力于构建具有商学院特色的AI产学研平台及智库。

今日的中欧，在构建名师队伍、促进知识创造和传播方面，硕果累累、成绩斐然。瞻望前路，新一轮产业变革和科技革命为商学院带来了重要的机遇和挑战。原有的产业形态、组织分工以及人与世界的关系都已被颠覆，商学院的教学模式、学术研究等产生了根本性变革，课程架构、案例教育和实境教育等方面也发生了重要变化。面对新的形势，副院长兼教务长濮方可（Frank Bournois）教授指出，中欧需要点燃一把"火"（FIRE，即Faculty、Internationalization、Research、ESG的缩写），在师资建设、研究、国际化和ESG方面持续推动创新与变革，让这团"火焰"燃烧得更旺，给全球管理教育之路带来更多光明和希望，学院才有可能在下一个30年里，续写新的辉煌篇章。

第三节　坚持国际标准的中国主题案例

管理大师彼得·德鲁克（Peter Drucker）曾经致信时任中欧国际工商学院学术委员会主席雷诺（Pedro Nueno）教授说："管理是实践而不是'科学'，尽管管理要从许多门科学中汲取营养。因此，作为以实践取胜的教育机构，医学院是商学院的典范。"

商学院的案例教学，正是借鉴了医学院和法学院的案例教学法，由教授引导学生，模拟企业遇到的经营决策问题，辨证施治，让学生模拟尽可能多的商业决策过程。由于中欧富有管理经验的学生众多，这更加大了对案例教学的需求。

从一开始，案例教学就深深融入了中欧的教学体系。正如汪泓院长曾指出的那样，"中欧国际工商学院自建校伊始就非常重视案例的开发和教学，始终坚持国际标准，深入探索中国工商管理的特殊问题和决策情境。中欧案例建设不仅要成为学院高质量教学的重要保障，更要服务中国管理教育的发展"。

中欧案例中心和案例建设在不断探索中演进，经过了三个阶段的稳步发展。

一、案例开发与案例教学的早期探索（1995—2001 年）

中欧在建校早期，与全球其他商学院一样，主要选用来自哈佛案例库、毅伟案例库等西方案例库的案例。这一方面是因为彼时国内的商科管理教育资源相对匮乏，缺少自主开发的本土案例；另一方面是由于尚处于起步阶段的中国商学院有必要学习、消化和吸收西方国家的管理经验。鉴于东西方文化和制度环境的差异，西方国家的一些管理理念和经验未必适用于中国市场。中欧既然立足于中国，就必须创作并使用贴近时代和国情的本土教学案例。

从1995年开始，创办不满一年的中欧将研究重点放在对中国教学案例的编写上。法国INSEAD商学院欧亚中心的彼得·威廉姆森（Peter Williamson）教授帮助中欧建立了案例编写规范，同时明确了如何使用和交流这些案例。1996年，学院成为欧洲案例交流中心（European Case Clearing House, ECCH, 后改名为 The Case Centre）的会员单位，开启了教学案例领域的国际交流，进而开发了中国（除港澳台地区）第一批符合国际规范的教学案例。

与欧美国家相比，中欧办学早期进行案例教学也更具挑战性：其一，中国学生在沟通时略显拘谨，为避免"丢脸"，他们常常三思而后"言"；其二，中国学生习惯于等待教授给出解决问题的方案，为他们搭建分析问题的框架，传授有用的工具，而仅仅开展案例讨论显然无法满足他们的期望。因此，精彩的讲授与案例讨论互为补充非常重要。中欧早期课堂中，教授常常利用案例引导学生从不同的视角来看待问题，并适当运用结构性知识，帮助学生向教授和同学学习和取经。这个阶段可以称之为1.0版知识引进。

二、本土案例开发成绩初现（2001—2012年）

进入21世纪，中国经济的快速发展和全球化进程为中国管理教育的成长提供了丰沃的土壤。2001年，中欧成立了自己的案例中心，自此开启了自主开发案例的征途，由中欧MBA课程首任主任王建铆教授担任案例中心创始主任。案例中心以成为世界了解中国经营环境的知识中心为宗旨，致力于开发立足中国经营环境的双语案例，并力求符合国际案例开发标准，为工商管理教学和研究中国经营环境中的管理实践提供优秀素材。7位案例研究员在教授的指导下进行资料收集、案例访谈和撰写。这个时期进入2.0版的知识创造阶段。

案例中心第1个5年累计开发案例近200篇，近百篇案例通过

ECCH在全球发售。2006年，中欧成为"国际案例发行机构联盟"（International Community of Case Publishers，ICCP）会员，是中国内地首家[1]加入该联盟的院校。通过每年的ICCP会议，案例中心与国际知名案例库和案例教学卓越的顶尖商学院进行交流沟通，为案例中心的发展提供了宝贵经验。同时，中欧案例中心与INSEAD、IMD、沃顿、达顿等著名商学院合作开发了10多篇有关中国企业或跨国企业在中国的教学案例。中心还与加拿大毅伟案例库和西班牙IESE出版社合作，拓展了中欧案例的全球销售渠道。2006年，哈佛案例库授权中欧建立"哈佛商学院案例中欧发行中心"，负责哈佛商学院案例和《哈佛商业评论》文章英文版在中国内地和香港地区的销售[2]。同时，中欧有6篇案例入选中央电视台（CCTV）经济频道"赢在中国"赛事。2006年末，中欧案例中心正式出版《中欧案例经典》一书。

案例中心的第2个5年累计开发了250多篇案例，并在课堂上开始逐步替代来自海外商学院的案例。2010年5月，学院任命蔡舒恒教授为案例中心主任。2012年，中欧开发的本土案例占中欧课堂案例材料的30%以上。基于这些本土案例，中欧教授开始总结管理实践经验，挖掘相关管理理论，设计可操作的管理工具，持续推动管理研究和管理实践的有效融合。案例中心编辑出版了2本新的中欧案例集，印量达2万多册。中欧案例也赢得了一定的国际声誉：2008年、2010年、2011年及2012年，中欧案例4次获得全球影响最大的EFMD案例写作竞赛奖，这意味着在案例开发方面，中欧开始具备与国际知名商学院同台竞技的实力。2011年，中欧新任副院长兼教务长奎尔奇对案例中心提出了更高的国际化要求。继2005年中欧与毅伟案例库达成联合品牌案例合作协议、2010年与欧洲案例交流中心签署新的合作协议之后，中欧于2011年开始与哈佛案例库接洽中欧案例提交事宜。

1　香港大学亦是联盟会员。
2　台湾和澳门不销售。

三、开启中国主题案例建设新篇章（2013—2024年）

2013年，案例中心迎来了崭新的发展机遇。经上海市政府慎重选择，由中欧联合上海其他12家开展MBA教育的院校和中国浦东干部学院共同建设"上海MBA课程案例库开发共享平台"项目。上海市教委每年为项目拨出一定的建设资金，中欧投入配套资金并成立了专门的项目建设团队。

时任上海市副市长翁铁慧女士做出指示："中欧要牵头各种资源，紧贴实践，大量开发、使用并研究本土案例，让案例建设成为中欧学科建设的重头戏。"时任院长朱晓明教授与张维炯副院长立即安排专人撰写项目建议书。在中欧案例建设第一次会议上，朱晓明院长提出："中欧案例建设要有高度，要对学科建设的认识更深刻。案例建设也要注重经济理论的突破、管理理论的突破，要找一大批正在悄悄发生变化的企业，进行问题导向的研究。案例的形式也要有突破，才能赶超哈佛案例。中欧的定位是'中国深度 全球广度'，需要对新兴的中国创业企业进行了解，需要对转型的中国企业进行了解。案例库建设要坚持创新，要面向全国、面向全球。"最终，学院通过了市教委组织举办的"上海MBA课程案例库开发共享平台"项目答辩会。之后，翁铁慧率时任市政府副秘书长宗明、时任市教委副主任李瑞阳等来到中欧调研办学情况，并为"上海MBA课程案例库开发共享平台建设项目"启动揭牌。

当年7月，学院决定由负责教授事务的中欧副教务长、EMBA课程原主任梁能教授兼任案例中心主任。梁能教授确定了"聚焦中国问题，坚持国际标准"的战略定位，并部署了一系列创新举措，推动了学院在案例开发、培训和案例库建设等方面的稳步发展。

项目目标是在5年内，以每年150篇新案例的开发能力（包括中欧与上海地区各大商学院，其中，中欧开发能力达到100篇），结合中欧与上海兄弟院校现有案例资源，达到1 000篇高质量案例规模，建成全球最好的中国本土案例库；同时，对传统的哈佛案例法加以本土创新，围绕中国管理重要问题进行案例深度研究，为实践者、教育者和研究者提供有价值的方法和观点。梁能教授曾说："中欧所采用的案例一般中西兼备,但因为中国的商业环境与西方发达国家迥然不同,学生们对于中国本土案例的需求与日俱增。另外,在国际市场上,大家也越来越渴望了解如何在中国国情下进行管理,以及中国公司如何把握自身的发展、创新与转型。"

2013年10月,案例中心承办了"国际案例发行机构联盟"(ICCP)年会,这是中心自2001年成立以来第一次主办国际会议。梁能教授分享了"上海市MBA课程案例库开发共享平台"项目的目标与路径,引起了参会者的极大兴趣。

2017年上半年,梁能教授荣誉退休,时任中欧副院长兼教务长丁远教授兼任案例中心主任。2017年中,中欧原副教务长[1]、MBA课程部主任陈世敏教授接任案例中心主任,带领案例中心积极推进高质量案例开发、案例库的扩展、案例领域的国际合作,以及案例教学法在中国的推广。团队规模逐渐发展为案例开发、案例库运营和案例库发展3个专业团队。案例中心发展进入3.0阶段——知识创造+知识传播。

自2014年开始,中欧每年开发百余篇案例,聚焦前沿管理问题、科技创新发展趋势下的创新实践研究及多元形式的新型案例。中欧自主开发的案例被广泛用于中欧的各个课程。以EMBA课程为例,中欧案例在所有案例材料中的占比从2014年的40%上升到2019年的60%以上,并在随后几年稳定在60%左右。除了用于自己的课堂教学之外,中欧案例被其他众多商学院大量采用,而且在党政干部培训、企业实践决策中日益得到重视。例如,"浦东自贸区"的多篇案例为各地自贸区发展提供了新思路;与金桥集团共同编著的《风从东方来,浪自金桥涌——金桥30年经典案例选编》,为金桥模式在全国的推广和培训提供了支撑。受上海市委组织部与上海国资委的邀请而撰写的"国有企业改革创新发展"干部教育案例,呈现了国有企业在新时代的发展活力。通过开发案例,中欧努力创造与实践紧密相关的商业知识,帮助企业反思并改进实践,发挥了更广泛和积极的社会影响。

---

1   2024年1月18日,陈世敏教授再次被任命为副教务长(案例中心)。

随着中欧自主开发的案例质量和知名度的提升，中欧案例在国际舞台的影响力也与日俱增。历时7年悉心准备，历经3轮评估考核，哈佛案例库于2019年11月正式宣布中欧成为其合作伙伴，这体现了对中欧案例质量的高度认可。至此，中欧自主开发的中国主题案例全面进入哈佛案例库、毅伟案例库和欧洲案例交流中心三大国际商业案例库。截至2024年6月，中欧案例在这三大案例库的收录篇数分别达到119篇、183篇和500余篇，进入了全球80多个国家和地区的1 000多所院校的课堂，累计使用量达到23万人次。与此同时，中欧案例在"中国工商管理国际最佳案例奖""EFMD案例写作大赛""欧洲案例交流中心全球案例写作竞赛"等各类国际竞赛中频频获奖。截至2024年6月，共有66篇次的中欧案例摘得大奖，中欧案例开发的实力和在国内外的影响力显著提升。2023年12月，欧洲案例交流中心首次发布"2023全球案例影响力指数"，根据案例写作的全球影响力和覆盖范围评选出排名前50强的商学院。中欧位列第26名，是中国内地唯一入选此排名的商学院[1]。这是对中欧案例开发实力的高度认可和激励。汪泓院长表示："中欧

2023年9月，中欧国际工商学院与欧洲案例交流中心联合主办了"2023案例教学法论坛暨全球案例写作竞赛颁奖典礼"

---

1 香港大学也入选了该排名。

要始终坚持国际标准，深入探索中国工商管理的特殊问题和决策情境，努力成为全球化时代中国管理知识的创造者和传播者，发挥案例连接中国与世界的桥梁作用。"

建设世界一流的中国主题案例库绝非一日之功，为支持"上海MBA课程案例库开发共享平台"项目建设，2014年2月，中欧牵头成立"上海MBA课程案例库建设指导委员会"并召开第一次会议。指导委员会由上海市教委、上海市学位办、上海MBA教指委与上海各大商学院领导组成，主要讨论制定相关政策。上海市教委高教处处长、上海市学位办主任束金龙教授在第一次会议上提出："推广与运用案例教学是市教委的工作重点之一。希望中欧和各院校能一起合作，整合上海地区的各类资源，建设好'上海MBA课程案例库开发共享平台'，打造一个在国内外有影响力的、开放的高质量平台，真正将案例教学运用到MBA教育中，以形成结合中国和上海特点的管理教育模式。"2014年11月，中欧20周年院庆之际，在"上海MBA课程案例库初始库"平台开通仪式上，时任上海市副市长翁铁慧提出："这个案例平台将成为中欧以及上海各家商学院非常重要的核心竞争力，因此要在市教委的支持下把它建设好。"时任上海市人大主任殷一璀也对案例库建设寄予了期望和鼓励："当前正值中华民族复兴之时，这片土壤上很多成功的探索都应成为案例的重要来源。如果说20年前这样的案例还比较少的话，到了今天成功的案例已不少见，即使有些案例还谈不上成功，但对于全中国、全世界的借鉴作用也是显而易见的。希望通过挖掘和完善，不断充实经典案例，使中欧的软实力变得更强。"学院对于案例库建设也予以高度重视。在2016年7月举行的"上海MBA课程案例库建设指导委员会"第4次会议上，时任中欧院长李铭俊教授强调了案例库建设工作的重要性，并传达了市领导对案例库项目建设、工作机制所提出的高要求："市领导批示要从改革开放角度、从推荐上海管理教育的角度，总结经验的同时要有所借鉴。在追求案例数量的同时，更要注重质量，要向国际标准看齐。"

扩大案例库规模并确保入库案例质量是案例库建设的核心。案例提交和评审工作经过多年的调整和改进不断完善。2014年5月，在上海地区各大商学院推荐的基础上，"上海MBA课程案例库评审专家委员会"成立。中欧案例中心协同专家委员会制定了案例评审标准和评审流程（盲审加会评），确保了前期5批近600篇上海地区案例的评审和入库工作，形成规模达264篇的"上海MBA案例库"初始库。为了进一步提升入库案例的质量，在陈世敏教授的主导下，案例中心于2018年调整并形成了一套与国际案例库要求接轨的案例评审标准、规范和严谨的入库评审体系。评审标准更聚焦于代表案例质量的8项关键指标，并引入了规范的类似于学术期刊式的多阶段评审程序，在财会金融、战略与综合管理、市场营销、人力资源与组织行为、运营及其他五大学科领域建立了学科编辑制度，负责本学科内评审质量的保障和提升。与此同时，持续优化并形成了来自案例领域的60多位国内外资深评审专家队伍。至此，案例从提交、评审、修改、再评审、专业编辑、排版到入库上线已步入专业化的出版道路，以内容建设夯实案例的高质量发展。

2015年，案例中心启动了"中国工商管理国际最佳案例奖"，面向全球征集适用于中国工商管理教育的高质量教学案例，鼓励商学院教师和案例研究员以全球视野深入探索中国管理问题。至今共举办了9届"中国工商管理国际最佳案例奖"竞赛，吸引了来自国内外460多所院校和机构的3 300多位作者参赛，累计提交案例2 350篇。经过严格的评审，截至2024年，竞赛已选拔出1 100多篇达到入库标准的案例，105篇案例获奖。除了举办竞赛收录案例之外，案例中心积极开展与国内外知名商学院和案例机构的战略合作，以增加案例的多元性，联手打造中国案例全球平台。2020年10月，中欧与毅伟商学院签署合作备忘录，旨在推动中国管理教育的发展。毅伟案例库中1 000多篇以中国主题为主的中文案例被纳入"中国工商管理国际案例库"，此后，双方每年持续上线发行200多篇新案例。香港大学经管学院亚洲案例研究中心、瑞士洛桑国际管理发展学院、苏黎世大学欧亚案例中心、中国人民大学商学院、北京理工大学管理与经济学院、上海国家会计学院等也陆续加入战略合作伙伴行列，成为特色案例的重要来源。截至2024年8月，案例库收录规模达到3 000多篇，覆盖5 000多个关键词。案例主题、内容和来源

案例中心出版著作

的多样性以及严格的质量保障,可以完全满足商学院的课堂教学需要。案例库自2016年起实施版税制度,每年坚持为案例作者发放版税以鼓励高质量的案例开发,开创了中国本土案例库的先例。为弥补中国情境下的工商管理问题相关教学案例的匮乏,案例中心出版了9本《中欧案例精选》中文案例集,1本《中国工商管理国际最佳案例获奖精选(英文版)》案例集和《中国工商管理国际案例库总目提要(2013—2023)》。中欧成立30周年之际,案例中心又出版了《中欧30年30篇经典案例》《中国工商管理国际最佳案例获奖精选第2辑(英文版)》以及《高质量教学案例开发的30个锦囊》。

如何有效培养和帮助广大教师通过案例教学提升教学效果和学生满意度,推动更多院校使用案例库以实现案例教学的价值,一直是案例库

案例大师成长营课堂

建设工作的重点。中欧开展了一系列案例教学和案例写作培训，不仅优先为上海高校教师提供免费培训机会，而且也面向国内外教师招生以扩大案例库的影响力。2014年3月，案例中心开启中欧案例方法系列培训。前期8次培训主要邀请国际知名案例专家授课，共有657位教师参加培训（其中，来自上海院校的教师占比70%）。自2016年11月起举办"中欧案例大师成长营"，面向国内外商学院教师开放，由中欧教授示范案例教学并分享案例开发经验。累计开办了26个班级，共有来自全球20多个国家和地区340多所院校的近1 800名教师参加。2022年开始，又推出"案例开发共创营"，输出高质量案例开发标准，创新性引入企业资源，沉浸式的案例开发体验加深了案例开发者和案例企业的认同感，有效推动了基于中欧案例开发标准的产学研用生态圈建设。这些系列培训极大地提升了中国主题案例教学和开发的影响力。

案例中心在案例库建设初具规模以及对于不同业务模式探索和积累经验之后，于2020年7月决定整合资源，将案例库服务推向全国更多院校，让案例赋能高校商科教育发展。案例中心开展了"中国案例百校行"等定制化培训进院校活动，组织院校交流拜访、区域性和城市案例建设研讨会，参与全国性的教学主题研讨会，并辅以微信公众号、客服等多维度推广案例方法。到2024年8月，案例库已为全国120多所院校的9 000多位教师提供了案例下载教学服务（其中，上海地区院校有29所），课堂教学累计覆盖学生120万人次，案例库的影响力开始由上海走向全国。

基于多年来在推动案例教学法方面的努力，2024年2月，陈世敏教授荣获欧洲案例交流中心颁发的"案例教学法杰出贡献奖"，成为迄今首位来自中国商学院的获奖人。董事会主席鲁斯·本德（Ruth Bender）表示："陈世敏教授是当之无愧的获奖者。他对推动案例教学法在中国的发展，以及将中国主题案例介绍给全球商学院所产生的影响力是非凡的。他对案例教学法的奉献精神和高度热情在他的工作中体现得淋漓尽致。"

2022年11月，中国工商管理国际案例库获得软件著作权证书

四、新目标、新未来

2021年，案例中心主任陈世敏教授提出了中欧案例中心要成为"商学院教育的研发引擎"的新目标，以"建成全球最具影响力的中国主题案例库"为愿景，同时提出"聚焦中国主题案例，贡献全球管理教育"的新使命，以及三大任务——"知识创造支持中欧高质量教学，案例库建设服务中国商学院教育，讲好中国故事，贡献全球课堂"。

2021年9月，时任上海市委书记李强到访中欧时指出："要更好地成为展示改革开放成就的窗口，面向改革开放实践挖掘、充实和丰富案例库，向世界讲好中国企业、在沪企业的故事，讲好上海营商环境的故事，让世界充分感受中国的发展机遇、发展活力。"在2021年12月举行的"上海MBA课程案例库建设指导委员会"第7次会议上，汪泓院长也表示："案例库作为中欧一个很重要的智库和案例教学重点的国家宝库，一定要为上海的高等教育、为全国商学院的教育贡献智慧和力量。"

推广中国主题案例教学，已经成为中欧的长期战略。案例作为重要的管理研究和教学方法，身负改革教学、融合产学研的重担，也是连接管理教育与管理实践的重要桥梁。希望中欧案例建设不仅服务中国管理教育，更能讲好中国故事，扩大中国案例的全球影响力，打造海内外管理教育新格局！

第四节　服务金融中心建设的中欧陆家嘴
国际金融研究院

自1992年党的十四大报告正式提出建设上海国际金融中心以来，上海通过健全金融市场体系、集聚国内外金融机构、推进金融创新，逐步奠定了以市场中心为主要特征的国内金融中心地位。2007年1月，全国金融工作会议上提出要加快上海国际金融中心建设，随后召开的上海市金融工作会议也提出，要在更高起点上加快推进上海国际金融中心建设、集聚金融人才，以及进一步聚焦陆家嘴金融贸易区建设。为了更好地服务于上海国际金融中心建设国家战略，推动中欧国际工商学院成为建设上海国际金融中心的"人才库"和"思想库"，在时任院长朱晓明的积极推动下，得益于上海市政府的大力支持，中欧陆家嘴国际金融研究院于2007年10月由中欧国际工商学院与上海陆家嘴（集团）有限公司共同发起创办。

一、应运而生

研究院的成立，基于服务上海国际金融中心建设的初心使命。2007年1月，时任中欧院长朱晓明专报时任上海市市长韩正、常务副市长冯国勤，提出中欧拟为上海打造国际金融中心"出力"的工作设想，即"牵引外资金融机构来沪、培养金融急需人才、协助组织金融专业论坛"，得到了市领导的肯定。紧接着，2007年3月，学院向上海市政府发文请示有关为上海国际金融中心建设服务的具体内容，包括：抓紧研究开设"金融MBA课程"的可行性，围绕建设上海国际金融中心的目标开展金融研究，举办国际性及具有全国影响力的学术论坛等。其中特别提出，拟于当年6月"举办首届全球银行家论坛，以后将每年举办这一论坛"。自此，相关工作正式列入上海金融发展计划。

2007年6月，中欧携手《财经》杂志成功举办首届银行家高峰论坛，众多政府高层官员、国内外专家学者及行业代表聚首中欧，共商中国银行业改革之道。时任中国人民银行副行长吴晓灵、银监会副主席蒋定之、中欧教授吴敬琏及许小年、摩根士丹利亚洲主席斯蒂芬·罗奇（Stephen Roach）、高盛亚太区董事总经理胡祖六、招商银行行长马蔚华、交通银行行长李军等出席并发表演讲。

经过精心筹划，时机日臻成熟。2007年10月26日，中欧陆家嘴国际金融研究院应运而生。彼时，《解放日报》要闻版刊发报道——《上海：中欧陆家嘴国际金融研究院10月26日成立》："市委副书记、市长韩正为研究院成立揭牌。市委常委、浦东新区区委书记杜家毫，市人大常委会副主任、中欧国际工商学院院长朱晓明出席揭牌仪式。常务副市长冯国勤在致辞中代表市政府对中欧陆家嘴国际金融研究院的成立表示祝贺。"

研究院诞生伊始，即定位为"上海国际金融中心建设的高层研究机构"：首任院长为中国人民银行原副行长、时任全国人大财经委副主任委员吴晓灵，首任理事长为时任上海市人大常委会副主任、中欧院长朱晓明，同时聘请了吴敬琏、许小年、张春、许定波等一大批国内外知名的专家学者，旨在整合各界资源，建成上海国际金融中心建设最具权威性和影响力的智库，为政府、金融机构提供一流的研究、咨询和培训服务。

2007年12月，上海市金融服务办公室向市政府请示，计划于2008年召开首届"陆家嘴论坛"。明确论坛由上海市政府和"一行三会"主办，由上海市金融服务办公室、人行上海总部、上海银监局、上海证监局、上海保监局、浦东新区政府及中欧国际工商学院承办；同时，明确论坛秘书处作为常设机构保留，设在中欧陆家嘴国际金融研究院。

2008年5月，首届陆家嘴论坛在上海开幕。时任中共中央政治局委员、国务院副总理王岐山出席论坛开幕式并发表演讲，时任中国人民银行行长周小川和上海市市长韩正担任论坛联合主席。在论坛筹备过程

2008年9月，研究院举行第一届理事会第一次会议

中，中欧陆家嘴国际金融研究院承担了具体协调和秘书工作。

2008年9月，研究院隆重召开第一届理事会第一次会议。时任上海市委书记俞正声、市长韩正分别为本次理事会会议发来贺信。

二、探索创新

2007—2016年，是研究院不懈探索创新的第一个10年。这期间，研究院坚持秉承服务上海国际金融中心建设战略的初心，围绕人民币国际化、上海国际金融中心"十二五""十三五"规划、私募股权基金发展、投资基金法修订等前沿课题，开展学术研究和交流活动，为上海国际金融中心建设贡献积极力量。

这一时期，朱晓明、吴晓灵分别作为研究院首任理事长、院长，为研究院研究框架的创设和学术交流打下了坚实的基础。中欧研究员刘胜军担任执行副院长，中国社会科学院金融研究所殷剑峰、何海峰先后兼任研究院常务副院长，推动了各项工作的落地。

2011年起，研究院连续6年发布中英文双语版《中国金融政策报告》，不仅为国内各界提供了理解和把握中国金融政策的平台，也为国外读者打开了一扇了解中国金融政策动态的窗口。

2013年7月，顺应金融监管和消费者保护的时代需要，研究院与东方证券资产管理有限公司携手设立了"中欧陆家嘴金融消费者保护基金"，并自2014年起每年发布《中国金融消费者保护报告》、举办"金融消费者保护论坛"、揭晓"金融消费者保护十佳案例"评选奖项。研究院的努力为完善金融消费者保护法治环境、促进金融体系的健康发展提供了助力，也向有关决策机构贡献了咨询建议。

上海金融法院的设立无疑是上海国际金融中心建设中的一大里程碑。早在2015年，研究院即在司法环境建设课题中专门提出"推动上海国际金融中心建设司法改革的突破重点，就是加快上海金融法院的建设步伐"。2016年6月，时任研究院院长吴晓灵在研究院组织召开了"关于设立上海金融法院"的专项研讨会，最终促成了对于金融法院设立必要性、形式和路径的统一认识。同年，研究院以主题报告的形式提出"可以在上海设立专门的金融法院来试点解决金融消费者保护中的诸多诉讼难题"。毫无疑问，研究院的前瞻性研究为上海金融法院的设立发挥了智库支持作用。

研究院深知金融法治对于国际金融中心的重要价值。2009年，研

2009年7月，时任上海市高级人民法院院长应勇（左二）来访研究院，与时任研究院理事长朱晓明（右四）、院长吴晓灵（右三）等商讨开设金融法律培训课程事宜

究院与上海市高级人民法院合作推出"中欧金融法律高级培训课程"。课程以授课讲解、实地考察、案例讨论等多种形式，全面介绍和分析金融领域的宏观形势、法律规范体系以及执法重点难点问题。时光荏苒，迄今研究院已面向上海市法院系统、检察院系统、公安系统和纪委等完成了14期培训。

三、传承拓展

伴随"一带一路"倡议的提出和上海国际金融中心建设迈向更高能级，研究院在优势传承的基础上拓展前行：成立"中东欧经济研究所"，研制发布"全球资管中心评价指数"，发起成立"中欧陆家嘴金融50人论坛"……

2016年11月，中国工商银行原董事长、时任中国—中东欧基金董事长姜建清接任研究院院长；中国人民银行调查统计司原司长盛松成任研究院常务副院长。2017年1月，中欧国际工商学院与中国—中东欧基金联合发起设立中东欧经济研究所，内设于研究院。

2017年1月，研究院院长姜建清（左）与时任学院院长、研究院理事长李铭俊（右）为研究所成立揭牌

中东欧经济研究所成立以来，为持续提升中欧合作水平、落实"一带一路"倡议提供智力支持和资讯服务。每月定期推出内刊《中东欧视界》，年度《中东欧经济研究报告》（后更名为《欧洲区域经济研究报告》）连续出版，系国内第一个聚焦中东欧及欧盟区域经济发展的系列研究报告。2017年，研究所与波兰、匈牙利、捷克、斯洛文尼亚等中东欧国家的院校携手，联合开展中东欧学术研究项目，以专业而务实的国际视角为中国和中东欧地区的国家合作搭建沟通桥梁。2019年11月，研究院成功举办中国—中东欧学术圆桌研讨会，来自中欧国际工商学院和中东欧院校的专家学者，以及德国原总统霍斯特·克勒（Horst Köhler），英国原首相戈登·布朗（Gordon Brown），法国原总理、中欧特聘教授德维尔潘等多国原政要，与来自德国安联保险集团的企业代表等商界嘉宾齐聚一堂，共同探讨"一带一路"框架下中国—中东欧合作的新机遇和新动能。

在积极拓展中欧交流的基础上，研究院持续关注上海金融的发展规划和政策制定，其间参与完成了多项重大委托课题，为上海国际金融中心建设提供了智库研究支持。与英国智库Z/Yen集团持续的学术交流成功拉近了上海与国际金融界的距离：2016年9月，第20期国际金融中心指数（GFCI）在研究院发布，系该指数首次在中国发布；在2020年9月第28期国际金融中心指数（GFCI）报告中，上海排名跃居全球第3位，8页由研究院编撰的上海金融中心发展情况专报刊发其中，为上海实现基本建成具有全球影响力国际金融中心的目标提供了国际视角的评价佐证。

2020年9月起，中欧院长汪泓接任研究院理事长，她主导编制的《中欧国际工商学院发展战略规划（2021—2025）》明确要求：进一步提升研究院战略地位；建立开放式决策咨询平台智库；着手筹备"中欧陆家嘴金融50人论坛"，积极服务"后2020上海国际金融中心建设"。

为更好地服务于上海国际金融中心升级版建设，特别是服务于《上海国际金融中心建设"十四五"规划》中关于"上海建设全球资产管理中心"的战略部署，研究院专门成立项目组，并汇集众多业界专家智

2021年9月，研究院举行"2021全球资管中心评价指数"发布仪式（左起：盛松成、连平、叶国标、葛平、姜建清、汪泓、梁庆、张维炯）

慧，于2021年9月通过创新性研制推出了《2021全球资产管理中心评价指数报告》。

2022年3月，中欧金融学与会计学教授赵欣舸接任研究院常务副院长，随即主导并推动了后续每年度发布《全球资产管理中心评价指数报告》。该指数报告为资管行业提供了全球动态晴雨表，已成为市场参与者、政策制定者、行业研究者的重要参考，品牌效应初步显现。

2022年12月，研究院与各方携手发起成立"中欧陆家嘴金融50人论坛"（CLF50），时任上海市常务副市长吴清发表视频贺词。该开放式智库论坛汇聚了逾100位经济金融专家，旨在打造成为上海乃至长三角地区最具有成长性的经济金融思想交流平台，为研究院的决策咨询和课题研究提供智力支持。研究院副院长刘功润任秘书长，推动CLF50每年举办系列高峰论坛和学术活动，为中欧金融智库品牌建设注入了新的活力与动能。

2022年12月，"中欧陆家嘴金融50人论坛"（CLF50）在中欧上海校区正式启动

四、面向未来

研究院创立与发展走过的17年，恰是上海金融深化开放和蓬勃发展的重要时期：上海的金融机构从单一转向多元，金融资源配置从国内走向国际，金融改革创新从单点突破迈向系统集成；在夯实国内金融中心地位的基础上，上海已基本建成具有全球影响力的国际金融中心。

作为以服务国家金融发展战略为核心目标的智库机构，研究院始终牢记初心使命，躬耕前行，取得了可圈可点的阶段性成果：累计立项承接160多项上海金融重点委托课题，协助筹备"陆家嘴论坛"并举办160多期"中欧陆家嘴金融家沙龙"，提交决策咨询专报200余份，出版30多部学术报告和专著，在各大主流媒体平台刊发数百篇经济金融热点解读文章。

面向未来，研究院将紧扣时代脉搏，深入研究全球金融市场和金融改革发展前沿问题，尤其是聚焦做好科技金融、绿色金融、普惠金融、养老金融、数字金融5篇大文章的智库支持工作，确保在服务上海国际金融中心建设与金融强国战略中体现价值、有所作为。研究院还将锚定学院"八大战略"中关于"构建学术高峰"的目标任务，通过参与承办"陆家嘴论坛"、培育"中欧陆家嘴金融50人论坛"开放式智库平台以及广泛开展学术合作与交流，持续提升研究院的业界影响力，努力打造一流智库品牌。

第五节　国际化的新型智库

　　智库是助力科学决策的重要支撑，是商学院践行社会责任、推动社会高质量发展、打造前沿思想策源地的重要途径，也是服务政府科学民主决策、破解发展难题的迫切需要，对于坚持和发展中国特色社会主义、提升国家软实力、建设创新型国家具有重要意义。国务院总理、上海市委原书记李强于2021年调研学院时，曾提出三点期许，其中一点就是"更好成为助力国家和城市发展的智库"。2023年12月，上海市市长龚正也在调研学院时表示，希望学院"发挥世界级智库队伍作用，深入研究、积极建言、多出良策"。作为一所立足中国、放眼世界的顶尖商学院，中欧已日益成为国家尤其是区域经济高质量发展的重要引擎，加强学院智库建设意义非凡。

一、服务国家与区域发展战略

　　在30年的发展历程中，学院始终重视决策咨询与智库研究，将其视为越来越重要的使命，并提升到战略的高度。《中欧国际工商学院发展战略规划（2021—2025）》明确提出，学院将"围绕国家战略和区域发展，积极'入局'，以作为换地位"，并将"打造一流智库，全方位对接国家和区域战略需求"作为今后的发展重点之一。

　　为了加快与国家及区域经济社会的高度融合，发挥集聚辐射效应，提升对关键领域自主创新的支撑引导能力，充分发挥自身的研究能力和智库影响力，学院秉承教研并举、学术与实践并重的导向，整合五大学科世界级师资队伍，持续构建"2+4+X"跨学科研究高地，打造了中欧陆家嘴国际金融研究院、案例中心、社会保障与养老金融研究院等国际化、前沿性、高层次研究平台，鼓励教授围绕一系列前沿和重大课题开展原创性研究，加强案例开发、案例库建设和案例传播国际合作，提高产学研融合及知识成果转化能力，坚持"长研究"和"热研究"并举，持续产出具有"中国深度 全球广度"的研究成果，不断提升研究实力和国际智库影响力，全方位对接国家和区域战略需求，力争打造一流智库。

目前，学院已初步构建起覆盖宏观经济、金融、国际贸易、区域经济、产业转型、资产管理、社会保障、ESG、数字经济、邮轮经济、智慧医疗、房地产等多个领域的决策咨询体系，构建国际化、多元化、矩阵式生产模式，为国家及地方高层领导提供决策咨询。

二、思想库、智囊团

"十四五"开局之际，营造良好的发展环境至关重要。为深入反映广大市场主体和人民群众的政策诉求和期盼，为高层领导制定战略决策及推动国家经济发展起到积极作用，相关高层机构希望选定一批高质量、高水准的智库单位，第一时间搜集基层、市场和群众的信息，经济运行、社会发展中的重要情况和突出问题，结合实际情况，提出具体政策建议和实施办法，并报送国家高层领导。经过慎重考察和层层筛选，2021年1月，学院被国家有关部门选定为信息直报点之一，开始正式报送政策建议专报。

汪泓院长高度重视直报工作，将政策研究室（以下简称政研室）作为直报工作的主要部门，由毛竹晨担任主任。同时，调动中欧陆家嘴国际金融研究院、案例中心的研究力量，协调引入经验丰富的外部专家，为直报工作搭建了高效的团队和内外合作机制，实现了高起点、高站位开局。政研室不断探索工作模式，团队成员定期学习中央文件和领导讲话，及时关注和研究时下热点问题，并与各方研究力量保持密切沟通，不断产出重要决策咨询建议。汪泓院长更是亲自上阵，不仅对报送的每篇稿件都审核把关，还凭借多年积累的研究优势和地方工作经验，亲自参与撰写政策建议，其中多篇得到录用和批示，成为学院直报工作的主要贡献者。

直报点的设立为学院提供了咨政建言的重要渠道，除汪泓院长外，多位院领导及中外教授们都踊跃参与直报撰写，包括李铭俊、杰恩、张维炯、盛松成、丁远、朱天、赵先德、芮萌、周东生、陈世敏、赵欣舸、许斌、韩践、王琪、方跃、苏锡嘉、巫和懋、马磊等多位教授。上报的建议涵盖了地缘政治、数字化、创新创业、人工智能、产业转型、消费、金融、服务业、社会保障、新能源、绿色发展、人才引进、邮轮经济等备受国家层面关注的主题。

值得一提的是，汪泓院长连续多年作为上海市人大代表出席上海"两会"。2024年1月，汪泓院长在上海"两会"期间提交了多份政策建议，包括完善上海"揭榜挂帅"长效机制、推进上海城郊养老联动发展、完善药品集中采购制度、打造具有世界影响力的科创城市等重要议题，得到相关部门的高度重视与积极反馈，多家主流媒体均进行了专访报道。

自2021年以来，学院通过直报点共提交1 000余份决策建议，其中包括60余份深度调研报告。300余份决策建议被录用，40余份获国家领导人批示。2023年，中欧在全国研究机构类信息直报点中的排名上升至第2位，并被评为年度全国政务信息工作优秀单位。这一成绩彰显了学院在智库建设方面的实力与发展潜力。国家有关部门和上海市政府也对学院高质量的决策建议和高效的约稿响应给予了高度肯定，并表示，在纷繁复杂的国际国内局势下，希望继续加强与学院的合作，充分发挥学院在知识创造和学术研究等方面的能级、影响力和桥梁作用。

除直报工作外，政研室还与学院理事会和国际顾问委员会成员保持着紧密沟通，积极促进中欧双方合作交流，落实相关建议。政研室还开拓了商学院战略研究工作，重点研究商学院发展趋势和竞争格局，为学院战略决策提供信息支撑，对学院发展中带有全局性、战略性、方向性的问题进行超前性、跟踪性调查，为学院提供有关中外顶尖商学院及管理教育行业重要动态、最新观点和最新趋势的战略信息。

未来，政研室将不断加强专业研究深度，进一步夯实政策研究和决策咨询能力，通过国际比较研究，持续产出具有"战略高度和研究深度"的成果，实现高水平、高质量、高影响力和可持续的发展。同时致力于成为学院的思想库、智囊团，在学院"中国深度 全球广度"的办学过程中源源不断地贡献新理念、新思路和新战略。

三、推动中国邮轮经济复苏繁荣

汪泓院长兼任上海国际邮轮经济研究中心主任，她对邮轮经济的研究和推动已长达20余年。早在上海工程技术大学任校长期间，她就大力推动上海工程技术大学2005年设置国内首个邮轮经济专业，填补了该类人才的专业培养空白。她在任上海宝山区区长、区委书记期间，带领宝山区成功创建全国首个中国邮轮旅游发展试验区和中国邮轮旅游发展示范区，引进并连续4年成功举办Seatrade亚太邮轮大会，推动上海吴淞口国际邮轮港高速发展成为亚洲第一、世界第四大邮轮港。汪泓院长自2012年起每年牵头举办中国邮轮经济发展高峰会议，并于2018年发起创立邮轮经济50人论坛。2019年，汪泓院长在Seatrade全球海事航运邮轮大会上荣获"邮轮发展杰出贡献奖"，成为亚太地区唯一获此殊荣的邮轮行业领军人物。在2022年8月举办的第15届中国邮轮产业发展大会（CCS15）上，汪泓院长当选为第3届中国邮轮发展专家委员会副主任委员。2023年10月，Seatrade亚太邮轮大会在香港举办，汪泓院长受邀出席，就"中国邮轮产业发展新形势、新路径"的主题发表演讲。在我国首艘国产大型邮轮"爱达·魔都号"建造过程中，汪泓院长曾积极促成各方合作，并作为特邀嘉宾出席了该邮轮的命名交付仪式。2023年11月，汪泓院长出席由中国交通运输协会、深圳市人民政府联合主办的第16届中国邮轮产业发展大会并发表重要演讲。

2014年至今，汪泓院长连续10年担任《邮轮绿皮书：中国邮轮产业发展报告》主编。邮轮绿皮书是我国第一本针对中国邮轮产业发展正

2023年10月，汪院长领衔组织编撰的《中国邮轮产业发展报告（2023）》在Seatrade亚太邮轮大会上发布［左起：闫国东、邱羚、马磊、泰德·布莱梅（Ted Blamey）、汪泓、安德鲁·威廉姆斯（Andrew Williams）、史健勇、叶欣梁、马红］

式连续出版的皮书系列研究报告，汇聚了国内外邮轮产业界与学术界的尖端力量，洞察邮轮产业发展的新动向。该报告是中国社会科学文献出版社"皮书系列"中的一部重要著作，书中多篇报告获得中国社科院颁发的"优秀皮书报告奖"，施普林格（Springer）出版集团面向国际读者出版发行该绿皮书国际版。2023年度报告由汪泓院长领衔，中欧国际工商学院、上海国际邮轮经济研究中心和上海工程技术大学共同编写。

2020年暴发的新冠疫情致使邮轮市场陷于停滞状态。汪泓院长心系中国邮轮市场复苏，自2023年初开始，围绕中国邮轮市场复航、邮轮全产业链发展、邮轮经济高质量发展、邮轮制造业竞争力、上海邮轮产业发展等话题，提交了10余份政策咨询建议，并与有关政府部门、中外邮轮企业等各方保持密切沟通，有效推动了中国邮轮市场的复航，为中国邮轮经济的复苏做出了重要贡献。

2024年，在汪泓院长的大力推动下，学院成立了国际邮轮经济研究中心，致力于成为中国邮轮产业的研究领军智库和国际知名的邮轮产业研究机构，持续引领中国邮轮产业的研究和发展，为全球邮轮产业的创新和进步贡献力量。

四、以高水平课题研究促上海高质量发展

中欧的智库研究既体现了中国深度和全球广度，更凸显了战略高度。2023年，应上海市政府发展研究中心邀请，中欧承接了上海市重点专项课题"制约上海高水平服务业发展市场监管制度方面的最主要瓶颈和问题研究"，按照上海市委书记陈吉宁对高水平服务业监管相关要求，针对"放管服"背景下上海服务业监管存在的最主要问题，找出制约高水平服务业发展的最主要瓶颈和主要原因，提出服务业市场主体监管最迫切需要采取的新办法和新举措，以及上海服务业监管制度改革创新的突破口和重大举措。研究团队一方面通过深入的多方调查掌握翔实的一手资料，另一方面通过全面的国际比较找差距、寻对策，最终完成了10场专题调研，形成了1篇主报告、9篇行业报告、6篇调研专题报告，共计逾8万字，为上海市高水平服务业监管制度改革创新提出了一系列切实可行的建议，获得了上海市政府发展研究中心和上海市市场监管局等政府部门的高度认可。

学院还承接了上海市政府"上海高水平服务业加快发展、提升能级研究报告""上海打造金融风险管理中心的内涵、目标、路径和举措研究"等两项重点课题。前者在深入调研上海高水平服务业发展现状的基础上，分析上海高水平服务业发展的短板和不足，剖析最关键的制约因素，借鉴国内外城市经验，研究促进加快上海高水平服务业发展和能级提升的相关建议。后者则是通过有效的路径举措克服上海金融风险管理中心建设的障碍，厘清打造上海金融风险管理中心的内涵、目标和意义。此外，学院还承接了"全球科技创新城市评价及国际比较研究"课题，通过对全球100个城市进行比较分析，从而为上海市建设国际科创中心提供参考和借鉴，获得有关部门的高度评价。

2024年，学院承接了上海市发改委两项"十五五"规划前期研究课题《"十五五"期间新一轮全球科技革命对上海的影响及应对举措研究》《"十五五"期间上海可能面临的重大风险和应对举措研究》，汪泓院长带领课题组成员深入开展了多轮研讨会和调研，对课题进行了充分的研究和论证，课题报告获得了市发改委的高度认可，也进一步提升了

中欧决策咨询与智库研究能力。同时，学院还协助上海市发改委开展了"上海加快发展新质生产力"专家座谈会，协助上海市人大研究浦东如何打造全球高端人才高地，为上海市经济发展贡献中欧智慧。

此外，学院还收到浦东区委、新华社、《人民日报》等多项约稿任务，其中多份稿件作为《人民日报》及新华社内参报送高层领导，不仅获得了领导认可，更是夯实了中欧决策咨询与智库研究能力，为上海经济发展贡献了应尽之力，为国家现代化治理提供了高水平智力支撑。

第六节　高效的教学与研究支持系统

过去30年，中欧高水平的教学和高影响力的研究成果引人瞩目，这离不开一系列高效的支持系统。学院下设的教务长办公室、院长办公室、市场与传播部、信息图书中心、翻译部、人力资源部、财务部、运营保障部等充分发挥各自职能，从不同维度保障和推动了学院的高质量发展。随着数字化时代的到来，学院近年来不遗余力地推进"智慧校园"建设，构筑了数智化转型新动能、新优势。各系统的支持团队默默奉献，为教学和研究工作的高效、平稳、有序运行发挥了不可或缺的作用，更为广大学生和校友提供了卓越的服务。

一、国际化、专业、敬业的员工队伍

中欧能够实现高速发展，跻身全球管理教育第一阵营，除了一流的师资以外，还得益于一支国际化、专业而又敬业的员工队伍的高效支持。

建院之初，学院仅有几十名员工，经过30年的发展壮大，员工人数已达到590人左右。国际化是员工队伍的一大特色，他们来自全球5个洲17个国家，37%拥有海外留学或工作经历，其中不乏来自剑桥大学、牛津大学、哥伦比亚大学、纽约大学等国际知名院校的毕业生。员工队伍专业性强，56.5%拥有硕士及以上学位，4%拥有博士学位。多数员工拥有企业工作经历，包括谷歌、腾讯、京东、埃克森美孚、拜耳、毕马威、联合利华等知名企业。员工对学院有着很强的归属感，33.9%的员工已为学院服务10年以上。随着更多年轻、富有活力的新员工加入学院，Z世代（通常是指1995—2009年出生的一代人）成员已占到员工总数的10%。

学院于1996年成立了人力资源部，同时根据发展需要，不断对员工组织架构进行拓展和调整。目前，学院已从建院之初的9个部门发展到如今的20多个部门，分为课程部门和支持部门两大体系。两大体系高效运转、相互配合，形成了良性互动的机制。各部门也随着工作的变化，灵活调整下设职能。

为持续打造国际化、专业、敬业的员工队伍，充分发挥人才效能，原主任董雪君和现任主任陈晓红带领人力资源部规划并实施了独具特色的人才选拔、培养、激励与保留机制，并助力学院培养独特的"合"文化。

在人才选拔与培养方面，学院通过设计科学的面试方法、培养专业面试官、设立严谨的入职流程，面向全球招募优秀人才。由院领导推动、各部门共同参与的"员工职级评定标准"形成了三大序列、十个二级子序列、十三个三级子序列，为人才招募提供指引，为员工规划清晰的发展路线图。学院定期实施人才盘点，系统管理组织结构和人才，为建设高效人才供应链夯实基础。学院还出台了轮转岗政策，鼓励员工多方面深入了解学院，成为掌握复合技能的人才，同时推动跨部门信息、资源的共享，提升协同效能。通过持续迭代，学院设立了全面、系统的员工培训体系，依托办学优势，推动员工与学院共同成长。学院还向高潜质员工提供就读学院课程的机会及就读校外在职硕士、博士课程资助，全方位支持员工持续学习。

在人才的激励与保留方面，学院持续迭代员工绩效管理系统，根据学院战略调整考核重点，设计考核指标，提升管理者的绩效管理能力，依托人力资源系统D-HR实现绩效考核数字化，同时迭代"绩效分布"方案，实现奖优、促庸、汰劣。为吸引和保留优秀员工，学院持续优化薪酬结构，构建更具市场竞争力和激励性的薪酬体系，深化"以绩效为导向"的薪酬激励机制。此外，学院不断与时俱进，关注员工的个性化需求，持续提升员工福利的弹性和针对性，设计并提供了涵盖身心健康关怀、工作生活支持、学习成长、家庭关爱等方面的有温度、有价值的员工福利体系。

在"合"文化建设方面，为强化跨校区、跨部门沟通，增进协同，人力资源部推出了多项文化融合项目，包括"合Time·跨部门沟通会""中欧人讲堂""才艺秀""新员工冬令营"等，促进员工之间的非正式沟通，增进交流与了解。同时，每年评选"合"之星，鼓励员工通过实际行动丰富"合"文化的内涵。

二、高品质、高效能的教授服务

中欧从建院之初就成立了教务长办公室，致力于为教授提供高品质的教学和研究保障，以及细致和规范的行政服务。教务长办公室曾于2001年更名为教授支持部，后又恢复为原名称。

随着师资队伍建设的不断推进，教务长办公室的职能也日趋全面。目前，教务长办公室的员工分为行政和研究两大团队。行政团队一方面承担部门的综合业务管理事务，另一方面为教授提供行政管理服务；研究团队则由学术人员组成，专注于教研方面的支持工作。

行政团队从教授入职开始就提供全方位的服务。大到年度学术会议，小到教授搬家打包，都制定了严格的标准化工作流程，力求为教授们提供卓越的服务。每年，各学科系、研究领域、研究中心举办百余场学术活动，均由行政团队完成。同时，行政团队中的各系秘书还负责安排客座学术领袖等学术嘉宾的来访，协助组织公司参访、教授团建等重要活动。历年来，教授们对行政团队的支持满意度一直保持在高位，这也成为中欧能够吸引和留住优秀教授的重要因素之一。

随着学院对教学研究实力的重视和加强，学术员工扮演的角色也变得越来越重要。学术员工都具备扎实的学术背景和丰富的研究经验，95%以上拥有国内外知名大学的博士或硕士学位，主要负责研究支持、教学支持与教研相关的行政支持。目前，中欧约60%的教授都聘有全职研究助理，协助进行文献综述、数据收集和分析、撰写案例等工作。如今，学院已经打造了一支强有力的、稳定的、高效能的学术支持团队，为中欧教学科研注入了源源不断的活力。

院长助理徐惠娟作为教务长办公室主任，在教授人事管理、教研和服务管理、国际发展业务与活动管理、排名与认证管理等方面发挥了不可替代的作用。与她共事20多年的副院长兼中方教务长张维炯教授曾感慨道："徐惠娟领导着学院人数最多的部门，为教授们提供多方面支持，她精通业务且亲力亲为，具有极强的执行力，并拥有高效的协调、沟通和决策能力。她对每一位教授的情况了如指掌，不仅了解教授们的工作需求，还积极解决他们在生活上的困难。凭借丰富的经验和不凡的才能，她为教授管理工作的持续创新积极建言献策，是学院管理委员会的得力助手，也是一位不可多得的优秀管理者。"

三、高效灵敏的战略中枢

院长办公室（以下简称"院办"）是学院院级行政事务的综合协调机构。自建院以来，院办在历任主任的努力下，始终围绕学院工作重心，推动落实学院发展战略，积极发挥参谋助手作用，是学院上传下达、统筹协调的重要工作枢纽和润滑剂，也是学院对外交往联络的重要窗口。

30年来，随着学院的发展壮大，院办的职能也在不断扩大。2017年，MBA课程部原主任李瑗瑗加入院办，担任部门主任，后升任院长助理。院办新增了更多战略职能，目前已涵盖战略发展与院级会务、政策研究信息直报及理事会、院长支持及行政管理、政府与公共关系及项目管理、国际事务管理与服务、学院信息管理、法务合规与风控、环境健康与安全等职能板块。院长办公室下属的档案室于2006年设立，自2017年归至院长办公室，纳入学院信息管理体系，发挥收集历史、服务未来的战略作用；法务合规与风控职能于2018年新设，以满足学院日益增长的法律事务需求和规范办学的理念；政策研究室于2020年底由汪泓院长牵头成立，协同内外资源，更好地发挥学院的智库作用，服务国家战略和区域经济发展；环境健康与安全职能于2021年在新冠疫情特殊时期以及学院ESG战略部署的背景下应运而生。

作为学院的中枢部门，院办将结合自身综合性强、服务性强和灵活性强的特点，不断丰富职能的广度，探索能力的深度，在做好服务的同时，促进自身发展，逐渐成长为更具前瞻性、勇于创新的"多面手"团队，在协助院长、管理委员会构建科学治理体系、推进八大战略落地的过程中发挥更大的作用。历任院办主任分别是：韩申瑶、葛俊、戴馨、毛竹晨、李瑷瑷。

四、卓有成效的品牌建设

作为一所按市场化、国际化标准独立办学的商学院，中欧开国内商学院之先河，早在2001年就成立了市场及公共关系部（后于2020年更名为"市场与传播部"），首任部门主任王晓忠。部门以市场化的理念、国际化的视野，建设中欧品牌，传播中欧知识，持续提升学院在国内和全球的影响力。市场与传播部至今经历了三个发展阶段。

第一阶段：部门建立之初，正值中国加入WTO之际，各行各业都呈现出蓬勃生机。部门结合学院的学术资源和研究优势，组织和策划了一系列行业高端论坛[1]，吸引了众多国内和全球知名企业家及专家学者参加，受到了社会各界的高度关注。2003年举办"中国汽车产业高峰论坛"，政府官员、行业领袖和知名学者共同讨论行业的机遇与挑战，这是国内商学院首次举办此类论坛。2005年推出"健康产业高峰论坛"，政策制定者和企业家就中国医疗议题进行对话，成为国内最具知名度的健康产业论坛之一；2007年发起"中国银行家论坛"；2009年推出"顶级品牌高峰论坛"；此外，围绕传媒、房地产、服务外包、农商、家族传承等重要领域推出系列论坛……这些论坛在搭建思想交流平台的同时，通过"产学研"的融合与共创，有力促进了学院相关课程的开发和研究中心的设立，提升了学院在前沿领域的智库影响力。

同时，部门不断开拓媒体关系，推动学院品牌持续破圈。学院与诸

---

1 关于"行业论坛"，详见第一章第七节第九部分。

多国内传统媒体建立了战略合作伙伴关系，推动中欧品牌建设。国际传播也打开了新局面，产生了诸多颇具影响力的报道，学院在国内外主流媒体上的曝光率和报道量都位于国内商学院之首。

第二阶段：进入21世纪的第2个10年，随着越来越多中国企业"走出去"，并面临着越来越大的创新转型压力，部门一方面通过"欧洲论坛"[1]搭建合作交流桥梁，另一方面在国内多个城市举办"思创会"[2]，助力区域经济发展。截至2024年3月底，"欧洲论坛"已在欧洲7个国家举办近30场，共吸引来自全球的8 000多名参会者，多位驻欧洲各国大使、政治家、企业家等出席，并与世界各地100多个最具影响力的商会、协会、智库建立了战略合作伙伴关系。在通过"欧洲论坛"提升全球知名度的同时，市场与传播部也借力"思创会"进一步扩大中欧在中国各地的品牌影响力。"思创会"已举办62场，足迹遍及全国30多个城市，建立起与各地校友分会、商会、协会的合作网络，是中欧助力课程招生、持续赋能校友、贡献区域发展、践行社会责任的重要举措。

这一阶段，传统媒体面临艰难转型，社交媒体则发挥了越来越重要的作用。部门率先开通了学院新浪微博和微信公众号，积极利用社交媒体进行品牌宣传，中欧官微逐渐成为教授知识、传播校友故事及推介中欧课程的最佳渠道，成为国内最具影响力的商学院公众号之一。同时，部门在Facebook、LinkedIn、Twitter、YouTube等国际社交媒体平台上也不断发力，加强国际品牌传播。

第三阶段：进入2020年，新冠疫情意外暴发，国际局势纷繁变幻，传播环境剧烈变化，部门及时调整传播策略，升维品牌思路，在汪泓院长的关心指导和部门主任费喃吟的带领下，推出了一系列创新举措。

首先，"欧洲论坛""思创会"加速向线上转型，"欧洲论坛"探索出"三城双会场连线举行"的新模式，而"思创会"在活动形式和内容方面不断迭代，焕发了全新的活力。同时，"中欧话未来"邀请具有非凡知名度和影响力的大咖人物分享观点洞见，提升了中欧的品牌美

1　关于"欧洲论坛"，详见第一章第八节第八部分。
2　关于"思创会"，详见第一章第九节第八部分。

誉度。

其次，部门继续加强与主流媒体合作，邀请教授围绕社会关注的前沿议题展开深度探讨，传播中欧知识，贡献中欧智慧。2023年，国内国际媒体发布中欧教授专访报道459篇，92位教授参与，在全球48个国家和地区均有曝光。

这一时期，随着短视频的兴起，部门陆续开通了学院在视频号、抖音、哔哩哔哩等平台的官方账号，并推出一系列创新策划项目，取得了显著的传播效果。截至2024年3月底，学院运营的中文和国际社交媒体平台已达16个，总粉丝数达180万人。

此外，鉴于直播已成为重要的传播形式，部门持续通过自有社交媒体平台以及外部直播平台，对学院重磅论坛和各部门活动提供直播支持，2023年全网观看量超过2 600万人次。

最后，顺时顺势推动市场与传播工作的数字化转型，持续探索通过AI技术和智慧化工具提升传播效能，增强"品效合一"，更高效地开展传播工作，助力课程招生。

面向未来，市场与传播部作为学院的"喉舌"，将持续引领创新，增强传播合力，推动数字化转型，加强品牌建设和知识传播，赋能课程招生，将中欧的全球影响力与品牌美誉度推向新高度！

五、专业的翻译支持

翻译工作始终是学院开展双语教学和研究不可或缺的环节。为了提供高水准的双语教学，中欧创建伊始便成立了翻译部。

创院初期，从事工商管理教育领域的口笔译专家人才奇缺。学院在自建笔译专家团队的同时，也从当时国内唯一培养国际会议同声传译人才的北京外国语大学联合国译员训练班中招募毕业生作为外聘口译员。到1999年，学院正式招募了全职口译人才，逐步建立了口笔译专家队伍。此外，学院还借鉴了联合国等国际组织对口笔译人才的治理架构和管理方法。

翻译部始终秉承"专业服务创造价值"的信条,以高标准、高水平的翻译服务助力学院的高质量发展。2023年的最新数据显示,课程学员对口笔译服务的平均评分高达4.8/5。即便是在新冠疫情期间面临种种条件限制和突发状况,团队也能灵活调整工作模式,转战线上,借助最新的技术平台,不间断地为学院提供专业的语言服务。除课程外,翻译部还承担了学院高端论坛、各项活动和国内外政要来访的翻译工作,受到与会嘉宾和各方领导的高度肯定。在学院重量级出版物的翻译工作中,翻译部也为传播全球最新管理知识起到了积极的推动作用。

在学院推进发展规划中"构建学术高峰"的战略进程中,翻译部全力配合,服务案例中心的国际案例库入库项目,将中国本土案例译成英文,为中国案例走向世界把好语言关。上线哈佛案例库的百篇中欧案例大部分由翻译部翻译完成。在2023年荣登畅销案例榜单的8篇中欧案例中,6篇经由翻译部翻译。

李云路于1999年加入中欧。作为上海最早几名被吸纳加入国际会议口译员协会(AIIC)的高级翻译之一,他从优秀的口译员成长为部门带头人,带领翻译部打造了一支高水准的口笔译专家团队。30年来,翻译部用卓越的语言服务能力使中欧在教学支持方面获得了独特的竞争力,借口译之"口"、笔译之"笔",为学院多语言、多文化环境的打造做出贡献,巩固和增强了学院的"中国深度"与"全球广度",凝聚了独特的"合"文化,为学院跻身全球管理教育第一阵营发挥了重要作用。

六、与时俱进的智慧校园

2020年,汪泓院长甫一上任就在11月召开的理事会上提议建设"智慧校园",将其作为重点项目纳入学院"十四五"发展战略规划(2021—2025),构建推动学院高质量发展的"新引擎",得到了与会全体理事的一致赞同。按照规划要求,智慧校园的建设要通过新型网络基础设施与人工智能、云计算、大数据、物联网等为代表的新一代信息技术的应用，以信息化、数字化赋能学院高质量发展，为学院加速落实数字化转型奠定坚实的基础；首期3年将投入1.2亿元，未来将根据需要持续投入建设，最终通过集中打造"智慧教学环境与设施管理""平安校园""绿色校园"，实现"一屏识中欧、一站办实事、一网管校园"的总体目标。

2021年9月，经过前期紧张的筹备调研和论证，"智慧校园"在上海校区举行了启动仪式。汪泓院长表示："中欧智慧校园建设是面向未来之举，是学院建设国际一流商学院的核心竞争力，要赋能学院对全球商业领袖的培养，助力学院实现绿色可持续发展的需要，同时也要为上海智慧城市建设和国家'数字中国''绿色中国'战略的贯彻实施做出积极贡献。"

在汪泓院长、张维炯副院长和马磊书记的领导下，信息图书中心原主任薛东明、副主任陆明，以及运营保障部副主任黄伟带领两个部门，协同全校各部门、各校区，以系统性思维强化"一个中欧一盘棋"的顶层设计，基于目标导向、需求导向"双导向"和数据驱动、应用场景驱动"双驱动"，结合学院办学实际和办学特色，打造服务无处不在和以数据推动学院治理转型的数智中欧新模式。

经过为期2年多的建设，克服疫情等因素的影响，通过数字化新基建、数字化运维新系统的设计开发与建设运行的同步实施，基本完成了上海、北京、深圳校区教学设施、运维保障设备、网络信息系统的新一轮提升改造，初步完成了学院全域系统化的业务场景定义、数据治理和一体化管理平台的开发。通过流程驱动、用户驱动和数据驱动的并进模式，基本实现了"一屏识中欧、一站办实事、一网管校园"，为学院迎接数字经济和数智时代的挑战，构筑数字化转型新动能、新优势奠定了坚实的基础。

打造集约、高效、开放、共享的数字化运维新系统。通过"数据中台"建设，以"融合、治理、共享"的原则对学院原有数据资源进行"清洗"和标准化，将数字要素转化为高质量的数据资产，数据唯一性从89%提高到100%，规范性从89%提高到95%，完整性、一致性和准确性从低于85%提高到99.8%。参与数据管理部门实现100%全覆盖，构建了面向所有师生、员工、校友的线上线下融合中心和一站式服务大厅，既消除了数据孤岛，打通了数据壁垒，也推进了部门协同。在此基础之上，通过"数据模型训练+AI+业务场景"的校园运行体征监测和AI服务训练，完成了招生、教务、评教等5个场景研发"智能推理"服务，让课程运营全流程更智慧；完成1个校级、14个部门级的管理看板系统64个，实现管理层和业务部门信息"横向到边、纵向到底、分级授权、逐层剖析"的综合检索分析的功能，基本实现"以科学的数据分析支撑科学决策"。"一站式服务大厅"作为智慧校园总入口，累计完成15次迭代改进，实现"应用服务一键触达、关键数据一屏可识、常规业务一站可办"。通过构建覆盖学院核心业务的"五大中心"建设，推动了原有信息系统大整合，推动数据大融合、标准大统一及部门大协同。启动教学管理信息系统建设，初步完成学生从参加招生宣传活动、报名咨询、网上申报、笔试面试、录取入学至毕业成为校友的全链条、全过程、全数字化的运营管理平台建设。通过优化教授管理信息系统，实现教务长办公室、课程部门的业务协同和教授教研管理信息化。推出学院统一活动管理中心，实现对各业务部门活动数据的标准化采集、一站式发布、多模式展现、多渠道追踪，并对接招生系统，让"带有各类有价值标签的信息"发挥其价值效用。通过启动学院校友库建设，整合学院各业务部门原有10多个与校友相关的管理和服务系统，对接学籍库和统一活动管理中心，提升管理效率和服务效能。学院积极探索AI技术在教学和管理工作中的应用，在部分业务部门引入微软AI系统，开展业务场景创新的试验。

推动先进、安全、便捷、稳定的数字化新基建。信息图书中心和运营保障部在确保学院正常运转的前提下，利用假期和碎片化时间，克服困难，完成了上海、北京、深圳三地无线网络及配套设施的全面升级，完成了15间教室和18间讨论室的改造，满足学院多场景、多功能、多变化、高标准的复杂教学要求，提升线上线下混合教学的沉浸式体验和用户操控体验。在完成骨干网光纤改造和设备升级、因特网带宽提升、数据中心计算资源扩容，实现Wi-Fi6全覆盖的同时，三地网络及无线服务标准也进一步统一，提升了用户满意度，确保了网络信息的安全、可靠和服务便捷。通过运用思科DNAC简化网络管理，可以更快、更智能地应对变化和挑战，在对云计算数据中心的管理上实现对关键指标的分析和可视化报告，做到科学运维管理，提高了整体运营效率。学院4个系统通过国家信息安全等级保护认证。利用能耗数据和精准调控，实现"最佳舒适度"和"能耗管理"的优化与平衡。

构建智能连接、智能感知、智能控制、数据驱动的物联网平台。初步完成学院物联网的顶层设计和整体规划，并实现教学网、物联网的信息互通，确保校园管理"一张网"的整体性、安全性和稳定性。"智慧教学环境与设施管理""绿色校园""平安校园"三大板块已初步建成，17个物联子系统投入使用，3 049台设备接入系统，实现物联网与业务网的数据交互，初步完成三地校园物联数据服务的统一。智慧物联板块的应用极大地提升了校园管理水平，可完成对各类设备资产的盘点、巡检、维保、维修、报警、处置的全生命周期管理。通过建设完成流媒体管理平台，结合教室改造实现网上巡课功能，并可结合安防监控系统改造实现对学院各校区关键区域的可视化监控。提升校园安全管控能力，优化三地统一门禁管理系统、校园消防物联系统，优化校园导览系统。完成部分教学楼机电设施改造，实现自动采集能耗数据形成记录和统计报表，升级水电等能源多级计量网络，汇总统计历史数据，进行多维度综合分析，提高能效优化能力，为学院不断推进提升ESG治理能力和能级打下良好的基础。

七、先进的图书信息系统

从建院之初，学院就着手建立一个与国际化商学院地位相匹配的、为教学和研究服务的图书和信息服务支持系统。

1995年，在上海交大闵行校区过渡期间，学院借用包玉刚图书馆6楼作为临时图书馆。虽然当时设施比较简陋，但是图书馆始终秉持国际化办馆理念，并于1995年加入全球最大的图书馆合作组织联机计算机图书馆中心（OCLC），实现了联机编目和全球范围的馆际互借。图书馆在建馆初期就采用了电子订购方式，通过互联网发送外文图书与期刊的订单，大大提高了工作效率。图书馆还引进了当时国际上最先进的管理类期刊索引及全文光盘箱（Jukebox）系统，为教学和研究提供了很大的便利。

图书馆于1999年10月搬迁至浦东校园。香港亚洲资源集团（后改名环球资源）捐赠了100万美元用于建造馆舍，新馆因而冠名为"环球资源信息中心"。2012年3月建成的北京校区图书馆于2019年进行了改建，目前中欧北京校区以及深圳校区均设有图书阅读空间，三地校区已实现纸质图书通借通还，共享电子资源。2019年图书馆开始承担全院教学资源的采购任务，服务于五地校区课程，确保多地办学顺利开展。

经过30年的发展，在历任负责人杜谦主任、薛东明主任、胡敏副主任的带领下，图书馆已逐步建成以经济、管理类文献为核心的专业馆藏体系，现拥有中、英文印刷版图书7万余册，印刷版期刊100余种，视频资料200余份。中、英文电子图书33万多册，中、英文电子期刊5万余种，电子数据库60多个，而电子资源服务不受时间和地域的限制，

冠名为"环球资源信息中心"
的图书馆外景

五地校区用户都可通过网络随时随地访问图书馆丰富的电子馆藏，满足阅读、教学和研究的需求。

近年来，图书馆在合理布局及优化配置文献资源的同时，确立了优先发展电子资源的战略，电子资源建设投入已远超纸本馆藏。据统计分析，图书馆的中、英文电子核心期刊平均覆盖率超过95%。对标美国一流大学图书馆的商业数据库订阅情况以及金融研究中常用的十大数据库，图书馆在数据库持有数量上以及核心金融数据集保障方面表现出色。图书馆强调以优质馆藏资源赋能多样化的文献信息服务。为更好地支持学院的产学研活动，图书馆确立了专业信息指南开发的总体框架，并基于该平台提供和不断深化图书馆学科服务和个性化文献信息服务。图书馆还建立了全新的机构知识库，该库采用了知识图谱、自然语言处理以及智能引擎等一系列前沿技术，增加中欧研究产出被引用的概率，对进一步提升中欧研究产出的国际曝光度、助力学院的知识传播、加强学术国际交流与合作创造了十分有利的条件。

在3年的疫情中，馆员练就了强烈的化危为机的意识，建立起灵活的线上线下工作和学习方式，发挥图书馆的信息技术优势，使得图书馆面对挑战表现出了较高的"创新力"与"复原力"。在学院智慧校园建设的要求和指引下，图书馆探索了智慧图书馆建设的路径，采用了具有国际领先水平的RFID技术并进行了相关项目的开发和建设。RFID项目建设以"更安全、更智慧"为目标，已先后落地了上海、北京校区自助借阅服务。通过RFID项目建设，进一步提升了图书馆管理水平，从而满足了新一代读者的需求。图书馆在完善自我的同时，也十分注重馆际

丰富的专业数据库与纸质馆藏资源为追求卓越的中欧人开启求知之旅

交流和合作。中欧图书馆是联机计算机图书馆中心、亚太商学院图书馆馆长组织（APBSLG）以及美国图书馆协会等多个组织的会员。

未来，中欧图书馆将在学院战略规划的指引下，继续推动高质量发展，并致力于打造"未来学习中心"，力争与技术发展、学院发展及全球专业发展保持同步。中欧图书馆继续对标世界一流商学院图书馆，培养堪当建设世界一流商学院图书馆重任的馆员，重点培养其符合智慧图书馆发展所需的各项服务技能，加大智慧图书馆建设力度，并提供更为智慧、多元以及现代化的场所，助力校园文化建设，提升学院文化育人功能。

八、严格的财务管理

中欧从建院伊始便十分重视财务管理工作。1994年中欧双方签订的《财务协议》和2012年签订的《办学展期协议》，均对学院财务管理的总体框架和原则做出了相关阐述。

学院于1996年设立财务部，全面负责预算、审批、编制财务报告、资金运作等工作。历任主任陈怀红、金海带领部门对财务工作进行了持续的创新、升级和完善。

学院执行严格的预算审批制。各部门（包括国内和海外校区）每年7、8月开始编制下一财年的部门预算，经过与财务部及院领导的多轮沟通调整，形成预算方案，10月上报管委会审批，11月上报理事会审批，最终形成学院下一财年预算。

学院每年末编制财务报告，上海、北京和深圳三地校区的财务数据统一汇入上海校区的财务报告，苏黎世校区、阿克拉校区各自编制本校区财务报告，完成后均由当地审计师事务所进行审计。

学院早期一直由职能部门（如IT、运营保障部、市场与传播部等）负责相关的采购审核。2020年，学院成立了独立的采购工作小组，全面负责学院的采购管理，包括采购制度的拟定和更新、招投标管理、年度供应商审核、涉及多部门的供应商框架合同的谈判与签订、供应商库的建立与维护等，不断提升采购工作的效率和质量。

随着学院信息化系统的发展，财务审批于2010年从纸质表格形式升级为BPM系统。该系统共分为五大类，涵盖17条流程，是学院财务管理和各部门运营管理中非常重要的一环。2014年，BPM系统进行了升级改造，增加了更多适应学院发展需求的功能。2023年，学院将BPM部分功能转移至金蝶星瀚系统中，重新命名为"人人费用"模块，增强了移动端审批和连接外部服务商平台的功能。

2005年，中欧国际工商学院教育发展基金会（CEIBS Education Foundation，简称"基金会"）正式成立，学院为此建立了相关的投资架构和投资流程。在由院领导组成的投资决策委员会领导下，投资指导委员会和投资工作小组相继成立。投资指导委员会还邀请了外部专家校友，每年定期召开两次工作会议，为基金会的投资建言献策。

九、全面的运营保障

运营保障是面向校园各类工作的服务与支持性职能，伴随着教学发展、校园建设与扩展等而不断增添新的内涵。

学院于1996年成立了后勤部，由李衍佐副主任负责。后勤部成立后即明确了工作分工并强调专业化方向。1999年下半年，学院正式启用浦东校园后，后勤部的工作逐渐增加了物业管理、日常维护和维修、校园环境提升等职责。2020年12月，为顺应发展需要，学院将"后勤部"更名为"运营保障部"。30年间，除上海校区外，随着北京、深圳、阿克拉、苏黎世4个校区的相继成立，各校区也建立起了较为丰富和完善的运营保障体系。

运营保障工作涵盖了教学支持、餐饮与茶歇、工程与维修、环境、保洁、安保等诸多职能，尤其以黄伟副主任带领的上海校园的运营保障工作覆盖面最为广泛，还包括了酒店公寓、MBA学生宿舍管理、体育馆等服务内容。

随着学院的持续发展，运营保障工作的服务需求不断变化，服务量级也在不断提升。以上海校区的餐饮为例，1999年，浦东校园刚投入使用时，餐厅只有260个餐位，勉强兼顾各类用餐需求。2008年，学院根据课程需要，在红枫路校园餐厅的基础上扩建了二楼的自助餐厅，专为非全日制课程学生提供更高端、便捷的自助餐饮服务。2013年，综合楼二楼3个高规格的自助餐厅启用，新增了500余个就餐位，进一步满足了非全日制课程学生的需求。在教学场地和设施支持方面，上海校区已从最初的6间阶梯教室和3间平面教室扩充到15间阶梯教室和8间平面教室，深圳校区从荣超商务中心教学时期的3间教室、运营面积约1 800平方米，提升到2023年招商港湾广场1栋的7间教室、运营面积约8 000平方米。

为适应数字化时代的新要求，运营保障工作不断与时俱进。学院教学场景和教学装备一贯坚持国际水准、国际品质，满足形式多样的教学模式。教学设备及应用也在不断迭代和创新，满足多变的教学需求。经过最新一轮的教学环境改造，学院的主要教室已适应了国内外多重场景下的教学形式，并实现了线上线下的结合、巡课系统的紧密管控等。学院阶梯教室、经典教学场景已成为国内外商学院的标杆。

近年来，随着智慧校园的建设，"智慧物联"体系将校园运营管理水平提升到了一个新高度，实现了教学、管理、服务等多方面的智能化。五地校区已基本实现了电教设备、管控系统的标准化，使得教授和学生能在"熟悉"的环境中进行课堂教学。未来，相信在"智慧物联"体系的持续作用下，五地校园的运营工作能实现"五地一体"的功能优化，更好地相互协同；学院也能实现运营的降本增效和节能减排，更好地响应"引领责任教育"的战略目标。

第七节 各具特色的五地校园

建筑是凝固的历史，跨越三洲五地的中欧校园不仅承载了无数校友的珍贵记忆，更成为凝聚中欧人精神力量的纽带。常有校友感叹道："漫步在校园回廊里，眼前是灿烂的阳光，耳边听见手摇铃的脆响，就感觉到人生中最美好的那段时光再度浮现。"

对于一所具有国际影响力的商学院而言，优美的校园环境、先进的教学设施不仅能为教研活动提供有力的支持，还是品牌形象的重要载体之一。中欧已经形成全球五地办学的独特格局，各地校园都体现出自身的特色和优势，并为中欧的国际化形象打下了更为深刻的烙印。

一、中西合璧的上海校园

位于上海市浦东新区红枫路699号的中欧上海校园是学院的总部所在，其建设与学院的发展历程紧密联系在一起。校园中的建筑就像一个个立体的坐标，记录着学院走过的岁月，其间不免风风雨雨，但是更多的却是不懈的前行与无数的精彩。

1994年11月8日，中欧在上海宣告成立；同日，位于浦东的校园奠基仪式举行，那时的校园四周还是一片荒凉。

1997年12月，上海红枫路校园正式开工建设，采用了一次规划、分阶段建设的方式。

1999年10月，上海红枫路校园第一阶段竣工，举行落成典礼并正式启用。此时的校园只是初具规模，主要包括图书馆、1幢教学中心、2幢学生宿舍、上海石化演讲厅、西班牙中心、接待室以及餐厅一楼主体。校园周围尚待开发，中欧师生从临时过渡的上海交大闵行校区迁入新校园后，教学与生活需求只是得到了基本的满足。

红枫路校园的规划包括第一阶段和第二阶段，不过，建院之初多数人都认为，只需将第一阶段建成就能够应对教学需求，而第二阶段建设应当是很遥远的计划——毕竟，在20世纪90年代的中国，商学院仍然是一个崭新的概念，甚至李家镐院长、张国华院长等学院领导都不得不四处拜访企业，费尽口舌向企业解释什么是工商管理。

所幸，该来的转折及时到来。在1999年第一阶段建设接近结束时，全球经济回暖，国内企业对管理教育的需求快速增长，MBA课程从1个班增至2个班，而EMBA课程和高层经理培训课程的发展态势也非常迅猛。因为MBA学生人数突然增加，新校园的单人间宿舍只能改为上下铺的双人间，餐厅也因容量不够而紧急扩建。

鉴于良好的发展形势，中方政府与欧盟双双决定追加投资。有了用于校园建设的部分投资，再加上学院自筹的一部分款项，第二阶段建设资金有了来源。第一阶段竣工后不久，学院立即着手进行第二阶段的筹建。2004年下半年，第二阶段顺利竣工，新增了2幢教学中心、3幢宿舍楼、体育馆，并将餐厅进一步扩大。红枫路校园总建筑面积增至近40 000平方米。

基于对学院未来进一步开拓发展空间的考虑，张国华院长等学院领导早在2004年左右，便曾尝试将毗邻中欧校园的一块土地作为中欧的扩展用地，但因种种原因，这一设想未能实现。

2006年，朱晓明院长上任后进一步大力推动此事，最终在浦东新区区委与区政府领导以及金桥集团公司、金桥出口加工区开发股份有限公司领导的支持下，于2006年8月签署了土地转让协议，中欧成功获得了近4万平方米的扩展用地。

2008年底，在管理委员会和基建领导小组的领导下，学院开始全面推进上海金科路校园建设工程。经过新的校园设计规划，2010年11月，上海金科路校园建设工程奠基，建筑面积为4.46万平方米，由6幢建筑组成，包括中欧大会堂、1幢教授楼、1幢教学中心、1幢综合楼、2幢宿舍楼和1个金字塔形的中欧大会堂前厅。建成后中欧上海校园的总建筑面积扩大了1倍。2013年9月1日，金科路校园正式投入使用。1年后，1个能容纳700多人的多功能大礼堂也在中欧20周年院庆之际竣工。

中欧上海校园由著名设计大师贝聿铭领衔创办的P.C.F建筑师事务所设计，这在中国高等教育机构中是独一无二的，也是全球商学院中最美丽、最具特色的校园之一，代表中欧形象的主要标志性建筑多位于此。

中欧上海校园整个建筑以庭院风光为特色，融艺术性与实用性为一体，集东西方文化特色于一身。同时，学院本身也拥有中西合办的血脉以及国际化的教授、学生。种种因素都使中欧成为东西建筑、思想、文化融汇碰撞的集大成者。

中欧上海校园的主设计师为亨利·柯布（Henry Cobb）和伊安·贝德（Ian Bader），两人均是P.C.F.建筑师事务所合伙人。柯布认为，建筑物是用来营造空间的，而不仅仅是占据空间。建筑是空间的展现方式，也是庭院空间的背景，两者共同为置身其中的人们提供优美又舒适的生活环境。此外，中欧校园的设计重点是突出中西结合的特色。

基于上述设计理念，在外观设计上，红枫路校园采用西方极简主义现代风格，线条简洁明快，室内设计极为克制简省；所有建筑体严格采用基本模数，使得整个建筑群处处充满对称、平衡之几何美；再利用连廊将多个单体建筑勾连贯通，加上比例较大的中庭绿地和水池，使得整体空间安排错落有致。同时，校园并没有过多的室内设计，甚至没有专门的室内设计师参与，但它极简主义的建筑风格有助于激发身处其中的每个人的想象力。

红枫路校园最值得一提的单体建筑是环球资源信息中心（图书馆），它是整个校园建筑群落的构图中心，是校园内最高的建筑。它所处的位置及高度寓意着知识的力量与地位。信息中心以正四方外廊为底座，逐层折角变形上收，顶部耸立的十字形天窗划分为四个体块，体积感十分突出。四周如镜的水池一直延伸到建筑物四周的廊柱边。图书馆为外方内八角，外形严肃，八角形的中庭空间却相当亲和，当阳光从顶棚折射

上海红枫路校园景观

下来时，中庭和周边的阅览室充满了安宁的气氛。

在校园建筑材料的选用上，建筑师延续了中国传统建筑装修室内外结合的常用手法，选用了极具江南园林特色的青砖和白墙作为室内外墙面装饰的主要材料，典雅而古朴，完美地将东方和西方、传统和现代融合交汇。整座校园呈现出典雅、质朴、大气的风格。疏落的庭院、长长的连廊、静静的水池，为身在其中的人们创造出了宁静、优美的学习和交流环境。

金科路校园依然由P.C.F.建筑师事务所设计。在规划设计阶段，朱晓明院长和张维炯副院长先后多次和P.C.F.建筑师事务所洽谈，希望金科路校园既保留红枫路校园的建筑特色，使人一看便知两个校园的内在关联，并且通过建筑设计将两个区域有机地连接起来，同时又要有所创新，不能原样照搬。用朱院长的话来说，中欧金科路校园建设最重要的是反映这样一个建筑文化理念——"踵事增华"，"踵事"是传承，"增华"是创新。此外，朱晓明院长还提出金科路校园应注重绿色建筑的理念，体现中欧的社会责任感。

因此，金科路校园整体延续了红枫路校园的建筑风格：粉墙黛瓦体现高等学府的雅致幽静；清澈的湖面寓意上善若水；宽阔的中庭绿地

金科路校园景观

更增舒适和诗意；长长的连廊连接所有单体建筑；所有的道路均沿着校园最外侧布局，以免车辆来往破坏内部的静谧；此外，标志性建筑"中欧金字塔"位于金科路校园的核心位置，四下池水环绕，与位于红枫路校园中的环球资源信息中心（图书馆）形成了呼应。

正四棱锥形、面积约600平方米的"中欧金字塔"是金科路校园的点睛之笔。这一建筑实为中欧会堂的前厅，可用作展览、学术会议分

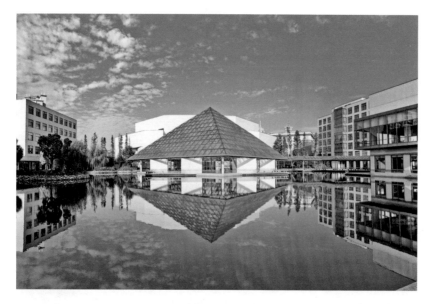

中欧金字塔外景

会场或表彰颁奖的场地。"中欧金字塔"的全玻璃墙面在白天能最大限度地引入光线，节能环保；在晚上，塔内的璀璨灯火向外映射，动人心魄。

金科路校园使用的玻璃、水面远远超过红枫路校园。红枫路校园的水面面积和玻璃面积都比较小，从视觉效果看偏于庄重和沉实；金科路校园则采用了大量的玻璃和水面，更有轻巧、灵动之美。如果以中国传统的阴阳或者天地为喻，金科路校园更多呈现"地势坤"之阴柔美，红枫路校园则更趋"天行健"之阳刚美。

金科路校园建成之后，大大提升了中欧的硬件设施水平，为广大学生和教职员工提供了更为优越的学习和办公环境。

二、底蕴深厚的北京校园

中欧自1996年起在北京开设EMBA课程与高层经理培训课程，1998年设立北京代表处，但一直没有固定的教学办公场所。2002年，学院董事会决定建设北京校园。经过多方考察，时任副院长张国华和院

北京校园外部景观

长助理兼北京代表处首席代表马遇生最终将校址选在北京海淀区中关村软件园。2004年9月，中欧与北京中关村软件园发展有限责任公司签订土地出让合同。2010年4月，占地33 000平方米的北京校园落成，中欧开启了在北京的新征途。

北京校园位于中关村软件园中心湖畔，由享誉欧洲的西班牙IDOM建筑事务所设计，内敛静谧的东方庭院完美结合浪漫现代的欧洲风格，古朴中蕴含高贵，简约中彰显典雅。中欧北京校园建筑的造型简洁现代，首层为不规则椭圆形内部穿插庭院，第二、第三层为5个长方条形规则地排列，体现了理性与感性的结合。

北京校园的建筑对外利用首层沿道路的连续落地玻璃窗和上层的上人屋顶平台，提供了与周边优质环境充分对话的条件；对内，在建筑的不规则椭圆形状外轮廓内插入一系列庭院，创造了一个既包含庭院景观，又充满自然光线和良好通风的环境，并力图营造中国北方四合院的院落空间效果；在建筑中部营造了整个建筑的核心空间——共享街（缘于公共的和可聚合的特点）。在首层的这条长过百米的共享街连接了所有的主要功能区，沿街间隔设置四处单独的三层高的中庭，形成令人愉悦的节奏。共享街开放的空间通过大面积玻璃幕墙直通南面的园林及远处的中心湖景。建筑平面按功能分区明确,教学区、会议区、办公区严格划分。

近10年来,随着北京校园的课程和活动日益增多,学院从教学功能性出发,结合北京首都区位优势及浓厚的文化底蕴,对北京校园进行了新的规划与布局。2014—2017年,北京校区重新规划了园林布局,打造了5个内庭院,更好地实现教学与自然的巧妙结合;2018年,完成了演讲厅的升级改造;2019年,推出了国内商学院首个艺术空间——凹凸空间;2020年,开设了"时间有致"咖啡馆;2022年,对餐厅进行了分区域多功能升级,并取名"食之";2023年,对前厅、茶歇区及学生活动区进行升级改造,融入更多美术馆设计理念,使得校园建筑与空间区位所表达的艺术气息扑面而来。

持续升级的北京校园焕发出新的生机与活力,成为商学院中一道靓丽、独特的文化名片。

三、多元开放的深圳校园

2002年,中欧深圳联络处成立,2004年升级为代表处。随着中欧逐步在华南地区打开知名度,2005年深圳首届EMBA课程开班,代表处也搬到了位于华侨城的新办公室。2009年5月,代表处迁入深圳市福田中心区荣超商务中心装修一新的办公室,新址面积约1 800平方米,拥有2间阶梯教室、1间平面教室、3间讨论室及200平方米的办公区域。深圳教学点的建设与完善不但可以更好地满足华南地区对于高层次管理培训日益增长的需求,也为中欧在香港、澳门特别行政区以及西南地区扩大影响和开拓业务创造了有利条件。

随着中欧在华南办学规模的日益扩大,位于荣超商务中心的深圳代表处渐渐难以满足需求。2017年12月,中欧深圳代表处迁入宝安区航空路泰华梧桐岛秋分楼,正式升级为深圳校区。秋分楼共上下6层,设有3个阶梯教室、2个平面教室、12个讨论室,可以容纳3个班级同时上课。

在学院5年发展战略规划（2021—2025）中，深圳校区的发展被放在了更为重要的战略位置。2022年，中欧与深圳前海管理局签署战略合作协议，中欧深圳校区将入驻前海妈湾，并将在招商引资、招才引智、国际交流、教育培训等领域与前海深度合作，助力前海打造国际人才到大湾区就业、创业的"第一站"和"首选地"。

经过8个月紧锣密鼓的施工，2023年9月，位于前海妈湾的中欧深圳校园开始试运行，并于2023年12月17日正式启用。中欧深圳校区自此迈入了全新的"前海时代"。汪泓院长对此评价，深圳校区的变化"并不仅仅是简单的地理位置的变化，更是一种战略的变化、形象的变化""希望能真正带动、助力粤港澳大湾区经济社会发展，为湾区企业培养具有全球化视野的优秀企业家和高层管理者"。

如今的中欧深圳校园总面积达8 000平方米，分为5层，分别是教学区、办公区和公共空间，共有4个阶梯教室、3个平面教室和18间讨论室，基本满足了日常教学和活动需求。其中，最大的平面教室是世纪海翔报告厅，可容纳130多人。贯穿整栋建筑的旋转楼梯兼具通行、装饰和展示功能。校区内设中欧味道书吧，藏书近2 000册，除了工商管理学科的书籍，也不乏文、史、哲、艺、科学等多学科的图书，为学生们丰富学识、提升素养创造了更为有利的条件。

2023年9月，中欧深圳校区迁入前海

四、静谧悠然的苏黎世校园

中欧苏黎世校园坐落于瑞士苏黎世湖畔西岸的豪尔根区，距离苏黎世市区18公里。

2015年10月，中欧在苏黎世收购了历史悠久、环境优美的洛朗商学院。2016年，苏黎世校园开放了1 168平方米的现代化学习空间。2019年，苏黎世校园进行了扩建，新校园面积达到原来的2倍。

苏黎世校园外部景观

中欧苏黎世校园的建筑独具特色，楼宇之间通过全玻璃厅相互连接，充满了前卫感，其中包含了3间阶梯教室，并配有办公区和公寓。建筑的大厅宽敞明亮、功能齐全，能满足各种活动的需求。在大教室能看到优美的湖景，大礼堂可轻松容纳150人，8间讨论室配备了多功能学习设施，为学生学习和讨论提供了便利。学生和访客还能在湖滨花园中安享宁静的时光。

五、生机勃勃的阿克拉校园

中欧阿克拉校区设立于2008年，位于非洲加纳首都阿克拉市区。

阿克拉校园外部景观

2016年，阿克拉校区迁入了位于阿克拉东勒贡区的永久校址。

阿克拉校园占地约4 000平方米，包含1栋办公区及1栋学术楼。校园建筑风格与中欧总体风格一脉相承。校园入口处建有草坪，沿着草坪可走过无障碍坡道进入办公楼区。无障碍坡道的设计充分体现了学院的人文关怀。两栋建筑之间建有喷泉，为校园增添了不少生机与活力。

学术楼一楼设有1间多媒体阶梯教室，可容纳80～120人，阶梯教室内部用加纳肯特布以及象征加纳国旗的红黄绿色点缀，完美地融入了非洲风情。一楼还设有活动区，5间讨论室。二楼设有1间多媒体教室，可容纳60人左右。校园同时设有图书室，满足学生和员工的学习需求。

六、绿色低碳的校园

作为国内最早引领责任教育的商学院之一，中欧也在自身发展中不断践行可持续发展的理念，绿色低碳的校园建设是其中一个重要环节。

在上海校园金科路大门的内侧，有一个标有"LEED"字样的标牌，这是上海校区金科路校园所荣获的"绿色能源与环境设计先锋奖"

（LEED）金奖认证。该奖项由美国绿色建筑协会设立，被认为是目前世界各国各类建筑环保评估、绿色建筑评估以及建筑可持续性评估标准中最完善、最有影响力的评估体系。中欧是全国唯一一所获此殊荣的商学院，也是世界范围内为数不多获得此项认证的独立院校之一。

早在2007年，中欧MBA学生团体"绿色校园"（Green Campus）就开启了"绿色校园行动"。之后，中欧MBA学生薪火相传，不断推进这项活动。2010年，同学们向学院介绍了LEED认证体系和认证标准，建议将金科路校园打造为绿色校园，学院管理委员会对此表示欣赏和支持。

金科路校园建设项目以"整体社会效益最大化"作为最基本的准则，多处设计都体现了综合各方因素后追求环保效果最大化的考虑：放弃青砖，统一采用经济可靠的传统抹灰工艺；没有使用传统的红砖或砼砖，转而使用成本更高但保温性能有保障的加气砼砌块；教授楼与综合楼的楼顶都安装了太阳能热水系统，在节约能源使用的基础上确保了卫生间热水的供给；放弃使用热辐射空调系统；采用省电设计；增加中水处理系统以实现水资源的重复利用……最终，上海金科路校园荣获LEED金奖认证，表明其在建筑可持续性、设计创新、水资源节能等在内的多项指标均表现良好。

LEED金奖认证是上海校园的一个亮点，但远远不是学院绿色发展的全部。30年来，学院已将绿色和可持续发展理念贯彻到了每一个校区。

在上海校园的日常运营中，节水节电、降低能耗一直是备受关注的重点。早在建校之初，上海校园就已经开始采用楼宇管控系统，主要进行空调和机房的能源管理。在金科路校园的建设过程中，智能楼宇（BA）系统得以应用，并快速推广和覆盖到红枫路校园中。

北京校园建筑优先选取环保、可持续的材料，楼体外墙、屋顶等部位均进行了保温处理，建筑独特的挡光板设计可以有效遮挡夏季热能，减少能源的消耗，提高建筑能效。2017年，北京校园楼宇控制系统全面升级，实时监测校园内的能源使用情况，进一步提高能源利用效率。

迁入前海的深圳校园主空间采用自然采光的设计，校园使用的新型节能环保材料减少了对自然环境的破坏，校园采用的施工方法能够最大限度地提高材料的可回收率。

苏黎世校区注重环保，履行低碳承诺。新建筑采用太阳能供电系统，外立面采用环保的隔热材料，制冷系统就地取材，使用苏黎世湖的湖水。此外，校园内禁止使用塑料瓶，并使用更为高质量的净水系统。

阿克拉校园致力于采用太阳能发电代替传统的发电模式，降低耗能和污染。

近几年来，随着"双碳"目标的持续推进，中欧加快了迈向碳中和的步伐。2023年，中欧启动碳中和战略行动，与毕马威合作发布了首份《碳信息披露报告》，做出了2050年实现全范围碳中和的坚定承诺。另外，报告中也明确了2024—2026年的3年节能降碳具体行动计划及中长期行动方案。

未来，学院将综合技术创新、能源管理、资源利用等多方措施，绘制路径图谱，持续开展一系列减排降碳行动，同时将可持续发展理念贯穿于教育、研究和日常运营之中，引领环保理念，注重能源管理，积极建设绿色校园，以自身行动创造绿色影响。

第四章　携手并进的校友与伙伴

有这样一群人，他们共同在中欧学习、成长、锤炼、超越，毕业后在各自的行业、领域引领潮流、高歌前行，却始终于心底珍藏着对母校的一份拳拳之心，这就是中欧校友。建院30年以来，中欧弦歌不辍，培养了3万多名优秀校友。他们中有改革创新的国企掌舵人，有具备全球视野的外企高管，有引领时代发展的民营企业家，还有来自各行各业的中坚力量。他们共同在全球91个国家和地区织成了紧密的中欧校友网络，成为推动中国与世界交融发展的中流砥柱。"中欧人"是他们最闪亮的名片，"认真、创新、追求卓越"的校训更是他们的精神力量源泉。

行合趋同、千里相从。中欧校友不仅是彼此的坚强后盾，亦是志同道合的战友。他们因中欧而相遇相知，也因对中欧价值观的一致认可，互相支持、合力同行，更以积极的姿态承担起更大的社会责任。

饮水思源、缘木思本，中欧校友亦时刻关注着母校的发展。不论是教学研究、师资发展、校园建设还是后辈学子，母校的一砖一瓦都牵动着他们的心。他们不遗余力助力母校发展，是中欧公益事业的积极推动者，更是与学院不可分割的共赢共同体。

第一节　推动时代发展的砥柱中流

中欧校友与中欧的关系，用"共同成长"来总结最为贴切。从早期中国改革开放"第一个吃螃蟹"的人，到如今商业社会的中坚力量，中欧校友群体不断成长壮大，但校友们"追求卓越"的初心始终如一。

校友们虽来自不同的文化和行业背景，学习不同的课程，又去往不同的区域和领域，但都在各自的领域发挥了中流砥柱式的影响力，共同推动了社会经济的发展与商业文明的进步。

校友的成长和凝聚，离不开历届学院领导的躬身支持。2003年起，校友组织在全国各地陆续成立，时任中方副院长兼中方教务长张国华总是尽力亲临各地分会的重要活动，与当地校友建立联系和深入交流。2005年4月，就在被确诊患恶性肿瘤的前两天，张国华院长还应邀出席了中欧校友会南京分会的活动，独自开车，朝去晚归。他生前的办学思想之一就是"校友的事就是学院的事，校友好了，学院也就好了"，因此，对于校友的需求他总是竭尽全力相助，这为中欧建立了广泛而持久的社会关系。朱晓明院长、雷诺（Pedro Nueno）院长、张维炯副院长也曾担任校友会正/副会长，身体力行地支持校友组织的建设发展。李铭俊院长鼓励校友组织发挥自身能量，并亲自指导学院对校友工作的创新。汪泓院长提出"全力赋能校友"的战略，亲力亲为推动校友组织的合规工作，持续提升学院的校友服务水平。她多次表达了对校友工作的高度重视和全力支持："我们要传承校友工作的精神与宗旨，凝心聚力、追求卓越，持续推进中欧校友工作，同时保护和调动校友参与学院发展的积极性，使校友与母校连接成更紧密的共赢共同体。"

聚是一团火，散是满天星。学院与校友共同的价值观，让彼此始终双向奔赴。校友们如繁星在各自的天空璀璨，当他们凝聚一心，便成为助力母校和全社会发展的炽热火焰。

一、中欧校友群体的发展与变迁

20世纪80年代改革开放初期，CEMI学生多来自国企和政府部门，但其中有近2/3的人在毕业后选择出国或者去外企工作，为中欧全球校友网络的发展播下了种子。

中欧建院初期的20世纪90年代，市场经济蓬勃发展，中欧校友网络开启了发展的篇章。

一方面，为了学习市场经济的先进理念，越来越多国企和政府公务人员走进中欧课堂，并在毕业后履职重要岗位；同时，中欧率先尝试广告宣传、企业拜访等当时极为少见的市场化招生方式，也吸引了很多有意学习工商管理的人加入。有校友曾回忆道："有天恰好翻到《解放日报》上有中欧的招生广告，因为我正好有学习工商管理的想法，于是怀着忐忑的心情报名面试，想不到从此和中欧结缘。"

另一方面，来华开展业务的外资企业越来越多，想了解并开拓中国市场的需求日益旺盛，扎根中国、放眼世界的中欧因此吸引了大批外企管理人才前来学习。

尤其是21世纪初中国加入WTO后，中国经济高速发展，民营企业蓬勃发展并开始寻求出海机遇，对现代管理知识技能的需求日益增长和迫切，中欧民营企业家学生群体因此迅速扩大。许多知名企业如华为、京东、阿里巴巴、腾讯、复星、横店集团、美的、宁德时代等，也都在成长和崛起的过程中，持续输送高层管理人才来中欧学习。

作为中国经济的重要参与者和建设者，中欧校友们总是走在行业发展前列，勇立时代潮头，从他们的背景变化中，可以窥见中国30年来的经济结构变迁。从行业背景来看，早期，制造业占据了绝对主流；如今，芯片、新能源、数字经济、工业互联、智慧医疗等新兴行业的占比持续走高。到了2024年，中欧校友中从事金融、科研、零售等非制造业的比例已经超过75%。

　　除职业背景变化外，中欧女性校友的比例也在持续提升。2000年前，很多EMBA班级中，女学生的占比往往不足10%。随着中国社会经济的发展，职业女性和女性管理者在学生中的占比持续升高，如今中欧校友中女性占比已接近30%，在HEMBA、FMBA、MBA课程近年的班级中甚至接近50%。

　　从地域上来看，中欧在上海建立后，得益于地理上的先发优势以及长三角地区民营经济的蓬勃发展，华东地区的校友一直是校友群体中的主要组成部分。到2024年初，华东地区校友的人数占全部国内校友的58%左右。自1996年中欧在北京启动招生与教学，华北地区逐渐成为中欧第二大校友聚集地区，累计占比约为20%。2005年，中欧在改革开放的样板城市深圳启动了EMBA课程，此后华南地区的校友同样也以"深圳速度"快速增加，如今已占到国内校友总数的13%左右。目前中欧校友在国内形成了以长三角、京津冀、粤港澳大湾区为三大核心的地理布局，并辐射西南、西北、华中、东北等地。

　　作为一所全球化商学院，学院在全球的拓展同样有益于中欧校友网络的高质量、国际化发展。2008年，中欧在非洲加纳首都阿克拉设立了阿克拉教研基地；2015年，位于瑞士的苏黎世校区正式启用。中欧

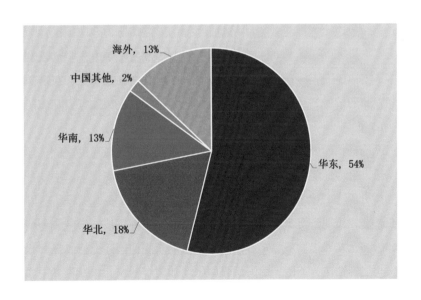

中欧校友地区分布情况

在非洲和欧洲等地的校友网络也随之发展壮大。至今，中欧校友遍布中国、美国、新加坡、英国、德国等全球91个国家和地区，校友网络也形成了聚焦于"京沪深＋苏黎世和阿克拉"的"3+2"布局，立足中国、拓展欧非、辐射全球，成为推动中国与世界经济持续发展的重要力量。

二、无远弗届的中欧校友影响力

中欧校友对中国及世界经济所做出的贡献、塑造的商业角色、展现的责任担当，是学院极为珍视并引以为傲的校友影响力。

他们首先是商业发展的生力军。历经30载耕耘，中欧培养出一代又一代优秀的商业领导者，对推动中国乃至全球经济的发展发挥了重要作用。《2021中欧校友影响力调查报告》（简称《影响力报告》）通过对2 252名校友的调研发现，在受访校友中，50.5%为公司创始人或负责人，26%在上市公司内部担任董事、监事及高管等核心岗位；超过80%的人供职于大型企业，有1/3在行业前三的企业内工作。另据统计，2023年，有452位校友在国内416家上市企业担任董事长、总裁、总经理等职务。

在全球各大商业榜单上，中欧校友人数平均占比每年都在10%以上，多位校友个人或企业常年跻身《财富》《福布斯》、"中国民营企业500强"等重要榜单。2023年《财富》世界500强榜单中，中欧校友在其中14家担任董事局主席、正副董事长或正副总裁等职位。在全国工商联发布的"2023中国民营企业500强"榜单中，由中欧校友掌舵的企业达65家。

无论身在国内还是海外，中欧校友一直为中国与世界的交流合作发光发热，也为学院国际影响力的提升做出了重要贡献。例如，中欧校友会法国分会首任会长蔡明泼（EMBA 2004）创立的法国凯辉私募股权投资基金，长期致力于帮助中法企业克服两地各种挑战，为中法跨境合作和国际化发展提供重要平台，同时也帮助学院在国际上持续提升影响力。相似的情况，英国、德国、美国、新加坡等国家的中欧校友中亦不胜枚举。

　　除了助推商业社会发展，作为最早在中国倡导社会责任教育的商学院，中欧30年来始终以培养"兼具中国深度和全球广度，积极承担社会责任的领导者"为使命，中欧校友也成为社会责任的积极践行者。

　　学院在社会保障与养老金融、智慧医疗等领域不遗余力地创造和传播知识，中欧校友也在这些领域做出了卓越贡献。首都医科大学副校长、首都医科大学宣武医院卒中中心主任吉训明（EMBA 2007）校友因其在脑卒中领域的重大科研贡献，于2023年当选为"中国工程院院士"。在中欧学习期间，他还曾成功对一位同学施以急救，"救人一命的故事"成为同学之间众口相传的佳话。专注科研、躬身一线，这份执着和使命感，是中欧人勇于担当社会责任的最佳体现。

　　学院自2018年起每年发布的《中欧CSR/ESG白皮书》显示，中欧校友企业在社会责任多个评估维度上的平均得分，持续高于A股上市企业的平均水平。据《影响力报告》调查显示，在受访校友中，高达84%的校友会参与各类社会公益活动，有50%的校友积极参与并担任社会职务。受访校友平均每年为各类社会职务奉献10.9天，更有5%的受访校友年均贡献时间超过30天。受访者所在企业的环保相关费用占年营收比例平均超过7%，有5%的受访校友企业会将每年营收的30%用于环保相关方面。

《2021中欧校友影响力调查报告》中关于校友公益与环保参与的部分数据

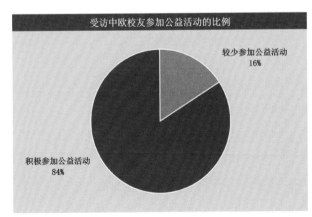

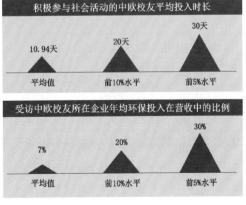

每当出现重大灾害时，中欧人也总是第一时间众志成城、合力抗灾。早在1998年的全国性抗洪救灾活动中，中欧就组织了学院历史上第一次大规模救灾筹资活动。2008年四川汶川大地震发生后，中欧人第一时间通过捐款、捐赠灾区急需物资、组织献血、帮助灾区重建希望小学和领养灾区孤儿等各种形式，竭尽全力支援灾区救援和重建。部分校友还奔赴第一线，直接参与抗震救灾工作。据不完全统计，中欧校友企业向汶川地震灾区累计捐赠达25亿元人民币，中欧校友募集善款1 000万元人民币以上。

2008年儿童节，中欧校友慈善义卖活动筹资支援四川灾区小学重建

在参与了多次救灾行动后，陈瑶（EMBA 2002）、罗念慈（AMP 2007）、汪灵江（EMBA 2006）等校友发起了中欧校友爱心联盟，以便更有效地组织赈灾救援。此后，爱心联盟转向支持不同的公益项目，尤其是公益教育领域。2009—2013年，爱心联盟与浙江新华爱心教育基金会合作开展"捡回珍珠计划"，组织校友帮助4 000多名特困特优的孩子重返课堂，考上理想大学。2012年，爱心联盟中的几位骨干校友又发起了帮助"珍珠大学生"提升职业发展能力的"杉树计划"，到2023年累计超过43万人次受益；2015年又成立杉树公益基金，帮助贫困地区孩子茁壮成长，到2023年共资助11 792名高中生，培养了491位支教

老师，帮助彝族学生超过 35 000 人次。2019 年后，爱心联盟转型为整合中欧校友资源、赋能校友公益慈善事业发展的平台。

2008 年，全球金融危机爆发，大学生就业形势十分严峻。2009 年 5 月，中欧校友会发起"中欧校友情系当代大学毕业生"系列活动。活动持续了 3 年，广大校友纷纷响应号召，或献计献策，或提供工作岗位，或进行就业辅导，或发动好友相助，用实际行动展现了中欧校友"不仅创造非凡成就，而且勇担社会责任"的风貌。

2012 年，EMBA 2006 级上海 5 班和 6 班校友成立了阿依土豆公益支教组织，至 2024 年春，已在大凉山帮扶了 30 个支教校点，共组织支教教师 1 100 余人次为村小学生提供了约 80 万节课，共计陪伴了 24 000 余人次的凉山孩子成长。

2020 年初，新冠疫情来势汹汹，中欧校友总会成立疫情应对协调工作小组，联手复星集团和北京春苗慈善基金会搭建了中欧人专属捐赠平台，调动全球资源，采购医疗物资，驰援抗疫一线。众多校友企业、校友组织和个人也通过各种形式传递信心和力量。据统计，中欧校友个人和企业捐款、捐物累计接近 18 亿元人民币。中欧校友总会因此荣获"2020 向光奖·组委会奖"，这是中国鼓励商业向善的年度最高奖项。

新冠疫情期间，中欧校友总会向北京协和医院援鄂医疗队捐赠物资

董明珠（CEO 2006）、胡葆森（CEO 2004）、林凯文（CEO 2007）、潘刚（EMBA 2002、CEO 2006）、汪群斌（CEO 2007）、邬剑刚（EMBA 2008）和吴光明（CEO 2010）7位校友因为疫情期间所展现的社会责任担当，荣获"全国抗击新冠疫情民营经济先进个人"称号。

随着新冠疫情在全球蔓延，中国社会各界主动向各国捐赠物资。在英国驻华大使馆任职的邓书睿（Chrisopher Dunn，GEMBA 2020）校友尽其所能整合资源与需求，将来自中国政府和企业的捐赠物资安全送抵英国的国家卫生服务体系和慈善机构，为英国应对疫情提供了巨大帮助。2023年11月，他被英国国王查尔斯三世授予大英帝国员佐勋章（Member of the Order of the British Empire, MBE），这是英国公民所能获得的最高官方荣誉之一。

在国家打响脱贫攻坚战后，中欧校友同样积极投身其中，做出了重要贡献。娄竞（EMBA 2005）和姚小青（CEO 2013）两位校友因对脱贫攻坚工作的贡献，荣获国务院颁发的"2020年全国脱贫攻坚奖奉献奖"。

除此之外，在2021年的河南暴雨、山西洪涝灾害和2023年的京津冀暴雨灾害中，中欧校友同样火线驰援，快速募集资金及物资，第一时间运抵救援一线。

既与国家患难与共，也为国家增光添彩。中国经济发展的每一次"高光时刻"，总有中欧校友的身影。2008年北京奥运会举世瞩目，奥运形象大使杨澜（CEO 2004）从2001年开始，就参加了北京申奥工作；中建国际设计顾问有限公司总经理兼创始人赵晓钧（EMBA 2005）作为中方总设计师，参与了奥运标志性建筑"水立方"的设计；校友姚映佳（EMBA 2004）带领的联想团队中标了奥运火炬方案；时任北京团市委书记、北京奥组委志愿者部部长刘剑（EMBA 2002）团结众多力量融入北京奥运会、残奥会志愿者工作中，为奥运会的成功举办构筑了一道坚实的后盾……

2010年，第41届世博会在上海举办，著名园林设计师、时任上海市园林设计院院长朱祥明（EMBA 2000）带领其设计团队负责了上海世博会的多个设计项目；2005年加入世博土地控股有限公司的陈智海（EMBA 1998）参与了世博园区范围内的土地动迁、场馆建设、商业策划等多项工作；时任世博集团上海广告有限公司总经理李栋（EMBA 2003）参与了国家电网馆等部分企业馆策划和传播方案的设计，为世博会的招商、赞助企业的传播和园区活动出谋划策。

2020年，研祥高科技控股集团董事局主席陈志列（EMBA 2004）、大族激光科技产业集团董事长高云峰（CEO 2010）和艺之卉时尚集团创始人赵卉洲（EMBA 2009），入选"深圳经济特区建立40周年创新创业人物和先进模范人物"。

中欧校友引领时代的商业成就，不胜枚举的公益善举，对社会的持续贡献，为中欧人的责任与担当写下了生动注脚，也是对中欧"引领责任教育"这一战略的最佳实践。

母校情谊，寸草春晖。中欧校友不仅投身于促进社会经济发展的事业之中，也时刻心系母校，以实际行动助力学院发展。

在案例研究与教学方面，中欧校友以自身企业经验，为教学和研究提供案例，并配合教授开发相关课程。中欧的"新案例研习坊""案例共创营"等项目，便是通过对校友企业实践的深挖，寻找案例合作机会，推动高质量案例开发。丰富的校友资源也有力支持了中欧教授的各类相关研究与调研工作，越来越多的校友企业成为中欧的教研基地，学生可身临其境，获取商业社会前沿洞见。通过这一形式，促进产学研融合，实现校企多方共赢，以中欧智慧助推校友企业发展，以校友企业实践反哺知识创造与创新。

在促进招生就业方面，诸多校友个人和组织积极助力母校。复星集团的郭广昌（CEO 2006）和京东集团的刘强东（EMBA 2009）都持续向中欧输送人才，两个集团目前各累计有约90名高管和优秀员工成为中欧校友。每年，还有数十位来自各行各业的校友申请担任学生导师，为学生学习、就业、创业等各方面提供丰富的经验和方法指导。此外，在热点行业的校友企业每年亦向MBA应届毕业生积极提供就业岗位，借助校友口碑、人脉和影响力，支持和保障MBA毕业生的就业。

　　为了表彰校友们在国家、地区和全球范围内特定领域中所取得的杰出成就，以及对学院发展做出的重要贡献，学院在2009年建院15周年庆典晚会上，评选出了"杰出人物""商业新锐奖""杰出贡献奖""公益精神奖"4个杰出校友奖项。2014年在中欧建院20周年庆典暨颁奖典礼上，"20年20人"杰出校友奖颁发，获奖者之一鹏瑞集团董事局主席、迈瑞医疗联合创始人之一徐航（EMBA 2002）校友表示："我在中欧的学习经历充满挑战，但对我和我的企业都帮助很大。是中欧真正教会了我企业的市场化运营，希望中欧能够帮助更多企业家和他们的企业追求卓越。"2019年中欧25岁生日庆典上，10位校友当选"中欧杰出校友代表"。2024年11月，学院三十而"励"之际，杰出校友评选也将在院庆活动中揭晓。这些校友不仅取得了令人瞩目的个人成就，更以各种形式积极支持学院发展，是中欧人的杰出代表和骄傲，是中欧"合"文化的最佳践行者。

第二节 桃李芬芳遍天下

从迈进中欧课堂那一刻起，中欧校友便与学院血脉相连、同心合力。即使毕业后，"中欧人"依然是大家共同的身份，校友们成立了各类校友组织，与母校紧密相连，互相赋能。截至2024年3月，中欧校友已在全球发展出1个总会、69个国家/地区分会（52个国内分会、17个海外分会）和85个行业协会及兴趣俱乐部，为校友们的学习、事业发展提供了有力支持，为学院的发展增添了不竭动力。

一、枝繁叶茂的国内校友组织

1995年5月8日，中欧国际工商学院校友会（以下简称"校友会"）成立，其作用是让校友和学院根蔓相接，使母校与海内外各地的校友渊源汇聚。1997年，第一届校友理事会诞生，时任上海石油化工股份有限公司党委副书记许开程（EMBA 1995）担任会长。在理事会的有序治理下，相关的组织管理条例和章程逐渐形成，首批校友地区分会陆续成立，各类行业组织和俱乐部崭露头角，为中欧校友网络的后续快速发展夯实了基础。

2009年，校友会换届成立第二届理事会。时任中欧执行院长朱晓明、院长雷诺担任会长，副院长兼教务长郭理默（Rolf Cremer）、副院长兼中方教务长张维炯担任副会长，时任中国航空器材进出口公司总经理李海（EMBA 2000）、迈瑞生物董事长徐航（EMBA 2002）、浦东新区区委书记徐麟（EMBA 2004）、香港中旅集团董事长张学武（EMBA 1999）、上海人力资源和社会保障局局长周海洋（EMBA 2003）5位校友担任执行副会长。第二届理事会在任期间，校友事务由秘书处即校友关系事务部主导工作，校友积极参与配合。伴随着中欧自身实力的大步跃进，校友组织也随之进入了发展的快车道：各地区校友分会，特别是海外的地区分会陆续建成，中欧校友网络遍布全球；各类协会和俱乐部应运而生。

随着校友规模的持续扩大，随之而来的需求越发多元，校友服务和工作需要不断深入和精细化。2017年，在学院的支持下，校友总会换届产生了第三届理事会，田明（EMBA 2005）担任会长。在他的带领下，第三届理事团队建章立制，确立了校友总会"服务校友，回馈中欧，奉献社会"的工作宗旨，并成立了社会责任委员会、组织建设委员会、校友服务委员会和商务平台委员会（2023年改名为发展促进委员会）四大专业委员会。

2020年7月，校友总会顺利换届，赵笠钧（EMBA 2001）担任会长，他带领的第四届理事会在疫情挑战中有序开展校友工作。

2023年，校友总会迎来第五届理事会，李文（EMBA 2010）担任会长。随着各行各业疫后复苏，交流活动陆续重启，各地方分会和行业俱乐部又焕发出更多活力。

中欧校友地区分会可以用"灿若繁星"来形容。2003年，中欧第一个地区分会无锡分会成立；同年圣诞节，首个海外分会加拿大多伦多分会成立，此后校友网络持续壮大，遍布全球各地，覆盖各行各业。

各地区分会在实际运营中聚焦组织本地区校友活动，搭建平台，更好地为校友服务。从学术论坛、企业参访到公益慈善，从新年酒会到亲子游学，各地区校友分会结合自身特色和资源，通过各种活动把当地校友紧密团结在一起。各地分会每年还举办新会员迎新活动，保证会员间的日常联络，学院的各种论坛也在地区分会的支持下遍地开花。他们积极协助学院招生，并鼓励校友回馈母校。

"中欧人"是校友们共同的身份，而中欧是大家共同的"家园"。各大校友组织每年都会举办大大小小的"中欧之约"活动，让校友们齐聚一堂，收获新知、展望未来。

在地区分会之外，中欧校友相继发展出85个协会和俱乐部，其中，

第三届、第四届及第五届校友
会会长在交接仪式上挥舞会旗

行业类俱乐部39个，兴趣类俱乐部38个，课程类俱乐部8个，基本覆盖了全部直辖市、主要省会城市和经济活动较活跃的地区，尤以上海、北京和深圳三地数量最多。

行业俱乐部是中欧最具专业性的校友组织，不同时期涌现的不同行业俱乐部，仿佛中国市场行业发展的热力表，见证了中国经济发展腾飞的各个阶段。从20世纪90年代的制造业，到21世纪第1个10年的互联网勃兴、第2个10年的移动互联网热潮，直至现在的"中国智造"。中欧校友先后成立了汽车产业协会、医疗健康产业协会、金融与投资协会、工业互联网协会、老龄产业协会等众多深耕垂直领域的行业协会。在汪泓院长的亲力支持下，众多行业协会或俱乐部获得了学院智力与硬件的双重支持。他们每年定期在中欧校园开展大型活动与论坛，不仅持续吸引各行业的精英来到中欧建立联系，还可以不断挖掘行业资源，开展行业交流，助力行业内校友共同成长和发展。

行业协会为校友企业发展注入动力，各种类型的校友兴趣组织则为校友们的生活增添一抹亮色。各种形式的运动、文艺、亲子类型的俱乐部，以丰富多彩的活动为校友带来学习和工作之外的乐趣。众多兴趣组

2023年，中欧戈友会在第十八届玄奘之路戈壁挑战赛（"戈18"）"六星加冕"

织中，最具有代表性的当属会员超过 3 000 人的中欧戈友会。戈友会成员曾在 2009—2012 年连续 4 年获得"玄奘之路戈壁挑战赛"冠军；2020年成为首支 5 次夺冠的商学院战队；2023 年，戈友会在一年内完成了"戈 17"和"戈 18"两届比赛，并于"戈 18"夺得了第 6 个冠军，成就了骄傲的"六星中欧"，令所有中欧人为之振奋。汪泓院长也发表贺信，对来之不易的成绩和荣耀致以祝贺。她在贺信中说道："你们用勇毅和团结，战胜了戈壁对身体和精神的极限挑战，取得了宝贵的佳绩，我们为拥有这样优秀的校友团队而感到由衷的欣慰和骄傲！"

二、遍布全球的校友网络

国际化是中欧的特色，在校友群体身上也有充分体现。中欧校友遍布 91 个国家和地区，海外校友占比近 13%。17 个海外分会分布在欧洲的西班牙、法国、德国、瑞士、英国和意大利，亚洲的印度、新加坡、菲律宾和韩国，北美的加拿大和美国，以及大洋洲和非洲国家。海外各地校友分会配合学院在苏黎世、伦敦、柏林、巴黎、新加坡等重要城市定期举办盛大的校友聚会和返校日等活动，持续提升海外校友的凝聚力。中欧国际校友分会（The CEIBS Alumni International Chapter, CAIC）成员主要为身在中国的国际校友，至 2024 年初已超过 1 000 人，在连接海内外校友、促进融合交流方面发挥了积极作用。

2015 年，苏黎世教研基地刚刚开放使用，首次欧洲校友聚会便于当年 11 月在此举行，12 个国家的约 90 位中欧校友齐聚一堂，有多位校友讲述了各自企业在欧洲的布局和发展历程。2019 年中欧 25 周年院庆时，中欧亚洲校友年度聚会在新加坡隆重举办，中欧校友会新加坡分会历时半年精心筹划，用多达十几场的学术论坛、非遗体验、欢聚交流等活动，为来自东南亚各国和中国的约 300 位校友、家人和师生员工呈现了激荡脑力、愉悦身心的视听盛宴，成为建院 25 周年系列庆祝活动中最亮眼的海外校友大联欢。

2023 年，因为疫情中断的校友线下聚会全面恢复。4 月，非洲校友在卢旺达首都基加利举办了首次非洲校友聚会，80多位校友在研讨会和晚宴中共叙同窗情谊，杜道明院长（欧方）亲赴现场与校友们会面，表达了学院与全球校友保持亲密交流的愿望；同年11月，140多位欧洲校友齐聚伦敦，围绕中国与各自地区的经济发展和合作前景展开了深度交流。"志合者，不以山海为远"，不论身处何方，中欧是校友们最坚强的情感纽带，中欧校友永远亲如一家。

中欧校友在世界各地共叙情谊（从左至右、从上至下分别为：亚洲、非洲、欧洲校友聚会）

第三节　携手共建共赢共同体

中欧一直高度重视校友服务工作。1995年中欧校友会成立，成为国内商学院中第一个校友会。2005年，中欧教育发展基金会成立，以更为国际化和专业化的方式激励并协助校友及社会各界以各种形式的捐赠支持学院发展。2022年，学院将校友关系事务部与基金会秘书处合并，正式成立"校友关系与教育发展办公室"，形成高度融合的运营机制。而伴随着组织的整合与创新，校友服务的工作也在持续创新与完善。

一、校友工作的部门发展与变迁

为更好地开展校友服务，1995年中欧校友会成立，成立初期，会员规模不超过300人，对校友的管理和服务工作由学院行政办公室兼顾。

1999年，企业与公共关系部成立，工作职责涵盖了企业发展事务与校友事务。

随着校友数量的不断增长，2001年，在原企业与公共关系部的基础上分别设立了校友关系事务部和企业发展部。自此，中欧校友的服务、网络建立与维护由校友关系事务部专门负责，而企业发展部则致力于通过开展赞助合作伙伴项目，实施学院的筹资战略。

20世纪90年代就加入中欧、担任过班主任和招生工作的李峥嵘（EMBA 2005）是校友关系事务部首位部门主任。她在任期间启动了校友数据库的基础建设，建立了学院与校友关系维护的机制，推动了校友组织的成立，并主导了学院10周年庆的校友相关活动。

2005年，在时任院长张国华的主导下，中欧教育发展基金会成立，其目的是提供更为国际化和专业化的途径，激励并协助校友及社会各界以各种形式的捐赠支持学院，保证学院获得建设一所国际顶尖商学院不可或缺的办学资源。

2008—2016年，校友关系事务部由王庆江（EMBA 1999）担任主任。在此期间，中欧校友组织在数量和规模上都迅速发展壮大。校友关系事务部通过建立与完善地区分会、行业协会和俱乐部、班级组织网络，组织召开一年一度的中欧校友会工作会议、中欧校友组织会长秘书长联席工作会议和全体班委代表大会，并开启校友终身学习机制，搭建起教授分享、海外游学、企业参访等校友学习平台，加强了校友之间的联系与交流，进一步提高了中欧的知名度和影响力。与此同时，学院加强与校友的合作共赢，在服务校友的同时鼓励校友捐赠回馈母校。

2019年，因深切体会到服务校友与激励校友回馈的密切相关性，学院将企业发展部与中欧教育发展基金会合并，成立中欧教育发展基金会秘书处，而后与校友关系事务部协同合作。经多次研究后，学院决定将校友关系事务部与中欧教育发展基金会秘书处合并，于2022年9月正式成立校友关系与教育发展办公室，刘湧洁（DIMP 2001）担任基金会秘书长兼部门主任，傅丹阳（TGA 2018）担任运营主任。至此，中欧校友事务与中欧教育发展基金会形成高度融合的运营机制，使服务校友和支持母校成为一体两面、紧密结合的战略目标，其核心使命是更好地服务校友，成为学院可持续、高质量发展的稳固基石和有力保障。

二、校友服务的持续创新和完善

伴随着组织的整合与创新，校友服务的工作也在持续创新与完善。各类校友常规服务持续走向数字化和移动互联网化，在2020—2022年新冠疫情期间，学院还特地面向校友推出了"云返校"和"云上论坛"等形式多样的数字化创新活动。

为了守护校友与学院长久的情谊，中欧不断升级校友的返校活动体验，并打造了校友终身学习平台，邀请著名学者和商业领袖与校友共同

始于2005年的"合聚课堂"是中欧首个人文课程

2020年，第一期深圳校友人文课开学

激荡思想。上海校区的"大师课堂""校友特设课程"，北京校区的"合聚课堂""高朋满座"，深圳校区的"校友人文课""专业之光"等面向校友终身学习的课程和讲座都形成了良好的口碑，吸引着校友重回中欧，充电学习。

学院不仅为校友提供终身学习服务，还为校友的子女特别设立了中欧二代营，邀请校友二代来到中欧，亲身体验父母当年丰富的求学经历，探索商业知识的浩瀚海洋，让年轻的中欧二代们也感受到中欧独特的魅力。

在商业之外，中欧也从未停止在人文艺术精神上的追求。在北京，中欧首开国内商学院之先河，打造了凹凸艺术空间，为校友们呈现了历史与美学的盛宴；2021年，学院在此基础上进一步推出凹凸艺术课，帮助校友提升美学修养和人文积淀。

2019年，北京凹凸空间剪彩仪式

每年为校友举办新年音乐盛典，已成为中欧的重要传统。北京校区自2002年起面向校友举办新年音乐会，从中山音乐堂到国家大剧院，顶级乐团连年登场。在深圳，中欧之约作为中欧华南校友最大型的年度欢聚会，迄今已举办了17届。在上海，中欧自2008年开始持续为校友举办中欧新年艺术盛会，涵盖了交响乐、舞剧、歌剧等各种艺术形式，为校友们带来艺术美学的深度体验。

为了更高效地传递学院信息，服务更广泛的校友群体，学院于2023年成立"班级大使"项目组，在三地校区和各个课程部门遴选出396位在班级里具有广泛影响力、号召力和组织协调能力的班级灵魂人

每年的新年音乐会为校友准备了精美的艺术盛宴（上起北京、上海、深圳的晚会现场）

2023年，首批班级大使齐聚中
欧接受聘任

物，授予他们"班级大使"的全新称号，并举办隆重的聘任仪式，赋予
其荣誉和使命感。学院的信息和校友的反馈与需求，此后都能通过班级
大使有效传递，学院与校友也因此形成了更广泛、高效和紧密的沟通。

　　流畅的信息服务能促进校友和学院同频共振。随着互联网和信息技
术的进步，中欧校友的信息服务持续走向移动互联化和数字化。2018
年下半年，微信小程序"中欧Plus"推出，校友们可通过小程序了解和
参与各类校友活动。2019年，校友个人信息平台上线，通过手机即可
随时更新校友信息。2020年，中欧手机端应用iCampus的校友服务功能
升级，一款应用囊括了大部分校友常用功能需求。2020年末，中欧教
育发展基金会线上捐赠平台正式上线，从此校友可随时在线了解和参与
捐赠。在数字化服务之外，学院持续为校友提供资讯服务，包括微信公
众号及小程序"中欧友讯"，持续推送学院最新的发展动态。通过技术
手段的持续升级，如今中欧的校友可以"一部手机，玩转中欧"。

　　从长三角到京津冀和粤港澳大湾区，从欧洲到非洲，从讲座论坛到
歌舞戏剧，每一次的相见，都是同窗重逢、共叙情谊的盛会；每一次交
流，都是思想与智慧的碰撞。校友与学院的情感，随着时光的磨炼变得
越发坚定与醇厚，就像有校友在毕业典礼上所说："毕业不是与中欧这
段美好情缘的结束，而是长久陪伴的正式开始。"

第四节　筹资捐赠铸辉煌

中欧建院之初，依照双方政府约定，资助在协议期满后随即结束，因此，学院必须通过学费收入和社会筹资等途径持续获得办学资金，实现财务自立。所以，从建院第一天起，筹资即成为学院除教学和学术研究之外的另一项重要战略任务。

在学院发展历程中，历届学院领导为筹资工作躬身践行，教职员工们不辞辛苦，为学院发展前赴后继。2005年，中欧教育发展基金会正式成立，标志着学院的筹资工作迈向了新阶段。随着中欧的发展同步壮大，基金会持续吸纳校友和社会各界对中欧的支持，成为支撑学院可持续运营的强大后盾。

一、筹资政策的发展历程

中欧从建院伊始，就借鉴了西方传统大学的筹资制度，建立了一整套符合国际惯例的筹资制度和资金使用办法，为募集资金奠定了基础。

1995年1月，董事会委托雷诺教授起草筹资管理办法。这个办法确定了筹得资金的使用方针，即以投资收益而非基金本身支持学院发展。1995年9月，董事会委托欧洲管理发展基金会（EFMD）驻华首席代表杨亨（Jan Borgonjon）先生起草了《中欧国际工商学院的筹资策略》，对1995—2000年的筹资计划做了详细规划。

建院第二年，向学院捐赠的机构从1994年的20家增加到1995年的29家，并且有5家中国企业成为第一批捐赠机构，其中，4家企业提供了总额50万元、为期3年的捐赠款项。另外，金桥集团因提供了学院建设用地，也被列为捐赠机构。

1995年8月30日，英美集团捐赠100万欧洲货币单位用于设立营销学教席教授，这是中国内地设立的第一个捐赠教席[1]，在当时国内教育界引起了轰动。

随着学院收到的各类捐赠越来越多，中欧教育发展基金会的筹资政策日臻完善，捐赠方向也逐年丰富。中欧教席基金、中欧研究基金、中欧奖助学金基金、中欧校园建设与发展基金、中欧人文艺术基金、中欧图书馆基金、中欧返校基金、中欧年度基金和中欧月捐等丰富的捐赠项目，为学院的教学、研究、运营和奖助学金提供了财务支持，为学院的长期可持续发展提供了有力保障。

二、筹资人和筹资机构

1995年，学院在香港成立捐赠基金会，这是中欧的第一个筹资机构。时任执行院长冯勇明教授、时任董事雷诺教授和原执行院长（代理）杨亨先生为在香港筹资殚精竭虑。到1995年底，在香港设立的基金共获得了95万欧元、11.8万美元和343万元港币的捐赠。这项基金总额逐年增加，并得益于20世纪90年代末期债券市场的良好表现而收益良好。

当时的中方院长和副院长在为学院行政事务操劳的同时，也努力向内地企业筹资。1998年，学院在浦东的校区建设出现资金缺口，李家镐教授和张国华教授从内地企业募集了近1 000万元，及时弥补了资金缺口。

1999年，学院成立了企业与公共关系部，积极贯彻实施学院筹资战略，通过开展中欧赞助合作伙伴项目，为学院的持续发展寻求长期的财务支持。

2005年，迈入10周年的中欧已成为亚洲排名第一的商学院，但张国华院长却感到喜忧参半。他多次对同事们说："中欧到了这个地位，

---

[1] 香港最早的冠名教席由太古集团于1919年在香港大学捐赠设立。

再往后发展一定要有一个基金来支持。我们太依赖学费了，如果遇到自然灾害、战争等外力影响，中欧会遇到财务危机！所以，我们一定要像美国的哈佛大学和耶鲁大学那样，建立基金会。"为此，他亲自带队奔赴美国学习与考察，回国后成立基金会，并带头捐赠。纵使在生命的最后时光，他依然饱含热情，向前来探病的校友介绍基金会的情况，呼吁他们帮助母校发展。

在学院领导和教职员工的努力下，2005年中欧教育发展基金会成立，名誉院长刘吉教授担任首任理事长。他任劳任怨，花费了大量时间和精力积极鼓励公司捐赠。在全体中欧人的支持下，基金会迅速成长，组织与管理水平持续提升。2020年，中欧教育发展基金会被上海市民政局评定为4A级慈善组织。2023年，在反映我国基金会信息透明水平的"中基透明指数"中，中欧教育发展基金会获得满分100分。

除了支持学院的各项发展，基金会也高度重视资金的投资运作工作。由副教务长许定波教授担任主席的投资指导委员会，与程林教授、黄生教授等担任成员的投资运作专家组亲密合作，保证了基金会资金的保值增值。截至2024年初，基金会留存资金总额近4亿元，校友个人捐赠参与率超过10%。对一所年轻的商学院而言，取得这一成绩实属不易。

三、经典筹资形式与筹资创新

母校恩情，念兹在兹，无日或忘。中欧校友心系母校，积极探索各种形式助力学院发展。校友关系与教育发展办公室及基金会不断在中欧社群中倡导公益文化，并通过针对不同校友的多样捐赠项目，激励校友们积极回馈母校，为学院发展注入源源不断的动力[1]。

教席基金：捐赠设立教席，可以帮助中欧聘请在教学和研究方面卓有成就的教授担任教席教授，并支持教席教授开展丰富的课题研究及教学活动，如专项课题研究、学术会议、案例开发等。教席教授是一个崇

1　详细列表见附录六"支持中欧伙伴名单"。

高的荣誉职衔。捐赠教席不仅是对学校、对教席教授本人学术和教学水平的高度认可，更能有效地促进学院师资建设及教学研究水平的提升。

1995年，中欧获得了"英美集团市场学教席"；1999年，西班牙政府捐赠了"西班牙经济学教席"；2000年，西班牙巴塞罗那港捐赠了"巴塞罗那港物流学教席"；2001年，米其林公司捐赠了"米其林领导力及人力资源管理教席"。此后，伴随着中欧校友群体的扩大和校友企业实力的不断发展，从2011年开始，越来越多的校友企业捐赠设立了教席。蔡明泼（EMBA 2004，CEO 2009）所在的凯辉基金、楼永良（CEO 2004）所在的中天集团、何毅（CEO 2009）所在的依视路投资、徐航（EMBA 2002, CEO 2008）所在的鹏瑞集团、刘强东（EMBA 2009）所在的京东集团、徐永安（EMBA 2003）所在的横店集团、王超军（EMBA 2017）和王超峰（EMBA 2013，EOCOP 2019）兄弟所在的运连网等都选择了向学院捐赠冠名教席来支持中欧师资力量的发展。

如今，中欧接受捐赠设立的教席已达22个，捐赠方除了各类中外企业、机构等，也有原院长朱晓明、终身荣誉教授吴敬琏等学院的领航人。教席基金帮助学院吸引并留住顶尖教学与科研人才，助力中欧取得丰硕的学术成果和广泛的学术影响力。

2011年，凯辉集团捐赠设立教席

2014年，鹏瑞集团捐赠设立教席

　　研究基金捐赠：为助力中欧始终走在学术前沿，自成立伊始，基金会便吸引了各类企业、机构为中欧的学术研究提供支持。目前已筹集逾1.5亿元人民币研究基金，支持并帮助中欧各研究领域、研究中心以及案例中心等学术研究矩阵的发展和完善。2021年，陈龙（EMBA 2020、LCP 2011、AMP 2005）所在的震坤行工业超市捐赠冠名了中欧—震坤行供应链与服务创新中心，并深度结合自身企业资源，提供案例与实践经验，为该研究中心的发展提供了长足动力。2022年8月，近30位中欧校友捐赠支持中欧社会保障与养老金融研究院，并承诺长期提供捐赠。当年12月，以这30位校友为创始会员的"中欧捐赠人俱乐部"应运而生，汪泓院长担任名誉主席。他们积极承担社会责任，关注中欧发展，以长期可持续的方式支持母校的教学研究等各项事业。2023年底，长期支持中欧发展的黄敏利（CEO 2009）校友，以其掌舵的敏华控股的名义再次向基金会做出大额捐赠，支持学院的学术研究和长期发展。

　　校园建设基金捐赠：建院初期，中欧获得了社会各类机构的捐赠支持，以助力中欧校园长期的建设与发展。为铭记他们的善意，中欧将校园中的部分建筑予以冠名。例如，上海石化演讲厅（1998年由中国石化上海石油化工股份有限公司捐赠）、环球资源信息中心（1999年由环球资源捐赠）、西班牙中心及西班牙之家（2001年由西班牙政府捐赠）、吕志和演讲厅（2008年由嘉和集团捐赠）等重要建筑，不仅是校园里

2021年，震坤行向中欧研究
基金捐赠

敏华控股（总裁黄敏利，右
二）长期支持中欧学术研究和
校园发展

最常见的地标建筑，更是承载着每位中欧校友的同窗记忆。上海家化集
团教室（1997年由上海家化集团捐赠）、华泰证券教室（1998年由华泰
证券捐赠）、上海氯碱化工教室（1998年由上海氯碱化工股份有限公司
捐赠）、万得资讯金融实验室（2004年由万得资讯捐赠）等教室，在四

2010年，北京校区吕志和演讲厅揭幕

季更迭中，见证了一届届中欧学子在课堂上的书生意气与挥斥方遒。

伴随着中欧校友数量的快速增长，越来越多的校友也加入了支持校园建设基金的队伍。2013年，陈南（EMBA 2005，FOP 2018）和陈希（EMBA 2003，CEO 2009）兄弟所在的三全食品捐赠冠名"三全餐厅"，蒋锦志（CEO 2008）所在的景林资产捐赠冠名"景林教室"。2017年，顾京（EMBA 2010）所在的世纪海翔捐赠冠名深圳校区"世纪海翔报告厅"。同年，中欧AMP俱乐部捐赠冠名"中欧AMP之家"，这是第一个以中欧课程集体名义冠名的教室。2021年，才金资本的宫惠民（AMP 2009）捐赠冠名"才金资本"教室。2023年，深圳前海新校区投入使用，吴伟志（EMBA 2003）担任董事长的中欧瑞博捐赠冠名了"中欧瑞博阶梯教室"。

2024年3月，时值中欧迎来30周年院庆之际，中欧杰出伙伴段永平先生向基金会捐赠了价值1亿元的证券，这不仅是基金会首次收到上市流通的证券捐赠，也创下了基金会单笔捐赠金额的纪录。该笔创新模式的捐赠将全部用于支持学校教育事业的长期可持续发展，为此，学院将上海校区第四教学中心命名为"段永平教学中心"，以此铭记段永平

2020年，北京校园咖啡厅落成仪式

先生对中欧教育事业的支持。

中欧校园的优化和升级改造也得益于校友的广泛支持。2015年，黄敏利（CEO 2009）所在的敏华控股支持了苏黎世校园的翻新建设；2017年，田明（EMBA 2005）所在的朗诗集团支持了深圳校区的整体设计装修施工项目，以及绿色建筑进校园项目；2019年，陈英海（EMBA 1999）支持北京校区校园咖啡厅的升级改造，并设计建造了"乐合"空间；2022年，隋国栋（EMBA 2016，DBA 2021）所在的值得买科技支持了北京校区餐厅的升级改造。

除了大型建筑教室的冠名外，在中欧校园里，随处可见的捐赠铭牌是一道独特的风景线。"执着于理想，纯粹于当下""合为善，爱无惧""一呼百诺，四方之志，三生有幸"……每一个铭牌都记录着一份捐赠，也镌刻着校友们对同窗偕行时光的眷恋和对母校的真情祝福。校友们通过捐赠在校园座椅石凳、廊柱窗格、教室讨论室或教学楼留下爱的永恒印记，这份心意作为校园建设基金，支持校园软硬件的优化升级。

奖助学金捐赠：中欧奖助学金给予优秀学子支持，使学院得以吸引最优秀的学生，帮助来自不同背景、不同国家的优秀学生圆梦中欧。在众多为中欧奖助学金基金提供帮助的个人和集体中，不少人选择了以最长情的方式，持续不断地助力中欧学子。黄清平（CEO 2006）所在的银城地产、徐少春（EMBA 2004）所在的金蝶软件、李海翔（EMBA 2005，DBA 2021）等校友和企业捐赠支持了MBA助学贷款。曾李青（EMBA 2005）为帮助中欧MBA同学战胜新冠疫情期间的学习挑战，自2020年起连续5年捐赠支持MBA同学的海外学习模块。李海林（CEO 2003）所在的东渡集团和周宗明（EMBA 2004），都已连续10年为中欧的MBA优秀学子提供奖学金。他们与中欧守望互助，支持一届又一届MBA学子实现梦想。2024年，中欧月捐MBA奖学金设立，这是首个中欧人"众筹"的奖学金，意义非凡。同年，楼周仁（MBA 1997）和范杰（HEMBA 2020）向学院捐赠设立"中欧慧仁奖学金"，以资助中欧MBA优秀学子。

班级捐赠：中欧校友常以班级为单位向母校进行捐赠。早在20世纪90年代，便已有班级以实物或现金的方式向母校捐赠。2005年，

HEMBA 2018和HEMBA 2019
通过共同捐赠冠名教室

EMBA 2003上海2班在毕业前夕向学院捐赠，时任院长张国华为此亲自赶赴毕业晚会现场，向他们表达感谢。2021年，中欧HEMBA课程首届毕业班HEMBA 2018班，连同尚在就读的HEMBA 2019班，向学院捐赠并将上海校区一间教室冠名为"HEMBA教室"，把他们对HEMBA课程的认可，传承给未来的HEMBA学子。2023年，EMBA 2020深圳1班"布衣班"以班级为单位捐赠冠名深圳校区一间教室，让"布衣精神"铭刻在中欧校园内，也创下了班级捐赠金额的最高纪录。2023年，中欧班级返校基金成立，EMBA 2001上海2班在20周年返校之时，成为首个向班级返校基金捐赠的班级。EMBA 2012上海5班和EMBA 2006上海5班、6班向学院多次捐赠，在上海校区的廊柱和窗格上都留下了班级情谊的见证；EMBA 2015北京1班不仅捐赠冠名了北京校区的长凳，还支持了中欧社会保障与养老金融研究的发展。2024年，EMBA 2003上海3班捐赠冠名了上海校区教学中心一号楼的户外庭院，取名"金和园"，成为首个冠名学院户外庭院的班级。

校友家庭捐赠：中欧校友中，不乏家庭成员同为校友的。有的因在中欧相识而喜结良缘，有的因为对中欧的高度认可，力荐自己的伴侣或家人入读中欧。中欧的学习生活带给他们事业的发展，也带给他们人生的成长。陈立秋（MBA 2005）和潘超（EMBA 2018）、崔建华（EMBA 2004）和罗黎明（DIMP 2005）等共同以夫妻的名义向学院捐赠，把两人的中欧情缘铭刻在校园的窗格下、廊柱旁。张剑平（EMBA 2000）和女儿张曌亚（MBA 2020）两代中欧人，捐赠冠名了两个相邻的座椅，与贤同坐，与德同行。

教职员工捐赠：在广大校友为母校添砖加瓦做出贡献的同时，学院部分领导、教授和员工也为学院发展积极捐赠。张国华院长在重病治疗期间，带头为中欧教育发展基金会的创立捐赠了5万元。雷诺院长向中欧发展基金捐赠了500万元。刘吉名誉院长捐赠500万元，设立了刘吉管理教育基金。吴敬琏教授捐赠出每年的工资及部分稿费，发起设立了吴敬琏学术基金，至2024年初已累计超过1 600万元，并资助了39名优秀的中欧学子。2015年，朱晓明院长和吴敬琏教授分别捐赠1 000万元

2007年，吴敬琏教授捐赠出每年的工资及部分稿费，发起设立吴敬琏学术基金

用于教席冠名。2024年学院成立30周年之际，汪泓院长、张维炯副院长和忻榕副教务长分别向学院捐赠100万元，为母校献上贺礼。他们的思想和精神，在中欧教授和员工之间薪火相传。截至2024年初，中欧超过40位教职员工捐赠冠名了三地演讲厅座椅，160余位教职员工参与中欧月捐计划。他们的行动不但支持了学院的发展，也率先垂范促进学院捐赠文化的普及。

小额捐赠：中欧名誉院长刘吉教授曾说："回馈中欧我们从来不论金额多少，因为心灵的追求是等同的，向善的念想是等价的。"截至2024年3月，共有229个班级累计捐赠277次，48个校友组织与社团累计捐赠105次。还有众多校友以不同金额随时捐赠支持中欧，这些资金不分多少，都被用于学院发展的方方面面。

创新型捐赠：为进一步推广中欧捐赠文化，自2022年起，每年8月18日被定为"中欧捐赠日"。同年，"爱中欧、筑未来"中欧月捐计划上线。汪泓院长带领学院领导为月捐计划发起倡议，鼓励中欧的校友、师生员工和各界朋友，以定额、定期的形式为学院长期发展添砖加瓦。在学院领导、教授、职工和众多校友长期的推广与支持下，计划得到了热烈响应和广泛参与。截至2024年8月，中欧月捐捐赠人次已超过

2万人次，已筹金额逾435万元人民币。

此外，学院还陆续推出了图书馆基金、校友返校基金、人文艺术基金等创新型捐赠方式，获得了校友们的热烈响应。

30年的岁月里，中欧的筹资工作稳健发展，逐步成长，变得更为专业和规范，也得到了来自校友、校友企业、教职员工以及社会各界的鼎力支持，有力地保障了中欧的教学和研究工作，并极大地提高了学院的抗风险能力。在各方的努力下，中欧教育发展基金会也从一颗芽苞初放的嫩芽，逐渐成长为枝叶如盖的大树，为学院遮风避雨，与学院共同成长。

校友是时代发展的参与者，也是中欧办学的支持者。学院的峥嵘历程，有校友们一路和衷共济、协力同行。他们因中欧而相遇，与中欧一同成长蜕变，亲历和推动着中国市场经济的改革与进步，为社会的可持续发展贡献更大的价值，不负中欧对他们引领商业文明的期许。

校友更是中欧最贴心的回报者和同行者。百川终归海，中欧校友散落全球各地，如繁星各自闪耀，却因中欧这条丝线，被串成心心相印的珠链。他们无私奉献时间、智慧和财富，将赤诚热爱，化作对母校的坚定守护，襄助母校伟业长青。

行而不辍，履践致远。怀揣一往无前的信心和勇气，校友们与中欧同力协契、彼此赋能，风雨兼程，迈向更高的山巅。

第五章　展望未来

CEMI十年铺路筑基，CEIBS卅载凯歌前行，中欧跨越了很多商学院一个多世纪的发展历程，为中国经济的腾飞提供了令人瞩目的智力支持、人才支撑和思想引领，为中国与欧洲和世界的经济文化交流搭建了坚实的桥梁。"树高千尺，根在沃土"，诞生于改革开放的中国，站在全球化的潮头，这是中欧之幸，也是学院今日诸般成就的根基所在。

　　然而，今天的世界，与彼时相较已是时移势易：当前时代的颠覆性变革，对商学院及管理教育的定位和未来发展带来了巨大冲击。波诡云谲的地缘政治局势，对管理教育的国际合作、国际师生招募造成了直接影响；以生成式人工智能为代表的各种新技术层出不穷，对商学院传统的教学模式形成了巨大挑战；随着全球供应链、产业链加速重组，数字化转型迫在眉睫，可持续发展渐成共识，多重变革对管理知识的创造与传播提出了更多要求与更高期待。

　　当前，中欧面临着哪些重要机遇和挑战？未来，中欧如何不断与时俱进和自我超越？中欧能否像其他老牌顶尖商学院那样屹立百年，始终引领全球商学院的潮流？站在"三十而励"的重要时点，有必要以史为鉴，深入总结发展经验，剖析当下情势，展望美好未来，以赓续奋斗精神，再谱辉煌新篇！

第一节　凯歌前行

春秋鼎盛奏弦歌，风正帆满越山河。中欧国际工商学院用 30 年的时间，从全球 16 500 余所商学院中脱颖而出，稳居全球第一阵营，在诸多方面取得了丰硕的成果，向时代交上了一份满意的答卷。

作为"众多优秀管理人士的摇篮"和"欧中成功合作的典范"，中欧应时代而生，与世界同行，始终以前瞻的眼光为经济转型升级培养人才，以勇开先河的气魄引领中国管理教育的创新浪潮，以融通中外的使命搭建连接中国和欧洲的桥梁，在助力经济和社会发展、推动中国和全球管理教育进步、促进中国与欧洲乃至世界的交流合作等方面做出了重要贡献。2021 年，时任上海市委书记李强调研中欧时评价称："中欧国际工商学院在开放中成长，在创新中发展，为国家发展、城市发展做出了贡献。"欧盟委员会原主席、意大利原总理、学院理事罗马诺·普罗迪更是高度评价道："中欧的成功难以置信、超越想象，是中国与欧洲之间的桥梁，亦是人类美好未来的一份保险，应被珍惜和加强。"

一、开创中国管理教育新模式

作为中国引进西方经典管理知识的先行者，中欧通过借力国际教育资源、采取高起点、高质量的办学模式，为中国商学院探索出一条独特的成长道路，实现了"不出国也能留学"的目标。原国务委员、第十一届全国人大常委会副委员长陈至立曾指出："中欧国际工商学院的成就为中国管理教育改革提供了新思路、新方法和新经验。"

首先，作为中国改革开放事业在教育领域的示范和标杆，中欧积极探索办学体制机制的创新，开创了中国内地管理教育史上的多个"第一"[1]：第一个开设全日制全英文教学MBA课程；第一个开设EMBA课程；第一个独立组织入学考试；第一个与海外商学院建立学生交换项目；第一个签约引进哈佛商学院教学案例；第一个设立由企业赞助的教席；第一个颁发本院的学位证书……这些都为中国教育改革积累了非常宝贵的经验。

其次，中欧在全球管理教育领域创建了一个真正的中国品牌。早在1996年中欧创办初期，美国《商业周刊》(*Businessweek*)就评价道："中欧国际工商学院已经位列亚洲最佳商学院5强之一。"到2002年，MBA、EMBA和高层经理培训三大课程全面进入世界百强；2009年，中欧进入英国《金融时报》(*Financial Times*)全球MBA百强排行榜第8位，成为亚洲首家闯入世界前10位的商学院；2019年，中欧MBA、Global EMBA双双跻身全球前5位，这一成就在全球商学院中都属凤毛麟角……截至2024年初，中欧在《金融时报》全球MBA百强榜单中已连续8年位居全亚洲第1位，在其全球EMBA百强榜单中连续4年位居第2名，大大缩小了中国管理教育与国际水平的差距，并带动了国内管理教育水平的整体提升。MBA、EMBA、高层经理培训课程设置成为国内管理教育的样板，持续革新，引领管理教育发展的潮流。

同时，中欧确立了按照国际公认的规范和标准办学的模式，积极参加国际权威认证和排名，使得教学研究水平和学院声誉迅速提升。早在2002年，学院便非常有预见性地提出要启动EQUIS认证工作，并对照各项考核指标补短板、强弱项、提能力，最终在2004年通过EQUIS认证。2009年，学院又通过了国际商学院联合会（AACSB）认证，认证报告中指出："（中欧）高度重视自身品牌的发展，加强自身品牌形象并使其成为质量保证。"此后，学院连续通过EQUIS和AACSB续认证，HEMBA课程还先后通过了NECHE认证、EFMD课程认证以及瑞士认证与质量保证机构（AAQ）认证等国际权威教育认证体系。参与国际认证的过程，对学院也是自我检视和提升的契机。目前，国内不少优秀

1　香港的商学院时间更早。

商学院都参加了相应的认证和排名，借助与国际接轨实现自我提升。

另外，中欧开辟了一条市场化办学的道路。学院创立之初，课程招生和媒体宣传等都是市场化运作。在授课过程中，学院也力求"以学生为中心"，首创了学生对全部教授进行教学评估这一国内开先河的举措。通过一系列市场化的运营措施，中欧得到了市场的高度认可，证明了以市场为导向的办学模式能更好地培养适合中国市场经济需求的经营管理人才，具有更强大的生命力。

2023年，《福布斯》（Forbes）杂志如此评价中欧："中国过去40多年的改革开放，既推动了市场经济的蓬勃生长，也见证了管理教育的不断进化。在这段交融并进的历史进程里，中欧国际工商学院是一个重要且特殊的参与者。作为中国唯一一所由中外政府联合创立的商学院，中欧在过去数十年中沉淀了大量的管理思想和实践精华。它是中国管理教育发展的重要推动者，也成功搭建起了中外沟通的桥梁。"

二、培养众多杰出商业领导者

CEMI成立初期，正值改革开放浪潮汹涌澎湃。快速发展中的中国，需要大批专业的企业管理人才。"为改革开放事业培养管理人才"，便是CEMI最初的使命。1984—1994年，CEMI共培养了6届247名毕业生，占据了中国（除港澳台地区）第一代MBA的半壁江山，此外还为540余名企业高管提供了短期培训，他们都成为具有现代管理思维的商业领导者和社会中流砥柱。有位CEMI学员回忆道："CEMI是我人生的转折点，是我成长中的重要一课。我见识了更广阔的世界，深入了解了国外的管理实践，人生观和价值观都发生了转变。"

1994年中欧国际工商学院在上海创立之后，继续秉承这一初心，逐步形成了"培养兼具中国深度和全球广度、积极承担社会责任的领导者"的使命。截至2024年初，中欧已拥有遍布全球91个国家和地区的3万余名校友，他们不仅是推动中国与世界经济持续发展的重要力量，也是新时代商业文明和社会责任的积极倡导者。2023年《财富》

（*Fortune*）世界500强榜单中，中欧校友在其中14家企业里担任董事局主席、正副董事长或正副总裁等职位；在全国工商联发布的"2023中国民营企业500强"榜单中，由中欧校友掌舵的企业达65家；452位校友在国内416家上市企业担任董事长、总裁、总经理等职务。中欧校友持续引领着商业的发展和社会的进步，在中国乃至全球商业社会中都扮演了极其重要的角色。

2021年，中欧发布《中欧校友影响力调查报告》

国家领导人高度评价中欧在人才培养方面的贡献。2007年，在第四届中欧工商峰会上，时任国务院总理温家宝表示："中欧国际工商学院已成为众多优秀管理人士的摇篮。"终身荣誉教授吴敬琏也曾动情地说："中国经济发展的成功、企业管理水平的提高，要为中欧记上一笔。"

三、服务国家和区域发展战略

服务国家和区域发展战略是中欧作为一所扎根中国的国际化商学院与生俱来的使命。从CEMI到CEIBS，这一使命坚定不移。1994年，在中欧筹建之际，迁至上海的CEMI便与《经济学人》（*The Economist*）一起召开"上海管理经营"会议，引起沪上工商界的广泛关注。而中欧落地上海，目标之一就是助力上海成为国内、国际人才培养和交流中心。2007年，为服务上海国际金融中心建设战略，中欧陆家嘴国际金融研究院应运而生，10余年以来为推动上海国际金融中心建设发挥了重要智库作用。

1998年与2002年，中欧北京代表处与中欧深圳联络处先后成立，在首善之都与华南改革开放热土之上传播前沿管理知识，贡献商学院智库力量。时至今日，中欧位于上海、北京和深圳的国内三大校区"一体两翼"，为长三角、京津冀、粤港澳大湾区的发展持续助力。

中欧历来重视以管理知识赋能社会发展。建院之初，就陆续组织各种研讨会和论坛，以传播知识，增强联系，提升影响力。1998年，中欧明确提出"智力资本开发"，通过智力资本回馈社会。2007年开始，学院投入大量资金，提升行业论坛的影响力和知名度。到今天，社会保障与养老金融、智慧医疗、管理科学、邮轮经济、汽车产业、金融投资、财富管理、数字化营销、供应链创新、数字经济等前沿行业论坛仍是行业的顶尖盛会。2014年，在中欧20周年院庆之际，学院推出"大师课堂"系列讲座，多位诺贝尔奖得主、全球商界领袖和中国企业家作客中欧，激荡思想、启迪智慧。2015年，学院发起"思创会"品牌活动，邀请中欧名师走出校园，与各地优秀企业家深度互动，发挥思想引领作用，推动前沿管理思想和知识成果在中国的应用。2023年，在中欧30周年院庆启动之际，学院全新推出"中欧话未来"重磅系列活动，邀请管理、人文、科学领域具有非凡知名度和影响力的嘉宾分享深度洞见。

除论坛活动外，中欧持续在媒体平台发声，提升品牌影响力。学院名誉院长刘吉教授曾担任上海市委宣传部和中国社会科学院领导，对宣传有独到的见解。他到中欧后，提出了"中欧要每周见报一次"的要求，并率先垂范，一改为人低调、很少接受采访的习惯。在他的带领下，中欧的曝光率不断提高。到2023年，学院已与100余家中外主流媒体建立了深度联系，全年全网产生了36 000余篇与中欧相关的报道。同时，学院牢牢把握数字传播时代的机遇，在超过15个国内、国际社交媒体平台上开展运营，吸引粉丝超过120万人。中欧教授紧扣发展热点，关注企业痛点，前瞻产业动向，聚焦商业前沿，为经济社会发展贡献中欧智慧。《经济观察报》执行总编文钊（EMBA 2012）曾说："中欧国际工商学院身世不凡、基因独特。中欧的30年，是中国真正开启市场经济进程的30年。它是市场经济理念的布道者，全球商业和管理思想的传播者，也是中国企业经营管理实践的推动者。不难理解，它在中国经济变革和商业史上留下的印记是无可替代的。"

2021年，在汪泓院长的推动和带领下，中欧的智库建设取得了里程碑式突破，成为国家有关部门信息直报点，持续为国家现代化治理提供高水平智力支撑。2023年，学院在全国研究机构类智库中的排名上升至第2位，并荣获"2023年度全国政务信息工作优秀单位"称号。

中欧对国家和区域发展的贡献，得到了普遍认可和高度评价。2022年，商学院影响系统（BSIS）对中欧展开续评估，在评估报告中明确指出："中欧为上海及国家发展做出了重要贡献，为中国与世界交流搭建了稳固桥梁。"

四、推动中国和欧洲交流合作

作为唯一一所由中国政府和欧盟共同创立的国际化商学院，中欧国际工商学院在推动中国和欧洲交流合作方面发挥着独特的桥梁作用。

学院充分发挥国际化办学优势，持续加强国际学术交流。建院之初，学院就开课介绍欧盟、欧洲文化和中欧友好关系发展史。同时，派遣学生赴欧洲交换和实习，并接收来自海外的交换生，通过双向交流促进中国与世界的相互了解，增进双方的合作。直到现在，海外学习和交换依然是中欧课程的一大特色。仅2023年，学院各课程海外模块达到约50个，覆盖北美、欧洲、亚洲和非洲20个国家和地区。2024年，海外模块预计达100多个。

2012年学院发起"欧洲论坛"，10多年来在布鲁塞尔、巴黎、伦敦、苏黎世、法兰克福、慕尼黑等城市成功举办近30场，足迹遍布欧

2022年，第八届欧洲论坛在布鲁塞尔和巴黎双城举行［从左至右：李铭俊院长、比利时原驻华大使帕特里克·奈斯（Patrick Nijs）、汪泓院长、朱晓明院长、上汽华域总经理张海涛］

洲7个国家与地区，聚焦中欧商界普遍关切的热点话题，有力促进了中国与欧洲企业家之间的互信合作。论坛与欧洲诸多商会、协会、智库建立了战略合作伙伴关系，邀请了10多位国际政要或前政要、15位驻外大使出席，200余位政商学界人士发表演讲，8 000多位海内外企业嘉宾参加，有力促进了中欧经济文化交流合作。

2015年，坐落于瑞士苏黎世湖畔的中欧苏黎世教研基地正式运营，并于2019年完成扩建，是学院各课程的海外模块授课基地，为研究欧洲经济和商业发展提供了前沿学习基地，是中国与欧洲企业双向交流的重要平台。诸多欧洲校友带着从中欧学到的战略远见和实践理念，以及促进中国和欧洲交流的热情，为推动中国和欧洲的合作贡献智慧和力量，也推动了当地经济社会的繁荣与发展。

瑞士EHL酒店管理商学院院长马库斯·文森（Markus Venzin）曾如此评价："中欧国际工商学院是一位桥梁建设者，她不仅在亚洲、中国和欧洲之间发挥了连接作用，而且也将世界其他地方的人们聚集在一起。我希望中欧通过创造和传播商业知识，在搭建不同文化之间的桥梁方面能够取得更大的成功。"

五、践行与引领责任教育

中欧一直是社会责任理念的倡导者和践行者，并在教学、案例开发与研讨、学术研究和运营中始终贯彻这一理念。据吴敬琏教授回忆，早在1995年，中欧EMBA课程就设立了一门商业伦理必修课，"中欧从来就比较重视对人的培养，对企业家行为的培养"。

为什么要加强对企业家社会责任感的培养？中欧建院之初，李家镐院长在接受媒体采访时对此有过清晰阐述："21世纪的人才应该是……有社会责任感、有个人品德的人才，而不是一些贪婪的逐利者。"2005年，时任院长张国华教授在一次讲话中也重点强调："中欧应该成为培养商界领袖的摇篮，我们的毕业生应该成为商界的精英。但仅仅做到这一点是远远不够的，他们还必须成为富有社会责任感、受人尊敬的人士。"

中欧致力于培养"兼具中国深度和全球广度、积极承担社会责任的领导者",提倡企业家拥有"比商业成功更高的追求",长期围绕"企业社会责任/ESG"等关键议题展开知识研究与传播。自2018年起,学院连续6年发布《中欧CSR/ESG白皮书》,每年开展"ESG"主题系列活动,引导和鼓励广大校友积极践行社会责任,为可持续商业赋能。2023年,面对"双碳"目标要求和绿色转型浪潮,在汪泓院长的主导下,中欧发布了首份《碳信息披露报告》,确立了2050年实现全范围碳中和的目标,为中国"双碳"目标的实现做出了坚定的承诺。

在持续的号召与鼓舞下,志同道合的中欧人构建起了一个富有社会责任感的社区,广大中欧校友、校友企业、校友组织以各种方式积极践行社会责任。针对中欧校友影响力的调研表明,积极参与慈善公益活动的校友比例高达84%。受访中欧校友平均每年会投入11天进行社会活动;前5%的校友,年均贡献时间超过30天,是引领"商业向善"的重要力量。

六、贡献全球管理教育发展

"一枝独放不为美,万紫千红才是春。"中欧致力于成为全球管理教育界的"中国问题专家",以及助力中国企业国际化进程的"全球专家",不仅开启了中国现代管理教育的先河,还为中国乃至全球管理教育的发展持续贡献中欧智慧。

创建之初,中欧就志存高远,全面对标国际顶尖商学院,实现高标准突破,同时加强与其他世界顶级商学院的交流与合作,提升自身竞争力。如果说,一开始学院更多是西方经典管理理论的引进者、阐释者,随着中国经济的腾飞和学院的快速发展,中欧已逐渐成长为全球化时代中国管理知识的创造者、传播者,为全球管理教育殿堂贡献中国智慧。2019年,欧洲管理发展基金会(EFMD)商学院院长会议在中欧召开,来自全球55所商学院的300多位决策者齐聚上海校区,这是该论坛创办46年来首次在欧洲以外的地区举行。通过承办此次会议,学院也

2019年1月，欧洲管理发展基金会商学院院长会议在中欧举行

向国际同行充分展示了自身在促进全球管理教育及实践中所发挥的独特作用。

2001年，中欧案例中心成立，其承建的"中国工商管理国际案例库"聚焦中国问题，坚持国际标准，致力于打造全球最具影响力的中国主题案例库。截至2024年3月，已收录高质量教学案例2 800多篇，服务国内院校100多家。学院与哈佛案例库、毅伟案例库、欧洲案例交流中心均建立了战略合作关系，这三大国际案例库中累计收录中欧案例分别达到了111篇、183篇和500余篇。中欧案例已进入60多个国家和地区的400多所院校的课堂，累计使用量达21万人次，真正实现了"凝聚中国智慧，贡献全球课堂"。另外，在哈佛案例库中，有8篇中欧案例在出版3年内即跃升为畅销案例，中欧案例对全球管理教育的重要价值由此可见一斑。

经历3年疫情阻隔后，学院各层面国际交流于2023年高频重启，海外院校交流不断加强，校际合作新格局正在构建。学院先后迎来了美国宾夕法尼亚大学沃顿商学院、西北大学凯洛格管理学院、HEC法国巴黎高等商学院、意大利博科尼商学院、欧洲高等商学院、西班牙IE大学商学院、EHL酒店管理商学院等顶尖商学院的院长。此外，学院也在全球各地积极探索与哈佛、麻省理工、沃顿、耶鲁、香港科技大学、香港大学等顶尖大学进一步深化合作。2023年8月，美国西北大学凯洛格管理学院院长弗兰切斯卡·科尔内利（Francesca Cornelli）教授到访学院时表示，对于商业教育而言，最重要的是需要拥有全球视野。中欧国际工商学院在与世界各国顶尖商学院的交流互鉴之中，汇聚了一种强大的力量，能够帮助来自不同文化背景的人们达成共识，共同推动商业进步，而这正是商学院肩负的重要使命。

总之，30年来，中欧走出了一条独具特色的道路，培养了众多时代所需的领导者，在助力国家和区域经济社会发展的同时，亦推动了中国和欧洲乃至世界的交流合作，创造了管理教育界的一个奇迹！

第二节　以史为鉴

回顾中欧30年的光辉历史，就是一部学院管理层和教职员工围绕使命和目标，抓住时代机遇，与时代脉搏同频共振，为国家经济腾飞和社会进步培养人才，并加速实现自身发展的奋斗史。

回顾过往，中欧为什么能，为什么行？在看似历史偶然般的成功背后，又有哪些必然性的因素作为支撑？面向未来，过往的经验能为我们带来哪些借鉴？"以史为镜，可以明得失。"历史虽已成为过去，但依然用无声的语言，讲述着关于未来的答案。因此，对于历史经验的总结尤为重要，其价值不可估量。

一、全球化与改革开放的历史机遇

中欧国际工商学院所创造的奇迹，源于自身的不懈追求，也离不开良好的外部环境。在经济全球化、知识无国界的时代背景下，人类文明的交流和融汇已经成为不可阻挡的潮流。中国经济的持续发展和企业的快速成长，也催生了对管理教育的巨大市场需求。

中欧诞生之时，适逢邓小平南方谈话带来了人们的思想大解放，带来了中国经济新一轮快速增长。他指出，"改革开放的胆子要大一些……看准了的，就大胆地试，大胆地闯"[1]，正是这一重要思想激发了彼时中国的创新活力，造就了中欧这一中国高等教育国际合作办学的成功范例。在总结学院快速发展的历史经验时，名誉院长刘吉曾强调："中欧国际工商学院是邓小平开拓中国社会主义改革开放局面的产物。

---

1 《邓小平文选》第三卷，人民出版社1994年版，第372页。

同时，它也享用了这一伟大改革开放的成果。没有中国经济的崛起，就不可能有如此深广的工商管理教育的市场需求，当然也不可能有中欧国际工商学院今日之局面。中欧人应该永远记住和珍惜这个大前提。"

2001年底，随着中国正式加入世界贸易组织，中国经济与世界经济的融合变得更为紧密。在这一过程中，中国企业规模不断扩大，企业成长的阵痛带来了不少管理上的挑战，对管理者的领导力提出了更高的要求，中国企业管理者迫切需要汲取全球领先的管理经验。同时，越来越多的中国企业积极参与全球市场的竞争，中国企业对国际化高水平人才的需求与日俱增。此外，越来越多的跨国公司加入中国市场的竞争，也需要大批本土化的、具有国际视野的高层次管理人才。

面对这一历史机遇，中欧将早期的办学使命确立为：培养立足本土、面向世界，并具备国际合作与竞争能力的高级经营管理人才。同时也树立了办一所亚洲第一、世界知名的一流商学院，跻身全球商学院十强的宏伟目标。30年来，学院紧跟社会经济发展对人才的需求趋势，以及管理人才学习目标的变化，不断推动课程创新以及培养体系扩展，持续提升学院影响力与美誉度。如今，在全体中欧人的赓续奋斗下，理想已成为现实，学院正朝着"卓越无界"的远方迈进。

二、双方政府的鼎力支持和理事会的战略指引

中欧国际工商学院是中国和欧洲友好合作的典范。它在中国政府和欧盟的关怀呵护下成长起来，亦得益于社会各界尤其是企业界的支持和滋养。中欧的创建、发展和成功，体现了人类可贵的合作精神、分享理念和探索勇气，也是管理理论和企业实践相结合、东方与西方相融合的最佳典范。

作为中国唯一一所由中外政府联合创建的商学院，中欧的发展离不开中国政府与欧盟的大力支持，离不开上海市委、市政府的持续关心，离不开理事会的战略指引，也离不开双方办学单位上海交通大学、欧洲管理发展基金会的紧密合作。

　　首先，中国政府对学院的创建和发展给予了大力支持，为中欧提供了最重要的制度保障，批准学院建立了一套完整的、符合国际规范的办学制度，形成坚实的"骨架"，确保学院高起点启航。在学院创办和发展的过程中，国家领导人、中央和国家机关有关部委和上海党政领导持续关心指导、纾困解难，为学院的发展提供了最坚强的支撑。

　　其次，上海市政府和欧盟的有力资助为学院注入了"血液"。从1994年创办到2003年间，中欧获得了来自欧盟和上海市政府的总计4 712万欧元的资助。2007年，中欧中标了"中国—欧盟商务管理培训（BMT）项目"，获得欧盟约800万欧元的资金支持。同时，上海市政府向学院提供了相等金额的经费支持用于上海校区金科路校园的建设。自2008年起，上海市政府每年向中欧陆家嘴国际金融研究院提供350万元的财政拨款。自2013年起，上海市教委对中欧牵头建设的"中国工商管理国际案例库"提供每年300万～500万元的经费支持。在上海市政府的承诺下，在浦东新区管委会的支持下，浦东金桥开发区为中欧提供了近8万平方米校园用地，使学院得以在上海落地生根、蓬勃发展。

　　自学院成立伊始，在历届理事会的战略指引下，中欧双方理事精诚合作，每年共同审定学院发展战略与规划，为学院的战略发展方向把舵定向，并不断完善与国际顶尖商学院相匹配的治理模式。历届理事会（董事会）成员中既有中国人民政治协商会议第九届全国委员会副主席、全国工商联原主席经叔平，第十一届、第十二届全国人大常委会副委员长严隽琪，欧盟委员会原主席、意大利原总理普罗迪，法国原总理让-皮埃尔·拉法兰等政商界知名领导人，也有上海市有关部门负责人、跨国公司高管、学院原领导和著名学者。理事会的国际化和跨文化结构，也为学院战略发展提供了多元化的决策视野。

　　再次，作为中方办学单位，上海交通大学在中欧国际工商学院的创办过程中发挥了重要作用。学院创办的最初5年，一直使用中方办学单位上海交大闵行校区最好的教学设施。更重要的是，上海交通大学为中欧提供了在中国特殊国情下的制度空间，使得中欧国际工商学院在中国管理体制下有足够的灵活度来快速发展。中欧的党组织与工会分别接受上海交大党委和工会的领导。

建院之初，中欧部分MBA学生曾通过上海交大申请中国的MBA学位。在中欧办学展期协议签署后，上海交大又为中欧博士课程的开设，以及为建立中欧MBA学生申请中国MBA学位的长效机制做出了积极努力。此外，上海交大在为中欧发展的有关事项与教育部等主管部门进行沟通方面也发挥了重要作用。

自1994年以来，上海交通大学历任校长翁史烈教授、谢绳武教授、张杰教授、林忠钦教授和丁奎岭教授先后担任学院董事长（2015年后改称"理事长"）。在学院创建阶段，翁史烈教授和谢绳武教授一直非常关心学院的发展，为处理好学院与中国教育制度的衔接尽其所能，为拓展学院的制度空间做出了重要贡献。张杰教授同样尽心尽力推动中欧的成长，在他的有力支持下，中欧办学展期协议得以顺利签订。林忠钦教授在任期间有效促进了办学双方的互信合作。丁奎岭教授亦持续推动中欧的国际化办学不断取得新的发展。

最后，学院欧方办学单位EFMD是管理教育学界最大的国际组织，截至2024年初，已吸纳了全球92个国家近1 000家办学机构成员。EFMD名誉主席赫拉德·范斯海克（Gerard van Schaik）博士、EFMD全球总裁埃里克·科尼埃尔（Eric Cornuel）教授先后担任学院副理事长，

2017年7月，法国原总理拉法兰参与"中法投资对话"活动

在学院发展历程中做出了不可替代的重要贡献。他们充分利用自身广泛的学术资源和强大的成员网络，帮助中欧在建院之初就建立起对标国际的高标准。在EFMD的背书下，中欧在学术公信力的树立、国际教授的招聘、全球市场的推广、品牌影响力的构建等方面得到了很大的助力。因其对上海市经济建设、社会发展和对外交流等方面做出的突出贡献，范斯海克博士和科尼埃尔教授分别于2016年和2018年被授予了上海市"白玉兰纪念奖"。

三、"认真 创新 追求卓越"的中欧精神

文化或校风是一所学院的"魂"。课程设置、管理制度等，都会随着时间的推移而不断改变与进步，但文化相对持久稳定，是支撑学院发展的精神力量。学院创始人之一雷诺（Pedro Nueno）教授曾指出，中欧文化中非常重要的一点，就是拥有一整套历久弥新的价值观。

早在CEMI时期，杨亨就邀请一位留学比利时的中国画家设计了校标，这是一个古代小篆体的"合"字，寓意合作办学。刘吉教授担任院长后，对校标的寓意做了全新的阐释：

首先，它是"合"字，体现了中国与欧盟合作办学，更进一步，中欧人应永远有一种友好合作的精神；其次，它像一座美丽的房子，显示中欧是一个大家庭，中欧人永远团结一致，共同前进；最后，更深刻的是，它是一个向上的箭头，代表学海无涯，学无止境，事业也无止境，激励中欧人永远向上，不断创新，不断开拓进取！

在学院建立不久后的1997年，学院创始人之一、首任中方院长李家镐就着手针对学院文化建设与各部门主管进行讨论。李家镐院长提出了"追求"（Aspirations）、"团结"（Solidarity）、"进取"（Progress）、"竞赛"（Emulation）、"协作"（Coordination）和"超越"（Transcendence）6个方面，简写为ASPECT。

1999年，刘吉教授出任代理院长后，在院内外、国内外进行了一系列调查研究。他认为，虽然当时全体员工奋发创业，教学工作不断展

现闪光点，但要实现"培养21世纪具有国际竞争力的企业家和高级管理人才"的历史使命，还需要一种足以凝聚全院持续拼搏的学院文化和精神力量。这种文化和精神既要从当前实际出发，有鲜明的针对性，又必须跨越时空，可以薪火相传。

在1年多的调研中，许多学者、企业家的见解给刘吉教授极大的启发。2000年，刘吉教授出任学院执行院长，在征得张国华副院长赞同后提出了"认真　创新　追求卓越"的校训，成为中欧国际工商学院的核心文化和价值观。对于这一校训的含义，刘吉院长的解释尤为"大道至简"：

认真——无论对一个人、一个企业、一个学校，这都是成功的起点。不认真，任何事都做不成，做不好。

创新——创新是民族进步的灵魂，现代企业的核心竞争力。中欧要办好，要培养出21世纪具有国际竞争力的企业家，必须树立创新精神。

追求卓越——绝不是确立一个完美的愿景，而是不论做得多好，都要问一问自己能不能做得更好！只有具备这种精神，才可能不断进步，逐步达到卓越的境界。

"合"为中欧校标

这一校训，逐渐成为中欧人恪守的准则。朱晓明院长曾总结过中欧办学的"三不原则"，其中一条便是"违背中欧校训和风气的事我们不做"。李铭俊院长曾表示："中欧的校训朴实无华，却是我们的成功密码。中欧人最讲认真，将'认真'融入学院运营的方方面面；中欧人的创新不是灵光乍现，而更像是厚积薄发地创造；中欧人追求卓越，我们定义的卓越不是一个标准、一时得失，而是一种气度、一种境界，一种克服万难创造历史的精神，一种勇于为他人谋福祉的担当。"汪泓院长则认为，正是在"认真、创新、追求卓越"的校训精神和"合"文化的指引下，学院的历任领导和全体师生员工初心不改、使命不息，挥洒汗水、全心奉献，克服万难、勇毅前行，不仅将梦想化为了现实，也让现实超越了梦想。

四、国际化的办学道路

中欧是中国高等教育改革开放的先行者，是中外合作开展实质性办学的排头兵，在国内并没有现成经验可以借鉴和参考。已故院长张国华曾在接受媒体采访时回忆道："当时我们有两种选择。一是走国内商学院的老路，采用国家统一的招生办法、教学大纲和教学模式，发国家承认的学位证书。这样做，我们充其量成为现有24所MBA试点学校之后的第25所，几乎不可能实现创办世界一流商学院的目标。二是完全采用国际办学模式，自己确定教材、课程设置、招生办法等，将宗旨锁定为'为中国企业培养适应全球性竞争的高级管理人才，为国外企业培养中国本土高级人才'。选择这条路，风险也是明显的，中欧的学位证书在办学之初无法获得国务院学位委员会的承认，这会对招生和最初几届学生的就业带来影响。"但最终，中欧还是坚定地选择了后一条路。后来的事实证明，中欧做出了正确的选择。

学院充分利用自身的体制优势，不仅建立了国际一流的师资队伍，还积极开展与国际顶尖商学院的合作，曾联手哈佛商学院、西班牙IESE商学院推出"全球CEO"课程；联手瑞士EHL酒店管理商学院推出了HEMBA课程；学院还先后与宾夕法尼亚大学沃顿商学院、哥伦比亚大学商学院、密西根大学商学院、伦敦商学院、法国INSEAD和西班牙IESE等全球著名商学院交换学生、合作研究或开设合作课程。广泛的国际合作与良好的国际声誉，也使得中欧学生能更多地"走出去"，许多海外学员也慕名前来求学，逐渐形成了"中国深度 全球广度"的独特定位，中欧也逐渐获得了国内国际的广泛认可，在全球范围内建立起品牌美誉度与影响力。

在汪泓院长看来，学院的国际品牌影响力，是学院取得成功的"法宝"之一。法国原总理、中欧特聘教授多米尼克·德维尔潘（Dominique de Villepin）曾评价称："中欧在短时间内崛起并跻身全球顶尖商学院之列。学院把握契机不断增强国际办学实力，并由此增长了经验，开阔了视野，扩大了国际影响力。"

2024年，MBA课程在英国《金融时报》课程排行榜中连续8年排名亚洲第1位，其中，在"国际化课程体验"这一维度，中欧排名全球第17位；2023年，GEMBA课程连续4年位居全球第2位，其中，在"国际教授""国际学生"两项指标上分别排名全球第15位和第22位，中欧已成为一所名副其实的国际化商学院，取得了广泛的国际品牌影响力。

五、市场导向的办学理念

在创立初期，因为听见"远方的鼓声"，中欧选择了"少有人走的路"，走市场导向的办学道路。在今天看来，这一道路经受住了历史的考验，但在当时，学院在知名度未打响、未得到市场认可之前便迈出这一步，可以想象其中需要多大的勇气，要付出多少的艰辛。打广告、路演、公开宣讲、院长亲自参与企业拜访和招生……这些都是当时国内商学院闻所未闻的，但中欧硬是在早期的领路人和开拓者们的奋斗下，蹚出了一条大道。

在办学过程中，学院全心全意为学生和企业客户提供满意的教学和服务，学院的教授大多具有丰富的企业咨询经历或在企业担任独立董事，深入一线，密切关注商业社会趋势动向，从而使课堂知识更好地契合学生需求，助力企业发展。

此外，学院不断创新课程设计，根据社会经济发展的需要和学生的不同学习目的，设置各种不同课程，建立灵活多样的课程体系，尽量满足各类学生的需求。除早期的MBA、EMBA、高层经理培训课程外，2012年，为助力上海国际金融中心建设，培养中国金融管理人才，学院推出FMBA课程；2015年，为更好地实现培养深谙中国市场、兼具国际视野和跨文化管理能力的全球领导者的目标，学院将英文EMBA班设为GEMBA课程进行独立运营；2017年，服务业在中国经济中的重要性不断提升，企业"服务化转型"渐成趋势，学院适时与EHL联合推出HEMBA课程；2021年，面对中国商业领导者希冀加强思想引领、强化终身学习的需求，学院又推出了工商管理博士（DBA）课程。可以看到，学院推出的各项课程始终结合经济社会的发展趋势，结合市场和企业的需求，为企业带来全球最新经营理念及中国最佳管理实践。

中欧始终坚持"质量第一"的原则。即便在办学初期生源不足的情况下，学院依然坚持宁缺毋滥，严把入学关，把对学生能力和潜质的考查放在第一位。即使学生顺利通过考核入学，在上课期间发生违纪现象，也会被严肃处理，即便是大牌企业家，若违反考勤纪律也会被惩处。此外，学院充分重视学生的反馈，将学生的需求摆在首位，即使是知名教授，若课堂评分表现不佳，依然会被"出示黄牌"。这种尊重市场、强调质量、以学生为中心的办学特点，使中欧在中国管理教育市场中形成了鲜明特色，构建起独特的竞争力。

六、世界级的师资队伍

要打造一流的商学院，必然要有一流的教授队伍。可以说，教授是一所学校的强校之基、立校之本。高素质的教授资源是中欧的核心竞争力所在，也是学院高速发展的关键所在。汪泓院长曾指出："中欧打造商科教育新标杆，要有一支有忠诚度、有凝聚力、有核心竞争力的师资队伍，要有一整套科学精准的绩效考核和队伍建设体系。"

学院的师资建设，走过了从"借鸡生蛋"到"筑巢引凤"再到"蓬勃发展"的历程。在CEMI时期，主要依靠国外访问教授，EFMD利用其广泛的学术关系，为学院聘请了许多访问教授，学术委员会也为壮大师资队伍做出了不少贡献。中欧成立后，很多教授逐渐成为早期的核心教授，为学院的快速发展做出了重要贡献。学院创始人之一杨亨曾表示："中欧为什么会成功？一个重要原因是有现成的（教授）队伍。这些人一待就是十几年、二十年……他们对中国有一种情结，对中欧国际工商学院也有感情。"随着中欧在建校后第二个5年确立了建立一支稳定的长期教授队伍的目标，中欧的教授队伍不断壮大。2023年，学院教授达到120位左右，来自20多个国家，其中98%拥有国际化经历，包括法国原总理拉法兰、德维尔潘，WTO原总干事拉米（Pascal Lamy）等来自欧洲的国际前政要，还有吴敬琏教授这样的学界泰斗。在爱思唯尔"中国高被引学者"榜单中，中欧连续4年在"工商管理"学科的上榜人数位列各院校之首；在此之前，连续6年在"商业、管理和会计"领域上榜人数位居第一（编者注：自2021年起，爱思唯尔调整了学科分类体系）。

七、卓越的企业家校友

一所商学院要走向成功，必然要培育强大的校友网络，促进与校友群体的互利共荣。

中欧历来重视校友服务工作，以及对校友的持续赋能。不管是信息服务，还是返校活动，不管是论坛学习，还是艺术之旅，中欧总是不断创新，满足校友们不同的需求，让校友与母校的联结随时间而愈发紧密。满怀感恩之心的中欧校友反哺母校，积极提升学院品牌影响力，推荐优秀生源，提供教学案例资源，设立中欧—企业教研基地，组织捐赠等，从各方面支持学院的建设和发展。可以说，中欧与校友之间形成了一个紧密的共赢共同体。

同时，遍布全球90多个国家和地区的3万多名中欧校友，在社会经济中发挥了中流砥柱的作用，也不断通过慈善公益的力量传递温暖善意与赤诚之心。他们不仅是推动中国与世界经济持续发展的重要力量，也是新时代商业文明和社会责任的积极倡导者，使得"中欧人"成为一张闪亮的名片。

以上七点经验，经历了时间的考验与实践的检验，在今天仍具有蓬勃的生命力，为学院的发展提供了源源不断的助力。承前启后、继往开来，在持续追求卓越、保持基业长青的过程中，这些经验既是历代中欧人艰辛探索的宝贵财富，也是未来不断前行的根本指南。

第三节 直面挑战

在充满变革与挑战的当前，全球管理教育正面临历史性的重塑。国际局势的纷繁演进，现代科技的迅猛发展，可持续发展理念的崛起，对管理教育带来了深远影响。这些趋势不仅令商学院面临前所未有的挑战，还为其提供了培养未来领导者的机遇。中欧置身其中，如何积极应对、迎难而上？如何保持开放的国际交流和卓越的管理教育，继续架起中国与欧洲乃至世界对话的桥梁？如何引领全球管理教育的未来？

中欧在飞速发展的同时，也面临着"成长的烦恼"。如何制定前瞻性战略，吸引全球顶级师资，创新课程设置，拓展财务来源，提高招生吸引力，并持续优化运营保障体系，都是不小的挑战。如何积极有效应对，将考验中欧作为一流国际化商学院的韧性与耐力及智慧与担当。

一、全球管理教育发展趋势

趋势一：时代变局重塑全球治理

当前，国际局势波诡云谲，"黑天鹅""灰犀牛"事件频发，文化、价值观的冲突和碰撞给国际交流合作造成了诸多掣肘。长期来看，全球贸易博弈依然悬而未决，去全球化主张仍不绝于耳，全球"碎片化"进程仍在演进之中，这对于管理教育的国际交流、国际师资和学生的招募等，都带来了不同程度的挑战。2022年，欧洲高等商学院曾发布一份关于"地缘政治对商学院的影响"的报告[1]，报告中援引相关学者的研

---

[1] Léon Laulusa: "The Impact of Geopolitics on Business Schools", ESCP Impact Paper No. 2022-29-EN, https://academ.escpeurope.eu/pub/IP%20N%C2%B02022-29-EN.pdf。

究，指出"英国脱欧、新冠疫情、中美关系、俄乌冲突，以及全球范围内民粹主义和国家主义的兴起等，对高等教育国际化尤其是商学院带来了猛烈冲击。"

根据管理专业研究生入学考试委员会（Graduate Management Admission Council, GMAC）的调研结果[1]，2022年和2023年，全球管理教育总申请人数已连续2年下降，其比例分别为−3.4%和−4.9%。2023年，美国、欧洲等传统商科留学目的地的国际学生申请人数分别下降了4.9%和13.4%。而在亚太地区，2/3的课程申请人数均有不同程度的下降。对中欧而言，这同样是一个必须面对的挑战。

但同时，应该看到，面对当前的国际形势，加强中国与世界对话交流的重要性正日益凸显。中欧国际工商学院特聘教授、WTO前总干事帕斯卡尔·拉米曾呼吁："我们必须坚定一个共识——国家之间开放贸易与交流才是未来，中国就是最好的例证，中国的发展得益于全球化的进程，也为全球化做出了贡献。"全球化最需要的就是合作，而中欧作为一所由中国政府与欧盟联合创立的国际化商学院，可以更好地发挥桥梁作用，增进中国与其他国家和地区的理解和互信。

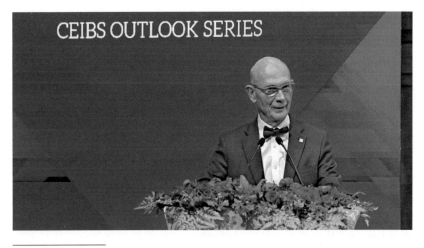

2023年12月，拉米出席中欧话未来系列论坛

1　Graduate Management Admission Council: "Application Trends Survey Summary Report 2023", https://www.gmac.com/-/media/files/gmac/research/admissions-and-application-trends/2023_gmac_ats_report_final_digital.pdf。

趋势二：交叉学科的融合

随着全球治理面临的不确定性更加突出，商界领袖需要拥有更强的学习能力、沟通能力和与社会互动的能力，商学院对未来人才的培养也需从过去的知识和技能培训转变为能力和素养的提升。

国际商学院协会（The Association to Advance Collegiate Schools of Business, AACSB）曾刊文探讨商学院引入跨学科教学的重要性[1]。文章强调，追求商科教育的学生，往往会在探索新领域的过程中发现新的事业机会。实现这一转变的途径之一就是跨学科融合，培养学生的多元视角以及软硬技能。"如果商学院希望推动商业成为向善的力量，必须开设跨学科课程，从而培养更具同情心和责任感的领导者。"

对于商学院而言，如何将经典管理学科与其他前沿学科进行融合，从而更好地培养时代所需的人才，是一个较大的挑战。近年来，中欧不断加大对新兴交叉学科的研究，构建跨院校、跨专业、跨行业、跨国界的协同育人机制，实现跨界交融。同时，主动对接科技前沿，加快知识创新的速度，提高知识创新的质量，鼓励跨学科知识融合创新，适应企业管理者的成长性需求，为企业转型和产业升级贡献智慧。

趋势三：数智化时代催生教育新模式

当前，新一轮产业革命和科技变革带来了深刻改变，孕育着前所未有的发展机遇。元宇宙、区块链、人工智能等新技术的出现，使得现有商业模式被颠覆和重塑，这无疑对管理教育和商学院发展产生重大影响。课堂不再是获取知识的唯一场所，新兴技术将重塑商学院的人才培养、课程体系和学习体验。

欧洲管理发展基金会旗下刊物《全球聚焦》（Global Focus）曾刊文指出："商学院要持续提供知识、技能、经验，帮助学生更好地应对快速变化和数字化的商业世界……商学院必须拥抱这一现实，并在数字化

1　Joan Marques: *"The Fascinating Path Ahead for Business Schools"*, https://www.aacsb.edu/insights/ articles/2023/05/the-fascinating-path-ahead-for-business-schools。

转型方面先行一步[1]。"该文分析了商学院数字化转型面临的三大障碍：第一，教授团队缺乏数字能力来重新设计课程模块、教学内容等，无法在数字化技术平台授课；第二，学校缺乏对数字技术的投入，从而不能为学生提供数字化或混合式学习经验；第三，学校僵硬的组织架构，阻碍了数字技术的快速应用。

2023年，AACSB对43个国家163所商学院院长展开调查[2]。其中，87%的院长表示将加大力度招聘熟练掌握数字化教学能力的教授；84%的院长认为数字化转型是自己学校发展战略的重要优先项；66%的院长表示将提供更多线上或混合式非学位课程。而在数字化转型过程中，受访院长们认为，财务投入、同其他资源更充沛的商学院或线上学习平台的竞争，是其面临的最主要挑战。

在汪泓院长的部署和推动下，2021年，学院启动了"智慧校园"项目，基于新型网络基础设施，运用人工智能、云计算、大数据等新技术，打造智慧化的校园工作、学习和生活一体化环境，并将智慧校园建设渗透至学院业务的各个方面。至2023年底，项目连通了三大洲、五地校区的数智化平台，全面提升教学和研究的智慧化能级，初步实现了"一屏识中欧，一网管校园，一站办实事"。

趋势四：ESG/可持续发展理念融入管理教育体系

2004年12月，联合国发布《在乎者赢》（*Who Cares Wins*）报告，首次提出了ESG概念。短短20年来，这一理念已融入经济社会发展的方方面面，给管理教育带来了更大的影响和挑战。

一方面，商学院必须率先垂范，主动践行ESG可持续发展理念。在诸如英国《金融时报》等权威商学院排名中，近年来也纳入了"碳足迹""ESG与零排放教学"等新指标，这对商学院的日常运营和课程设

---

1 Mike Cooray: "*Digital as a catalyst: Now is the time for business schools to transform*", https://www.globalfocusmagazine.com/digital-as-a-catalyst-now-is-the-time-for-business-schools-to-transform/。

2 AACSB: "*Embracing the Digital Shift: Perspectives on Digital Transformation in Business Schools*", https://www.aacsb.edu/-/media/publications/data-reports/embracing-the-digital-shift--perspectives-on-digital-transformation-in-business-schools.pdf。

置提出了更高的要求。

另一方面，随着学生对可持续发展理念的认可度不断增强，对管理教育也提出了更高的期待。一项对29所商学院2 000名学生的调研表明，51%的学生愿意接受更低的薪资为环境友好型公司工作，这一比例相较此前5年上升了7个百分点[1]。这意味着，商学院必须关注学生的新需求，帮助未来的学生为推动ESG实践乃至实现联合国的17个可持续发展目标（sustainable development goals, SDGs）而做好准备。

近年来，通过不断完善，ESG相关课程在中欧整体课程中的比例已逐步提升至20%左右。另外，通过开辟ESG研究领域，发布CSR/ESG白皮书，开展ESG主题系列活动，加强ESG理念传播，倡导中欧校友践行ESG理念，并在校园运营中的方方面面深入贯彻ESG理念，ESG理念已深入学院办学的全方位、全过程。

二、学院面临的主要挑战

自1994年创立以来，短短的30年间，中欧不负所望，已成功跻身全球管理教育第一阵营，取得了令人瞩目的辉煌成就。但是，如何继续充当中国教育开放合作的"试验田"，坚持面向市场、融合实践、国际接轨的运作，如何在坚持自主办学的同时加强制度建设，强化自我管理，是学院的长期课题。同时也应看到，在全球局势持续动荡、宏观经济复苏乏力、商业模式不断重塑、管理教育竞争加剧的当前，学院仍面临诸多压力和困难。

挑战一：站稳第一阵营

一方面，全球商学院之间的竞争日趋加剧，尤其是第一阵营商学院之间的角逐，随着欧美众多老牌商学院在疫情后的强势回归而越发激烈。对于中欧这样一所"年轻"的国际化商学院而言，如何站稳并巩固

1　Jenny Gross: *"Business Schools Respond to a Flood of Interest in E.S.G."*, https://www.acre.com/blog/2021/11/business-schools-respond-to-a-flood-of-interest-in-esg。

在第一阵营中的地位，是一个巨大的挑战。

另一方面，伴随着技术进步带来的人们行为习惯的改变，管理者的学习需求日益多元化。一批市场化的教育培训机构、企业家交流平台应运而生，推出大量培训、游学、在线课程等产品。短期内，这些产品主要起到对传统商学院教育的补充作用，尚不足以对学院的核心课程造成冲击。但从长远看，我们需及早准备以有力应对这一挑战。

挑战二：打造教研兼优的师资队伍

国际师资招聘工作，尤其是对教研兼优的资深教授的招募，近些年来持续面临较大压力。这与全球高素质教授群体的流动趋势和个人就业目的地选择有关，也表明学院在吸引全球顶级师资方面仍需不断有所作为。

如何培养大师级的教授，更是长期艰巨的挑战。领导力大师沃伦·本尼斯（Warren Bennis）曾撰文抨击"迷失方向的商学院"，指出很多教授沉迷于撰写晦涩的论文，而忘记了商学院真正的使命。欧方院长杜道明则指出，"当今商学院面临的最大挑战在于：速度太慢。世界变化得越来越快，相比而言，学术成果的产出速度一直以来都比较缓慢，当研究人员完成研究、发表学术成果的时候，商业世界很可能已经变成了另外一种模样"。如何培养出既能引领思想又能指引实践的名师大家，是一个长期课题。

另外，学科系发展尚不平衡。学院许多专业领域的师资已达到一定规模，在金融/会计、战略学、组织行为学/人力资源管理学等学科的成果领先于国内其他商学院。但系科之间发展尚不平衡，如何让各学科的师资队伍建设齐头并进，仍需继续努力。

挑战三：持续创新课程设置

20世纪90年代，中国的商学院建立之初，学生对商学院并没有完整和清晰的认识，许多人对管理教育的期许也仅限于"拿文凭"。而如今学生对商学院不仅有清晰的认知，而且提出了更高的要求，包括课程设置要回应和解决当下的前沿商业问题，在教学方式上必须更加创新和灵活，其原因有二：

一方面，新材料、新能源、人工智能等高新技术，给产业发展带来了全新的模式，商学院的教学方式不能再停留于满足传统制造业的需求，需要主动对接科技前沿，适应平台化、智慧型的智能制造业和高新技术产业的发展，贴近企业和企业家的成长需求。

另一方面，全球经济早已由过去单一产业门类发展演变为多元化、国际化分工合作的全产业链。商学院要配合产业链布局创新链、学科链、专业链，加强产学研融合，以用促学、学以致用，以适应当今的管理模式、市场运行模式和全球经济运行情况。

挑战四：招收优质生源

一所好的商学院，学校和学生会相互成就。没有优质生源，打造声誉就是空谈。如何持续吸纳最顶尖的优质人才，优化招生策略，保持国际化、多元化的学生结构，始终是学院的重要任务。

第一，从国际招生情况来看，近年来，学院面临着巨大的同行业竞争、潜在的地缘政治风险等因素的影响。从国际EMBA招生角度而言，受新冠疫情影响，外资企业加速向其他新兴经济体转移和在华高端外国人才减少的趋势仍在延续。原本对中国/亚洲有兴趣的许多欧美申请人也开始转向新加坡等其他亚洲国家。另外，全球经济增长放缓对外国投资造成了显著影响，中国吸引外国投资有所下降，中国的国际EMBA课程对国际申请人的吸引力降低。与此同时，公司对申请人的资助减少。申请人因业务繁忙，用于学习的时间更加紧张，这无疑进一步加大了他们追求EMBA学业的难度。另外，MBA招生情况也不容乐观。根据GMAC的数据[1]，从2018考试年到2023考试年间，全球GMAT考试人数下降了53.1%，送分到全日制MBA课程的数量下降了58.5%，送分到中国全日制MBA课程的数量下降了73.7%，全球整体全日制MBA市场

---

1 Graduate Management Admission Council: "*Application Trends Survey summary report 2023*", https://www.gmac.com/-/media/files/gmac/research/admissions-and-application-trends/2023_gmac_ats_report_final_digital.pdf。

日益缩水。

第二，从生源质量来看，随着MBA/EMBA教育的蓬勃发展，高层次的、社会影响力大的学员正逐渐减少。英国《金融时报》的一项调查显示，就读EMBA之前已经担任高级职位或合伙人的受访者占比不到16%；就读EMBA之前已经担任董事或首席执行官的受访者占比仅为8%[1]。然而，欧洲和亚洲EMBA学员的职位级别普遍高于北美学员，而中欧EMBA学员中的90%来自最高管理层。但是，随着越来越多的企业高层人员完成了EMBA课程，EMBA考生群体的年龄和资历也会出现新的变化，这在国际上也是一个趋势。

同时，因中国目前处于新旧动能转换、经济转型的关键时期，民营企业发展面临着新的挑战，学院各课程的国内招生不可避免地受到不同程度的影响，宏观经济周期对管理教育的冲击持续存在。

挑战五：财务和筹资压力

在财务方面，学院财务保障能力亟待加强，与国际顶尖商学院相比依然有较大差距。目前，学费收入占中欧总收入的比例达到90%，在所有国际商学院中几乎是最高的。相比之下，哈佛商学院的学费占收入的比例只有41%。对学费的过度依赖，也意味着财务上对市场波动的敏感度较高，抗风险能力较弱。如何扩展财务来源，增加捐赠和其他收入，是中欧未来一段时间的重要任务之一。

在筹资方面，校友的捐赠意愿受到宏观经济影响，同时，近年国内高校大量基金会涌现，一枚鸡蛋难以满足多个篮子，使中欧吸引校友捐赠面临更大挑战。此外，捐赠和公益文化的培育是长期过程，当前尚有许多校友捐赠意识不强，对学院筹资认知不足，也限制了他们的捐赠规模和频率。在多重限制性因素的作用下，学院在聘请优秀教授、开展学术研究、发放奖学金等方面的资金投入与国际顶尖商学院相比仍有一定差距。

1　德拉·布拉德肖：《被低估的在职MBA》，http://www.ftchinese.com/story/001061833?full=y&archive。

挑战六：卓越服务的运营要求

师生日趋多样化的需要、课程日趋个性化的需求，对运营体系的质量和效率提出了新命题。学院各运营支持部门也需要完成向国际化、专业化、服务化、数智化的进一步转型，更主动积极地发掘和理解需求，以更高的专业标准和服务能力，来助力学院的不断进步。

随着学院五地校区基本建成，在稳定运营与前瞻开拓之间，在赓续传承和更新求变之间，在成本管理和绿色发展之间如何做好平衡，如何确保碳减排和碳中和目标的如期实现，如何全方位落实ESG发展理念，成为校园运营中的另一个思考重点。

学院正加紧智慧物联建设，国内三地校区一体化服务及管理能力不断推进。如何进一步将硬件建设、服务流程、管理规范在国内三地甚至全球五地达到基本统一，更好地帮助教职员工在不同校园都能以"熟悉"的方式展开工作，则需要五地运营保障同事更多的沟通和协调来加以实现。

"行至半山路愈险，船至中流浪更急。"在中欧人30年的开拓与耕耘下，中欧已成功跻身全球管理教育第一阵营，但也面临着很多前所未见的趋势与挑战，需要中欧人以更大的智慧、勇气和决心来应对，薪火相传、接续奋斗，中欧人要在克服困难的过程中超越自身，在直面挑战的过程中开创未来。

第四节 再谱华章

忆往昔峥嵘岁月稠，看今朝奋发从头越！

中欧国际工商学院走过了30年波澜壮阔的历程，这也是全球化开放融合、中国经济快速腾飞的30年。中欧始终与社会同频共振，与时代并肩偕行，成为中国高等教育领域开放合作的范例，在全球管理教育发展史上书写了浓墨重彩的一笔。

面对《中国教育现代化2035》中关于"提升中外合作办学质量"的新要求，面对全球管理教育发展的新阶段，面对来自宏观和微观的新挑战，学院制定了面向未来的八大战略，以全面提升办学水平、质量和影响力。征途漫漫、前路灿灿，更辉煌的篇章，正待续写……

一、八大战略，擘画新篇

"谋定而后动，知止而有得"，面对新要求、新阶段、新挑战，中欧将围绕八大战略"一张蓝图绘到底"，取得新成就，展现新作为，做出新贡献。

　　站稳第一阵营。中欧将不断巩固在全球商学院第一阵营中的地位，并持续搭建国内顶尖、亚太领先、全球高影响力的课程体系，旗舰课程排名继续稳居全球第一梯队，并持续创新教学方法和教学内容，寻求突破、谋求发展，做出新的成绩，使学院的国际品牌、声誉和影响力持续保持在高位。

　　打造大师阵容。中欧将继续保持中国最具实力的教研地位，进一步扩大师资规模，从全球范围内吸纳更多知名教授学者，夯实教研实力，不断强化教研并举、学术和实践并重的导向，打造一个具有全球影响力的教授和大师阵容。

　　构建学术高峰。中欧将继续夯实全球一流的学术研究能力，打造跨学科研究高地，积极发挥智库作用；不断提高案例中心全球影响力；推动中欧陆家嘴国际金融研究院在上海建设国际金融中心和全球资管中心的过程中发挥更大作用；在中国与世界、ESG、AI与企业管理、卓越服务四大跨学科研究领域取得更多研究成果；加强对社会保障与养老金融、智慧医疗、供应链与服务创新、财富管理等领域的关注和研究，建设国际化特色新型智库。

　　拓展培养体系。中欧将坚持国际化办学道路，培养更多全球商业领导者，加强高质量课程体系建设，持续创新课程内容，进一步完善课程"金字塔"体系，不断提升教学质量和学生满意度；继续推进案例教育和实境教学的研发，开拓外部资源平台，推动学生的创新创业实践。

　　致力中欧交流。中欧将继续以苏黎世和阿克拉校区为依托，以"欧洲论坛"为抓手，与国际学术界、工商界等广泛接触，搭建中国与欧洲乃至世界交流的平台，服务并推动国际的经济文化交流。

　　服务区域战略。中欧位于上海、北京、深圳的国内三地校区将深化"一体两翼"的格局，发挥思想引领的作用，推动前沿管理思想和知识成果应用于更多产业，服务于国家发展战略和区域发展规划，服务长三角、京津冀、粤港澳大湾区的高质量发展。

　　引领责任教育。中欧将继续推动ESG相关的研究和特色课程开发，增强数字化、智能化、可持续化运营能力，在办学的全方位、全流程中贯彻ESG发展理念；持续提升学院在社会责任方面的专业水平和项目运营能力，倡导更多校友参与社会责任实践，致力于培养不仅追求商业成就，更注重社会价值的领导者。

全力赋能校友。中欧将继续打造校友终身学习平台，为校友提供更多终身学习的机会；营造校友生态圈，打通校友服务、学术研究、案例开发和实境教学等，推动学校和校友共赢共同体的壮大发展。

深练内功，方可厚积薄发。为实现以上战略目标，中欧将不断加强规范管理和风险控制；同时，推进"合"文化建设，促进跨职能、跨部门、跨校区沟通，增强中欧社区内的情感连接。另外，中欧还将加快推动智慧校园建设，推进数智化转型，与时俱进，以科技赋能现代管理教育的发展。

二、"五个主动融入"，指引未来

当前的VUCA时代，充满了高度不确定性、模糊性、复杂性和易变性，中欧如何穿越未知，找准前行的方向？汪泓院长提出了"五个融入"：第一，主动融入全球经济发展和新一轮科技革命与产业变革的大趋势之中；第二，主动融入超前识变、积极应变、主动求变的时代之中；第三，主动融入服务国家和地区经济社会发展战略之中；第四，主动融入市场经济竞争之中；第五，主动融入全球商学院教育改革创新发展之中。

在"五个主动融入"的指引下，中欧将往何处去？是更好地成为前沿思想的发源地、优秀案例的集聚地、传播中国商业实践的主阵地，是更好地建设具有"中国深度　全球广度"的思想库和案例库，树立全球商学院教育的新标杆。

而中欧的未来愿景，是"融合中国与世界的教育、研究和商业实践，促进知识创造和知识传播，推动中国社会经济发展，成为全球最受尊敬的国际商学院"。之所以确立"最受尊敬"的高远目标，是因为，于中欧而言，影响力与美誉度才是最值得珍视的财富与矢志不移的追求。

　　"三十而励，卓越无界。"中欧诞生在改革开放中的中国，成长于勇气、激情与开拓精神碰撞的年代，并在中国与世界的双向奔赴中，发挥了重要的平台作用，是时代发展的受益者、见证者和贡献者。30年来，中欧唤醒了中国管理教育市场，启蒙了中国现代企业家，培养了众多时代所需的商业领导者。在建成一所亚洲顶尖、世界一流国际化商学院的同时，构筑起连接中国与欧洲和世界交流合作的桥梁。

　　今天，人类再次来到了历史的岔路口，面对纷繁复杂的世界变局，日渐撕裂的地缘局势，以及前所未见的多重挑战，全球更需开放、包容、合作、共赢的精神。30年前，中欧因此而始；未来，也必将以此而行，继续为中国与全球的经济文化交流搭建平台，为世界商业文明进步贡献智慧，为将自身打造成为"全球最受尊敬的国际商学院"而不懈努力！

第六章 中欧领航人

　　非常之功，必待非常之人。30年里，中欧国际工商学院能够从零起步，成长为一所亚洲顶尖、世界一流的商学院，有赖于高瞻远瞩、舍身忘我的领导团队和勤奋敬业、创新进取的员工队伍。他们用汗水和辛劳，浇灌着中欧的成长，为中外教育的开放合作和中国管理教育的现代化发展做出了重要探索和贡献。

　　在回顾学院发展历程时，汪泓院长曾指出："回首30年前，中欧创立之初，各位先驱和探路人鞠躬尽瘁、筚路蓝缕，用国际化的视野、勇于创新的魄力与立德树人的情怀，让现代管理教育在中国改革开放的热土之上枝繁叶茂、硕果累累，使中欧成长为亚洲顶尖、全球一流的商学院，在全球16 500多所商学院中脱颖而出，跻身第一阵营。他们的精神不断激励和鼓舞着每一位中欧人。中欧未来必将继续坚持'中国深度全球广度'的独特定位，薪火相传、赓续奋斗！"

　　30年来，在学院创办与发展历程中，诸多领航人以远见、智慧和德行，塑造了中欧的办学特色和精神特质，引领着中欧在不同时期和阶段的前进方向，也深刻影响了中国管理教育的发展。

第一节　翁史烈、谢绳武、张杰、林忠钦、
丁奎岭：高瞻远瞩的理事长

翁史烈教授、谢绳武教授、张杰教授、林忠钦教授和丁奎岭教授先后担任上海交通大学校长。1994年，中国政府与欧盟签署《中欧国际工商学院财务协议》（下称《财务协议》），由上海市政府与欧盟委员会共同出资，由上海交通大学和欧洲管理发展基金会作为中外合作办学单位共同创办中欧国际工商学院。根据《财务协议》，中欧国际工商学院的董事长由中方办学单位上海交大校长担任。因此，翁史烈教授、谢绳武教授、张杰教授、林忠钦教授和丁奎岭教授先后担任了学院董事长（2015年后改称"理事长"）。

在学院创建阶段，翁史烈担任上海交大校长，谢绳武担任分管国际合作交流与研究生教育的副校长。从1992年开始，两任董事长一直关心学院的发展，为处理好学院与中国高等教育制度的衔接竭尽所能，为拓展学院的制度空间做出了重要贡献。2008年接任的张杰校长同样尽心尽力推动中欧的快速成长，在他的大力支持下，《中欧国际工商学院办学展期协议》在2012年12月2日得以顺利签订。林忠钦校长于2017—2023年担任学院理事长，在任期间有效促进了办学双方的互信合作。现任理事长丁奎岭校长自2023年上任以来，身体力行，持续推动中欧的国际化办学不断取得新的发展。

为了表彰和感谢翁史烈校长、谢绳武校长、张杰校长和林忠钦校长在担任学院董事长（理事长）期间做出的杰出贡献，他们卸任后均被学院理事会授予了"荣誉理事长"称号。

一、翁史烈：改革开放的胸襟

作为中欧国际工商学院第一任董事长，翁史烈校长对于学院探索体制外办学、创办国际化商学院给予了极大的支持。

中欧国际工商学院首任董事长——翁史烈教授

翁史烈校长回顾当年支持创办中欧的原因时说："办这样一个专门培养MBA和EMBA的学校，可以从各个渠道引进欧洲的以及美洲的办学思路和办学资源，我认为非常之好，非常需要，而且非常及时，所以我以很积极的态度参与了学院创办。"

欧共体代表杨亨（Jan Borgonjon）先生在1992年接触上海交大后能迅速达成共识，除了李家镐教授和张国华教授的远见外，翁史烈校长的支持起到了关键作用。

作为当时全国高校改革的桥头堡，早在杨亨先生拜会之前，上海交大已开展了一些中外合作项目，而当获知杨亨先生的设想后，翁史烈校长仍然格外感兴趣，并积极推动双方谈判的开展。

随着谈判的进展，作为中国合作方的上海交大意识到，杨亨先生的最终目的是想建立一所中外合作的商学院，这在当时国内教育体制中是没有先例的。

翁史烈校长非常赞同将未来的合作项目办成中外合作商学院的思路，他认为，在社会主义市场经济的背景下，引进国际一流的管理学科和体系，在中国本土办一所世界一流的商学院，正是时代所需，国家所需。对于这样一个项目，应该以改革的思路和开放的心态进行积极的探索和尝试。为了助力中欧建成国际一流商学院的发展定位，在中欧成立的第一个5年里，上海交大为学院提供了闵行校区刚建设完成、硬件最好的学术活动中心和包玉刚图书馆作为学院的办公和教学场地[1]。

在讨论校园选址方案之初，翁史烈校长曾表示愿意在上海交大闵行校园内提供4万平方米土地，但李家镐教授和张国华教授，以及外方和上海市时任副市长徐匡迪，都表示希望建立一个独立的校园，认为那样

---

1 根据《财务协议》，浦东校园建成之前由上海交大为中欧国际工商学院提供办学场地。

1998年6月，翁史烈董事长
（左）接受联合利华奖学金捐赠

做更有助于建设一个"教育特区"。翁史烈校长对此表示了支持。

为了帮助学院实现办学目标，翁史烈校长积极与教育部沟通，解决了许多问题。譬如在北京开展异地办学的破格申请，就是通过翁史烈校长斡旋最终获得教育部批准后才得以顺利实施的。

在翁史烈校长的关怀和推动下，学院实现了快速起步，仅在第一个5年合同期内，就已经"完成了，甚至超额完成了中国政府与欧盟在办学规模、新校园建设、教学质量以及教授队伍发展等方面所规定的任务"[1]。

2020年，时值浦东开发开放30周年之际，翁史烈校长曾接受《解放日报》专访，回忆了中欧早期如何探索联合办学、攻坚克难、从零起步、建立教学特区、选址金桥、快速发展的历史。他不无感慨地说道："我担任董事长期间所经历的大大小小的事情，不仅是对中欧国际工商学院创建和发展的见证，也是中国改革开放的一个缩影。中欧带来的国际化办学理念与方法，对我们国家培养自己的人才起到了卓有成效的作用。"

1　引用自翁史烈教授在1999年董事会上的发言。

二、谢绳武：宽容理解和支持

在担任中欧国际工商学院董事长的9年时间里，谢绳武校长不仅与学院董事建立了深厚的关系，而且学院的许多工作人员都很熟悉他，他那温良敦厚的形象给大家留下了深刻的印象。

1997年，谢绳武担任上海交大校长。2000年初，他从翁史烈校长肩上接过中欧董事长的重担。继翁史烈校长开明之风，谢绳武校长继续大力支持学院向前迈进。谢绳武校长曾将他所应履行的董事长职责定义为："为中欧国际工商学院营造宽松的办学氛围，支持中欧在体制、机制上创新。"

中欧国际工商学院第二任董事长——谢绳武教授

谢绳武校长作为学院董事长主持了8届学院董事会会议，每次董事会，他总是虚心听取各位董事的见解，尊重外方的意见和经验。他在任期间，领导董事会做出了在学院历史上具有里程碑意义的一些重大决定，包括校园扩展、学院发展战略的审定等。此外，他还为国务院学位委员会办公室批准、认可中欧MBA学位做出了积极努力和卓越贡献。

谢绳武校长在任期间，思考总结中欧"独立自主办学"的经验，并在上海交大的个别二级学院开展办学自主权下放的试点，取得了很好的

2001年4月，谢绳武董事长出席中欧国际工商学院1999级工商管理硕士研究生（MBA、EMBA 1999）毕业典礼

成效。

　　谢绳武校长在董事长任期内，领导董事会开展了卓有成效的工作，为把学院办成一所亚洲一流、世界著名的商学院做出了重要贡献。2009年学院建院15周年之际，他曾殷切寄语："中欧已成为亚洲乃至世界一流商学院的代名词。希望中欧能够坚持'认真　创新　追求卓越'这一校训，坚持以国际一流商学院的品质来定位自己，坚持走国际化、市场化、特色化的道路，立足中国，放眼世界，为中国和世界经济的发展培养出更多符合时代要求的管理精英。"

三、张杰：志存高远，筹谋未来

　　2008年6月，上海交大校长张杰担任中欧国际工商学院第三任董事长。

　　张杰校长在上海交大任职期间，一直积极创新、锐意改革，深入探索大学治理之道。张杰校长先进、系统的办学理念与实践对引领交大的发展十分关键，对中欧的发展也极具借鉴意义。

　　2008年，张杰校长担任中欧董事长后，见证了中欧获得国际商学院联合会（AACSB）认证等突破性的发展成绩。欣喜之余，他撰写了《发挥后发优势是中欧国际工商学院快速发展的关键》一文，对中欧的成功经验进行了系统总结。他在这篇2009年4月15日发表于《科学时报》头版的文章里指出，"抓住改革开放的历史机遇""自主办学的制度保障""市场导向的办学理念"与"国际化办学道路"是中欧在短短10余年时间里跻身世界一流商学院行列的关键。这些经验也是中欧在未来开展办学活动时必须坚持和发扬光大的。

中欧国际工商学院第三任董事长——张杰教授

　　张杰校长十分强调基于对未来的预见对学院的发展进行长远规划。他提出，未来的管理教育乃至教育本身都可能发生很大变化，中欧所处的高度已与过去远远不同，需要研究的问题变得更多，如远程教育、全球化教育、管理学与其他学科的融合等都需要及早思考布局。基于此，他推动制定了《中欧国际工商学院发展战略规划（2012—2016）》，对中欧的未来发展战略进行了深入探讨与全面阐述，引领学院取得了丰硕的办学成果。

张杰校长也颇具改革开放的精神。他全力支持中欧坚持已被实践证明了的发展路线，事事从最有利于中欧发展的角度考虑。在中欧2014年后办学展期谈判中，遇到了一些突破现行体制的问题，张杰校长积极推动各方协商，最大限度坚持中欧一直以来的发展路线，为协议的顺利签署打下了良好的基础。在推动中欧开设博士课程、建立中欧MBA学生申请中国MBA学位长效机制的过程中，张杰校长也凭借其独到的智慧，为中欧解决了一系列难题，推动学院建设不断向前发展。

即使在卸任上海交大校长和学院理事长之后，张杰教授与学院依然保持紧密的联系，并多次受邀来到中欧为学生授课。2023年11月，张杰教授在做客中欧30周年系列活动"中欧话未来"时坦言："我有很多职务，但我最自豪的职务之一就是中欧理事长。"他回忆道："中欧成立之时，中国人还不懂现代企业管理，也不懂欧洲或者全球企业运行的规则。是中欧的先行者打破了固有的偏见，成立了中欧国际工商学院，为

2023年11月，中欧第三任董事长张杰做客中欧30周年院庆系列活动"中欧话未来"

中国培养了第一批懂国际商业运行规则的管理人才。中欧能在短短30年里跻身世界商学院前列，这说明中欧不但为中国，也为全世界的企业发展，以及中国和世界的交流往来，做出了非常重要的贡献。"

四、林忠钦：凝心聚力，和合共生

中欧国际工商学院第四任理事长——林忠钦教授

林忠钦于2017—2023年间任上海交大校长，同时担任中欧理事长一职。

担任校长期间，他全面推动上海交大综合改革，完善现代大学治理体系。林忠钦校长任中欧理事长期间，为构建更完善的国际商学院治理体系、促进双方办学单位之间的友好互信做出了重要贡献。

在他的持续推动下，学院完善了有关政策文件，在依法依规办学上取得了更多成效。双方办学单位的理解和沟通不断加深，在诸多方面达成宝贵共识，理事会层面的交流建立起和谐友好的氛围，为学院未来平稳有序的发展奠定了良好的基础。这对于中欧这样一所合作办学的机构来说至关重要。林忠钦校长曾在多个场合表示："中欧双方能够精诚合作、团结一心，共同带领学院向前发展，是我最大的欣慰。"

作为中欧理事长，林忠钦校长大力提倡改革精神，引领学院以开放包容的心态推进国际化办学。他任职期间，学院圆满完成了既定的战略规划，前瞻性地制定了《中欧国际工商学院发展战略规划（2021—2025）》。在他的指导和见证下，学院驶入了发展的快车道：MBA和GEMBA课程稳居全球管理教育第一阵营；建立起三洲五地的全球化运营体系；通过欧洲论坛等平台，不懈推动中欧交流；引入多位重量级特聘教授，打造了拥有百余位教授的师资阵容；学术研究、实境研究、决策咨询成果丰硕；开设DBA课程，进一步丰富了课程体系；在教研和运营等各方面融会贯彻ESG理念；推出"智慧校园"项目，实现"一屏识中欧、一站办实事、一网管校园"。学院在全球的办学声誉和影响力持续扩大，为中国与欧盟之间的合作树立了标杆。

林忠钦校长十分注重交大基因在中欧血脉中的延续。在组织一次与

2019年11月，林忠钦理事长
出席中欧成立25周年活动

学院有关领导会面的活动时，他特意嘱咐将地点选在中欧早期在交大闵行校区的办公区域，并带领大家参观有关历史展览，致敬学院的创业历程。由于学院的国际化属性，一些会议因为时差原因常在晚上召开，林忠钦校长每次都出席到深夜，为了学院发展鞠躬尽瘁、呕心沥血。"中欧是中国与欧盟合作的结晶，带领这所学院不断向前发展，是上海交大的责任，也是我的使命。"林忠钦校长说。

五、丁奎岭：国际视野，领航掌舵

丁奎岭于2023年初接任上海交大校长一职，兼任中欧理事长。

作为一名杰出的科学家，丁奎岭校长深谙创新型人才在现代竞争中的重要作用。任职上海交通大学校长以来，他始终坚持这样的理念：创建一流大学、一流学科的源头在于"创新"。这些关于创新的思考，正在上海交通大学建设世界一流大学的进程中发挥着重要作用，也为中欧的稳步发展提供了有力的指导和借鉴。

丁奎岭校长接任中欧理事长一职之时，正是学院经历新冠疫情后恢复常态运营的阶段。为了中欧能够继续稳居世界第一阵营，丁奎岭校长

中欧国际工商学院第五任理事长——丁奎岭教授

高度重视学院工作，不断在战略层面和国际合作方面给予有力指导。

上任伊始，丁奎岭校长就高频参加学院活动，包括出席教务长交接仪式，与管委会探讨学院发展；会见副理事长埃里克·科尼埃尔（Eric Cornuel）教授，加强中外双方合作互信；考察苏黎世校区，指导学院的国际化运营；陪同上海市委副书记、市长龚正到学院调研座谈；接待爱尔兰副总理兼外交部部长米歇尔·马丁（Micheál Martin）一行到访中欧；出席中法建交60周年中欧招待会并与让-皮埃尔·拉法兰（Jean-Pierre Raffarin）理事互动交流。此外，丁奎岭校长高度关注学院治理体系和5年发展战略规划（2021—2025）并给予战略指引。

在他的关心和指导下，学院迅速重启高水平国际交流，全面提升全球声誉和影响力；持续优化适应国际化办学要求的治理体系，五大校区治理体系日益规范和健全；学院的5年发展战略规划全面发力，取得了丰硕成果。丁奎岭校长对中欧的未来发展有着更高的期许，在2023年度中欧理事会会议上，他寄语学院："面向未来，希望中欧能准确识变、积极应变、主动求变，紧跟全球教育大趋势，建立兼具前瞻性和系统性的教学科研体系，完善与国际顶尖商学院相匹配的治理模式，早日成为全球最受尊敬的国际商学院。"

作为一名研究化学的教育管理者，丁奎岭校长常说："如果用化学

2023年11月，丁奎岭理事长
在爱尔兰副总理兼外交部部长
马丁来访活动中发表欢迎致辞

反应来比喻国际合作与交流，那么国际交流合作与化学反应的本质同理——既有连接（connection），也有功能（function）。"丁奎岭校长本人也在推动学院发展的过程中践行着这样的理念，既与国际社会接轨，也致力于推动中外合作交流。在他的引领下，学院持续为中国和欧洲乃至世界搭建经济、文化、社会的沟通桥梁，并在此过程中向着成为全球最受尊敬的国际商学院这一目标不懈奋进。

第二节 赫拉德·范斯海克、埃里克·科尼埃尔：
欧方办学机构的当家人

中欧国际工商学院由中国政府和欧盟于1994年共同创办，双方办学单位是上海交通大学与欧洲管理发展基金会（EFMD）。中欧取得的发展成就是双方办学单位同心同德、共同努力的结果。

EFMD成立于1971年，是管理发展学界最大的国际组织，总部设在比利时布鲁塞尔，其使命在于推动全球管理教育水平的提升以及最佳实践的分享，并提供EQUIS等一系列管理教育的权威认证。截至2024年3月，EFMD已吸纳了近1 000家办学机构，成员遍布全球92个国家。

赫拉德·范斯海克（Gerard van Schaik）博士是一名成就卓著的企业家，他自1995年起任EFMD主席，2008年之后改任名誉主席。范斯海克博士自学院创办之初就在董（理）事会任职，并于2000—2023年担任副董（理）事长，陪伴了中欧整整30年。其间，他以丰富的跨文化管理经验亲身参与中欧的创业、快速发展和国际化，指导并见证了学院跻身全球一流商学院之列的光辉历程。他的功勋在学院成立30周年之际更显闪耀，他的精神在中欧人的赓续传承中化作了永恒。

埃里克·科尼埃尔（Eric Cornuel）教授是全球知名的管理教育学者，他自2000年起担任EFMD总干事兼首席执行官，2022年起担任全球总裁。他自2007年出任学院理事，2023年接替范斯海克博士出任副理事长。近20年来，科尼埃尔教授亲自推动落实了中欧办学中的一系列具有里程碑意义的举措，在学院发展历程中做出了不可替代的重要贡献。

因其对上海市经济建设、社会发展和对外交流等方面做出的突出贡献，范斯海克博士和科尼埃尔教授分别于2016年和2018年被授予上海市"白玉兰纪念奖"。

一、范斯海克：胸怀博大的智者

作为理事会中唯一一位自学院创始就在任的成员，范斯海克博士在理事会层面推动构建了包容、开放、勤勉、求同存异的工作氛围。凭借其卓越的领导力，他在理事会中推动建立了中西融合的领导体制，极大地释放了中欧人的创新和创业精神，并一直致力于为中欧在树立全球影响力方面提供支持和便利。范斯海克博士的睿智、友善和魄力，为凝聚中欧双方的"合"力，将学院建成"中国和欧盟成功合作的典范"发挥了重要作用。

中欧国际工商学院原副理事长——赫拉德·范斯海克博士

范斯海克博士曾长期担任全球顶尖企业的掌门人，在中欧理事会任职期间，他始终致力于推动学院教学研究与业界需求的紧密对接。在他的推动下，学院设立了公司顾问委员会（CAB），为产学研一体化搭建了稳定的合作关系和平台。公司顾问委员会连接学院与世界一流企业和机构，第一届委员会由来自亚洲、欧洲及北美多个行业的30多家领先企业的杰出代表组成，帮助学院与企业界建立了紧密的联系。在他的倡议和支持下，学院曾主办了"世界经济论坛上海企业家圆桌会议""欧亚青年领袖论坛"和"欧盟—中国年轻经理课程"等全球性论坛和课程，搭建了中国企业家和世界各地企业家的交流合作平台。

范斯海克博士高度重视管理教育行业的社会责任，并在中欧办学的战略层面积极推动培养全球责任型领导者。中欧是最早在中国（除港澳台地区）提倡企业社会责任的商学院，建院伊始就为MBA学生开设了商业伦理课。自2006年中欧与EFMD联合举办第一届"领导中国的未来、未来的中国领导者"国际讨论会后，企业社会责任便逐步融入了中欧的课程体系，通过管理教育促进社会可持续发展并促使企业承担社会责任。2009年，面对全球金融危机，范斯海克博士特别撰文，强调"企业是社会的一部分，对全社会负有责任，不能只考虑少数方的利益。在这其中，商学院负有重要责任，要教育未来的企业家采取新的管理方式，实现商业的永续经营和赢得社会的信任"。他将这一思考持续注入和贯穿至中欧的办学理念之中。

2016年，范斯海克博士荣获上海市"白玉兰纪念奖"，他饱含深情地寄语中欧："我非常庆幸在中欧成立早期即参与了学院的建设和发展。中欧在中国蓬勃发展的经济大潮中体现出来的创新和创业精神是学院的精髓所在。相信中欧将培养更多杰出的校友，回馈社会，并将智慧、专业和创业精神传播给全球商业世界。"2009年，中欧建院15周年之际，范斯海克博士还荣获了"卓越贡献奖"。

2019年11月，时任副理事长范斯海克在学院成立25周年活动上致辞

尽管年事已高，范斯海克博士除了出席并主持理事会年度会议，还不定期地奔波在欧洲和上海之间，直至93岁离任，不断将中欧的中外合作办学推向新的战略高度。

为表彰和感谢范斯海克博士在担任副理事长期间做出的卓越贡献，他卸任后被学院理事会授予了"荣誉理事长"称号。离任之际，他寄语中欧："向巅峰迈进是困难的，但保持巅峰则是真正的挑战。我希望学院能继续成为一个学术自由、突破思维定式和传播高质量知识的地方，持续造福学生和社会。"

当地时间2024年5月2日，范斯海克博士在荷兰因病去世，享年94岁。他的精神化为一座丰碑，激励着中欧人在攀登管理教育高峰的征途中赓续奋斗、不懈前行。

二、科尼埃尔：国际化的管理教育使者

科尼埃尔教授一直十分看重中欧对于中国与欧盟开展合作关系的积极意义，曾在多个场合称中欧是"中国和欧洲最成功的合作项目之一"。

中欧国际工商学院副理事长——埃里克·科尼埃尔教授

1994年，中欧国际工商学院成立，极具前瞻性地确立了走国际化道路、按国际一流标准办学的宗旨。在逐步实现这一目标的过程中，科尼埃尔教授借助其所领导的EFMD强大的成员网络，为中欧提供了许多支持。

学院师资队伍的建设与科尼埃尔教授的支持密不可分。一开始名不见经传的中欧正是通过EFMD的网络招聘到了许多优秀的访问教授。随着中欧知名度的提升与影响力的扩大，科尼埃尔教授建议改变起步初期以欧美访问教授为主的模式，让越来越多的外国教授和海外华人申请长期执教。随着中欧进入全面战略伙伴关系阶段，他又出面邀请到欧盟委员会原主席、意大利原总理罗马诺·普罗迪（Romano Prodi）和法国原总理拉法兰出任学院理事，并促成拉法兰和德维尔潘（Dominique de Villepin）两位法国前总理担任学院的特聘教授。

科尼埃尔教授一直积极支持和鼓励中欧申请EQUIS认证。他认为EQUIS认证"注重商学院依照其战略和愿景，凭借其领导力实现卓越绩效和持续的质量改进"，而参加国际专业认证对商学院来说，是一种战略性的行动，是一个查找差距、寻找标杆、自我突破的过程。2004年，中欧成功获得EQUIS认证，创国内商学院参加国际认证之先河。

2012年，中欧国际工商学院办学展期协议签署，时任理事长、上海交大校长张杰与时任EFMD总干事兼首席执行官科尼埃尔分别代表双方办学单位签署协议。科尼埃尔教授对合作的继续寄予了很高的期望："我个人对中欧充满信心，EFMD和上海交通大学有着共同的愿景，中

2012年12月2日，时任理事科尼埃尔在中欧办学展期协议签约仪式上发言

欧董事会也会为学院发展提供支持，我相信中欧已经做好准备直面未来的挑战。"

除此之外，他通过推动各项举措有效提升了学院在欧洲的影响力，包括2015年在瑞士建立苏黎世教研基地，与欧洲主流商学院签订合作协议、将"一带一路"倡议的发展融入管理教育等。

科尼埃尔教授一贯致力于推动商学院践行社会责任，以及将企业社会责任纳入管理教育。他曾参与创建《联合国全球契约》（UN Global Compact）的"负责任的管理教育"准则（Principles for Responsible Management Education），并因此获得联合国颁发的"社会责任先锋奖"。他亲自发起创设了一项评估商学院在履行社会责任领域方面的全球认证，即BSIS（Business School Impact Survey）认证，该认证旨在推动商学院与周边社区/区域进行积极互动，发挥商学院作为智库和人才集聚地的溢出效应。2014年，BSIS认证面向全球推出之后，在业界引起巨大反响。在科尼埃尔教授的大力推动下，中欧于2016年开始参加此项认证。2017年，中欧成为中国首家获得BSIS标识的商学院，并在2022年顺利完成续评估，进一步提升了学院自身的社会使命感，也加强了学院和所处区域和行业的联系。

科尼埃尔教授也为上海管理教育的国际化做出了突出贡献。在科尼埃尔教授的努力下，经过数年酝酿，汇聚全球60个国家和地区、400余位管理教育专业人士的"全球商学院领导者大会"于2019年在中欧上海校区召开，这也是该论坛首次在中国举办，为上海的管理院校与国际同行提供了难能可贵的交流机会。科尼埃尔教授于2018年荣获上海市"白玉兰纪念奖"。2023年5月，科尼埃尔理事一行得到上海市市长龚正的接见。他表示："上海的飞速发展为中欧国际工商学院提供了重要机遇，我们将不遗余力践行社会责任，积极为地区发展贡献智慧。学院在世界三大洲设立了五个校区，可以发挥桥梁纽带作用，增进智力和文化交流。"

在EFMD主席阿兰·多米尼克·佩林（Alain-Dominique Perrin）和范斯海克博士的大力举荐之下，科尼埃尔教授于2023年接任中欧副理事长，他在2023年度学院理事会会议上表示："中国和欧洲都有悠久的历史和深厚的文化底蕴，合作一定是中国和欧洲未来发展的主流。双方合作办学已有40年历史，学院取得的巨大成功正是这种合作力量的体现。世界格局的走向充满不确定性，这需要中国与欧洲保持更紧密的合作，而学院提供了一个独特的平台，希望学院同仁齐心协力，共同致力于维护世界和平稳定。"

第三节　杨亨：深图远虑的创始人

中欧国际工商学院原董事、创始人之一——杨亨

"中欧的成功，超越了所有创始人的想象。"

——杨亨（Jan Borgonjon）

杨亨先生毕业于比利时著名的鲁汶大学汉语系，曾任中欧国际工商学院的前身CEMI的主任，是学院的创始人之一，也是英特华投资咨询公司的创始总裁。

杨亨先生在中国生活多年，说得一口流利的普通话，深谙中国人的思维和行事方式。除了汉语，他还会英语、法语、德语、西班牙语、日语及母语荷兰语6种语言。

一、中欧管理教育合作的拓荒者

杨亨于20世纪80年代初来到中国，1988年担任CEMI行政主管，并于1990年起担任CEMI主任。在CEMI后期经历种种动荡的过程中，杨亨与中国政府、欧盟以及中国企业家联合会等方方面面保持了有效的沟通。

回忆1989年最为艰难的岁月时，杨亨说过，"虽然没有人明说，但我们知道，要在北京留下来越来越难。我们就'厚着脸皮'赖着不走。不知道是不是巧合，各种'趣事'出现了。先是那年冬天没有暖气，而且楼里有的窗户关不上，供电老是有问题。显然，一些人不想让我们留下来，可我们偏偏就不走"。

20世纪80年代末，国家经委开办的一些其他合作办学项目（如中美大连培训中心）最终被关闭，杨亨的努力和坚持却使CEMI得以薪火相传。

1992年，在CEMI的合作办学合同行将期满时，杨亨根据欧盟意见，开始考虑如何将该中心从一个合作办学项目扩展为一个符合国际管理教育惯例的独立商学院。

基于对合作办学经验的总结，杨亨构思了今天中欧国际工商学院的运营雏形，即他的"一个愿景"和"两个条件"的办学方针。"一个愿景"是指建立一所一流的国际化商学院，"两个条件"则是独立法人地位和合作高校的支持。

杨亨曾把自己的想法总结成一份《合作办学建议书》[1]，与北京的一些大学做了交流，然而却遭到了冷遇。失望之余，在吴敬琏教授的提醒下，他和欧共体驻华大使杜侠都（Pierre Duchateau）南下上海，经过汪道涵先生牵线，与李家镐与张国华教授一拍即合，达成了最基本的合作办学框架。

从1992年底到1994年底，杨亨先生奔走于欧盟、北京、上海之间，努力消除各方的分歧，寻求最佳解决方案，经过长达两年的艰苦谈判，终于促成CEMI南迁和中欧国际工商学院成立。

1994年11月8日，时任代理执行院长杨亨（右）与董事兼学术委员会主席雷诺（中）、CEMI代理教务长温伟德在浦东校园奠基典礼上

二、学院创始人

在中国及欧盟高层的官方支持以及各位创始人的共同努力下，中欧国际工商学院终于在1994年11月8日在上海宣告成立，杨亨随即担任代理执行院长。建院初期，他在中、欧双方沟通协调，以及把CEMI运营经验传授给学院等方面起到了重要的作用。

由杨亨与中方合作起草的《财务协议》明确规定了"由欧方选派有教学经验和学术水准的资深人士"担任执行院长。据此，EFMD在1995年初选派德国籍管理教育家冯勇明（Joachim Fron）教授担任执行院长，杨亨便在此后离开了学院的管理岗位。

从1995年开始，杨亨担任欧方办学单位EFMD驻华首席代表，使

1 具体内容见第一章第二节"潮生海上：中国第一所国际商学院创建"。

1995年5月8日，中欧国际工商学院第一届MBA、EMBA开学典礼上杨亨（左）、吴敬琏（右）

中欧国际工商学院和欧方保持了良好的沟通，他还为推进学院筹资工作尽心尽力。同时，作为观察员，他列席了1999年之前的历次董事会会议。

建院初期，杨亨把募捐的目标集中在香港，几乎每个月都赴香港拜访潜在的捐款人，在他和雷诺（Pedro Nueno）教授的共同努力下，英美集团赞助了学院的第一个捐赠教席。杨亨还负责了对外资企业的市场推广工作，以其语言优势为学院在外资企业市场的开拓打下了坚实基础。

基于杨亨的远见，《财务协议》对中欧国际工商学院所做的制度性设计不但成就了"中欧奇迹"，而且其国际化、市场化的道路，也深刻影响了中国的管理教育。

三、心系中欧

离开中欧国际工商学院之后，杨亨创办了自己的企业英特华投资咨询公司，但一如既往地关心着学院的发展。

1998年，通过雷诺的努力，西班牙政府决定向学院捐款300万美元。由于该项捐款涉及西班牙捐赠法律与中国相关法律的冲突，杨亨利用自身的公关优势做了很多沟通工作，为最终落实该项捐款打下了良好基础。

在中欧2014年后办学展期事宜的谈判过程中，杨亨这位深深热爱中欧、深谙中西文化的欧方董事，为中、欧双方的有效沟通起到了重要而关键的作用。

从CEMI到中欧，杨亨亲历了中欧的诞生、成长，并持续为学院赢得更多的支持而努力，亦为中欧的发展而自豪。2007年，在一篇分析中国管理教育趋势以及中欧的挑战和机遇的文章中，杨亨如此写道："中欧的成功，超越了所有创始人的想象，不仅体现为其10余年时间里便快速崛起并赢得国际声誉，更重要的是，它对中国的管理教育发展产生了巨大影响，引领了这一时期中国管理教育的创新。"

第四节 李家镐：老骥伏枥，志在千里

"为什么这么拼命？因为这对中国很重要。"

——李家镐

中欧国际工商学院创始院长、杰出管理教育家——李家镐教授

李家镐教授是中欧国际工商学院首任中方院长。作为一名出色的教育家，他在学院的创建以及学院国际化办学之路的开拓中立下了不可磨灭、永载史册的功绩。1998年4月，李家镐院长由于过度劳累，身感不适，入院检查后被确诊罹患晚期胰腺癌。治疗期间，他仍以异乎常人的毅力勤奋工作，坐在病床上用棍子顶着腹部疼痛部位，坚持批阅文件。为了不影响学院工作，他只同意少数员工代表前往探望。虽经全力救治，终无力回天。1998年5月29日，他不幸与世长辞，享年75岁。

在留给中欧全体教职员工的最后一封信的开头，他写道："各就各位，坚守岗位……"

一、"因为这对中国很重要"

李家镐的父亲李熙谋先生毕业于上海交通大学的前身——交通部上海工业专门学校，公费在美国获得麻省理工学院机电学硕士与哈佛大学博士学位，回国后先后任教于浙江大学和暨南大学，抗战期间曾担任内迁重庆的国立交通大学教务长。抗战胜利后，李熙谋任上海市教育局副局长，1949年后，任台湾"教育主管部门常务次长"等职务，并参与创办了台湾新竹交通大学。新竹交大特地在校园内建造了以李熙谋的字冠名的"振吾亭"，以纪念他为该校做出的贡献。

李家镐1924年生于浙江省嘉善县西塘镇，1938年在上海南洋模范

中学读书时，就参加了抗日救亡活动。抗战艰难时刻，他投笔从戎，参加青年军，当过英语翻译。其间，他因写大字报揭发国民党的腐败黑暗而被捕，后经浙江大学竺可桢校长营救和李熙谋施加影响而得以出狱。

1943年，李家镐进入国立交通大学电机系读书，接受了共产主义思想。1947年初，他参加了交大的学生运动。1947年5月30日深夜，在大批军警搜捕参加"五二〇运动"的交大革命学生的危急时刻，他开出父亲的小汽车，将十几名陷入危境的同学转移到了安全的地方。当年11月，他加入中国共产党。次年，在党组织的安排下，他与30名进步同学一起奔赴苏北解放区。

中华人民共和国成立后，李家镐进入上海工业界。他先后担任上海大众橡胶厂厂长和上海金山石油化工总厂厂长，1983年起先后担任上海市经委主任，上海市人大常委会副主任、财经委员会主任委员等职务。1993年离休后，他担任上海交通大学管理学院名誉院长。

正是这种教育世家的出身、舍身革命的经历，以及在领导经济建设中认识到的培养管理人才的重要性，使李家镐教授在杨亨1992年底来沪寻求合作时，立即意识到这件事对中国经济发展的意义所在。这位历经生死荣辱、年近古稀的革命者，以"活着一分钟，奋斗六十秒"的激情，把生命的最后6年献给了中国管理教育事业。用他夫人俞玉莉的话说，李家镐把中欧当成自己的孩子，一味地给予，从不求回报。"他不要名不要利，个人没有什么渴求，就希望把中欧办好。"

雷诺教授曾问李家镐院长："你为什么这么拼命？"他回答道："因为这对中国很重要。"无论是抗战从军、参加学生民主运动、奔赴解放区还是领导经济建设，作为一个爱国的共产党人，李家镐贯穿一生的立足点，就是所有这些事情"对中国很重要"。

二、"教育特区"制度空间的开拓者

1992年10月，汪道涵将建设一所国际商学院的计划介绍给了时任上海交大管理学院名誉院长李家镐教授，并促成了杨亨与李家镐及张国华教授的第一次会面。

在和杨亨的会谈中，双方很快就欧方提出的《成立欧洲管理发展基金会与中国某大学合资合办中国国际管理发展中心公司的项目建议书》[1]达成了共识，但这个合作办学的宏伟设想要在当时中国的教育制度下得以实施实在令人难以想象，而此刻，李家镐教授的远见、资历和人脉为学院在开辟制度空间方面起到了一般学者和教育家难以比拟的作用。

杨亨提出，要办一所全球一流的商学院，就必须有教学、财务、行政和人事等方面的自主权，为了确保这些办学自主权，享有独立法人地位是非常必要的；同时，欧方要求中方的合作院校能够为项目提供配套资金。

事实上，中欧管理中心在北京与其他学校谈判时也提出过同样的要求，然而在办学自主权问题上很难有所突破，而且也没有找到愿意提供配套资金的院校和政府机构[2]。

作为上海的前经济主管官员，面对浦东开发和上海快速融入国际经济体系的浪潮，李家镐深切感受到经济转轨过程中国际化管理人才的匮乏对经济发展的制约，他开始游说上海交大、上海市政府和中国政府的领导人来支持这项计划。

作为政治家，李家镐以现实主义的态度寻求制度突破的可能。他说："为了解决中方办学主导权和独立法人地位这一两难问题，未来的合作学院在拥有独立法人资格的同时，应通过学院董事会和委派学院中方院长的方式，实现上海交通大学和上海市对学院的领导。"

在谈判初期，1992年12月14日，李家镐曾致函主管经济工作的朱镕基副总理，报告了有关国际工商学院建设的事项。汪道涵也向朱镕基副总理反映了他所了解的情况和意见。

李家镐教授还十几次拜访时任上海市计委主任华建敏。2009年6月2日，已担任全国人大常委会副委员长的华建敏视察中欧国际工商学院时，深情地回忆起李家镐院长当年办学的艰难："李家镐同志来到我的办公室，对我说，'老华，我有点难事。就是学院这个项目，原来是要放在北京的，后来又和大连谈，都不成，落不了地，所以想争取放在上

1 引自中欧档案室存李家镐教授工作笔记第26～32页。
2 关于建校的制度争议，参见第一章。

海'。"1993年6月，华建敏陪同时任上海市市长黄菊前往布鲁塞尔进行访问，在此之前李家镐教授还专门与华建敏进行了交流，讨论了访问欧盟总部洽谈学院项目的有关事宜。

建院后直到1997年，中欧作为一个具有特殊性的教育合作项目，其机构代码证、土地权证及员工聘用资格等一直未能落实。于是，李家镐院长写信给上海市主要领导请求帮助。1997年6月13日，受上海市领导委托，时任上海市政府副秘书长殷一璀召集上海市教委、计委、外资委、人事局、上海交大和中欧等各方面，召开中欧办学有关问题的协调会议。

有些与会部门对中欧的办学方式不理解，质疑之声不断。据当时参会的时任中欧信息中心主任杜谦回忆，李家镐院长心急如焚，拍着桌子站起来，双手叉腰说："你们总是按照老的条条框框提出各种质疑，这说明改革开放的观念还没有树立起来，被禁锢的思想还没有解放出来。"

在20世纪90年代，"解放思想、大胆尝试、大胆开创"是时代的主旋律，李家镐院长以改革开放的正确性压倒了因循守旧的机械性，并在上海市主要领导的支持下，通过殷一璀副秘书长的指导和协调，使中欧所面临的一系列与当时制度对接的障碍在这次协调会后以"特事特办"的方式得到了集中解决。

三、合作办学制度的设计者

李家镐院长也是中欧国际工商学院的办学框架和管理制度的主要设计者之一。

1992年底，在和杨亨会谈后不久，李家镐教授向时任上海交大校长翁史烈和副校长谢绳武做了汇报，之后还向时任上海市副市长徐匡迪做了汇报。得到支持后，他亲笔草拟了给中欧管理中心（CEMI）的十点回复，内容涉及办学单位、合作方式、经费筹措等详细内容，基本奠定了学院制度架构的雏形。这也是CEMI在长达两年寻求合作的过程中得到的最乐观的回应[1]。

1　引自中欧档案室存李家镐教授工作笔记第26～32页。

在第一次给欧方的回复中，他虚怀若谷地主动提出："在学院创办初期，由中欧管理中心派人担任院长，中方担任副院长，这样有利于办好国际水准的工商管理学院，以及加强与欧洲企业家和学术界的联系[1]。"

在学院创办阶段，李家镐还亲笔草拟了《关于上海交通大学与欧洲管理发展基金会（EFMD）合资创办中国国际工商学院的协议（讨论稿）》[2]，以及向中国政府、上海市政府汇报的各种公文，这一系列文件成为中国政府与欧盟谈判的基础，最后形成了学院建立的基础性文件《财务协议》及其附件《中欧国际工商学院办学合同》，确立了双领导制、市场化办学、国际化师资等制度基础。

建院后，根据中欧双方的协议，他负责教学、学院行政管理、新校园建设，并在执行院长外出期间，负责学院日常工作。他还担负全院EMBA "中国经济制度概论" 课程的教学任务，并参与MBA和EMBA课程招生面试。

李家镐院长起草了中欧国际工商学院的人事制度、财务制度、各级领导人职责等一系列规范性文件，并提出了关于校园文化的讨论，这些都已成为今天中欧国际工商学院管理制度的基础。

在当时，计算机办公尚未普及，年逾古稀的李家镐院长亲笔起草了这些文件，用心甚切，用情至深。许多年后，人们翻阅这些笔记时，仍然能感受到一位革命老人对中国管理教育事业的拳拳之心。

1997年10月，李家镐院长致辞欢迎时任欧盟委员会副主席列昂·布里坦（Leon Brittan）爵士来学院视察并演讲

1　引自中欧档案室存李家镐教授工作笔记第26～32页。在后来的谈判中，确立了中欧国际工商学院双领导制的体制，李家镐教授也提出由欧方委派有经验的资深人士担任执行院长和教务长，以确保学院的学术水准，以及与欧洲企业界、学术界的联系。
2　引自中欧档案室存李家镐教授工作笔记第26～32页。"中国国际工商学院"的名称后在谈判中修订成现用名。

四、校园建设者

根据分工，李家镐院长在承担日常行政事务的同时，还负责中欧国际工商学院浦东校园的建设工作。校园建设的复杂和艰难，远远超出当初人们的预料。李家镐院长为此殚精竭虑，遗憾的是，在校园开工仅半年后，他就不幸辞世了。

在校园建设中，成立了由李家镐院长和欧方副院长苏史华（David Southworth）负责的基建委员会，而他们面临的首要难题就是所需资金远远超出预算。

随着办学活动的开展，学院逐渐发现中国市场对管理教育的需求远远超出原先的预料，因此，经董事会批准，管理委员会决定把建设规模从1993年项目论证时的1.3万平方米增加到2万平方米。从1993年项目论证预算到1997年开工建设，累计通货膨胀率超过20%。由于选择了著名华人建筑师贝聿铭领衔创办的P.C.F.建筑师事务所，设计成本大大超出预算，而总面积的增加更进一步推高了设计与施工成本。种种原因下，到1997年，资金总缺口达到了3 684万元[1]。

为筹措校园建设资金，李家镐院长承担了向中国企业筹资的任务，总筹资额超过1 000万元人民币。这些资金基本上来源于他曾经供职多年的化工系统，其中，他曾担任过厂长的上海石化捐资达500万元[2]。在20世纪90年代，上海的国有企业效益普遍不好，而李家镐院长为筹资所付出的艰辛，外人很难体会万一。

由于面积变化导致设计的反复修改，P.C.F.建筑师事务所和中方设计单位华东设计院的沟通不顺畅，以及金桥地区地质松软导致的土建地基深挖等复杂原因，校园建设工程的完成时间一再推迟。各种磕磕碰碰在校园建设中不断出现，而年逾古稀的李家镐院长不畏困难、不辞辛劳地与各参建单位沟通协商，终于一一解决了这些问题。

---

1 根据1998年9月10日管理委员会给董事会的年度报告，资金缺口是根据当年已批准建设面积计算的。
2 关于校园建设筹措资金请参看第四章第二节。

五、有价值的人生

为开拓市场，李家镐院长曾在上海交大举办推广会，依靠自身曾为上海经济主管官员的号召力，召集上海市各大企业一把手赴会，向他们推广中欧国际工商学院的EMBA和高层经理培训课程。他还请有关委办局召集所管辖企业一把手出席会议，由他前去推广中欧课程。

在张国华副院长和其他员工拜访企业时，李家镐院长经常亲笔写好介绍函，希望对方企业关注管理培训，推荐学员来中欧接受现代管理教育。他常对招生部门的员工说："客户的事，什么时候你们觉得需要我来打电话联系，就通知我。"

李家镐院长这种一往无前的勇气来自他的无私，他只把自己的影响力用在发展管理教育上，从不谋私利。他生活朴素，个人吃穿很简单。走进他家里，书很多，家具却很简朴，一些还贴着编号——那是他在上海石化工作时买下的厂里准备报废的物件。在当时供职中欧的市场营销学教授柏唯良（Willem Burgers）的记忆中，对李家镐院长最深刻的印象停留在1996年冬天，他身穿厚毛衣及外套，冒着寒风骑自行车来学院，出席市场营销学培训的最后一课，并为学员颁发证书。

1996年，中国的银行助学贷款制度尚未覆盖MBA教育领域，在李家镐院长的建议下，学院主动联系上海浦发银行，希望给那些缺乏经济实力的青年精英提供助学贷款。银行方面提出提供贷款须有实物或货币担保，而根据当时的学院制度，一时还不能解决这一问题。李家镐立即从学院把自己从未领取过的工资转入银行作为担保，从而使许多需要财务帮助的合格考生得以入学，并开创了国内MBA课程助学贷款的先例。

他还借助自己与上海汽车集团的紧密联系，设立了一个以上汽命名的教育基金，用于培养汽车业管理人才，并资助经济困难的学员去欧洲实习。

1998年5月29日，李家镐院长因病去世，党和国家领导人江泽民、朱镕基和上海市主要领导都送了花圈，他被称赞是"真正的布尔什维克"。

李家镐院长曾问学院的年轻人："你们觉得人之为人是为了什么？"他的答案是："人这辈子就是为社会创造价值。"《人民日报》发表的一

李家镐院长在中欧上海校区的
铜像

篇纪念文章以"创造有价值的人生"为题，称他"正直、清廉，有口皆
碑""心底无私，平生唯实""心里只有国家和人民的利益，唯独不考虑
个人得失"。

2001年4月，为了表彰李家镐院长的历史性贡献，中欧国际工商学
院追授他"中欧国际工商学院杰出贡献人士"称号。由雷诺教授捐赠的
李家镐院长铜像，矗立在上海校园第一教学楼的小竹园里，底座上镌刻
的"求真理、讲真话、献真心"9个大字，真实地刻画了李家镐院长光
辉的一生。李家镐院长铜像已成为全校师生员工寄托缅怀之情、激励奋
斗之志的校园一景。李家镐院长的远见、智慧和人格，深刻影响了中欧
的办学理念和价值观，为中欧30年来的蓬勃发展奠定了坚实基础，成
为中欧人心中永远的精神丰碑。

第五节　张国华：鞠躬尽瘁的追梦人

"我的梦想是把中欧带入世界前10名。"

——张国华

作为中欧国际工商学院的创始人之一，张国华院长从1992年开始与欧方谈判，1994年担任首任中方副院长，1995年兼任首任中方教务长，到2005年担任院长，直至2006年病故，他把生命最后的14年全部献给了中欧国际工商学院，献给了中国的管理教育事业。他生前最大的梦想，就是让中欧跻身全球10强商学院。2009年1月，在英国《金融时报》公布的全球MBA课程排名中，中欧名列第8位，这是对张国华教授最好的告慰。

中欧国际工商学院创始院长、杰出管理教育家——张国华教授

一、追回青春

张国华1948年出生于上海的一个普通家庭，他的父亲是一位职员，母亲是一位勤劳的家庭妇女。

1966年，高中刚毕业的他由于"文化大革命"爆发而丧失了继续深造的机会，于是到上海第五钢铁厂做了10年电焊工。工厂的日子枯燥而又辛苦，但他从不曾忘记心中的梦想，一有时间就会跑到图书馆看书。他始终相信，知识改变命运。

1978年初，作为恢复高考后的首批大学生之一，张国华以全系第一名的成绩考入上海交通大学电子工程系。

和所有"老三届"学生一样，踏入大学校门时，张国华已是而立之年，回望那些被政治运动耗费的青春，他非常珍惜这来之不易的机会，

决心用自己的勤奋把它追回来。他的学习激情和能力丝毫不逊于任何人，各科成绩在班上始终名列前茅，他的毕业论文因为独特的视角和创新的观点而受到老师的一致好评，甚至还引起了国际学术界的关注。在交大求学期间，他担任了4年班长与党支部书记。毕业后，他留校从政治辅导员做起，之后又先后担任电子工程系党总支副书记和校党委办公室副主任。

1990年，43岁的张国华获得了去英国伯明翰大学留学的机会，1991年获得工商管理硕士学位，回国后担任上海交通大学管理学院常务副院长，主持日常工作。

为了调动教师的积极性，鼓励提高教学与研究的质量，他设计了一套与教师工作量和教学、研究质量挂钩的薪酬制度。尽管遭遇了重重障碍，但他坚持不懈，努力奋争，终于在广大教师的支持下获得了成功。

他还牵线上海交大管理学院和新加坡国立大学联合举办MBA课程，并将教师派往新加坡上课。这一合作项目是上海交大乃至中国高校首次海外办学的成功尝试。

预料到中国经济发展对管理教育将产生巨大需求，并有感于国内外商学院之间的巨大差距，张国华教授一直在为办一所国际化商学院寻找国际合作伙伴。当得知杨亨先生关于合作创办一所国际化商学院的建议后，两人英雄所见略同，相见恨晚。自此以后，他忘我地把自己的一切都献给了创办与发展中欧国际工商学院的事业。

二、学院创办者

作为上海交大管理学院常务副院长，张国华教授全程参与了建院谈判。他与李家镐教授亲密合作，承担了大量具体工作，终于使创建一所独立国际化商学院的梦想成真。

根据中欧双方协议，中欧国际工商学院的副院长之一由中方委派，协助两位院长开展教学研究工作，另一位副院长由欧方委派，协助两位院长开展市场及对外关系工作。两位副院长还共同负责学院行政工作。

张国华教授负责学院日常管理，并负责校友会和MBA课程。1995年，学院增设中方教务长，并由他兼任这一职务。

作为主管学生事务和人力资源的副院长，张国华教授负责招聘了建院初期的大多数员工。一方面，他带领上海交大一些志同道合的同事与他一同参与建院；另一方面，也从社会上招聘了一批精干人才。这些员工在教学支持、课程销售与后勤保障等工作中发挥了重要作用，他们中的许多人为学院服务了20年以上。首任执行院长冯勇明教授说："张国华教授准确判断应聘者素质的能力令我十分赞叹。"

为了解国际商学院的办学惯例和先进经验，张国华教授多次带队远赴美国和欧洲一流商学院访问学习。而每次访问，他总是满载而归，激动不已，从机场一出来就直奔学院，立即与大家分享学习的收获与体会。

曾任副教务长兼EMBA课程主任的梁能教授对张国华院长的评价是："既对全局有良好的把握，又对细节给予扎实的关怀。"除了参与学院发展的重大决策，他还承担繁重的日常事务。而且，由于建院初期人手紧张，每个人都在加班加点，很多事情不得不由他亲力亲为，比如租借大小合适的教室，采购质量可靠的课桌椅，安排外籍教授的食宿、交通……尽管这些工作相当烦琐，但他认识到，做好这一切对于保证高质量的办学水平极为重要，因此不厌其烦，细致打理，务求尽善尽美。

三、市场开拓者

曾任高层经理培训课程部副主任的李月庆，把对张国华教授的印象定格在1994年的上海外滩。

"1994年春季，当时天气有点热，我和张国华穿着普通的西装，拎着旧皮包，不厌其烦地拜访各家公司，"李月庆回忆说，"直到现在，两个教书匠拎包走大街的样子，在我脑海中依然十分清晰。"

在学院创建阶段，最大的困难是缺乏社会影响力，而当时社会上对MBA教育的认知也处于扫盲阶段。在最初一两年里，无论是EMBA还是高层经理培训课程的招生都遇到了很大的困难，张国华教授成了学院最重要的课程推销员。

2005年，张国华教授在接受采访时回忆说："当时我们请了不少人，包括很多工业局改制后的集团公司领导，去访问他们或者请他们来做客。希望他们能够派企业里的一些高级管理人员到我们学校来学习。但是走了那么多公司，结果并不理想，尽管我们当初给国有企业很高的奖学金。当时确实非常困难[1]。"

为了能够在学院初创时期招到合适的学员，张国华教授甚至拜托太太王维勤女士联系合适的人选，王女士时任上海市胸科医院副院长。

当获知从上海调任江西省委书记的孟建柱在给江西省干部讲话时曾经提及中欧国际工商学院后，张国华教授随即两次拜访江西经济管理干部学院，并签订了合作意向书，通过学费优惠的培训课程来为学院打开市场。

中欧声誉渐起后，张国华教授转而将精力放在教学质量的提高上。他坚持用国际标准聘请世界一流教授，并对课程进行评估。通过学生对授课质量和授课态度打分，教、学双方实现了良性互动。他也致力于不断强化学院的质量和品牌意识，并鼓励和支持三大课程参加国际排名，通过排名结果来证明和提高中欧的实力。2001年，学院开始参加国际排名。他总是说："不要怕出丑，只在国内做第一没有意义。"

2001年，中欧MBA在深圳举行招生咨询会，张国华教授致辞

---

1 2004年，中欧国际工商学院宣传片《见证腾飞，实现梦想》。

四、动荡时期的"中流砥柱"

从1997年开始，中欧的创业进入艰难时期，学院财务尚未实现平衡，欧盟是否会在下一个5年投入资金也是个未知数，浦东校园建设资金出现大量缺口。而在此刻，管理委员会也出现了动荡。

1997年10月，冯勇明教授因个人原因辞去执行院长兼教务长职务回国，由菲希尔教授（William Fischer）接任；1998年5月，院长李家镐教授病逝；1998年9月，欧方副院长苏史华先生离职，由博纳德（Albert Bennett）博士接任；在不到一年的时间里，首届管理委员会四位成员中离职两人，病逝一人，虽有两位新成员接任，但张国华教授肩上的担子显然加重了许多。

在学院管理层的动荡中，作为创始人之一的张国华教授成了学院的中流砥柱。学院大部分事务都落在他的肩上，除了自己作为副院长兼中方教务长承担的工作之外，他还不得不承担李家镐教授生前承担的校园建设及其他有关行政工作。

1999年6月，董事会任命博纳德博士担任执行院长，刘吉教授担任院长，菲希尔教授不再担任执行院长而仅任教务长。根据《财务协议》，从2000年1月开始，刘吉院长转任执行院长，博纳德博士转任院长，学院的第二届管理委员会正式形成。

在刘吉担任执行院长之后，作为副院长兼中方教务长，张国华教授与刘吉院长形成了默契的合作。刘吉院长颇具领袖气质，擅长战略规划和思考，并且以其声望为学院开拓市场和生存空间，张国华教授则主要承担日常运作和战略执行工作。因此，刘吉院长曾经感慨地说："学院谁都可以没有，但不能没有张国华。"

刘吉院长在5年任期届满时主动提出辞职，向上海市政府力荐张国华担任学院下一任中方院长，希望他放手大干，实现建设国际一流商学院的梦想。

五、中国管理教育的追梦人

创立中欧时，张国华院长想把学院办到亚洲一流，当国际排名连续多年亚洲第一之后，他又想把学院带到全球十强。当时在一些人看来，这纯粹就是一个梦，但他就是有一股不服输的精神。副院长张维炯教授回忆说："他去哈佛也会不开心，因为看到人家许多方面做得比我们好。他只能做第一，做第二睡不着觉。他最常说的一句话就是'我不会输给人家的'。"

张国华教授常说："北大、清华是百年老店，而我们只有短短几年的发展历程。我们没有资本可输，也输不起，因此我们必须比它们做得更出色。"他也意识到，通过世界权威机构的认证，不仅能为中欧贴上"优秀"的标签，而且有助于学院不断自我完善和自我超越。2004年，学院获得欧洲EQUIS认证，成为中国内地第一家通过国际认证的商学院之后，他又要求学院积极申请美国AACSB国际认证，并最终取得了成功。

张国华教授认为，学院的长远发展应该有一个基金来支持，因为类似哈佛商学院那样的学校，都有金额巨大的基金支持教学和研究，而中欧90%的运营资金却是来自学费。在他的倡议下，学院成立了"中欧教育发展基金会"。在多方寻求创始基金捐赠的同时，张国华个人带头捐款5万元。

在张国华院长看来，中欧最大的财富是品牌。中欧创立时"没有

2005年，张国华院长在中欧MBA排名新闻发布会宣布中欧MBA在《金融时报》的排名继续保持亚洲第一

牌子"，所以关键时要"创牌子"。通过吸引越来越多的优秀人才到中欧学习，他们毕业后进入企业工作，为企业创造更多价值，为社会带来更大效益，中欧的品牌也就逐渐建立起来了，经济效益只是一个附加效应。他曾指出，"评估中欧，其实就是评估中欧这个品牌"。所以对于办学中的方方面面，包括课程的设置、学费的调整、班级的增加等，尤其是可能影响办学质量的诸多方面，他都深思远虑并投身其中，做了大量工作。

六、鞠躬尽瘁，死而后已

多年来张国华院长总是把工作视为生活。他充满了危机感，很多中欧人都还记得他的一句话："我们是在走钢丝，不能犯一个错误。"在他看来，那些背靠知名大学的商学院，即使有什么做错了，损失也不会太大，而中欧没有这样的依靠，必须如履薄冰。他也有永不满足的精神。张维炯副院长说："他总是不满足现状，无论做得多好，他都能提出更高的要求。"

在这种危机感和永不满足精神的驱动下，他一直是中欧国际工商学院每天下班最晚的人，从来没有休过年假，虽然他总会说，明年自己一定要休假，这样跟他做事的人也可休假，否则他们太辛苦了。

多年来超强度的工作状态严重损害了他的健康。2005年4月，张国华院长被诊断为罹患淋巴癌，在这样的时刻，他仍心怀中欧跻身世界十强的梦想。

在上海华山医院的病榻上，他依然不忘工作。他与前来探望的同事商讨学费调整工作，热切嘱咐EMBA校友多多帮带年轻的MBA学生，并向前来看望他的朋友——介绍建立"中欧教育发展基金会"的重要意义。

2004年，张国华在住院期间对张维炯说，他觉得自己这辈子似乎没有好好生活过。直到病倒后，才想起一家人还从来没有一起旅游过。但他又说，不工作，就觉得活着没什么意思。

张维炯教授说："我不能说每个人都该像他一样，但这就是他的风格，为了学院发展，他夜以继日地工作，没有享受过生活，确实是工作和生活难以两全啊！"

直到生命的最后几个月，他仍盼望着有一天可以重新回到学院。在生命的最后几天里，他依然嘱咐前来探望的人们："不管我这一关过不过得去，中欧要继续办好。"

2006年1月10日，张国华院长终因医治无效，在上海华山医院逝世，享年57岁。《第一财经日报》以《中欧痛失领军人物》为标题，撰述了张国华的生平及贡献，其他媒体也以很大篇幅报道了他对中欧国际工商学院和中国管理教育事业的贡献，而整个学院则沉浸在一片哀痛之中。梁能教授在纪念张国华的挽文中写道："一个人，怎么可以做这么多？而且，那么好？披荆斩棘，从无到有，创办出了一所世界闻名的中欧？因为这就是您，张国华院长。"当年6月，张国华被国际商务学会追授"全球商学院年度最佳院长奖"，以纪念他对中国管理教育做出的杰出贡献。他还曾在2004年获得西班牙政府授予的"国民成就大十字勋章"。

在学院为张国华院长制作的纪念册扉页上写着一句话：中欧国际工商学院的成功，深深地沉淀着张教授的贡献。中欧国际工商学院首任执行院长冯勇明教授得知张国华病逝的消息后写道："对于我，他是一位

张国华院长铜像矗立于中欧国际工商学院上海校区

挚友，一位值得信赖、思想开放、身体力行、品德高尚的朋友。"

　　2007年1月8日，在中欧上海校园第三教学中心的庭院中，由雷诺教授捐赠的张国华院长铜像揭幕，名誉院长刘吉在致辞中说："我们活着的人，要学习张国华同志对中欧无限热爱、无限忠诚的精神，继承他的遗志，努力实现他生前没有实现的愿望，这将是我们对张国华同志最好的纪念。"张国华院长那颗永不满足的心，永远燃烧的激情，始终直面挑战的勇气，是中欧人宝贵的精神财富，激励着中欧人向着未来不断前进。

第六节　冯勇明：从严治学，精益求精

"中欧是独特的，而且初心未改。"

——冯勇明（Joachim Frohn）

一、严格的教育家

中欧国际工商学院创始院长——冯勇明教授

中欧国际工商学院成立前后，欧方办学单位欧洲管理发展基金会（EFMD）就开始为中欧物色执行院长。1995年3月，经EFMD推荐和董事会批准，冯勇明教授出任中欧国际工商学院执行院长兼教务长。

冯勇明教授是德国著名的教育家，1975年开始在比勒费尔德大学教授统计学和经济学，曾经担任德国统计学会会长，1984—1985年在澳门东亚大学任教，1990—1991年曾受EFMD委派，担任CEMI教务长。EFMD认为，冯勇明教授熟悉中国的情况，并且热爱中国文化与历史。

按照《财务协议》，欧方的主要工作是为学院组织国际一流的师资以维护学院的学术水准，同时，还要为学院募集资金。

建院之初，冯勇明教授开展的各项卓有成效的工作，也为学院未来的快速发展打下了良好基础。

冯勇明教授为中欧带来了先进的管理教育思想和经验。他十分重视师资队伍建设，并帮助中欧从世界各地聘请高水准的访问教授，从而从根本上保证了建院之初的教学质量。

学院初创时期，冯勇明教授积极拜访驻华外资企业，努力开拓市场。在他的努力下，一批欧洲企业与中欧结下了不解之缘，他们一直把中欧作为最重要的培训合作伙伴。

冯勇明教授对师资队伍要求严格，从一开始就为学院的从严管理和

治学传统奠定了基础。

此外，冯勇明教授也对学院内部制度建设投入了大量精力，使学院运作从一开始就走上了健康发展的轨道。

为确保学院能够招收到优质生源，冯勇明教授制定了一套面试流程。这套流程后来得到学院的贯彻。

冯勇明教授还邀请建筑大师贝聿铭先生进行新校园的建筑设计，以图书馆为中心，通过水景、绿化以及柱廊的巧妙布局，以及人车分离的安全设计，打造出高效实用、独具魅力、享誉国际的中欧校园。

1996年11月，首届中欧MBA学生毕业，冯勇明教授在毕业典礼上说："中欧教给你们的东西，工作中真正用到的可能只有5%；你们仍需要在工作中不断积累和学习，把知识转化为能量，获得内心的成长。而后者，正是我现在在做的事情。"

1996年11月25日，冯勇明院长在学院第一届MBA毕业典礼上致辞

二、那个骑永久自行车的德国学者

工作之外的冯勇明院长沉稳谦和，对待员工既严格又亲切。在工作中，他总是以商量的口吻提出问题，并分享自己的想法，令员工受益匪浅。

学院在上海交大闵行校区办学期间，为生活在闵行的外籍教授每人配备了一辆永久牌自行车，以方便他们的日常出行。然而，考虑到冯勇明教授执行院长的身份，学院没有给他配备自行车。

为此，冯勇明教授较真地问管事的员工，为什么不给他配自行车？不知是谁在下面嘀咕了一声："有谁能想象冯勇明教授还骑车？"他听了以后，非常惊讶居然有人会这么想！惊讶之余，他仍然坚持也要一辆自行车。

许多年后，教授和校友们回忆起在上海交大闵行校区的生活。提及冯勇明院长，大家想到的是，那个慈祥而幽默、严厉又亲和的德国学者，曾骑着与自己高大身材并不协调的永久牌自行车在学术活动中心和图书馆之间一趟趟往返。

1997年10月，冯勇明院长惜别中欧

1997年10月，冯勇明教授因个人原因辞职回国，但始终关心学院的发展。2009年，在学院创办15周年之际，有一本书记述了冯勇明教授对中欧早期创业维艰历程的回忆，他说道："今天，中欧已成为中国最好的商学院之一。但当你置身其中，去感受她美丽的校园、远大的志向以及中国与欧洲合作的特色，你就会明白：中欧是独特的，而且初心未改[1]。"

---

1 Malcolm Warner & Keith Goodall: *Management Training and Development in China: Educating Managers in a Globalized Economy*, Routledge 2011, p67。

第七节　刘吉：匣中剑声铮铮鸣

"在人生的最后一站办教育，是最有意义和价值的事情。"

——刘吉

中欧国际工商学院名誉院
长——刘吉教授

1998年5月，李家镐教授去世后，中欧中方院长职位一度出现空缺。1999年，时任上海市委书记黄菊提议由刘吉教授担任中欧院长。刘吉教授是中国著名的学者，彼时刚刚从中国社科院副院长任上退休。对此，刘吉院长曾表示："在人生的最后一站办教育，是最有意义和价值的事情。师生之间是一辈子的关系，看到校友的成长与发展，自己也会非常有成就感。"在他的任期内，刘吉院长确立了"认真、创新、追求卓越"的校训，学院的MBA学位也获得了国家教育主管部门认可，影响力和知名度更是不断提升，完成了起步后的腾飞。

一、智者的历史高度

刘吉1935年出生于安徽省安庆市，从小跟随从事中小学教育的母亲长大。身为教师，母亲崇尚知识，对子女管教甚严，也培养了他博览慎思的习惯。

1953年，刘吉进入清华大学动力机械系学习。5年的工程学习给他打下了科技知识基础，更重要的是培养了他求实求真的科学精神和严密的逻辑思维，同时还培育了他系统思考的能力和协同精神。毕业后，他被分配到上海内燃机研究所工作，并成为新中国培养的第一代工程师。

1966年"文化大革命"爆发，受家庭背景所累，刘吉被送往工厂劳动改造8年。在改造期间，他没有条件研究专业技术，就系统地自学马列主义。他几乎阅读了当时出版的所有马列主义经典著作，并开始研究自然辩证法。

改革开放后，刘吉教授获彻底平反，并以人文学者的身份开始跻身中国思想界的前列。他最早参与了"科学学"研究，研究科学技术发展规律及其社会影响，以指导中国科技体制的改革，成为中国科学学研究的开拓者之一。早在20世纪80年代初期，他就提出"后工业时代"应该强调知识经济，强调科学技术发明能迅速地推动生产力，强调知识分子的历史作用，而这些理论观点在中国被广泛认可则是在10年之后。

刘吉教授在20世纪70年代末写下《论现代领导艺术》等论文，并与他人合著《领导科学基础》一书，开创了中国"领导科学"研究之先河。该书发行了150万册，对提高中国各级干部的领导水平起到了重大作用。他在该书中这样写道，"领导是一门科学，应当有科学的决策程序、治理结构以及领导素质等"，提出了决策的科学化和民主化。

刘吉教授20世纪80年代初与夏禹龙等合著了中国第一本科学学专著《科学学基础》，引起了时任上海市市长汪道涵和市委组织部部长周克的重视，上海因此成立了"上海市科学学研究所"，由刘吉教授担任了研究员和副所长。

刘吉教授的研究成果受到了越来越多领导人的重视，他也因此走上了领导岗位，先后担任上海市科学技术协会专职副主席和上海市委宣传部副部长等职务，致力于中国改革开放理论研究和宣传。1991年，刘吉教授出任上海市经济体制改革委员会主任，直接参与中国经济体制改革。他提出了关于经济体制改革的一些思考和倡议，引起了各界的重视。1993年调任中国社科院副院长后，他一方面致力于组织改革开放领域的学术研究、政策研究，另一方面将研究成果传递到中南海，作为党和国家领导人政治经济决策的参考依据。

在1995年中国留美经济学会的会议上，刘吉教授发表了一篇题为《政企分开，政企分开，政企分开》的论文，他一连用了三个"政企分开"来强调其重要性，不仅在当时引起了震撼，时至今日，仍未失去其意义和影响力。

刘吉教授的著作和论文如《论科业革命》《经济全球化的本质和战略对策》《当代资本主义社会分析》《论知识分子的历史地位与作用》等，都对中国政界和思想界产生了广泛影响。这些著作与论文被收入《刘吉文集》。刘吉教授是第七、第八、第九届全国政协委员，还多次参与起草中共全国代表大会和中央全会文件等重要的历史性文献。刘吉教授的独特经历和广阔视野，使他能够站在历史的高度指导中欧的发展。

二、中欧腾飞的领路人

在尽览当代中国社会风云变幻的执行院长刘吉教授的带领下，中、欧双方精诚合作、团结一致，使学院迎来了发展最快的5年。

1999年10月，刘吉院长在董事会会议上做了"学院未来5年战略"的报告，提出了学院发展的两个目标：学术卓越和财务自立，并提出了一系列行动方案；他还提出了吸引国际一流师资与发展学院核心教授的远期规划。在他的任期内，学院的师资队伍从仅有的几名长期教授发展为一支人数近30名并达到国际水准的长期教授团队。在此期间，学院还获得了EQUIS认证。

彼时，学院正面临一个难题：上海校区红枫路校园第二阶段项目建设的资金落实陷入了僵局。刘吉院长找到上海市委、市政府领导汇报情况，并提出解决方案，在他的积极推动下，在市委、市政府的大力支持下，建设资金最终得以落实到位。

刘吉院长任期内，中欧的知名度大幅提高。他要求学院每周至少见报一次，特别是每次英国《金融时报》的最新排名公布以后，他就要求学院快速做出反应，如第二天即邀请记者进行深入报道。

为了增加中欧国际工商学院的新闻曝光率，刘吉院长也改变了以往为人低调、很少接受电视传媒采访的习惯，而是通过接受采访和发表演讲等方式积极地宣传中欧。在他的推动之下，中欧的新闻和社会曝光度逐渐增加。社会开始了解中欧，中欧也能更好地为社会服务，形成了良性循环。

刘吉院长认为，学校文化或校风是一种无形的"软实力"，人员、课程和管理制度等都可以也必须不断改变与进步，但文化是一个持久的、基础的东西，建设好了，学校的发展才会无限量。正是基于对学校文化的重视，以及考虑到学校文化所能发挥的重大作用，他高瞻远瞩，提出了中欧校训——"认真 创新 追求卓越"，并邀请时任上海市市长徐匡迪题写了校训。在他看来，这个校训就像是"一扇门"，能入此门的中欧人，自然能为学院的发展做出贡献。而校友企业家按这一校训精神去行事，也会对企业发展有所助益，并推动社会经济的发展。此外，刘吉院长还提出了培养"经济元帅""经济将军""21世纪具有国际竞争力的企业家和高级管理人才"等目标，形成了中欧校园文化，加强了中欧的"软实力"。

刘吉院长讲究兼容并蓄、融会贯通。他十分赞赏西点军校的某些教学方法，所以将西点军校的"行动教育"介绍给了中欧。他还称西点军校是最好的商学院，其根据是"商学院教的是领导课程，而西点军校培养的恰是领导方式"。刘吉院长也带动了学院的人文建设。他认为，中欧的学校文化中，要包含人文的精神、哲学思考的砥砺、丰富的学识和宽广的眼界。他说："一个21世纪的企业家和高级管理人才没有相当的人文修养，就会沦为庸俗的'赚钱机器'！"他以自己的学术声望和社会关系，邀请了王蒙、铁凝等大量人文学者、艺术家前来学院演讲。

在刘吉院长看来，学生就如"种子"，而"选种"的标准是"三商"俱备，除智商、情商外，他提出还要有"胆商"，即具有敢于拼搏的胆量，抓住商机的胆识，以及顶住逆境的胆魄。商学院要做的，是培养学生的创新能力、应变能力和公关能力。

三、核心公关专家

在刘吉院长的努力下，中欧MBA学位最终得到了国家教育主管部门的认证。

在此之前，刘吉院长亲自给教育部写报告，阐明认可中欧MBA学位的理由和意义，并多次向时任教育部部长陈至立汇报，以百折不挠的精神恳请教育部承认中欧的学位。2002年，在陈至立部长的亲自关怀下，经过一年多的协调，最终找到了合适的处理办法，国务院学位委员会办公室正式颁文同意中欧国际工商学院颁发本院的MBA学位。文件颁发后，政府经济部门官员和国有企业领导都纷纷入学，大大提高了中欧国际工商学院的社会地位和在企业界的影响力。

刘吉院长在给中欧人留下和蔼可亲印象的同时，也有金刚怒目的时刻，每遇有损学院声誉和有碍学院发展的行为时，他总是寸步不让，力求纠正。

1999年，浦东校园刚落成，但因施工单位疏忽，校园某些地方的建筑质量明显不合格，如大理石铺就的地面居然坑坑洼洼。刘吉院长马上召集了设计、施工、监理单位开会，见到施工单位领导，他当场就拍着桌子，朝对方怒吼道："你们马上改！你们不改，我就找建设部！建设部不管，我就走法律途径，把你们送上法庭！"

据在场的中欧同事回忆，施工方人员都被刘吉院长的愤怒震慑住了。之后施工方立即出资返修，整整花了一年时间完成了整个校园的整改。

2002年，学院决定在已有的北京代表处与教学点的基础上，建立北京校区。刘吉院长认为，这一决定需"抓紧进行"，否则可能成为"空谈"。他曾向张国华院长表示，"需要我出面，我当尽力"，并多次赴北京拜访北京市政府有关领导，以取得支持。最终，2010年4月，中欧北京校园正式落成。

2004年，刘吉院长向董事长提出辞去执行院长的职务，同时也向上海市政府递交了辞呈。卸任院长后，刘吉教授仍然心系中欧，并捐款500万元发起了刘吉管理教育基金，资助需要帮助的优秀学生。他持续帮助中欧国际工商学院筹资，并希望有生之年能筹到足够多的资金，帮助中欧奠定坚实的财务基础。

在中欧办学展期协议签署的准备谈判阶段，一直以来作为"教育特区"存在的中欧需要解决一些与现有规定有冲突的棘手问题。刘吉教授为此积极奔走，动用积累的人脉资源，促成多方协商，为办学展期协议的顺利签署与中欧在下一个20年的良好发展做出了突出贡献。

在2003年3月9日中国和西班牙建交30周年纪念日，为表彰时任中欧执行院长刘吉教授和学术委员会主席雷诺教授为促进中西友好合作所做的贡献，当时的西班牙王后索菲娅（Sofia de Grecia）亲临学院向他们两位颁发了西班牙国民成就勋章，刘吉教授也是第一位获得这一勋章的中国人。

鉴于刘吉教授对学院做出的重大贡献，学院董事会一致通过决定，自2005年1月1日起，聘请他担任学院名誉院长。

2010年，刘吉名誉院长在中欧接待联合国教科文组织总干事伊琳娜·博科娃女士（左）

四、"四高分子"的匣中剑声

刘吉院长人生经历很丰富，但贯穿始终的，是求索真理、真相、真实的精神，家国情怀，以及"永远年轻"的心。尽管几十年里经历了诸多不同职务和角色的转换，但他始终保持着发现问题就喜欢研究，不闹个明白、不得出结论、不能自圆其说，就日夜不安的脾性。对此，刘吉院长曾说："我们这代人的世界观、人生观已经定型了，虽然不是了无私念，有时也激愤牢骚几句，但根深蒂固的观念是国事重于家事，公事重于私事，集体重于个人。"他曾著有一部著作《匣中剑声》，引用战国时期齐国孟尝君手下谋士冯谖弹铗而歌的典故，表达自己知识报国的理想。

刘吉教授到法国访问时，曾看到一处纪念墙，其左右分别镌刻着第一次世界大战和第二次世界大战牺牲者的名字，而中间书写的那句话令他的印象尤为深刻——"我们逐渐衰老，他们永远年轻"。在刘吉教授看来，这是家国情怀的生动阐释："看，全世界公认的都是，那些为国家、为民族做贡献的人将永葆青春，如果你只为鼻子尖的一点私利而活着，就很容易衰老。"

刘吉教授生性开朗豁达、兴趣广泛、阅历丰富、广交朋友，因此，现实世界中总是不断有令他激动和振奋的人与事，使他"不得不卷入其中，表现出这样或那样的活力。有时躲也躲不开，只得快乐地去应对"。所以，他给自己的书房取名"五乐斋"：助人为乐、知足常乐、苦中作乐、自得其乐、百事可乐。刘吉教授曾把自己的生活状况概括成一名"四高分子"，即高血压、高血脂、高血糖，外加情绪高涨。由于时时保持着高涨的情绪，以至于他的前"三高"总不见回落，也由于情绪高涨，虽然已经退休，他却没有清闲。

2013年，已年近八旬的他受邀去南极参加"南极论坛"，就南极的未来发展做主题发言。虽家人和朋友们一致反对，但因为论坛的组织者是自己的中欧学生，他还是毅然前往、全力支持，并在回来后将这段经历写成了一本书《八十老翁去南极》，按日详细记录了南极行的全过程，并配上了自己拍的100多张南极的精美照片。

刘吉教授尤其乐于和年轻人交流、交朋友。在他看来，"青年代表着未来，总有玫瑰色的梦想，他们敢想敢干，和青年在一起，自己也会年轻起来"。担任院长之时，他经常会和中欧的学生、校友们交流，"他们给了我无穷无尽的活力"。有年轻人曾问他，怎样的生活才算有意义，怎样才能成功，他总是奉上十六个字和四句对应的解释：志存高远——没有志向，便没有奋斗目标，奋斗过了，才不枉此生，有奋斗就有收获，法乎其上，可得乎其中；脚踏实地——千里之行，始于足下，不一步一个脚印，就变成了好高骛远；百折不挠——要有坚强意志和顽强毅

2013年，年近八旬的刘吉名誉院长前往南极参加"南极论坛"

力，善于总结经验，吸取教训；抓住机遇——机遇总是留给有准备的人，只要抓住就上了一个台阶。这既是人生建议，亦是他亲身实践的人生信念。

刘吉院长常说"一代人有一代人的使命"，因此，他很欣慰并乐于看到中欧在后来人的赓续奋斗中不断成长和超越。但在被需要时，他总是会挺身而出，"举着骨头当火把"，用实际行动帮助学院发展。在学院建院30周年之际，他殷切寄语："祝中欧越办越好！祝全体校友事业兴旺发达！希望大家继续秉承'认真 创新 追求卓越'的校训，为社会做出更大贡献！"

第八节 雷诺：大师风范，浸润中欧

"让我们满怀抱负地向前看，去取得更多成就。"

——雷诺（Pedro Nueno）

雷诺教授是闻名全球的创业学学者，是一位优秀的商学院创业者和管理者。他是中欧国际工商学院的创始人之一，一直关心、支持和指导着中欧的前身 CEMI 和中欧的创建与发展。中欧国际工商学院建校 10 周年的纪念专辑这样评论："相对于他对学院的巨大贡献，任何赞美的言辞都显得十分苍白。"

中欧国际工商学院创始人之一、名誉院长（欧方）——雷诺教授

20世纪80年代，雷诺教授担任欧洲管理发展基金会（EFMD）执行副主席，提出了在中国合作开展管理教育的想法，并参与创办了中欧的前身 CEMI[1]。1994—2007 年间，雷诺教授一直担任中欧董事，并在 1994—2005 年间担任学术委员会主席；2005—2009 年，担任中欧执行院长；2009—2014 年，担任中欧院长；2015—2018 年，担任中欧欧方院长。2018 年 9 月退任后，被授予学院名誉院长（欧方）称号。

一、管理教育的全球布道者

雷诺教授 1944 年出生于西班牙，当时欧洲刚从第二次世界大战的阴影中解脱出来，到处都是战争留下的废墟和创伤。雷诺的父亲是位勤奋工作的普通工人，他诚实、坚韧，因为没有受过太多教育而对大学充满了向往。这些优良的品质，都如种子般埋在了还是孩童的雷诺心里。

---

1 参见第一章第一节"中国现代管理教育的探路人"。

他后来获得了巴塞罗那工业大学工业工程师和技术架构师证书，并于1973年在哈佛商学院获得工商管理博士学位。

雷诺教授早年萌生商学院创业念头并付诸行动，是因为受到哈佛商学院弗兰克·福尔茨（Frank Folts）教授的影响。20世纪70年代，雷诺教授初次遇到80岁的福尔茨教授，当时福尔茨教授正热衷于在世界各地帮助创建商学院，并将此视为职业生涯的重要部分。两人很快成为知交。从此以后，福尔茨的影响根植在雷诺教授的心中，激发他走上了创建商学院这条特殊的道路，并一发不可收拾。传播教育让他的人生得到了满足，也成为他创业源源不断的推动力。

雷诺教授曾经目睹第二次世界大战后管理教育对欧洲发展产生的巨大促进作用。基于切身体会，他认为，管理对发展中国家的成长极为重要。他早年在西班牙参与创办的IESE商学院，有力助推了西班牙的企业发展，这番成功经历使他更加坚定了自己的信念。

除了IESE商学院和中欧，雷诺教授之前还参与了阿根廷（布宜诺斯艾利斯）、哥伦比亚和葡萄牙等国参与当地商学院的创办与运营。这些商学院已蜚声拉美和欧洲。雷诺教授每年都会与两位在EFMD的同僚碰面，一位是莫里斯·赛亚斯（Maurice Saias），时任艾克斯商学院院长，该商学院位于法国普罗旺斯，另一位是克劳迪奥·德马特（Claudio Dematté），是意大利博洛尼亚商学院的院长。1983年，在雷诺教授家附近的一个小餐馆，他们三人萌生了在中国开办MBA教育的想法。鉴于雷诺教授丰富的经验，他成为将这一想法付诸实施的最佳人选。

20世纪80年代，雷诺教授在担任EFMD执行副主席时，围绕国际工商管理教育发展问题与布鲁塞尔的同事们展开了讨论。当时，许多欧洲精英人士热衷于前往美国深造，而雷诺教授与赛亚斯和德马特合作的多个项目成功地吸引美国学生前往欧洲攻读MBA学位。因此，他们决定尝试将MBA教育带到中国。在得到中国方面的积极回应后，1984年，CEMI诞生，即中欧的前身。

在中欧的创办过程中，雷诺教授做了大量工作，包括撰写该项目的商业计划书，牵头EFMD与中方合作，提议由建筑大师贝聿铭先生设计浦东校园，并充分利用自身人脉为中欧打造一流的师资队伍。在高层会谈中，雷诺教授也发挥了重要作用，为中欧的创办与不断发展铺平道路，得到了时任欧共体驻华大使皮埃尔·杜侠都、时任EFMD总干事盖伊·哈斯金斯及其继任者埃里克·科尼埃尔的大力支持。多年来，他一直积极为中欧奔走宣传，将中欧介绍给他接触到的国际政要，包括中国前国家副主席荣毅仁、美国的两位前总统，以及世界银行等极具影响力的组织机构。他还撰写了关于中欧的案例研究。1994年11月8日，在上海举行的IBLAC会议上，中欧正式宣布成立。雷诺教授在成立仪式上的重要讲话给与会的英美集团总裁留下了深刻印象，后者当场承诺出资100万欧元，设立中欧首个捐赠教席。此外，雷诺教授还亲自参与授课。

二、学术桥梁

1993—2000年，雷诺教授担任国际管理学会（International Academy of Management）会长，并于2000年起担任副会长。雷诺教授也曾是世界银行、经济合作与发展组织、摩根士丹利等众多国际知名企业和机构的咨询顾问以及多家公司的董事。

作为国际管理学会会长，雷诺教授领衔组建了中欧第一届学术委员会，并通过对教学课程和研究项目的评估，保证了学院办学活动达到国际标准。在他看来，中欧是连接中国和世界的桥梁，因此，推动中欧的发展，不仅是一种学术责任，更是承担社会责任的体现。

雷诺教授推动了中欧和其他世界顶级商学院的合作。第一届MBA学生在读时，中欧在国际商学院中还远未出名，但雷诺教授仍安排西班牙IESE商学院与中欧开展交换学生项目。他认为，与世界顶级商学院合作十分有利于教授间的相互交流，有利于他们始终站在学科前沿。

凭借很高的国际声望，他也为中欧引来了世界顶尖的师资力量。2008年，通过电子邮件，雷诺教授和99岁高龄的哈佛大学案例中心原主任安德鲁·托尔（Andrew Tower）教授相互交流了案例教学经验，并最终促成托尔教授来到中欧—哈佛—IESE全球CEO课堂为学员授业解惑。同年，在中欧首届全球管理论坛上，雷诺教授还邀请到诺贝尔经济学奖得主、经济学泰斗保罗·萨缪尔森（Paul Samuelson）教授做书面发言。萨缪尔森教授在发言中建议中国的领导人在经济方面执行一种"适度的中间路线"。

在全球办学取得极大成功时，雷诺教授并未因此而沾沾自喜，相反，他总以一个和蔼的学者形象出现在人们面前。雷诺教授发表了100多篇学术论文。作为哈佛商学院校友，雷诺教授是哈佛案例教学法的坚定信徒，并不遗余力地加以推行。多年来，雷诺教授撰写了100多篇企业管理案例，其中2篇收录于哈佛案例库。雷诺教授几乎是以1年1本的频率出书，并被翻译成英、中、德、希伯来等语言。有意思的是，雷诺教授很多文章的撰写，都是在飞机上完成的。而在机场的书报摊发现自己的著作，是他最开心的事情。那是对自己的知识被传播的一种满足和作为一名学者的骄傲。

三、最佳募捐人

作为中欧的创建者之一，雷诺教授对中欧的感情不言而喻。中欧就像一个让他感到骄傲的孩子，只要有机会，他就会将中欧介绍给他所能接触的国际社会名流，充当中欧的"国际推广大使"。他曾向美国两位前任总统乔治·布什（George H. W. Bush，即老布什）和比尔·克林顿（Bill Clinton）热情介绍过中欧的办学情况，并引起了对方的兴趣。

雷诺教授通过拜访和游说，为学院募集了大量资金。学院初创时期，雷诺教授几乎每个月都去香港，和诸如英美集团、德国拜尔等跨国公司亚太区总部沟通。这些世界一流的公司最终成为学院的长期赞助商，有些公司赞助学院更是长达10年以上。

在学院设立的众多教席和各种捐赠基金中，西班牙各界做出了显著的贡献，这与雷诺教授的努力密不可分。西班牙政府和商界向学院捐赠过3个教席，冠名过2座校园建筑，赞助过1个研究中心，并提供了1份发展基金和5份MBA奖学金。

雷诺教授出席学院1996级
MBA/EMBA毕业典礼

　　1998年，在浦东校园建设资金最为紧张之际，雷诺教授积极促成了西班牙政府向学院捐款300万美元。西班牙国王、王后、王储、首相和许多大臣都曾到访学院，表达了对学院的关心和支持。

四、他比有些中国人更爱中国

　　由于自己的成长经历，雷诺教授特别理解发展中国家的种种艰难，并总是出于学者的责任心来做出自己的贡献。和雷诺教授熟识多年的吴敬琏教授曾感慨地说："他真的是对中国好，比有些中国人更爱中国。"

　　他一直有一个信念：学术界必须在社会中发出自己的声音。他总是公开表述自己的观点，并将此视为自己的社会责任。1996年，雷诺教授预见到国际游资可能会对亚洲的经济体发动攻击，一场"亚洲危机"正在酝酿之中，自由汇率将会给中国带来金融泡沫，危害中国经济。他立即给时任中国领导人江泽民、李鹏、乔石、朱镕基等写信，提醒中国政府慎重对待有关积极实现人民币自由兑换的建议。

　　也正是出于这种责任心，一种对世界的开放态度，雷诺教授在欧洲管理发展基金会发起了一项鼓励中国案例开发的奖项，而欧洲管理发展基金会将此奖项命名为"佩德罗·雷诺奖"，从中不难看出雷诺教授对中国的深厚感情。

2017年，在雷诺教授所著的《感谢你，中国》一书中，其详细记述了学院从创办到蓬勃发展的历程，向世界展示了中国的伟大崛起。他多次在媒体采访中提起此书，并不遗余力地宣传中欧故事，以及中国发展的巨大韧性和潜力。

雷诺教授专注于对中国问题的研究，也给中国企业提出建议。他认为先要完成工业化，然后才能谈革新。他曾经指出，中国经济在发展历程中遇到的很多问题都类似于欧洲经济在第二次世界大战后碰到的问题，比如单纯模仿他国企业、出现坏账等，但创新是至关重要的，他相信，创新会成为中国企业发展的重中之重。

五、睿智的长者

出现在中欧校园里的雷诺教授，总是衣着考究，一脸严肃。但一旦和他交谈，大家就会发现他是一位慈祥和蔼、睿智宽厚的长者。雷诺教授坚持"尊重""团队合作""激发主动性"的领导理念，而这也成了他个人魅力所在。

雷诺教授认为家庭是人生最重要的部分，他是一位拥有7个孙儿的祖父，经常提到妻子莫采（Montse）和他们的3个孩子。雷诺教授喜爱绘画和设计。除了撰写著作和案例之外，他也写一些短文，曾是西班牙一家知名报社的专栏作家。

2003年3月9日是中国和西班牙建交30周年纪念日，当时的西班牙王后索菲娅亲临学院，向雷诺教授颁发西班牙国民成就勋章。他还曾获得西班牙加泰罗尼亚自治区政府颁发的圣乔治十字勋章。

为了表彰雷诺教授为中国管理教育事业所做出的杰出贡献，2004年11月8日，上海市政府为其颁发了"白玉兰纪念奖"。2007年，雷诺教授获得上海市"白玉兰荣誉奖"。

2007年6月25日，雷诺教授获得了当时的西班牙国王胡安·卡洛斯（Juan Carlos）一世亲自授予的2007年国际Gresol勋章。该勋章由西班牙Gresol基金会提供，旨在表彰当年最具国际影响力的领袖人物。

授予该勋章的同时，卡洛斯一世国王指出："雷诺教授的当选，不仅是因为他取得的职业成功，如推动中欧国际工商学院成为世界一流商学院，以及中欧与哈佛商学院等学术机构的成功合作，更是因为他拥有的优秀个人品质。"

2009年，雷诺教授荣获"中国政府友谊奖"，并获邀参加中华人民共和国60周年庆典观礼。这是中国政府为表彰对中国改革发展做出重要贡献的来华工作外国专家设立的最高荣誉奖项。

2012年12月5日，中共中央总书记习近平在北京人民大会堂会见了雷诺教授等20位在华工作的外国专家代表，并与他们亲切座谈。

2014年4月27日，雷诺教授在北京被国家外专局授予"功勋外教"奖章。雷诺教授以其对中国工商管理教育所做出的卓越贡献，被评选为十大功勋外教之一。

2018年11月29日，应西班牙国王菲利佩六世的邀请，雷诺教授作为中西合作的重要推动者，在马德里王宫参加了国王为习近平主席举办的欢迎晚宴，并再次受到习近平主席的接见。

2018年9月，在学院欧方院长交接仪式上，雷诺教授动情地回顾了

2018年，中欧第四届欧洲论坛上，名誉院长（欧方）佩德罗·雷诺发表闭幕致辞

自己与中欧数十年的缘分。他说："正是共同的目标、倾情投入和团队合作，让中欧发展到今天……。让我们满怀抱负地向前看，去取得更多成就，我将继续支持中欧！"

2020年新冠疫情发生之后，雷诺教授与IESE商学院的同事和学生们一起，将中欧和当地华商企业从中国寄给他们的口罩和防护服捐给了巴塞罗那新冠定点医院。同时，雷诺教授主动参加多场经济研讨会，传递信心，提出建议，特别强调他相信中国和世界有能力渡过难关，化危为机——他一如既往，用渊博的学识和阅历，向人们提供着温暖的力量和宝贵的智慧。

回顾中欧走过的30年，雷诺教授满怀喜悦与自豪。他说："中欧就像一个'家'（Family），中欧人为这个家做出了很大贡献。未来的世界会大为不同，我们的思维也要因之而变。但我相信，只要我们一如既往地携手努力，中欧的未来一定会更美好！"

第九节　朱晓明：勇立创新潮头的领跑者

"创新是中国商学院的根本出路。"

——朱晓明

朱晓明与中欧的渊源可以追溯到中欧筹备之初，正是他在1994年将中欧引入了那时他任总经理的浦东金桥开发区。但彼时的他并没有预料到，自己与中欧的缘分日后竟会如此深厚——2006年6月5日，时任上海市人大常委会副主任的朱晓明，被任命为中欧国际工商学院院长。

中欧国际工商学院荣誉退休院长——朱晓明教授

从企业家到官员，再到教育家，朱晓明的脚步始终踏在创新的潮头。企业家、学者、官员的复合型背景，更赋予了他作为商学院院长的独特视野。在他的持续推动下，"创新"的基因深深融入了中欧的血液。卸任中欧院长后，他孜孜不倦地投身于学术研究，探索在科创前沿领域，取得了诸多首创性、突破性学术成果，为商学院创新转型做出了重要贡献和良好垂范。与他共事的人都说他"思想开放，想法多元，又愿意沉下心去实干"。汪泓院长则赞扬他，"既能脚踏实地，又能看到诗与远方"。

一、引凤金桥，热心推动中欧办学

如何选址，是中欧最早的重大决策之一。上海市政府曾提供了3个方案：漕河泾开发区、张江开发区、金桥开发区。

1993年，吴敬琏教授和雷诺教授专程来上海考察，朱晓明总经理患重感冒抱病从医院出来，边打吊针边接待了吴老。当了解到中欧双方准备在上海创办一所国际化的商学院时，朱晓明意识到，这所定位为国际化的商学院，将开辟中国管理教育的新天地，为浦东、上海乃至中国带来不可估量的价值。他于是主动提出提供土地的意向。

在浦东开发初期，时任国家教委主任朱开轩曾率108所高校校长专门开会讨论如何支持，并进行了实地考察，但金桥开发区不在考察范围内。朱晓明闻讯后决定不请自来，争发言、抢话筒。朱开轩深为感动，破例让他发言。时任上海交通大学校长翁史烈院士目睹了这一切，深信浦东金桥真可以成为高等院校项目的首选之地。一个星期后，金桥开发公司与CEMI签订了土地使用的协议。

得益于朱晓明的创新意识，如今的金桥已成为上海最国际化的社区，成为对外开放的标杆。1994年，《亚洲周刊》根据上市公司各项指标的综合评审，评选出了首届亚洲最杰出的5位华人企业家，朱晓明是中国大陆唯一得主[1]。

中欧成立初期面临诸多挑战，不仅设施紧缺、经费紧张，而且缺乏社会知名度。EMBA和高层经理培训课程在招生中遇到了不少困难。

1995年，首任院长李家镐、副院长张国华亲自担任"推销员"，到上海各系统去招收EMBA学生。时任上海市政府副秘书长兼外经贸委、外资委主任朱晓明召集所有外贸公司的总经理开会，要求各企业加快培养一批国际化的经营管理人才，并让外经贸委干部处布置推荐企业中青年领导干部报名去中欧学习。当时大多数总经理对MBA和EMBA尚无耳闻，对朱晓明召集的这次会议不明就里。会议要求公司一把手必须出席，更让他们心生疑窦。

就是在外经贸系统的这次会议上，李家镐、张国华得以动员总经理们到中欧学习。在朱晓明的热心动员和会后积极落实下，多年来，外经贸系统输送了一大批中青年干部到中欧参加EMBA和MBA课程的学习。当时李家镐院长感慨地说："朱晓明是真心帮助中欧！"

二、踵事增华，校园扩建

2000年起，朱晓明开始担任中欧的中方董事。之后，2006年，经

1　其他4位华人企业家是：李嘉诚（中国香港）、蔡宏图（中国台湾）、林梧桐（马来西亚）、林金山（新加坡）。

上海市委和市政府提名，中欧国际工商学院董事会任命时任上海市人大常委会副主任的朱晓明兼任中欧院长。

据中欧名誉院长刘吉回忆，在2006年决定中方院长人选时，曾考虑过5条标准：① 鉴于学院是中国政府与欧盟的合作项目，院长应为省部级干部；② 要有很好的学术背景；③ 富有领导能力和开拓能力；④ 热爱中欧和管理教育事业；⑤ 有中外合作的工作经验。享受国务院特殊津贴的教授级高级工程师朱晓明博士完全符合上述标准。

就任伊始，校园扩建是朱晓明院长面对的首要任务。随着学院的快速发展，原有的教学设施逐渐成为瓶颈。他曾先后3次去浦东新区政府汇报上海校区扩建项目（金科路校园）土地需求方面的情况，并很快得到了浦东新区政府的支持。2006年8月3日，中欧与金桥开发公司签署了土地转让协议，转让的土地面积约为3.6万平方米，这使上海校园面积扩展了近1倍。

校园不仅是办学的物理场所，更传承着一个学校的价值观和办学理念。金科路校园仍由红枫路校园设计单位贝聿铭大师领衔创办的P.C.F.建筑师事务所承担。2008年，朱晓明院长、张维炯副院长和P.C.F.建筑师事务所就新校园设计理念与任务进行洽谈，面对面地交换意见让中欧新校园的设计稿留下了双方设计理念中共同的元素。

朱晓明院长希望P.C.F.建筑师事务所在原有校园设计成功的基础上，让建筑文化既有传承，又有创新。他认为，金科路校园的建筑文化应有新的高度、新的想象、新的艺术诠释，凝结为一个理念，那就是"踵事增华"——"踵事即传承，增华即创新"，表达了中欧人追求学院昨天、今天与明天的融合。至于金科路校园建筑文化的特点，他则用5个词概括：简约书卷、上善若水、点睛之笔、典藏瑰宝和情愫育人。每一处关键设计细节，朱晓明院长都进行了研究论证并和P.C.F.的设计师深入沟通。他的专业和匠心，让P.C.F.的设计师印象深刻并深感钦佩。在朱晓明院长的构想里，玻璃金字塔和中欧会堂是点睛之笔，中欧会堂是一个集艺术人文与学术研究于一身的殿堂。白墙黛瓦、富有江南风韵的金科路校园建筑完工后，获得了诸多好评，并荣获白玉兰奖、LEED

金奖等专业奖项。

三、更高起点的创新

在企业、政府、商学院的领导岗位上，朱晓明始终坚持用创新和知识引领未来。在他看来，商业世界的不确定性是常态，商学院应对这样的不确定性也是常态。时刻洞悉瞬息万变的市场趋势，做好市场分析和应对之策，是中欧的立院基本功。

他深谙，随着中国经济进入转型期，对商业人才的要求将更高、更精细，能否提供一流的、富有特色、具有深度的学习内容，对所有的商学院都将是一个挑战，而创新是根本的出路。他指出，中欧的学子应该是"文理双通、学贯中西、工贸两全、技艺兼修"的复合型人才，人才培养应该是"EM+STREAM+……"。在这方面，他一直身体力行，不断更新教学内容，将线上与线下的教学方式进行有机结合，引入跨界思维，形成复合型商业人才的培养机制，虚心向有创新之举的商学院学习。

他同时提出，要把学院建成培育经济全球化领军人才的摇篮、政府重大经济管理决策的智库、中国与欧洲乃至世界沟通的平台，以及中国管理教育的世界级品牌。

在他的倡议和直接推动下，学院于2007年成立了中欧陆家嘴国际金融研究院，并邀请金融界权威人士——全国人大常委会委员、财经委副主任委员、中国人民银行原副行长吴晓灵女士出任研究院院长。朱晓明院长不仅亲自担任研究院理事长，更亲自推动研究院的筹资工作。2008年研究院召开第一届理事会时，时任上海市委书记俞正声、时任上海市市长韩正分别致函祝贺。目前研究院已经成为具有强大影响力的国际化智库。

朱晓明院长也是陆家嘴论坛的重要发起者和参与者。从2007年陆家嘴论坛的概念设计阶段起，他就热情参与，担任论坛组委会副主任，并连续7届应邀出席陆家嘴论坛并发表演讲，获得了观众的高度好评。

作为一名教授，朱晓明院长也从学术上积极助力上海国际金融中心建设。他敏锐地预见到"大、云、平、移"（即大数据、云计算、平台、移动互联网）对金融业和商学院的深刻影响，早在2012年就在中欧率先开设"数字金融""科技创新"等课程，大力推进数字金融的学科建设，并发起设立"上海数字化金融研究中心"，时任上海市常务副市长屠光绍为研究中心揭牌。他对数字金融和金融科技的研究和关注，在国内是引领和开创性的。另外，朱晓明教授从2011—2023年连续12届担任"沪上金融家"评委主席，鉴于他对上海金融家评选活动的杰出成就，2023年他获得了"沪上金融家评选·卓越贡献奖"。

朱晓明教授不仅频繁地出席各大论坛发表演讲，鼓励企业以数字化为核心、通过转型与创新迎接第三次产业革命，还亲自操刀推动中欧的课程创新，开设了"商业趋势与科技创新"等课程，还出版了《数字化时代的十大商业趋势》等图书，成为推动数字化的重要学者。

除了重视对前沿技术的研究，朱晓明教授更将其应用到教学方法创新中。在中欧，他第一个用无线投影、无线视频、无线音频技术，使师生互动达到极致效果。他率先引入最先进的教学软件和教学设备，大大改善了学生的学习体验。他还专门为中欧教授们开课传授如何在教学中使用先进的技术和工具来改善教学体验，向中欧师生推出了《十年磨一剑2009—2019》七分半钟的视频，并在浦东金桥集团的资助下，在段永平教学中心103室建立了第一个数字化智能化教室。

自2011年1月从上海市政协副主席的职位上退休后，在全职担任中欧院长的同时，朱晓明教授将大量精力投入研究教学工作，几乎全年无休。2013年，他在时任上海市副市长翁铁慧的关心与支持下，成功推动"上海MBA课程案例库开发共享平台"在中欧落户，助力本土管理知识的创造及传播。经过10余年的发展，该项目在案例质量控制、中国主题案例库运营以及案例方法培训等方面均取得了实质性成果，为全国110多所院校的8 500多位教师提供了案例下载教学服务，课堂教学累计惠及学生100万人次；同时，与海内外多家知名机构成为战略合作伙伴，并与哈佛案例库、毅伟案例库、欧洲案例交流中心等深入合作，案例服务开始辐射全国并走向世界。

朱晓明院长虽是理工科出身，但他兴趣广泛，在书法、音乐、设计等艺术人文领域均有较深造诣。他认为，艺术人文的熏陶在商业领袖的培养中同样扮演着关键的角色。为此，他曾创立"中欧艺术人文研究中心"，他还曾为高层经理培训课程部（后更名为"高管教育课程部"）开发的"中欧—佳士得艺术合作课程"授课并担任课程主任，也曾为中欧后EMBA课程讲授艺术人文课程，题为"底力的砥砺"。另外，他还开创性地将人文艺术理念引入MBA、EMBA学生的考题之中，让学员们在潜移默化之中培养起人文情怀。

朱晓明院长不遗余力地提升中欧的文化影响力。2008年，中欧参与北京奥运会活动，他亲自担任奥运会火炬手，传递奥运精神，也让中欧进入了更多人的视线。他还积极推动"大师课堂"系列活动，邀请诸多如雷贯耳的国际、国内顶尖专家、企业家齐聚中欧。他还曾推动中欧与上海芭蕾舞团合作，在中欧校园内演绎了别具一格的中欧水上芭蕾舞，让中欧成为一道独特的风景线。

另外，朱晓明院长非常重视培养和构建中欧的捐赠文化，并率先垂范。他曾认捐中欧石化礼堂、中欧大会场的座椅，捐赠1 000万元设立"朱晓明教席"，并将多件珍贵艺术品转赠学院。

四、全力促成新20年办学展期协议的成功签署

2012年12月2日，中欧国际工商学院办学展期20年（2015—2034年）的协议在国家领导人、上海市有关领导与欧盟大使的共同见证下，由中、欧双方办学单位负责人在上海签署。

这一协议的签署，看似水到渠成，实则来之不易。在前后长达近9年的时间里，朱晓明院长在中央及市委市政府领导的关心下，紧紧依靠学院董事会和管理层，坚持改革、解放思想、集思广益，以积极可行的方案、审时度势的智慧、胸怀天下的包容、细致到位的沟通，团结各方力量，跨越重重障碍，终于使有关各方就中欧办学展期（2015—2034年）的各项事宜达成了共识并最终签署了协议。

朱晓明院长在中欧20周年院庆大会上致辞

五、潜心治学，守正创新

2015年，朱晓明院长结束了9年院长生涯。卸任之际，他表示，"只要对中欧有利的事，我都愿尽犬马之劳"，彰显了一贯的高风亮节和对学院的赤诚之心。之后，他全身心扑到教学研究之中，不断探索前沿科技的应用以及商学院的创新之路。

朱晓明教授潜心探索科技与管理交汇之处最奇妙的"化学反应"，始终对世界科技前沿的最新动向抱有浓厚兴趣，对其发展趋势持续跟踪。他不但在中欧倡导凸显科技创新趋势的多元化课程设置，将"数字经济时代的战略反思""创新管理""企业创新与转型"等课程引入讲堂，还亲自研究相关课题，撰写教材，利用课堂教学和讲座研讨为学生们授业解惑。他先后为MBA、EMBA、FMBA、高管教育（EE）、市委组织部培训班等开设了"商业趋势与科技创新""数字经济与科技创新""趋势与创新"等专题课程。2016年，在他的推动下，中欧智慧医疗创业课程成功落地，中欧最早推出医疗与数字经济、人工智能相结合的医疗创业课程，开讲卷积神经网络模型（CNN）、视觉智能、语言语音智能、ChatGPT、多模态大语言模型（LLMs）、脑科学与类脑科学等前沿课题，开国内外经管学院与商学院之先河。同时，朱教授还为创业营及中欧智慧医疗创业课程升级迭代了"创意策划"课程，这与清华大

朱晓明荣誉退休院长在中欧智慧医疗课堂上授课

学、复旦大学等教授主张博雅教育的理念异曲同工。

作为中欧智慧医疗创业课程的创始学术主任，自2016年以来，朱晓明教授为该课程投入了巨大心力，对课程设计和运营亲力亲为，并持续邀请诸多院士级大师授课，通过教授授课、行业领袖分享与学员分享有机结合的形式，帮助医疗健康行业创业者全方位开阔视野，有效掌握精益创业方法，并通过搭建医学界社群，整合全球医疗资源，共同分享、相互促进。2023年，中欧智慧医疗创业课程五期学员联合八期学员荣获"2023数字医学技术及应用创新大赛"（DiMTAIC 2023）二等奖第一名，系国内首次获奖的经管学院、商学院。

2021年9月，在课程连续开展6年后，中欧智慧医疗研究院正式成立，由朱晓明教授和汪泓院长领衔，汇聚了医学、人工智能等相关领域的几十位院士、院长，致力于依托智慧医疗创业课程的校友企业资源，打通基础研究和应用研究，贯穿产、学、研，总结、提升、引领行业前沿实践。研究院围绕瑞金医院、中山医院、华山医院和第六人民医院开发了4篇公立医院案例（同步收录于中欧案例库与哈佛案例库），详解了从智慧医院到未来医院的顶层设计与落地执行、数字医院的战略先行与持续创新、组织数字化转型的道与术、数字科技与医者使命等权衡与发展问题，成为研究中国智慧医疗发展的重要案例。

如今，朱晓明教授仍孜孜不倦地研究智慧医疗相关的前沿课题。在

480

他看来，人工智能技术的发展，将对人类社会产生深远的影响。对智慧医疗的研究，不仅关系到人类社会的福祉，更重要的是，这是中欧作为一所顶尖商学院的应有之义。

"未来已来，将至已至，唯变不变"，这是朱晓明教授在很多场合都一直强调的前瞻意识。正是因为这份前瞻意识，他在中欧创立之初即抛出橄榄枝，使中欧"落户"金桥，并在中欧成长过程中给予了有力的帮助和支持。也正是因为这份前瞻意识，他在担任中欧院长期间提出了诸多非常富有远见的举措，使学院紧跟经济社会发展趋势，不断取得重大突破。"中欧要始终站在创新的潮头浪尖，创新是我们根本的出路。"这是朱晓明院长一以贯之的坚定理念，亦是中欧人未来不断奋斗的方向。

有人问："什么是中欧价值观的动力？"朱晓明认为，动力源自我院的Logo——一个艺术化了的中文字"合"。中国古语中"合"即"和"：和气生财、和为贵、和则两利，合作共赢。朱晓明认为，当不同语言的人们共处一隅，执教于中欧学院、汇交于同一个年代时，"合"的理念提供了一种相互解读的美好机会，一种构筑多元文化创新管理教育的美妙通道，一种实现"中国深度　全球广度"的美好探索，一种培育以构建人类命运共同体为宗旨的学生群体的美好尝试。让中欧人放飞"和合之心"，放飞中欧梦想！

第十节　吴敬琏：心怀天下、情系中欧的
　　　　　"中国经济界良知"

中欧国际工商学院终身荣誉教授——吴敬琏教授

"中国经济发展的成功，企业管理水平的提高，要为中欧记上一笔。"

——吴敬琏

吴敬琏教授是中国最著名的经济学家之一，他从1984年开始担任中欧管理中心（China-Europe Management Institute, CEMI）的授课教授，之后又担任CEMI学术委员会成员。1994年中欧国际工商学院创办后，他即担任学院学术委员会成员，同时任访问教授与核心教授，2002年起受聘担任长期教授，同时出任宝钢经济学教席教授。在中欧，大家亲切地尊称他为"吴老"。2018年，88岁的吴老被授予"终身荣誉教授"称号。40年来，吴老对CEMI和中欧国际工商学院的各个方面均产生了重要影响。

作为中国经济的积极改革者，吴老将中国经济最前沿的知识精髓传播给中欧学子。同时，他也积极参与了中欧学术标准的制定和师资队伍的建设与发展。在他看来，"中国经济发展的成功，企业管理水平的提高，要为中欧记上一笔"。

一、中国经济学泰斗

吴敬琏1930年出生于江苏省南京市。翌年，吴敬琏的父亲，《新民报》创始人之一吴竹似患肺病去世，母亲邓季惺对吴老影响颇深。他曾在纪念母亲的文章中深情地写道："母亲以企业家的创新精神、求实态度和顽强拼搏去实现自己的人生追求的性格特征，是值得作为子女的我

们学习和继承的宝贵财富。如果在这方面能够效仿她的行为典范，报效国家于万一，就是对她的最好纪念。"

在1950年，吴敬琏进入金陵大学经济系。全国高校院系调整后，1954年从复旦大学经济系毕业，被分配到中国科学院经济研究所工作。

1966年开始的"文化大革命"，使吴敬琏陷入对中国政治与经济发展的历史根源的深深思索之中，并在干校劳改队中和首先提出中国市场经济理论的著名思想家、经济学家顾准先生结成忘年之交，开始了与顾准先生一起读书、探寻真理的思想之旅。

20世纪80年代初，波兰经济学家弗·布鲁斯（Wlodzimierz Brus，亦称W·布鲁斯）和捷克经济学家奥塔·锡克（Ota Sik，亦称欧·锡克）先后来中国讲学，带来了东欧改革经济学的新鲜思想和经验教训。1983年1月，吴敬琏前往美国耶鲁大学经济系和社会政策研究所（ISPS）从事访问研究，在现代经济学分析框架下研究东欧国家改革的理论和政策问题。

从此，吴敬琏把对中国经济体制改革的研究放到了更为坚实的理论经济学基础之上。他逐渐树立了这样的理念：中国经济体制应该走市场经济的道路。

1990年，在一次高层会议关于计划与市场的激烈辩论之后，吴老因坚持市场经济，而被坚持计划经济的人们意在贬抑地加上了"吴市场"的绰号。而在1992年邓小平南方谈话之后，"吴市场"却成了对吴老的美誉。1984—1992年，吴老连续5次获得"孙冶方经济科学奖"，并连续2年被评选为"CCTV中国经济年度人物"。

二、40年中欧情

20世纪80年代CEMI时期，吴老即开始担任学术委员会成员及教授，成为学术委员会中唯一的中方成员。80年代末，由于某些特殊原因，CEMI的办学受到了一些影响，有些中方教授因顾虑而退缩，吴敬琏教授却依然坚持为CEMI上课。

吴老还促成了中欧国际工商学院在浦东金桥落户。1993年，吴敬琏教授来上海拜访上海市原市长汪道涵和时任副市长徐匡迪期间，抽空前往浦东访问。时任金桥开发公司总经理的朱晓明抱病接待吴老，谈话中吴老提及合作办学之事，朱晓明总经理听者有意，不日即决定拿出备用地块作中欧建校之用，使得学院选址问题迎刃而解。吴老在谈到浦东开发30年时曾自豪地说："中欧算得上是浦东吸引中外企业的一块吸铁石！"

吴老受命在中欧开设一门名叫"中国经济"的必修课。1993年，十四届三中全会通过了关于经济改革的决定，决定建立社会主义市场机制。之后，政府推动了各层面的多项改革，包括企业改革，在此过程中也面临许许多多的现实问题。吴老认为，中欧的教学和研究工作需要密切地结合中国的实际。

为了准备这堂课，吴老对中国整个改革的过程和改革的主要问题进行了研究。数十年来，这门课程备受瞩目，其程度远超想象，不仅中外的学生蜂拥而至，来自国外的教授也来课上旁听，其教学内容也随着改革的深入不断丰富。如今大家可以在书店里买到多次重版的《当代中国经济改革》，这本书就是吴老在中欧讲课的时候，在讲义的基础上不断修改写出来的。当吴老在课堂上谈及中国到底是要继续改革开放还是走回头路的问题时，有学生问他：作为一个学者，你能怎么做？这时，吴老以一种坚定的语气告诉大家："我要站在这个讲台上，继续让更多的企业家和管理者知道什么是正确的方向。能改变多少人是多少人。"正是这种强烈的历史使命感和愚公移山的执着精神，支撑着他年逾80却不弃教鞭。

在中欧成立后，吴老不顾年迈，奔波于京沪两地。EMBA课程对体力的挑战最大，连续4天、每天8个小时的讲课，对一位本该颐养天年的老人而言绝非轻松。但吴敬琏教授风雨无阻，坚守自己的"阵地"。

"一个国家要振兴，就必须培养优秀的企业家群体。为大量优秀企业家的成长奠定基础，这就是中欧在做的事。"吴老认为，古代讲"士农工商"，"商"是末位，但市场经济不是这样，市场活动的主要角色就

1995年5月8日，吴敬琏教授（左二）出席学院第一届MBA、EMBA开学典礼

是企业家。企业家的最大职能就是寻找、判断商机，而且根据判断冒风险去组织资源。在市场经济里，人与人的关系是高度社会化的，它的运转主要依靠契约精神，而契约精神又依靠法律来保障，于是就会产生许多新的社会观念、制度安排，而商学院的任务之一，就是为企业家提供基础的思想理论和制度安排等知识。

课堂之外，即便是在食堂用餐，吴老也时常被学生包围求教或索要签名，到了夜晚，吴老依然会在办公室工作。学院考虑到他年事已高，曾几次与他商量减少授课工作量，但他一直没有答应，直到2009年才做了一些变动。2017年，87岁高龄的吴老给中欧MBA 2018届同学上完最后一堂"中国经济"课程。至此，他在CEMI和中欧的讲台上足足站了33年。

在"中国经济"课堂上，吴老会先用比较制度的方法分析中国改革的全过程，进而使学生建立起一个分析中国经济的框架。在为新生上的第一堂课上，吴老总会先讲解为什么要重视经济理论。他指出，企业家也应学会使用现代经济学知识来指导自己的商业实践。

在中欧的课堂上，吴老时常讲到全面深化改革问题。他反复对同学们说："'关系是第一生产力'的时代正在过去，而且应该促使它赶快过去，只有创新才是第一生产力。所以我们一定要做一群有创新精神的、敢作敢为的企业家。"

吴老1998年出版的专著《当代中国经济改革：战略与实施》，即来自他多年课堂使用的讲义。2002年，吴老又将此书从内容到体例进行了修订，更名为《当代中国经济改革》后再版，随后出版了此书的英文译本、日文译本和中文繁体字版，成为人们研究中国经济问题的重要参考书。

吴老对学生要求严格，对抄袭和作弊行为绝不留情。曾有一位级别很高的学生抄袭作业被吴敬琏教授发现，受到了严厉的处分。

2007年，为了支持学院办学，吴老捐资设立"吴敬琏学术基金"，并于2008年6月正式启动，截至2023年，已累计超过1 600万元，共支持了39名MBA学生。从中受益的MBA同学曾表示："吴老的大爱远远超越经济资助本身，如同人生中的灯塔，让我们知道从哪里来，到哪里去，为什么而努力。"

此后在2015年，吴老又捐赠1 000万元设立教席。现为吴敬琏经济学教席教授的许斌教授，2013年曾和吴老一起做客央视财经论坛，事后他感叹道："让我惊奇的是83岁的吴老师对所有提问的回答都能举重若轻、字字珠玑、游刃有余，切中要害却毫不张扬，实乃中国经济学界第一高人也！"

2018年，吴老被学院授予"终身荣誉教授"称号，以表彰其在教

在中欧25周年院庆启动仪式上，吴敬琏教授讲述"我与中欧"的故事

师队伍中发挥的表率作用，以及退休后继续为学院知识传播做出的杰出贡献。在受聘终身荣誉教授后，吴老将多年来学院给予的授课报酬全部捐出，无私地支持学院的发展。

如今，年事已高的吴老已不再站在讲台上授课，但他还是会在论坛活动上发表演讲或撰文，阐述对中国经济现状和未来改革去向的深刻思考，对企业家的殷切期望，激励和感召更多中欧人和企业家，为推动商业文明和社会进步贡献自己的心力。

2019年，中欧25周年院庆之际，吴老受邀出席院庆启动仪式，动情地讲述了和中欧结缘30余载的故事，他说："我与中欧的故事，是一段共同成长的故事。"

三、中国经济学界的良心

吴老每次出席重要的论坛，休息时总会遭遇记者的围追堵截。有些年轻的记者往往会问一些稍显幼稚的问题，他就会微笑着劝记者先去中欧读书，提升自己的专业能力。

吴老认为，在推动历史发展的两个轮子——技术和制度中，制度重于技术。很多企业家热衷于"寻租"，从根本上讲还是因为制度存在问题。因此，建立小政府、大社会，消除企业寻租的空间，是改革的主要任务。

吴老希望自己的思考能够影响更多的人，为此几十年来一直笔耕不辍。除了早些年《当代中国经济改革》《中国增长模式抉择》等力作外，近年来吴敬琏教授又出版了《当代中国经济改革教程》《从威权到民主：可持续发展的政治经济学》《重启改革议程——中国经济改革二十讲》等著作。其中，吴敬琏教授与马国川先生合著的《重启改革议程——中国经济改革二十讲》一书于2013年4月获得第八届文津图书奖，在社科类图书中排名第一。2018年，吴敬琏教授又一重磅力作《中国经济改革进程》出版，吴老历时4年，从中国经济政策变迁的历史维度，梳理了中国经济改革进程的前因后果及其演化路径。

2003年12月22日，《华尔街日报》一篇讨论中国经济的文章称吴敬琏教授是"经济问题诊断大师"。而更早之前的2000—2001年，在围绕股市的一系列争论中，吴敬琏教授也被称为中国经济学界的良心和勇于戳穿"皇帝新衣"的斗士。

2004年6月13日，国际管理学会向吴老授予杰出成就奖，表彰他在管理科学领域的突出贡献。他也是中国乃至亚洲地区首位获此殊荣的学者。

2018年，吴敬琏教授被中欧聘为终身荣誉教授

2005年3月24日，吴老被授予首届中国经济学杰出贡献奖。他在答词中说："中国走向法治市场经济的道路还很长，中国经济学的成长和完善更无有穷期。愿经济学界同仁在今后的岁月中相互帮助，砥砺切磋，使我们的学科取得更大的进步！"

2011年7月4日，国际经济学会授予吴老"国际经济学会荣誉会长"（the Honorary President）称号，以感谢他对于经济理论和政策研究及中外学术交流的杰出贡献。

2019年，吴老入选全球化智库（CCG）与中国国际人才专业委员会联合发布的"中国海归70年70人"名单，入选理由为：他被称为"中国经济学界的良心"，在改革开放的转型时期提出了关键性的宏观经济政策建议，为我国的社会主义市场经济改革做出了突出贡献。

2023年，汪泓院长等学院领导和中欧北京校区同事都曾前往探访吴老，他总是关切地问起学院和校友的近况，详细了解学院在师资建设、教学体系等方面的规划。谈及对中欧未来办学的期望，吴老表示：希望学院继续加强关于我国市场经济发展历史、市场经济基本理论和法治化的教育，继续为推动中国改革开放的深入发展做出贡献。

2024年，在中欧迎来30周年院庆之际，吴老接受了中欧的采访，他殷切地勉励道："我们中欧在短短30年里，就从一个干部培训的小班，进入了世界工商学院的前列，这是很了不起的事情。我对它的期许就是：和我们国家一起成长，百尺竿头，更进一步。"

"高山仰止，景行行止。"吴老对学院的殷殷关切，以及年过鲐背始终如一的家国情怀，是全体中欧人的楷模。他的思想和智慧之光照亮前路，激励中欧人继续奋力前行。

第十一节　张维炯：愿以此心寄中欧

中欧国际工商学院副院长兼中方教务长——张维炯教授

"我可以无愧地说，对中欧我已倾尽所有。"

——张维炯

翻开中欧重要的老照片，总能看到一张熟悉的面孔——中欧国际工商学院副院长兼中方教务长张维炯教授。中欧人都亲切地称他"张老师"。从青丝到白发，张维炯教授已经陪伴中欧成长27年。1997年5月，他应时任中欧院长李家镐教授和副院长张国华教授的邀请，出任EMBA首任课程主任；此后相继担任副教务长、副院长兼中方教务长。作为改革开放后中国第一批留学生和中国工商管理学科的拓荒者，张维炯教授为学院课程的发展、教授队伍的建设以及中欧的日常运营数十年如一日倾力付出，做出了不可磨灭的贡献。

一、坚定的"海归派"

张维炯1953年出生于上海。与那个时代许多人的命运相似，在"文化大革命"中，他不得不中断学业，1968年起在沪东造船厂造机车间整整做了10年工人。

1978年，作为恢复高考后的第一届大学生，张维炯考入上海交通大学动力机械系。1982年毕业后，他以大学期间优异的表现留校担任政治指导员，1983年考上上海交大硕士研究生。同年，上海交大获得了由加拿大政府资助中国教育部10所高校管理合作项目所提供的一批研究生留学名额，张维炯被选中。

1985—1988年，张维炯在加拿大不列颠哥伦比亚大学（简称UBC）

商学院就读，获得市场营销学硕士学位。作为工科生，到国外转学市场营销对他是一个极大的挑战。当时中国的市场经济刚刚开始，十分闭塞，他咨询了多位在高校工作的亲友，居然无人知道市场营销学是什么。留学的第一年，他在学习英语和最基本的市场概念中苦苦挣扎，最终还是凭着在交大打下的坚实基础和坚强毅力，日夜苦读赶了上来。

尽管过程痛苦，但两年多的学习完全改变了他的思路与观念，为他打开了一个新的世界。硕士毕业后，他回到交大管理学院工作，先后任讲师、副教授，并担任院长助理和管理学院副院长。1993年，张维炯再次赴加拿大UBC大学商学院攻读企业战略博士学位。

当年与张维炯一起参与留学项目的交大青年教师有几十位，他是唯一一位博士学成回国的人。做教师的母亲从小对他的教育、交大对他的培养，都让他自始至终把建设祖国的使命放在第一位。

"那时应该很容易在海外找一份体面的工作，为何读完博士依然回国？"面对这个问题，张维炯直言，自己从未想过要留在国外。

"我是在大学期间入的党，是上海交大'文化大革命'后第一批学生党员，后来又是学校派我出国留学，我非常感谢组织对我的培养，我理应为中国的发展做出贡献。"两次在国外求学的经历结束后，他都毫不犹豫地选择了回国。

二、EMBA课程的早期开拓者

上海交通大学是中欧的中方办学单位，中欧的两位创始人李家镐院长与张国华院长都曾为中欧的创建呕心沥血。张维炯教授与两位院长很早就相当熟悉，在他任上海交大管理学院副院长时，张国华教授是常务副院长，李家镐教授是名誉院长。从某种意义上说，张维炯教授与中欧结缘可以说是一种必然。

1997年张维炯教授回国后，恰逢中欧急需管理专业博士人才，受时任中欧副院长张国华的邀请，他出任EMBA首任课程主任。学院最初的想法是请张维炯教授担任MBA课程主任，后来考虑到MBA课程已有不错的发展势头，而EMBA课程迫切需要进一步开拓市场，且张维炯教授的年龄、经历都与EMBA课程的目标人群更加接近，学术背景也符合要求，因此，最终决定请他担任EMBA课程主任。

上任伊始，张维炯教授面临的最棘手的问题就是招生。一开始EMBA课程的招生情况很不理想，张国华副院长等学院领导为此十分着急，时任外方副院长苏史华也专门就此问题询问张维炯教授有何对策。张维炯教授结合市场营销理念，提出了一个当时国内并不常见的观点：将EMBA课程视为一种"产品"。

基于此，张维炯教授制订了市场营销计划，其中包括有步骤地在《解放日报》《文汇报》《新民晚报》等报纸上刊登广告。当时为课程打广告非常少见，三四十万元的营销总预算也形同天文数字，但学院领导为了打开局面，对张维炯教授的提议给予了支持。

广告营销取得了较为理想的效果，不少有需求的人慕名上门咨询。张维炯教授与EMBA团队一起组织报告会，有针对性地介绍中欧与课程。与此前外方员工做推销时主要介绍中欧本身不同，除介绍学院外，他们还着重介绍课程，更加直观地告诉企业家能在中欧学到什么内容，以及管理在企业发展中的重要性，针对性更强。

得益于正确的市场营销思路，加上中国经济的蓬勃发展，国内企业对管理培训的需求渐增，EMBA课程的招生情况很快有了起色。中欧EMBA课程1995年是一个班，1999年左右已发展到四五个班，近300人。学生数量有了保证，生源的层次也很高，1998级的一个班甚至被称为"部长班"，5个副部级的企业家学生在班里学习，还有许多大企业的一把手。张维炯教授回忆，在EMBA课程部的那段时间很辛苦，但也很开心，很有成就感。

三、北美寻师之旅

张维炯授在EMBA课程部任职了5年，是从0到1的"创业型"开拓者，为EMBA课程的务实文化和成本意识的塑造以及日后发展都奠

2013级EMBA国际班毕业典礼，张维炯教授致辞

定了坚实基础。2001年，因工作需要，他被学院任命为副教务长，参与组建教授支持部，为中欧招募优秀的教授。

在担任EMBA课程主任期间，张维炯教授曾与时任EMBA课程学术顾问温伟德（Wilfried Vanhonacker）教授一起为EMBA课程寻找师资。他曾参考国外大学名录给相关领域的华裔教授写邀请信，还动员自己在国外读书时的同学来中欧讲课，事实证明这十分有效。

出任中欧副教务长后，张维炯教授依然沿用这一"笨办法"。他与当时的教授支持部主任徐惠娟等人找来世界排名前50的高校，将其商学院师资名单中所有的华裔教授列出来，一一去信。2003年前后，他与时任外方副院长兼教务长白思拓（Alfredo Pastor）教授一起飞到美国，两人租了一辆汽车，花三个星期跑遍了纽约、波士顿、华盛顿等多个城市的知名商学院，当面邀请优秀的教授到中欧讲课。美国的行程结束后，他又只身一人去了加拿大，到多伦多、渥太华、温哥华等多个城市的高校拜访教授。

当时的中欧刚刚起步，国际知名度和影响力还未树立，中国整体的发展状况比起西方发达国家也相去甚远，要说服海外优秀教授来中欧讲课，谈何容易？张维炯教授除了向其介绍中欧的合资背景外，还重点介绍了中国发展的大好形势以及他们能在这一历史性过程中发挥的价值。

他的真诚打动了不少人，许斌、丁远、许定波、陈世敏等一批优秀的骨干教授正是在那时决定加盟中欧的。金融学与会计学教授赵欣舸还记得，在自己加入中欧的过程中，曾就关切的问题给张维炯教授写了一封邮件，结果一看问题有十六七个之多，于是在结尾自嘲"不知道这是不是您收到过的问题最多的邮件"，但他很快就收到了回复。张维炯教授非常坦诚地表示，这的确是自己收到过问题最多的邮件，但依然逐条认认真真地回复了所有问题。"在沟通过程中，我被这种专业、坦诚、严谨和高效折服了，觉得中欧确实是一个'认认真真做事，简简单单做人'的地方，于是我很快加入了中欧。"

2002年，中欧只有9名全职教授，到2024年，中欧全职教授人数已有80余人，构建起一支世界级教授队伍，对此，张维炯教授功不可没。当然，与国际顶尖商学院相比，中欧的师资队伍建设仍然有很长的路要走，张维炯教授至今仍将招募师资作为自己的重点工作之一。

四、中欧的"总管家"

2005年起，张维炯教授担任中欧副院长兼中方教务长，这个岗位堪称是中欧的"总管家"，他把将中欧建设成为一个优秀的平台作为自己的使命，让教授们在中欧有良好的教学体验，让学生有良好的学习体验，让员工有良好的工作体验。

1991年，张维炯已是交大副教授，两次海外求学的经历为他打下了学术研究的根基，他的博士生导师是一个学术成果极为丰富且受人尊敬的学者，走学术道路对他来说不失为一个理想的选择。但当年的中欧迫切需要具体事务的管理者。建设世界一流的管理教育平台一直都是中欧人的心愿，李家镐、张国华等学院创始人从零开始，筚路蓝缕，使中欧这个平台得以初成。张维炯教授受其感召，最终选择加入他们。

尽管牺牲了做学术的机会，但张维炯教授并不后悔。在他看来，中欧就像一个舞台，即便有世界最优秀的芭蕾舞演员，如果舞台建得不好，演员也无法达到最佳状态，观众也无法尽情欣赏。尽管做的更多是幕后工作，舞台搭建者自有其价值，同时也意味着事无大小，皆需操心。

张维炯教授曾如此形容自己的工作状态：上一个小时跟下一个小时的工作内容可能完全不相干。任何环节出现问题，他都要出面。教授提出需求，他必须设法满足；课程运营出现难题，他要帮忙克服；学生发生意外，他第一时间赶去慰问。此外，他还为学院的课程建设倾注了大量心血……

长年困扰张维炯教授的家族遗传高血压丝毫没有改变他遇事冲上前的习惯，他的做事标准只有一个：这件事是不是对整个平台的建设有利？只要答案是肯定的，他二话不说就会去做。例如，由于看到开学模块师资有青黄不接的风险，他花了几年时间和心血，牵头开发了"征程"管理实战模拟课程。经过精心打磨及反复演练，成功取代了过去20年在国内管理教育市场上占主导地位的舶来产品"TechMark"。课程受到学生的普遍欢迎，也解决了课程受制于访问教授的窘境。

相反，如果某件事没有必要，他会很执着地将其"拦下"。张维炯教授的节俭在中欧几乎人尽皆知，他总是坚持"每一分钱都要花在刀刃上"，该花钱的地方绝不吝啬，不该花的地方则一分都不能浪费。虽然严于律己，但对于学院员工和同事，他总是心怀关切。有员工在工作和

张维炯教授为EMBA"征程"
管理实战模拟课程授课

生活上遇到困难和问题，他总是热心地伸出援手，为大家排忧解难。

五、出色的问题解决者

在中欧工作近30年，张维炯教授经历的大小难题数不胜数，无论是最初EMBA课程的起步，首届CEO班的设计推出，上海、北京校园的建设，还是中欧办学展期协议的签署……他都亲身参与并发挥了重要作用。

出色的实事处理能力与追求完美的态度，使他成为历任院长的得力搭档。汪泓院长曾亲切地称他为"老法师"，因为他对学院发展历程和各项事务都知之甚详，犹如一本行走的"编年纪事"，总能就重大事项提出宝贵建议。国际化的经历、对学院的熟稔，也使他成为一座中欧双方合作办学过程中沟通的桥梁。

此外，在工厂的10年磨练造就了张维炯教授解决实际问题的能力与不怕麻烦的务实态度。在他看来，无论碰到什么难题，只要将其细细分解，想清楚先做什么、后做什么，以及自己的资源条件与最佳路线，问题最终都可以解决。

为了使中欧北京校园的建设更加合理，担任项目组长的他便仔细琢磨建筑设计相关的知识，提出应将校园打造成"管理教育的生产流水线"，让身在其中的人上课、讨论、娱乐、生活都更加便捷高效。为此，他在作为课程主任带领中欧全球CEO班到哈佛商学院上课时，跑遍了哈佛商学院的每一幢楼、每一个教室，仔细研究设计的理念和细节，并将其应用于中欧校园的建设。"哈佛商学院的校园风光、学术氛围、学校声誉都令全世界向往。"张维炯教授说，每次去哈佛，自己的内心都有很多感慨。在课程设计、运营、学生服务、教研质量等方面，他都看到了中欧的提升空间。"到哈佛去学习，是全世界很多年轻人的向往。中欧能否也成为令全球学子都向往的地方？这应该是我们努力的方向。"但他同时也很笃定，随着中国在全球舞台上扮演越来越重要的角色，中国经济在全球经济中占有越来越重要的地位，中欧未来大有可为。

在学院30周年院庆启动仪式上，他曾吟诗一首，以表对学院的骄

2023年，张维炯教授主持30周年院庆启动仪式

傲之情和诚挚祝福："碧水红枫凝岁月，金桥锦绣谱春秋。非凡三十多风雨，铸就芳名动五洲！"

在张维炯教授看来，中欧能有现在的发展十分幸运。他对中国与欧盟政府和双方办学单位给予中欧的支持始终心怀感激，也对中欧人在艰苦创业岁月中的乐观与坚持印象深刻，更为自己当初毅然回国然后加入中欧的决定而深深骄傲。"在每个阶段都做出自己的贡献，这就是人生的价值。在中欧，我可以无愧地说，我已倾尽所有。我现在活着的最大意义就是为了这个学校，让学校越来越好，将来交好'接力棒'，让继任者可以高水平起步、高起点出发，这是我最希望做也正在做的事情。"

第十二节 约翰·奎尔奇：把中欧建成比肩哈佛的顶尖商学院

中欧国际工商学院原副院长兼
教务长——约翰·奎尔奇教授

"中欧国际工商学院的品牌，务必要精心呵护。"

——约翰·奎尔奇（John Quelch）

2011年2月—2013年1月，约翰·奎尔奇教授担任中欧国际工商学院副院长兼教务长。虽然他在中欧履职仅2年时间，却凭借作为哈佛商学院和伦敦商学院等世界顶级商学院管理者的经验，构思并确立了中欧"中国深度 全球广度"的独特定位，建立了中欧的视觉识别系统（VI）并调整Logo设计，推动开设了中欧历史上第一个专业MBA课程——金融MBA（FMBA）课程，并为高质量师资队伍的加速建设做出了巨大贡献。

一、世界顶级商学院的管理者

认识奎尔奇教授的人都会对他充沛的精力表示由衷赞叹。与生俱来的激情与干劲令奎尔奇教授拥有常人难以望其项背的人生经历，正是这些经历赋予了他开阔的国际视野与丰富的管理经验。

奎尔奇生于英国伦敦，拥有牛津大学埃克塞特学院的学士和硕士学位，宾夕法尼亚大学沃顿商学院的工商管理硕士学位，哈佛大学陈曾熙公共卫生学院的硕士学位，以及哈佛商学院工商管理博士学位。他曾在美国、英国、澳大利亚、加拿大等多个国家生活和工作，在60多个国家的企业、行业协会和政府机构担任过咨询顾问、研讨会主席和发言人，访问过全球85个国家和地区。

奎尔奇教授一直与工商管理教育领域有着十分紧密的联系。他曾是哈佛商学院的塞巴斯蒂安·克力司吉（Sebastian Kresg）营销学教席教授和营销学领域联合主席，后又担任哈佛商学院的林肯·法林（Lincoln Filene）工商管理教席教授。他在国际市场营销、新兴及成熟市场的品牌研究方面造诣颇深，以其丰富的教学资料与不断创新的教学法而闻名。他的案例研究在20年内售出超过700万份，销量在哈佛商学院历史上排名第3位。

对中欧而言，尤其宝贵的是奎尔奇教授有着在世界顶尖商学院担任高级管理职务的经历。他于1998—2001年间担任伦敦商学院院长，并在2001年再度回到美国后，担任哈佛商学院资深副院长。他的加入使全球视野与国际标准真正进入了中欧，使中欧开始向国际一流商学院看齐，将打造与哈佛商学院比肩的顶尖商学院作为奋斗目标。

二、贡献巨大的"临时管家"

奎尔奇教授与雷诺院长是老同事，他不仅在正式加盟中欧之前就在中欧任学术委员会主席以及访问教授，而且2010年还曾与时任中欧创业学教授方睿哲（Ramakrishna Velamuri）、时任中欧案例研究中心副主

2011年2月23日，学院为新加入的奎尔奇教授举办媒体见面会

任刘胜军合作，完成过一份深度案例研究报告，详细阐述了中欧快速崛起的过程和当前面临的挑战。因此，奎尔奇教授早在正式加入中欧之前就对学院有了深入的了解。当雷诺向他发出邀请时，他毫不犹豫地答应下来。

在中欧担任副院长兼教务长的两年时间里，奎尔奇教授致力于用自己早年在哈佛商学院和伦敦商学院积累的经验帮助中欧加速发展；他不仅致力于培养中欧学生成为出色的领导者，还把中国的观点和文化推向世界舞台。他对中欧所做的贡献与他出色的人格魅力赢得了全体中欧人和社会各界人士的尊敬。

第一，奎尔奇教授提出了"中国深度　全球广度"（China Depth Global Breadth）这一定位标语，这句中英文皆朗朗上口的口号如今已成为中欧的一大标签。对于一个学院而言，一句出色的口号对于塑造品牌形象，甚至明确发展战略都至关重要。

中欧原先的口号是"最中国的国际商学院　最国际的中国商学院"（China Rooted Global Impact）。奎尔奇教授回忆，当时他总觉得这句口号很容易让自己想到找牙医进行根管治疗的经历。上任7天后的早上，他一边淋浴一边思索，突然，"China Depth Global Breadth"出现在脑海中。这个口号在不改变原口号精髓意义的同时，增加了更大的影响力，读起来更加顺口，中文翻译也对仗工整，因此很快便被整个学院接受。在奎尔奇教授看来，这个口号既体现了中欧的独特价值，也让竞争对手难以找到可与之匹敌的主张。

第二，在中欧从知识传播为主到知识创造与传播并重的转型过程中，奎尔奇教授对中欧加速建设高质量的师资队伍起到了很大的推动作用。

他认为，管理教育最大的瓶颈并非教育内容本身，而在于教授的数量、品质和创造力，"教授应该是知识的创造者，而非知识的搬运工"。他认为教授的短缺、良莠不齐以及繁重的教学压力导致了中国缺乏原创的管理学思想者、概念和框架。初到中欧，奎尔奇就对中欧与哈佛商学院进行过比较：按照当时的规模，哈佛商学院有200名全职教授，而中欧只有60名；哈佛商学院每年招收900名学生，中欧却有1 000名。奎尔奇认为，中欧至少需要100名全职教授才能打造一个世界顶级的商学院。

因此，加入中欧之后，奎尔奇教授的主要工作之一就是为中欧招揽全球最为出色的教授。这一举措需要大量的资金，但中欧不愿意简单通过提高学费或扩大招生规模来增加学费收入。于是，奎尔奇教授选择了一个中欧从未大胆尝试的突破口：向校友募集资金。然而，校友捐助在中国传统文化中尚属异类，短时间内难以得到普遍认同。奎尔奇教授坦诚地说："中国人对于向别人要钱这件事情比较害羞。但对我这个来自美国的教授而言不是问题。我可以被别人斥责为行为粗鲁，但我期望能够推动更多人为学校捐款。"尽管中欧校友的捐赠金额还无法与哈佛商学院相比，但奎尔奇教授的坚定与执着已经影响了很多校友，捐赠文化日益深入人心。

第三，在许多中欧校友和员工的心目中，奎尔奇教授是一个创新精神与行动力极强的人，他在任期间推出了一系列使学院更加国际化，同时也更受欢迎的创新举措。比如，奎尔奇教授推动开设了中欧历史上第一个专业MBA课程——FMBA课程；推动建立访问导师制度，引进更多企业高层管理者与从业者，与学生、教授分享经验见解；推动成立国际顾问委员会，邀请来自知名跨国公司与中国企业的商业领袖担任委员会委员，为教学和研究项目提供建议，商讨中欧发展战略；推动成立了多个国际校友俱乐部等。

奎尔奇教授十分低调地看待自己的贡献，他将自己定位为"中欧的临时管家"，强调所有成绩都是教职员工和学生校友共同努力的结果。与自身的贡献相比，他更关心在职期间自己有没有"把机会给每一个人，让他们有机会贡献力量，有机会提升自己，有机会在艰辛的工作中享受乐趣"。

三、永远心系中欧

奎尔奇教授在任时曾在某次采访中说，自己加入中欧之后就全心全意希望中欧可以取得成功，"每天就靠这样一个强烈的使命感和目的感活着"。

他对中欧成功怀有的热情，身边的所有人都能感受到。在2012级EMBA的开学典礼上，奎尔奇教授向新生们透露了这样一个细节：他有10个中欧标志的校徽，在每件外套上甚至睡衣上都别了一个，这样不用老换来换去就能保证一直戴着。

他常常呼吁所有中欧人都以中欧为傲，做中欧的义务推销员。作为副院长兼教务长，他经常应中欧各地校友会的邀请去交流、演讲，近至杭州，远至乌鲁木齐；而他也总是热情满满地去面见不同的校友，和他们分享中欧的战略和愿景，推广中欧的品牌，向校友宣传捐赠文化。无疑，奎尔奇教授自己就是中欧最好的"推销员"之一。

奎尔奇教授离任后，一直心系中欧。在中欧20周年院庆之际，他曾写下这样一段话："中欧如今享有的品牌声誉，是众人经过多年努力建立起来的。如果骄傲自满，降低质量标准，品牌声誉很快便会被磨灭。中欧国际工商学院就是你的品牌，务必精心呵护。"

2023年6月12日，在临近中欧30周年院庆之际，奎尔奇教授又回到中欧做客中欧高层管理论坛。对于中欧走过的30年，奎尔奇教授表示，虽然他只在中欧担任了2年副院长兼教务长，却是一段弥足珍贵的经历。如今中欧已经取得卓越的进步，成为全球一流的商学院，不过，

2023年，奎尔奇教授做客中欧高层管理论坛，探讨中美关系"新常态"

商学院市场竞争激烈，中欧必须拥有一些与众不同的东西，才能和其他学校区别开来。没有一所国际商学院能够提供中欧的"中国深度"，在中国也没有别的商学院能传递"全球广度"，因此，自己很欣慰在提出"中国深度 全球广度"这个独特的定位12年之后，它仍然是中欧国际工商学院战略的核心。

对于中欧的未来，他满怀信心与期待。他说："中欧的前30年非常成功，在未来30年，通过卓越的教学研究和课程创新，中欧还将取得更骄人的成绩。"

第十三节　李铭俊：务实创新的开拓者

中欧国际工商学院荣誉退休院长——李铭俊教授

> "中欧人的道路，是不懈地自我叩问、自我探索、自我超越。"
>
> ——李铭俊

"大音希声，大象无形。"提到李铭俊院长，中欧人都对他务实谦逊而又创新进取的个人风格印象深刻。李铭俊院长曾长期在上海市科委和科教党委系统工作，并先后在旧金山和纽约任外交官，此后在上海市人民政府外事办公室任职。在长达几十年的政府工作生涯中，李铭俊与中欧产生了千丝万缕的联系，他未曾想到，这些缘分成为他日后担任中欧院长的铺垫。

2015年3月，李铭俊博士正式担任中欧国际工商学院院长。从科技教育系统、外交领域到商学院，李铭俊教授以严谨、谦和的处事风格，带着他的全球化视野和长期国际合作的经验，全力以赴为中欧掌舵领航。在他的任期里，中欧取得了历史性办学成就，教学研究长足发展，成为亚洲领先、世界一流的商学院。

一、千丝万缕的中欧缘分

李铭俊于1955年2月出生于上海，获法国格勒诺布尔大学工商管理硕士、上海大学工学博士。1991—2008年，李铭俊历任中国驻旧金山总领事馆和驻纽约总领事馆科技领事，上海市政府科学技术委员会秘书长、副主任，上海科技党委书记，上海科教党委副书记，上海科教党校校长等职。

在此期间，李铭俊博士与中欧产生了多次交集。1997年，李铭俊在上海市科委担任国际合作处处长，随时任上海市领导访问欧盟总部，洽谈上海与欧盟的一系列合作，其中一个政府合作项目便是刚成立3年的中欧国际工商学院。作为代表团成员之一，李铭俊见证了这个项目推进的过程，这也是他与中欧最早的故事。

之后，李铭俊担任科技党委书记和市科教党委副书记，工作职责涉及推动上海科技经济发展和上海市高校领导干部管理等工作，因而在日常工作中与中欧的领导层多有接触。2004年，李铭俊随市领导调研中欧，还留下了一张很有纪念意义的工作照。

2004年，李铭俊博士随市领导调研中欧

2006年，时任科教党委副书记的李铭俊接到任务，参与协调中欧国际工商学院新任中方院长朱晓明教授的就任宣布安排，并随时任上海市委副书记殷一璀到中欧参加会议。彼时他自己也未曾想到，下一次中欧院长就任宣布会议的主角将会是自己。

此后，2008—2015年，李铭俊先后担任上海市人民政府外事办公室主任、党组书记，上海市人民政府港澳事务办公室主任，上海市人民对外友好协会会长。这一期间，由于中欧是中外合办院校，李铭俊也一直与中欧有较多联系，他还曾在2009年为时任中欧教务长郭理默（Rolf Cremer）教授颁发上海市"白玉兰纪念奖"。

在政府部门工作期间，他曾参与上海中长期科技发展规划研究和上

2009年，李铭俊博士为时任
中欧教务长郭理默教授颁发上
海市"白玉兰纪念奖"

海长期国际合作规划研究，负责上海与欧盟科研总司、信息总司等的多
项科技合作项目的实施，与德、法、意等多个欧洲国家政府在多领域的
科技合作，与联合利华等企业的科研合作基金项目，以及上海与数十个
国际友好城市的合作计划的实施，并为2010年上海世博会、2014年上
海亚信峰会的成功举办和上海的对外交流做出了卓越贡献。李铭俊教授
的丰富经历和全球视野，使他在之后担任中欧院长的岁月里，得以更加
高屋建瓴地带领中欧前行。

二、从政府官员到中欧院长

　　2015年3月16日，李铭俊博士就任中欧国际工商学院院长。时任
学院理事长张杰在宣布大会上说，李铭俊博士是上海市政府经过慎重遴
选和全面考察后推荐给中欧国际工商学院理事会的院长人选，获得了中
外双方全体理事的一致通过。据李铭俊博士回忆，当时领导提名他来担
任中欧院长主要有两点考虑：一是他有长期国际合作的经历，二是他有
教育管理的工作背景。

　　在接到委任通知时，李铭俊十分激动。之前几十年的职业生涯里，

他绝大多数时间在做政府的国际合作和教育管理工作，而到中欧任职则意味着能亲身参与一个重要的政府合作教育项目，非常光荣。此时，中欧已经走过20个年头，取得了卓越的成绩，要在这个高起点上再进一步，难度势必更大。彼时，商学院竞争进入了异常激烈的阶段，中欧的教学、研究和招生也应与时俱进，不断创新。在正式上任前的一段时间里，李铭俊教授收集了大量与商学院发展和中欧有关的资料，潜心研究，为之后的工作做了充分的准备。他说："中欧是政府办学单位，要确保它在各方面表现出色，并且不能有任何纰漏。"

对李铭俊院长来讲，从政府官员到商学院院长的角色转变也颇具挑战，"我原来长期在政府部门工作，比较多从政府管理者的角度思考问题，而在中欧，思维方式要从宏观转型到微观"。李铭俊院长把自己形容为"中欧的服务者"，他说："我是来为大家服务的，做好管理工作是领导对我的要求。在中欧的这些年，我和领导班子一起在这方面做了大量工作。"

三、锐意进取的商学院改革者

在中欧，李铭俊院长谦逊、严谨、务实的个人风格给全体中欧人留下了深刻的印象。他每天都在思考，怎样在中欧已有的成绩之上推动学院进一步发展，并笃行不怠地推动中欧不断改革。他的工作风格兼容并蓄，认为充分的调研和思考非常重要。他首先跟刘吉院长、朱晓明院长、雷诺院长等进行了深入的"取经"交流，再以学科系为单位与教授们深入探讨，听取意见。李铭俊院长还亲自到课堂上聆听过学院大多数教授的讲课，有些教授会在课堂上结合授课内容就学院管理工作提出建议，李院长十分乐意接受这种开放沟通的氛围。

2015年正值学院下一个五年战略规划的制定准备期，规划制定工作启动后，李铭俊院长带领项目组建立了完善的工作机制，每周一上午都要开碰头会，扎实推进战略规划的制定。经过前期调研并召开多次教授座谈会，项目组形成了规划初稿。之后，项目组又开展行政负责人和教授沟通会，反复修改完善规划，直至最终定稿，中间历经了大半年时间。李铭俊院长认为，学院的战略规划要体现全校教职员工的共同方向和目标，大家有了共识才能更好地落地。

李铭俊院长非常重视教授队伍的建设。他认为，衡量一所学校办学质量的好坏，不在于它有多大的校园，而在于它有多少大师。学生在中欧课堂上能听到每一位名师的讲课，这就是中欧的特点和优势，学院应在教授队伍中培养更多旗帜性的人物。为此，他和学院领导一起做了三方面的工作：一是继续提高中欧教授的国际化程度，吸纳更多有国际背景的教授；二是邀请既有学术影响力，又具备政府背景的学者担任教授，如中国工商银行原董事长姜建清教授、中国人民银行调查统计司原司长盛松成教授；三是邀请国际知名人士担任特聘教授，法国原总理拉法兰、德维尔潘，WTO原总干事拉米等来到了中欧课堂，这对提高学院的国际化视野起到了很好的作用。另外，为表彰在教学和科研方面表现卓越并为学院做出特殊贡献的全职教授，学院决定在此类教授退休后授予"终身荣誉教授"称号。2018年，吴敬琏教授成为学院首位终身荣誉教授。

李铭俊院长还与学院领导一起推动课程运营的不断完善和创新。学院MBA和EMBA课程所学科目有必修课和选修课之分。必修课的内容设置在全球商学院中差别并不大，但随着商学院教育与商业一线实践的关联度越来越高，中国企业"走出去"的趋势日趋迅猛，学院也及时对课程内容进行了调整，如加入了企业社会责任相关课程，推行实境教学法等。在选修课方面增加开课内容，同时打破不同学科的界限，把它们整合在一起，使学生们能够更好地融会贯通，将所学知识运用到实践中。此外，李铭俊院长认为中欧不仅在教学研究上要领先，在管理上也应该遵循高标准。他以一贯严谨的作风，查盲点、堵漏洞，主导梳理和制定了一系列关于课程招生和学籍管理的规范。

对于中欧的学术研究工作，李铭俊院长不遗余力地争取政府支持。为了学院案例中心和陆家嘴国际金融研究院的持续进步，他多次向上海市政府领导和市教委、市金融服务办公室领导作专题汇报，得到了政府部门的全力支持。

李铭俊院长还专门推动了人力资源制度的改革。李铭俊院长到任一段时间后，邀请了忻榕、李秀娟、韩践三位教授作为顾问，对学院各部门的岗位设置、激励考核机制改进提出宝贵意见。在员工岗位设置上，学院经反复研究，决定对每个部门的岗位都设置管理序列和专业序列，每一序列和层级都有非常明确的岗位要求和培养路径，两个序列间可交流任职，让每个员工都明确努力方向并有发展的空间。

李铭俊院长也十分重视校友在学院发展中的作用，在他任职期间，学院不断完善校友数据库，加强了校友宣传，校友组织蓬勃发展。学院与校友企业的频繁互动，也为学院的知识创新注入了更多活力。

2020年初，李铭俊院长做客央视财经频道《中国经济大讲堂》节目，发表题为"中国管理教育的使命和机遇"的主题演讲。在谈及自己的职责使命时，他说，作为中欧院长，他思考的首要问题是现在的企业和经济发展到底需要什么样的人才，中欧可通过什么样的制度和运营模式，更好地培养出社会所需的管理人才。"商学院要战胜昨天的自己，不能满足于过去的成功，躺在功劳簿上睡觉。要不断创新，跟上企业家的需求。"在担任中欧院长期间，李铭俊教授朝乾夕惕，时时刻刻躬身践行这一理念。

2020年1月，李铭俊院长做客央视财经频道《中国经济大讲堂》

四、全力维护学院的自主办学体制

中欧是政府间合作创立的学校，也是教育改革开放的试验田，从成立之初起就作为"教育特区"得到了"特事特办"的政策支持，但在长期办学实践中，要维护好这一点还需要付出巨大的努力。李铭俊院长在中欧任职5年间，就遇到了几次大的挑战。"于无声处听惊雷"，其中一些可能中欧人并不知晓，但李铭俊院长在这其中付出的巨大心力、对学院的一片赤诚永不会被磨灭。正是在他的不懈努力之下，中欧这艘大船在这些年得以平稳行驶。

中欧从建立之初就与世界标准接轨，按照国际一流商学院的惯例组织自己的入学考试，制订自己的教学大纲，颁发自己的学位证书。在刘吉名誉院长的院长任期内，学院颁发的学位证书获得了国务院学位办的认可，为学院长期稳步发展奠定了基础。但2015年甫到中欧3个月，李铭俊院长就面临第一个难题，学院是否能继续颁发自己的学位证书被提出来讨论。如果改变先前的做法，将会影响到学院的办学地位和运行。为此，刘吉名誉院长、李铭俊院长多次向高层领导反映情况，并与市教委的领导一起到教育部汇报。上海市委、市政府和市教委对此高度重视，最后在教育部和上海市政府的全力支持下，明确维持原先做法不变。

2017年，全国"三证合一"改革实施，学院再次因特殊的办学体制，在办理统一社会信用代码证书方面遇到困难，如不能按期办妥证书，学院的正常运营将会受到影响。李铭俊院长多次向市委、市政府领导、市政府相关部门汇报并反复研商，经过半年多的努力，最终在有关国家部门和上海市委、市政府的全力支持下，再次用"特事特办"的方式办理了证书。

2020年初，意外暴发的新冠疫情给中欧的正常教学带来了巨大冲击。在最初阶段，所有高校都暂停线下授课。但长期停课会给学院带来各方面的问题和财务困难，李铭俊院长为此心急如焚。为了让中欧早日复课，李铭俊院长和其他学院领导一起制订了非常严格的防控方案，做好充分的复课准备，向市教委立下军令状，如因复课发生疫情，院长承担全部责任。市教委认真审核了学院的方案，最终同意了学院请示，中欧也成为疫情中上海首个线下复课的高校。复课过程中，李铭俊院长殚精竭虑、思虑周全，到每个教学场地检查各项防疫措施。学院在该复课阶段未发生任何传染病例。

2020年9月，李铭俊教授由于年龄原因届满卸任，不再担任中欧国际工商学院院长。卸任之际，他深情地表示："愿以寸心寄此间，且将岁月赠中欧！在中欧院长任上的工作经历将化作我生命中最温馨的回忆，续写一生的中欧情谊。"时任欧方院长迪帕克·杰恩（Dipak Jain）教授评价道："李铭俊院长有全球化视角，胸怀宽广，务实创新，带领中欧取得了历史性办学成就。"

掌舵学院5年间，在上海市委、市政府、市教卫党委、市教委对学院工作的关怀和指导下，在学院理事会的领导下，在中欧双方办学单位上海交通大学和欧洲教育发展基金会的支持下，李铭俊院长先后和欧方雷诺院长和杰恩院长、中欧双方院领导成员一起，带领全体教职员工不懈努力，使学院在国际化、教学研究等方面都取得了长足发展。2019年，中欧MBA、GEMBA课程双双跻身英国《金融时报》排行榜全球五强，两大课程并驾齐驱，进一步彰显了中欧在管理教育领域的实力和国际影响力，巩固了中欧作为亚洲顶尖、世界一流商学院的地位。

2019年9月，在举国同庆中华人民共和国成立70周年之际，李铭俊院长获得了由中共中央、国务院、中央军委颁发的"庆祝中华人民共和国成立70周年"纪念章，表彰其为社会主义现代化建设做出的突出贡献。

五、且将岁月赠中欧

卸任院长后，李铭俊教授更多地专注于教学和研究工作，重点聚焦于企业全球化和国际合作相关研究，为中欧贡献更多学术成果，为中国企业更好地"走出去"提供更多智力支撑。

李铭俊教授在科技发展管理和教育管理领域有着扎实的理论功底，

并在国际合作方面拥有丰富的实践经验，曾发表过《世界技术战略联盟的发展与我们的机会》《硅谷的主要工业群体和发展趋势》《循环经济区域评价指标体系的设计》等报告。近年来，他的研究频频见诸媒体，如《中国互联网企业的"大航海"》《中欧汽车未来如何"双向奔赴"？》《企业全球化是必选项，中国企业将面临哪些挑战？》等，为企业全球化提供了真知灼见。此外，他还在中欧讲授"对全球化变局的思考""全球化格局下的企业竞争力"等课程，获得了学生的高度评价。

对于中欧30年来所取得的成就，李铭俊教授认为，中欧成功的秘诀中，至关重要的一点就是中欧从来不在象牙塔尖孤芳自赏，而是始终与社会血脉相融，将对社会责任的追求融入办学的方方面面。他多次呼吁："中欧要培养的不是精致的利己主义者，而是活着就为改变世界的勇敢者，是百战归来再读书的沉思者，是扎根大地、心怀大爱的领导者，是愿以一生去叩问企业家精神的创造者。"当前的世界变化如此之大，新技术层出不穷，新模式快速迭代，李铭俊教授认为，在汪泓院长和杜道明院长的带领下，有中欧与生俱来的创新精神和全体中欧人的合力同行，定能使中欧行稳致远，创造更大的辉煌。

第十四节　汪泓：家国心　师者道　中欧情

"教育是我一生的事业，中欧是我最大的骄傲。"

——汪泓

"自古巾帼多奇志，从来蛾眉意铿锵"，汪泓院长是中欧史上第一位女性掌舵人。作为一名造诣深厚的学者，曾主政一方的官员，成就卓著的教育管理者，她的加入给中欧带来了更多的激情、创新和突破。面对纷繁的世界变局、剧烈的行业变革，她以高屋建瓴的思考、大刀阔斧的革新、融贯中西的视野，推动学院稳步前进、成就斐然。在她带领下，学院确立了极具引领意义的"八大战略"，取得了丰硕的办学成果，在国内外的影响力和美誉度都迈上了新台阶。

中欧国际工商学院院长——汪泓教授

一、心系教育终不移

汪泓院长于1961年出生于上海的一个知识分子家庭，父母皆是大学教授。在家庭的熏陶下，她从小就对研究产生了浓厚的兴趣。年少时，她经常陪伴父母工作到深夜，"想来也是从那时开始，养成了晚上也要学习和工作的习惯"。

1979年，汪泓院长在上海交通大学机电分校管理工程系企业管理专业就读，毕业后留校任教。工作期间，她先后获得了上海交通大学工商管理硕士和博士学位，并曾在复旦大学管理学院从事应用经济学博士后研究工作。1992年，她还前往加拿大滑铁卢大学担任访问学者，并将其间的观察和思考写成了《面向新世纪高校开展合作教育的战略思考》等文，提出了高校教育要"加大创新力度，努力走出一条具有中国特色的产学合作教育新路子"，这一观点在今天仍颇具指导意义。

汪泓院长对工作始终充满激情，在先后担任上海工程技术大学管理系系主任、管理学院院长、校长助理、副校长等职务之后，她于2000年被任命为上海工程技术大学校长。彼时，她只有39岁。

尽管逐渐走上行政管理岗位，汪泓院长却从未放弃过学术研究工作。其间，她曾被抽调至上海市政府企业整顿办公室工作，并有机会与市体改办和市总工会合作研究有关社会保障问题，同时受有关政府部门委托，对最低工资标准和最低生活保障标准、职工维权、养老保险等问题进行跟踪研究，取得了极为丰硕的研究成果，在社会保障领域产生了广泛而积极的影响力。

担任上海工程技术大学校长期间，她与美国劳伦斯理工大学、法国巴黎国际时装学院、韩国东西大学等国际院校合作设立了10个项目，积累了丰富的中外合作办学经验；她还创办了国内首个邮轮经济专业，填补了该领域的人才空白，为日后上海邮轮经济的繁荣发展做了前瞻性的人才储备。邮轮经济亦成为她新开辟的研究领域之一。

2011年，汪泓调任上海市宝山区担任区委副书记，并在接下来的10年中，先后担任区长和区委书记。任职期间，她带领宝山区成功创建全国首个中国邮轮旅游发展试验区和示范区，推动吴淞口国际邮轮港高速发展成为亚洲第一、世界第四大邮轮港。邮轮经济的学术研究、人才培养与产业发展形成了可持续的良性互动。2019年，汪泓院长在Seatrade全球海事航运邮轮大会上荣获"邮轮发展杰出贡献奖"，成为亚太地区唯一获此殊荣的邮轮行业领军人物。由于她对邮轮经济的突出贡献，业界人士都将她唤作"邮轮之母"。

尽管公务繁忙、琐事缠身，汪泓院长依然没有停下学术研究的脚步。工作之余，她一直带领学科团队持续推进研究工作。正因为数十年如一日的坚持，她在社会保障领域和邮轮经济领域拥有广泛的影响力。

多年来，汪泓院长身上的头衔越来越多，但她始终心系教育。来到中欧担任院长，对她而言，更像是一场"回归"，回归到深耕30多年的教育领域，也回归到她的教育初心。

"我曾参加过中欧高管教育课程，也曾受原院长朱晓明教授邀请到中欧讲授战略学课程。因此，当上海市委书记李强同志与我谈来中欧工作时，我充满喜悦、激情和梦想。"汪泓院长回忆道。

二、按下中欧发展的"加速键"

汪泓院长于2020年9月正式加入中欧。刚一上任，教职员工就感受到了她的"速度与激情"。从到中欧的第一天起，她办公室的灯经常亮到深夜。周末，她也常常穿梭在课程或活动的现场。"中欧历任院长和教授团队兢兢业业、笃行不怠，带领中欧到达了今天的位置。我有幸在这个时间节点加入中欧，可谓'站到巨人肩膀上'，深感责任重大。"她这样说。

彼时，学院面对的内外部情况日趋复杂：全球经济增长承压，全球化趋势的转折点若隐若现，新冠疫情仍在反复。汪泓院长认为，这种"百年未有之变局"正是中欧突破自我的机遇。在综合研判国内外发展形势后，她提议制订中欧"十四五"（2021—2025）发展战略规划，使学院与国家和上海的发展保持同频共振。这一建议在学院得到了广泛的认同。经过紧锣密鼓的编制，中欧"十四五"发展战略规划于2020年末如期推出，为学院的发展按下了"加速键"。

中欧"十四五"发展战略规划是学院史上首次参照国家和上海的规划体系确立的发展框架。规划确立了极具前瞻性和系统性的八大战略，即"站稳第一阵营、打造大师阵容、构建学术高峰、拓展培养体系、致力中欧交流、服务区域战略、引领责任教育、全力赋能校友"，不仅为学院未来5年的发展确立了方向和目标，也提供了切实可行的路径。

编制规划期间，是否开设DBA课程引起了大家的热议。在深入了解市场需求及国内外经验后，汪泓院长认为，开办DBA课程可以满足商界头部群体和校友群体继续学习的强烈需求，也将带来新的发展机遇；困难虽有，但只要想办法，总是可以克服的。她果断决定将开设DBA课程写入五年规划。这一决定也经受住了市场的检验，DBA课程

2021年10月，汪泓院长在DBA首期班开学典礼上致辞

一经推出就收获了热烈反响，成为中欧课程体系中又一个新亮点。汪泓院长亲自指导招生和课程设计，并参与面试、指导学生课题，推动课程逐渐完善和成熟。

除了八大战略，汪泓院长还积极推动将"智慧校园"建设纳入"十四五"规划。此前，学院经过20多年的发展，已逐步走向信息化和智能化，但仍存在系统分散、数据流通受阻等情况，加之新冠疫情的影响，数字化转型迫在眉睫。汪泓院长基于在政府部门任职的工作经验，并结合学院实际情况，提出中欧的数字化转型要"以智慧校园为基础，利用智慧校园赋能智慧业务，实现'一屏识中欧，一站办实事，一网管校园'"。

经过3年多的建设，学院已基本完成上海、北京、深圳校区教学设施、运维保障设备、网络信息系统的新一轮提升改造，初步完成了学院全域系统化的业务场景定义、数据治理和一体化管理平台的开发。"智慧校园"的建设，也使得各部门之间的协同与融合进一步加深，赋予了"合"文化新的内涵。

纲举目张，执本末从。在战略规划的指引下，各部门工作有了更明确的方向，学院迈出了快速发展的铿锵步伐。

三、在"最受尊敬的国际商学院"之路上行稳致远

汪泓院长认为，中欧的成功在于拥有三大"财富"：第一是品牌和声誉，第二是世界级的教授队伍，第三是在社会经济发展中充分体现着中欧价值和文化理念的校友群体。基于这样的理念，她长期不遗余力地对学院进行宣传，加强师资队伍建设，并深化与校友的连接。

汪泓院长每年参加的公开活动有百余场，还亲自策划了"中欧教授话未来""健康中国大讲堂"等系列论坛，引发了热烈反响，提升了品牌影响力。她从不缺席教授会议，并主动邀请教授探讨学院发展。在她的带领下，学院师资队伍已扩充至120人左右。此外，她频繁出席校友活动，与校友共商共建，有效增强了校友的归属感和回馈力度。

尽管外界往往关注的是中欧的排名成绩，但汪泓院长反复强调，中欧倡导的是"比商业成功更高的追求"。她高度重视学院在ESG方面的研究和落地，将ESG理念贯彻到学院办学的全方位、全流程之中。她积极推动学院发布了首份《碳信息披露报告》，进一步明确了中欧的碳中和目标，使中欧成为国内商学院中的先行者。

汪泓院长认为，学院的快速发展受益于中国的改革开放，理应反哺国家和区域发展，国内三地校区在服务长三角一体化发展、京津冀协同发展以及粤港澳大湾区建设方面责无旁贷。她大力推动三个校区从人才培养、知识创造、智库研究、论坛研讨等多方面为区域发展提供支撑。她大力支持学院为政府举办各类人才培训班，并亲自担纲课程主任。在中欧举办的各类区域性论坛中，她也经常出席并分享自己的洞察和见解。

为了中欧的长远发展，汪泓院长还致力于推动构建和完善与国际顶尖商学院相匹配的治理模式。为此，她一直与上海市政府、双方办学单位、理事会、欧方院领导保持着密切沟通。有时为了推进一项工作，她需要与各方沟通不下10余次，甚至经常因为时差在深夜办公。她的诚意、努力和睿智为各方所称赞。在汪泓院长的推动下，双方办学单位之间的互信与合作不断加深，学院治理体系日益完善和健全，为中欧的未来发展创造了和谐稳定的良好局面。

国际化是学院实现愿景的根本所在，也是汪泓院长重点推进的工作之一。2021—2022年，面对新冠疫情的冲击，她推动学院在上海与布鲁塞尔、巴黎双城双会场连线举行欧洲论坛，这一创举夯实了学院在推动中欧经济文化交流中的桥梁作用。此后，在她的推动下，学院还承办了第35届上海市市长国际企业家咨询会议会前会，高频重启海外游学与交换。每当有国际政要和特聘教授，以及海外知名院校领导者来访时，她都会亲自出席接待。即使在带病的状态下，她依然前去访问了香港科技大学工商管理学院、香港大学经管学院，为学院开拓更多合作机会。2024年3月，她应邀出席中欧高级别人文交流对话机制第六次会议"中欧精品合作办学成果展"，向中国和欧盟双方代表展示了中欧的办学成果。

在汪泓院长的带领下，学院稳居全球管理教育第一阵营。其中，Global EMBA课程连续4年在英国《金融时报》全球榜单中高居第2，MBA课程连续8年稳居亚洲第1。这一成就备受关注，但汪泓院长说："相比排名，我更看重的是中欧能否在'最受尊敬的国际商学院'这条路上走得更远。"

四、心怀天下，矢志不渝

作为一名学者，汪泓院长始终心怀天下。她充分利用自己的研究背景，大力推动中欧的智库建设，为促进中国和上海经济发展、中国与欧洲合作交流发出强有力的"中欧声音"。

2021年初，中欧被国家有关部门选定为信息直报点之一，这对于中欧的智库建设是一个重要机遇。汪泓院长高度重视，迅速搭建了高效的团队和内外合作机制。她本人更是亲自上阵，不仅对报送的内容审核把关，还亲自参与撰写政策建议，其中多篇获得录用和批示。在她的带动下，教授们也纷纷参与直报的撰写，围绕一系列备受关注的主题向高层建言献策。几年来，学院在全国研究机构类智库中一直排名前列，这对中欧这所年轻的学院来说实属不易。

作为社会保障领域的专家，在看到中欧在该领域的研究和影响力有待加强后，她发起成立了中欧社会保障与养老金融研究院，邀请了数十位社会保障领域的国内外顶尖专家加盟。作为学科带头人，她带领团队产出了大量的决策咨询建议、研究报告和学术专著。研究院每年都会召开一次高峰论坛，政企学界嘉宾纷至沓来，大大提升了中欧在社会保障领域的知名度和智库影响力。

2023年9月，由汪泓院长领衔编撰的《上海社会保障改革与发展报告（2023）》在中欧社会保障与养老金融国际高峰论坛上发布

汪泓院长的到来，也让中欧在邮轮经济领域发出了更强的声音。她兼任上海国际邮轮经济研究中心主任，拥有超过20年的邮轮经济研究和推动邮轮经济发展的经验，连续10年编著《邮轮绿皮书：中国邮轮产业发展报告》。2022年8月，在第十五届中国邮轮产业发展大会上，汪泓院长当选为第三届中国邮轮发展专家委员会副主任委员。新冠疫情致使中国邮轮市场停滞三年，为了推动邮轮市场复苏，她持续围绕中国邮轮复航、邮轮全产业链发展、邮轮经济高质量发展等话题向政府建言献策，有效推动了中国邮轮市场的复航和邮轮经济的复苏。2024年，在她的大力推动下，学院成立了国际邮轮经济研究中心，为全球邮轮产业的创新和进步贡献了更多力量。

汪泓院长还高度重视中欧陆家嘴国际金融研究院和案例中心的研究

工作。她充分利用自己的政府工作经历，为研究院和案例中心争取到更多的政府支持。每年，她都要到研究院听取课题汇报，并指导全球资管中心评价指数的研究和发布工作。在她的推动下，研究院与各方携手发起成立了"中欧陆家嘴金融50人论坛"，在服务上海国际金融中心建设中发挥更大作用。

加入中欧以来，汪泓院长还成功申报了研究阐释党的十九届六中全会精神的国家社会科学基金重大项目"全面推进健康中国建设的作用机制、实施效应及优化路径研究"，并带领学院承接了多个上海市政府课题，进一步夯实了中欧的决策咨询与智库研究能力。

汪泓院长还是众多主流媒体的常邀嘉宾。她持续在管理教育、养老、社会保障、邮轮经济等重点领域发表真知灼见，深受媒体朋友们的喜爱，被同事们亲切地称为中欧品牌"首席代言人"。

汪泓院长接受媒体采访

汪泓院长上任后，中欧在智库建设方面的成就有目共睹。"已取得的成绩是一方面，我们更应该关注，国家发展还有哪些地方需要我们去研究。"汪泓院长一直这样强调。

正是这样的社会责任感，驱使着她一心为国家和社会分忧。多年来，汪泓院长一直以人大代表的身份出席上海"两会"，每年，她都会带去多份政策建议。近2年的建议涵盖了个人养老金、高端人才社会保障、灵活就业人员社会保障、完善上海"揭榜挂帅"长效机制等重要议题，得到了相关部门的高度重视与积极反馈。

"以身报国岂邀名"，对汪泓院长来说，为国家分忧，为人民解困，是她矢志不渝的追求。

五、热爱可抵岁月长

在中欧，汪泓院长有一种令所有人钦佩的特质，那就是永远充满激情、充满干劲。她坚决反对"躺平"，主张"人应该站起来，像个战士一样去战斗"。

初到中欧时，她身上还带着在宝山工作时留下的工伤，"去检查防疫工作，不小心摔了一跤"，甚至有段时间需要坐轮椅。即便如此，她也没有放慢工作节奏，每天都早出晚归。周末不是在参加活动，就是在做学术研究。在一些重要的公开场合，她会咬着牙坚持站起来发言，走下台后经常疼得满头大汗。

身边的领导和同事常会劝她多休息，但她依然将行程排得满满当当。在她看来，很多工作如果得到院长的支持，会有不一样的效果。基于这样的想法，她几乎"有求必应"。员工们发现，这位院长每个重要的活动都会出席，而这些活动因为她的出席也提升了规格，扩大了影响力。

然而，看得见的是台上的几分钟或半小时，看不见的是更多的幕后操劳。有时，她会为一场演讲筹备几十个小时。有时，她会在医院里一边治疗，一边开会。甚至，在她接受完骨科手术的第二天，便开始处理工作。但是为了学院的发展，她认为再辛苦也都是值得的。

工作之余，汪泓院长依然保持着每天学习的习惯。她会关注最新的国家政策、经济形势和商业动态，还会研究时下最热门的科技。在ChatGPT横空出世之初，她便带领学科团队研究它对商科教育潜在的影响，以提早应对。她经常说："脑子都是越用越活的，用得少反倒会变迟钝。"

　　汪泓院长也十分重视年轻人才的培养，对优秀的年轻人才给予了更多的发展空间。她还推动学院为员工就读中欧提供了更多的便利条件，鼓励大家终身学习。

　　尽管年逾六十，汪泓院长对管理教育的热爱之情依然澎湃，对中欧的深情愈发浓厚。她曾说："教育是我一生的事业，中欧是我最大的骄傲。我愿意为之奉献我毕生的精力。"

　　在汪泓院长看来，中欧的美好未来仍在前方。她坦言："时代对商学院的要求与期待，从未如此厚重。作为院长，我如履薄冰，因为责任重大，不敢有任何懈怠。"她的担当和执着，激励着广大中欧人赓续前行，朝着建成"最受尊敬的国际商学院"的愿景不懈迈进。

第十五节　迪帕克·杰恩：教育如光，照亮未来

"享有声名实乃立身之本，受人尊敬可为传世之基。"

——迪帕克·杰恩（Dipak Jain）

迪帕克·杰恩教授于2018年9月—2022年8月期间担任中欧国际工商学院欧方院长。作为久负盛名的教育工作者、企业和政府的咨询顾问以及资深的商学院管理者，杰恩教授拥有在亚、欧、美三大洲顶尖商学院供职的丰富知识和经历。他把先进的国际商学院管理经验和国际关系网络带到中欧，在提高中欧的全球声誉、培养中欧的"合"文化和提升校友参与度等方面做出了重要贡献。汪泓院长曾称赞他是"一位和善、睿智、充满爱心和包容的长者，既是市场营销学的学术大家，也是具有全球化视野和国际化思维的战略家"。

中欧国际工商学院荣誉退休院长——迪帕克·杰恩教授

一、三大洲顶级商学院院长

杰恩教授1957年出生于印度阿萨姆邦的一个普通家庭，兄弟姐妹5人，一度家庭经济困难到连学费都难以负担，只能上条件较差的学校。因为买不起课本，老师们会在课后将课本借给他，他晚上读完，第二天早上再把课本归还。

虽然环境艰苦，但他始终刻苦学习，最终在古瓦哈提大学获得了学士和硕士学位。学习之余，他也在当地的一所学院教书，讲授商业统计课程，那时他22岁。之后，他到美国继续求学，进入得克萨斯大学达拉斯分校攻读博士，并于1986年获营销学博士学位。

他的研究领域主要包括高科技产品营销、市场细分和竞争结构分

析、全球产品扩散的跨文化研究、新产品创新和预测模型等。多年来，他在全球知名学术刊物上累计发表了77篇学术论文，并荣获极富声望的约翰·利特尔（John Little）最佳论文奖。为表彰他身为海外印度人的杰出贡献，印度总理曾为他颁发海外印度侨民贡献奖。

2001年9月11日，他成为美国西北大学凯洛格管理学院院长。为表彰他杰出的学术成就和教学成果，凯洛格管理学院任命他为桑迪和莫顿戈德曼（Sandy and Morton Goldman）创业研究学教授和市场营销学教授。之后，在2011—2013年间，他担任欧洲工商管理学院（INSEAD）院长，并于2014年被任命为泰国曼谷朱拉隆功大学萨辛商学院院长。至此，他在三大洲知名商学院均担任过院长。

在INSEAD工作期间，他与中欧结下了缘分。2011年，时任全国人大常委会副委员长、中欧董事严隽琪教授，时任中欧院长朱晓明教授和副院长兼中方教务长张维炯教授带领中欧代表团参访INSEAD位于法国巴黎的枫丹白露校区。作为INSEAD时任院长，杰恩教授热情接待了代表团。

2018年9月11日，杰恩教授正式出任中欧欧方院长，这天恰好是他接任凯洛格管理学院院长的纪念日。在交接仪式上，他回顾了投身管理教育事业的历程，坚定地说："全世界当前共有16 536所商学院，彼

2011年，杰恩教授（前排左四）在INSEAD法国巴黎枫丹白露校区接待中欧代表团，前排左五为严隽琪副委员长，前排右三为朱晓明院长

此间的竞争非常激烈。让我们团结起来，一起将中欧带向新高度。"

与INSEAD这样历史悠久的老牌商学院相比，供职相对年轻的中欧对他来说是新的机遇和挑战，同样也意味着人生旅程从"成功"迈向了"有意义"。

二、全力拓展"全球广度"

在三大洲商学院工作的丰富经历，在管理教育行业的多年深耕，让他对商学院的发展有着非常深入的思考。

他认为，中欧拥有"中国深度　全球广度"这一独特的定位，其中"中国深度"是中欧的内核，然而在"全球广度"上，中欧尚有很大的拓展空间。因此，提升中欧的国际知名度，成为他上任之后的工作重点。

通过对全球商学院竞争格局进行框架分析，他指出，中欧在"聚焦中国"的同时，也要致力于"贡献世界"。在这样的理念下，他于2018年提出了中欧全球计划倡议（CEIBS Global Initiative, CGI），清晰阐述了中欧在未来国际化道路上的工作重点：提高学院的全球声誉，构建全球竞争优势，增强校友关系，提升中欧品牌。他还提出，要把中欧建成"最受尊敬的国际商学院"。

CGI倡议很快落地，海外模块开始多地开花。在杰恩教授的积极对接下，2019年，EMBA第一门北美海外选修课在其任职长达25年之久的美国西北大学开课。与此同时，中欧欧洲校区的运营基础不断夯实，苏黎世教研基地也开启扩建。而在管理教育资源相对短缺的非洲，学院则加强了加纳阿克拉教研基地的女性创业与领导力课程（WELA）、总经理课程等的运营。

除了"走出去"外，他还强调"引进来"。鉴于很多国外商学院有意在中国发展却苦于无从落地，杰恩教授认为，中欧可以和它们结成美好"姻缘"，让它们在中欧"安家"，带来专业知识，也丰富国内学生的课堂体验。在他的引荐下，包括麻省理工学院、美国西北大学、伦敦商学院等国外顶尖学校的全球知名教授和思想领袖纷纷到访中欧参观及授课。

2019年学院创办25周年之际，中欧在全球举办了多场论坛。其中，在美国论坛中，杰恩教授利用自己丰富的资源和关系网络，邀请多位国际顶尖学者参加论坛并发表主旨演讲，提升了中欧在美国的影响力。

在CGI倡议的指导下，杰恩教授还提出，中欧要开展以"3E"，即教育（Education）、经济（Economy）和环境（Environment）为重点话题的全球品牌传播活动。

他还极力推崇将学术卓越性（Academic excellence）、商业相关性（Business relevance）和社会影响力（Social significance）相结合的教学方式纳入中欧的课程体系。他尤其重视让管理教育扎根商业发展的土壤中，很多中欧人都曾听他讲过一个故事：2004年圣诞节，杰恩教授与家人在度假时遇到突如其来的印度洋海啸，很多人在海啸中丧生，但海滩上的爬行动物却全部幸存；究其原因，动物们的脚一直紧贴大地，能够感受到大地深处的变化，在海啸来临之前就安全离开了海滩。所以，商学院保持与商业社会的紧密联系至关重要。他也将 *"eyes on the horizon, feet on the ground, and an alert mind to steer you in the right direction"*（译：高瞻远瞩，足履实地；心存敏毅，逐光而行）作为自己的人生信条。

三、提高校友参与度

提升中欧校友的参与度是杰恩教授关注的另一个重要议题。他认为，商学院要通过"3R"来成就"卓越"，分别是声誉（Reputation）、关系（Relationship）和资源（Resources），其中"关系"维度包括学院和校友的关系，这种关系是双向的：中欧的声誉是校友的财富，而校友是中欧的品牌大使，他们的成就能提升中欧的声誉。

在具体措施上，他强调，要建立校友的归属感，帮助他们打造终身学习的平台，培养校友的回馈文化。在他的倡导下，中欧实行了很多旨在增强校友关系的新举措，开辟了很多和校友沟通连接的新渠道。

校友晚餐会是一项别具特色的活动。在任期间，杰恩院长主持举办了近50场校友晚餐会，与近500名校友面对面交谈，共同探讨学院ESG、跨学科课程等话题。新冠疫情期间，由于国际差旅限制，与校友的面对面交流受到影响，杰恩院长因此开创了在线校友关怀活动（Alumni Wellbeing Series），面向全球校友开展了50余场在线"送温暖"活动。每场活动中，他都坐镇主持并和校友互动，回答大家的提问，询问企业面临的挑战，并给予力所能及的支持。这些活动在最艰难的时刻增强了校友的归属感，获得了广泛好评。

此外，他还倡导中欧持续举办不同的行业论坛，邀请校友到课堂做分享，以及为校友企业撰写案例等，以增强学院与校友的连接。

迪帕克·杰恩院长荣获2022年上海市"白玉兰纪念奖"

杰恩院长还竭力提倡"终身学习即服务"（Lifelong Learning as Alumni Service, LLAAS）的理念，希望通过各种途径促进和加强校友和学院的终身伙伴关系。他指出，虽然数字化浪潮带来了高度科技化的环境（High tech），但学院更需要高度人文关怀（High touch），在学生、校友以及各方之间塑造高度信任的文化（High trust）。

杰恩院长认为，充分利用校友资源，帮助应届毕业生就业，是学院管理者的应尽之责。担任凯洛格管理学院院长期间，面对"9·11"事件对美国经济造成的负面影响和对应届毕业生求职带来的巨大挑战，他亲自写信给校友公司并与职业发展中心的同事一起拜访企业雇主，为应届毕业生找到很多工作机会。在中欧，他继续践行这种作风，每年帮助MBA课程的毕业生寻找合适的工作机会。

除校友外，增强与地方政府和商业社会的关系，也是他关注的重点。杰恩院长认为，中欧应积极利用自身多地办学的区位优势，服务所在区域的发展战略和人才培养。

四、推动"合"文化建设

在任期间，杰恩院长为推动中欧"合"文化建设付出了诸多努力。

就任欧方院长后，他先后与李铭俊院长和汪泓院长紧密合作，在深化学院的欧洲特色和国际化水平、提升中欧的国际影响力等方面做了大量卓有成效的工作。他还共同参与和编制了学院最新的5年发展战略规划，提出了赋能校友、终身服务校友等重要理念。提起杰恩院长，很多中欧人都会想到他标志性的笑容，轻快地踱步在校园中的画面。他会经常到不同课程部、办公室"串门"，走到中欧员工身边，询问他们的工作进展——他用切实的行动，来践行中欧的"合"文化，在他看来，这是中欧生命力的体现，也是凝聚所有中欧人的情感纽带。他还尤其重视并通过持续行动来培养员工的归属感。例如，新员工在报到日会收到两位院长署名的欢迎信；老员工在任职满10年、15年和20年的节点，都会收到来自学院的感谢信……

杰恩院长认为，要形成"合"文化，首先需要每个人内心的统一，尤其是在当前局势变动不居的VUCA时代。就如何达到内心的"合"，他总结出了"CALM"（冷静）框架，代表同理心（Compassion）、纳新文化（Acceptance culture）、终身学习（Lifelong learning）和心态（Mindset），这4个词可以概括为"常怀感恩"。他强调，我们要重塑积极心态，深刻认识到困难是"鞭策"而非"鞭笞"。

此外，他认为，为了最大限度发挥人类的特质和优势，紧跟现代工作趋势，商业领导者需要具备若干重要的素质——他称之为"DIET"法则，即数字化思维（Digital thinking）、创新性思维（Innovative mindset）、企业家精神（Entrepreneurial spirit）和团队文化（Team culture）。

针对中欧的"合"文化建设，他还提出了"同一中欧"的口号，希望把中欧5个校区整合起来，创造出"同一中欧"的文化，构建统一的团队、统一的使命，让校友实现跨校区、跨课程的高效交流。

五、任何时候都在

新冠疫情期间，杰恩院长虽然身在美国，而学院的管理委员会会议、院长办公室会议、主任会议和员工大会等大多在北京时间下午召开，但他从未因时差而缺席，常常在美国时间凌晨参加会议。另外，在整个疫情期间，他为学院全球教职员工举办了80场线上线下讲座，传递温暖和鼓励。

2022年9月，杰恩院长从欧方院长职位上卸任。学院管委会研究后决定授予他"荣誉退休院长"称号，继续聘任他为中欧特聘教授。与此同时，他还在中欧社会保障与养老金融研究院担任学术委员会联席主席，重点研究国际养老行业的发展趋势。

2022年12月，在汪泓院长的推荐下，杰恩教授获得上海市"白玉兰纪念奖"，成为学院第7位获此殊荣的外籍人士。

在印度语里，"Dipak"寓意"光芒"，在他看来，这就是教育的意义：照亮别人，让更多的人看到光亮，给世界带来和平与繁荣，"教育是一项照亮别人的事业，也是一条回馈社会之路"。回首过往人生，他认为一路遇到的良师益友对自己的帮助很大，应当将这种精神传承下去，因此，他从没把教学当成一个职业，而是当成一种信仰，走进教室就仿佛走进庄严的殿堂。

在杰恩院长看来，当前，管理教育市场已高度饱和，但全球商学院之间也由此前的竞争关系逐步转向竞合关系。随着全球数字经济的兴起，智慧校园以及旨在增强校友忠诚度和参与度的校友智慧化项目建设是大势所趋；另外，随着人口老龄化问题日渐凸显，商学院也正越来越多地增设相关课程。

在此背景下，杰恩院长认为，中欧未来须不断提升国际声誉，打造核心竞争力和提升品牌价值，更加注重培养学生的前瞻性以及应对不确定性和适应多样性的能力。

回首中欧岁月，杰恩院长尤为感念学院给予他温暖的家的归属感。他尤为感动的是中欧人的奉献精神、创新热情以及携手前行的"合"力量，这让他对中欧的未来发展充满了信心。他坚信，中欧前途光明，没有什么困难可以阻挡。"我永远都是中欧人，不管什么时候需要我，我随时都在。"

第十六节　杜道明：专注商学院教育的"亚洲通"

中欧国际工商学院欧方院长——杜道明教授

"如果有人想要了解中国，中欧就是最好的地方。"

——杜道明（Dominique Turpin）

杜道明教授是中欧国际工商学院现任欧方院长，他与中欧有着近30年的深厚缘分，见证了中欧从初始建校，提供中国内地第一个MBA课程，到屹立于世界商学院第一阵营的蓬勃发展历程。

作为一位"亚洲通"，杜道明教授一直对亚洲的发展抱有极大热情，也是在日本、韩国、中国和新加坡等国开发高管教育课程的早期领航人之一。1994年中欧建院之初，杜道明教授作为瑞士洛桑国际管理发展学院（IMD）的代表，成为中欧学术委员会的一员。2022年9月，杜道明教授接棒杰恩教授，正式担任中欧国际工商学院欧方院长。

一、从欧洲到亚洲，专注商学院教育

杜道明于1957年出生于法国图尔，自小对亚洲便有深厚的感情。据他回忆，在他小时候，父亲的叔叔在亚洲做生意。这位长辈说，"世界的未来在亚洲"，这在他心中埋下了一颗种子。

1980年，杜道明从法国昂热高等商学院（ESSCA）获得硕士学位，之后在日本上智大学继续深造，并于1986年获得经济学博士学位。在此过程中，杜道明见证了亚洲经济的飞速发展，"20世纪80年代中期的日本就像今天的中国，他们制造电视、出口汽车，每年经济大幅增长，同时也与美国、欧洲产生贸易摩擦和政治摩擦"。

在1986年之前，杜道明作为一家法国公司的代表常驻日本东京。

1986—1991年，杜道明任职瑞士 IMEDE（瑞士洛桑国际管理发展学院IMD 的前身之一）助理教授，及日本庆应义塾大学工商管理研究生院客座教授。1991年，34岁的杜道明晋升为 IMD 正教授。2010—2016年，杜道明教授担任 IMD 院长兼教务长，后成为 IMD 荣誉退休教授。

杜道明教授曾担任 IMD 颇负盛名的 MBA 课程与高管发展课程主任。他在市场营销和国际战略领域拥有丰富的教学、咨询与研究经验，尤其擅长于品牌管理、客户导向、营销战略、亚洲商业战略等。他曾亲自为财富500强企业定制特设课程，也在可口可乐、达能、飞利浦等众多跨国公司担任顾问和管理教练。丰富的全球经历使杜道明教授在管理教育界和商业领域建立了广泛的社交网络。

杜道明教授深厚的学术造诣和管理教育经验获得了业界的高度认可。他著有超过100多篇/部论文、案例与书籍，其中包括《商业与生活名言录》（*The Essential Business and Life Quotations*），以及赢得了多个奖项的案例研究；文章曾发表于英国《金融时报》《欧洲商业论坛》与《麻省理工斯隆管理评论》。同时，杜道明教授也担任《新加坡管理评论》的编委会顾问。中欧原副理事长范斯海克博士曾这样评价他："杜道明教授是一位享有盛誉的学者，同时有着顶尖商学院的管理经验，对商学院领域有着深刻的洞察。杜道明教授有着令人推崇的个性，工作中充满决断力，善于倾听，这些特质在学校环境中是必不可缺的。"

杜道明教授因在高管教育领域的突出成就被授予国际管理学会终身成员。目前，他还担任欧洲管理发展基金会（EFMD）理事，并在斯德哥尔摩经济学院（SSE）、日本早稻田大学商学院等知名院校担任国际顾问委员会委员。

二、30 年的中欧渊源

杜道明教授与中欧的渊源可以追溯到中欧建院初期。自1994年起，他便开始在中欧学术委员会任职。

杜道明教授清晰地记得中欧创立的过程。据他回忆，1992年，欧盟委员会原主席雅克·德洛尔在与邓小平等人的会晤中，首次提出了和中国合作建立一所培养商界领袖的商学院，为中欧的创建播下了种子。

不久之后，杜道明教授便开始了与中欧长达30年的缘分。中欧创办初期，为帮助课程发展和教授招聘，EFMD的代表到IMD为中欧寻求资源。杜道明教授是日本和亚洲研究领域的专家，因此当时IMD的院长罗润知（Peter Lorange）曾邀请他前往中欧访问。凭借对亚洲和中国的了解，杜道明教授很早就认为，未来中国将成为全球非常重要的市场。因此，他很快同意担任中欧国际工商学院学术委员会的成员。

1994年建院伊始，学院就已着手为MBA招生做准备工作，计划在1995年4月开学。1995年1月，杜道明教授第一次参加中欧学术委员会会议。会议在北京举行，当时的议题是关于学院即将推出的首届MBA课程。会议上，杜道明教授提出了疑问："现在是1月，我们只有教授，还没有学生，要在3个月之内开课太难了。"会议结束后1周内，中欧首届MBA课程的招生广告已经登上了媒体。随后的招生情况令杜道明教授颇感意外，在开学之前，中欧共收到了几千份报名申请。这是杜道明教授第一次切身感受到中国管理教育市场的庞大规模和迅猛发展速度。"从那之后，我一直对中国的发展速度和规模印象深刻。速度和规模，这是关于中国的两个重要关键词。"

此后，作为学院学术委员会的一员，杜道明教授开始从欧洲飞往中国参加研讨会，讨论主题包括中欧应开设怎样的课程，应专注于怎样的研究等，尤其是他还参与了中欧办学方针的制定。当时大家就这个重要的议题进行了多次热烈的讨论。据他回忆，在场人士一致认为，中欧办学有两个重要目标：其一，为中国培养具有国际视野的未来商业领袖；其二，通过中欧的平台增进欧洲人对中国的认识。

在担任IMD教授及院长兼教务长期间，杜道明教授一直关注着中欧的发展，并经常鼓励IMD的教授前往中欧任教，以促进中欧与欧洲一流商学院的交流。来自希腊的倪科斯（Nikos Tsikriktsis）教授就曾受到杜道明教授的鼓舞。有一天，杜道明教授与倪科斯教授见面时，得知他还未曾去过中国，杜道明教授便鼓励他："你是研究制造业的教授！

如今，一切都是中国制造，你应该去研究中国的制造业。"2012年，倪科斯教授作为运营管理学教授加入中欧，之后成为GEMBA课程独立运营后的第一任学术主任，并担任中欧副教务长。

三、提升中欧的国际影响力

2022年初，杜道明教授正式从IMD退休。6个月后，在EFMD全球总裁、时任中欧欧方理事科尼埃尔的邀请下，经中欧理事会讨论决定，任命杜道明教授于2022年9月正式接棒杰恩院长，成为中欧新一任欧方院长。有趣的是，杜道明教授与杰恩教授亦已相识20余年，他们同为市场营销学教授，也是同龄人，有着诸多共同点。

彼时，新冠疫情尚未结束，国际来往受阻，远在欧洲的杜道明教授在线上出席了欧方院长交接仪式。汪泓院长对杜道明院长加入中欧大家庭表示热烈欢迎，她这样评价道："杜道明教授是一位造诣深厚、经验丰富的管理教育学者和商学院领导人，是理事会经过多次遴选后决定聘任的资深国际商学院领导者和国际学术大师，也是中欧的老朋友。杜道明院长丰富的多元文化经历与中欧的国际化气质高度匹配。"

上任后，杜道明院长迫切关注中欧的国际化进程，他希望进一步深化学院的欧洲特色和国际化特征，助力学院拓展欧洲市场，加强与全球

杜道明院长主持2023第九届
中欧欧洲论坛

商学院的交流。他认为，这是自己能为中欧带来最大增益的领域，也是他接受这个重要职位的原因。

自2022年担任欧方院长以来，杜道明教授曾多次强调："中欧要在世界的其他地方产生更大的影响力，这是我们的重要使命。"他对中欧的国际影响力有着客观的评价，中欧目前在中国非常有名，但在全球还需要不断提升知名度。杜道明院长希望，通过自己的国际化思维和遍布全球的人脉网络，可以为中欧带来更多国际名师和校企合作，最大限度地提高中欧在海外的国际声誉。

因此，杜道明院长不遗余力地在各种场合和企业高管群体中推广中欧，并力图通过中欧刷新欧洲对中国的认知。在一次企业员工领导力培训的活动上，博世的一名董事请杜道明院长为博世未来的发展提供一些建议，杜道明院长提议道：第一，让更多的中国高管来中欧学习；第二，让更多的总部高管来中欧学习；第三，让更多的董事会成员来中欧学习，这样才能更深刻地了解中国，形成他们自己的观点。杜道明院长还持续大力推广中欧的研究成果，他曾将中欧陆家嘴国际金融研究院的研究报告推荐给一位瑞士银行家，以期推动中欧与国际银行界的学术交流。

此外，杜道明院长也在有条不紊地推动中欧与国际管理学界和国际著名商学院的联系。近年来，哈佛商学院、沃顿商学院、凯洛格管理学院等全球顶尖商学院都迎来了新院长，因此，杜道明院长正着手与这些商学院的新领导层建立联系，推进合作，提升中欧的国际品牌形象。

作为一名营销学教授，杜道明院长深知营销的黄金法则在于"与众不同"。他认为"中国深度 全球广度"的定位就是中欧特别的优势，如果有人想要更深刻地了解中国，那中欧就是最好的地方。他认为，过去30年，中欧取得了卓越的成绩，这离不开对这一独特定位的坚持。他至今还记得，初到中欧，学院的上海校园所在地浦东金桥还是一片农田，如今中欧已经随着中国经济的腾飞发生了翻天覆地的变化，中欧所取得的成就和国际排名动人心魄。

同时，杜道明院长也不无忧患意识。"我们必须着眼于长远的目标来看待今后中欧的发展。"他表示，当前的商学院竞争很残酷，许多商学

2023年，杜道明院长在学院
30周年院庆启动仪式上致辞

院都在争取更高的排名。如果中欧希望在排名上保持现有的高度，必须进一步创新并推进国际化，包括吸引更多国际学生和教授来中欧。"排名能提高中欧的曝光度，但是我们不能把当前的排名视作理所当然。"面对全新的国际局势，快速更迭的商业世界，以及人工智能、数字化等挑战，他认为中欧也应进行最大限度的创新，保持活力与竞争力。他特别强调，中欧必须保持学术研究和实用教学之间的平衡，提高应变的速度和敏捷度，贴近商业实践的第一线，及时关注企业的最新发展和需求。

作为中欧欧方院长，杜道明教授将继续尽自己所能，推动提升中欧在全球的影响力，搭建好连接中国和世界的桥梁。他认为，影响力这个词的英文表述"IMPACT"恰好精准地概括了达成这个目标所要做的事。I（Innovative ideas）是要有创新的独特想法，持续创新地解决问题；M（Mutual understanding）是相互理解，站在不同的立场思考问题；P（Pragmatism）是要有务实的精神和良好的常识；A（Action）是要保持敏捷，主动采取切实的行动；C（Constructive communication）是尊重他人，带着同理心与人进行建设性的沟通；T（Trust）是要致力于增进信任，提升可信度。

对于中欧的未来，杜道明院长充满信心。他认为，过去30年来，正是在全体教职员工的不懈努力下，中欧取得了辉煌的成就。中欧拥有出色的教学研究力量、享誉国际的师资队伍、卓越的校友网络、忠诚的员工，在所有中欧人的共同努力下，中欧未来可期。

第十七节 濮方可：以恒切之心推动中欧发展

"我自己所承受之'重'，就是为学院的发展而不懈努力。"

——濮方可（Frank Bournois）

濮方可教授于2023年4月加入中欧国际工商学院，担任副院长兼教务长。在此之前，2014—2023年，他在全球顶尖商学院——欧洲高等商学院担任院长兼教务长。作为人力资源和领导力方面的高级咨询专家、颇负盛名的管理教育学者，他凭借丰硕的学术成果，对管理教育的巨大热忱，以及对顶尖商学院的卓越管理才能，在欧洲管理学界建立起深厚的影响力，多次获得法国政府颁发的最高荣誉勋章，包括由希拉克（Jacques Chirac）、萨科齐（Nicolas Sarkozy）、奥朗德（François Hollande）和马克龙（Emmanuel Macron）等前任和现任法国总统授予的荣誉军团勋章（军官）和国家功绩勋章（指挥官）。2024年，国际商务学会（AIB）在韩国首尔向他颁发了"年度国际教育家奖"。

中欧国际工商学院副院长兼教务长——濮方可教授

他的加入，进一步深化了中欧的欧洲特色和国际化特征，为提高中欧在欧洲的影响力和美誉度、加强中欧与全球商学院的交流发挥了重要作用。

一、具有广泛影响力的管理教育专家

濮方可于1962年出生于法国科尔比一个古老的家族，从小接受传统的法式教育。由于母亲的英国背景，他的成长经历又打下了深刻的英国烙印。他精通法国文化，还能讲一口纯正的英式英语，尤其擅长河口

英语（一种现代的英语口音）。幽默直率，热情爽朗，总是充满创意，是他留给大多数人的第一印象。

他在英国和法国接受高等教育，先后取得了英国阿斯顿大学MBA学位、法国里昂商学院管理硕士学位、英国伦敦城市大学理学博士学位和法国里昂第三大学管理战略学博士学位。成为博士以后，他曾短暂地在罗纳—普朗克公司担任人力资源官，此后便投身教育事业。1997—2014年，他在巴黎第二大学担任管理学和跨文化领导力全职教授，培养过90多名博士生。在此期间，他还在多个政府委员会内担任主席，包括在法国高等教育、研究与创新部下设的委员会担任主席，负责商学院认证和评估。2014年，濮方可教授成为欧洲高等商学院执行院长兼教务长。这所建于1819年的商学院是世界上第一所商学院，也是全球最顶尖的商学院之一。在任期间，濮方可教授带领欧洲高等商学院进行了卓有成效的改革，使其规模和国际排名均显著提升。

因其对多个政府部门的杰出贡献，濮方可教授在法国和国际上获得了诸多荣誉和奖项。2016年，法国政府颁授他最高荣誉勋位勋章——法国荣誉军团勋章，2022年又授予他法国国家功绩勋章。

无论在企业、政府还是在高校，他始终不辍地进行管理教育和未来领袖筛选、管理和培养等方面的研究。多年来，他围绕这些议题的研究取得了丰硕成果，已出版专著20余部。他还为很多大型跨国企业如空客、布依格集团、法国电力集团、欧莱雅、赛峰集团等提供咨询服务。

在学术研究之外，濮方可教授兴趣广泛，涉猎颇广。作为英国皇家艺术学会终身会员，他有非常深厚的语言学功底，精通欧洲多国语言，尤其对词源学和拉丁文有很深入的研究，熟悉他的人，都会为他总能知晓寻常词汇的来源或深层含义而惊叹。另外，他在医学领域也有很深的造诣，并将医学和管理学结合，进行了很多别开生面的创新研究。他认为，管理学和医学在认识论上非常接近，它们都关注相似的科学过程，包括识别问题，分析和解决问题，调整方案和效果评估等。在专注研究领导力的同时，他积极参加各种社会活动，活跃于社交媒体，获得众多粉丝和颇高人气，用实际行动建立起自身领导力。

二、中欧成长的参与和见证者

濮方可教授和中欧的渊源最早可以追溯到20世纪80年代。1984年，中欧管理中心（简称CEMI，中欧国际工商学院的前身）在北京成立，同年，濮方可获得英国阿斯顿商学院管理硕士学位。攻读硕士学位期间，他深受导师——英国著名学者恰尔德（John Child）教授的影响。1989年，恰尔德教授来到中国，担任中欧管理中心主任兼教务长。

导师的选择，使得彼时仍在萌芽阶段的中欧管理中心在濮方可的脑海中扎下根，也由此激发了他持续关注中国管理教育事业的兴趣。20世纪90年代末到21世纪初，濮方可教授两次来到中国，先后在北京和上海为政府部门（人力资源官员）和跨国公司做高管培训。当时中国社会的国际化程度和经济欣欣向荣、蓬勃发展的景象，给他留下了深刻印象。

2017年春天，濮方可教授终于有机会第一次走进中欧。当时，他担任中欧EQUIS续认证专家小组成员，和其他3位专家一起来到中欧上海校区考察。他们详尽了解了中欧的运营管理情况，包括治理结构、战略规划、课程项目、师资管理、学术研究、办学资源、财务管控以及校企关系等，甚至还仔细审阅了学院的相关规章政策、研究成果、员工手册、课件资料、学生试卷样本、案例以及招生宣传手册等档案资料。

在对中欧进行了多视角、全方位的深入了解后，濮方可教授感触颇多。他发现，这座坐落在亚洲的商学院和他此前供职的商学院有很多不同，她虽然年轻但颇有进取心，在全球充满挑战的情况下，仍旧取得了不俗的成绩，不论是硬件还是软件都不逊色于全球任何一所商学院。中欧在研究领域的强大优势尤其令他印象深刻，"中欧的案例开发和教学极具特色，很少有商学院可以编写自己的案例"。

考察结束后，中欧在当年顺利获得续认证。回到法国后，濮方可教授将深化欧洲高等商学院和中欧的合作提上了议程。两年后，在他的积极推动下，欧洲高等商学院和中欧于2019年签署谅解备忘录。此前，中欧与欧洲高等商学院曾于2016年达成合作备忘录，双方承诺开展管理学领域的研究和教学合作。2020年，濮方可教授第二次担任中欧国际工商学院EQUIS续认证评审委员。

2023年初，濮方可教授在社交媒体上发布了自己会停止在欧洲高等商学院的工作并加入中欧的消息。面对很多同仁随后发来的感谢和祝福，他回应道："这是我深思熟虑后的决定。中欧国际工商学院是一所在亚洲、欧洲和非洲运营的国际化商学院，致力于培养具有国际视野的商业领袖。这正是我一直以来的志向所在，供职中欧将是我继续在这条路上迈出的重要一步。"

三、为中欧的发展不懈努力

2023年2月，中欧国际工商学院理事会决定任命濮方可教授为中欧副院长兼教务长。两个月后，濮方可教授来到中欧上海校区。

在交接仪式上，他满含深情地说："英文单词'Honour'（荣誉）表示备受尊敬，但它与'onus'（责任）有相同的词根，而后者的意思是'重量'。所以，在引领学术进步的荣誉背后，是负重前行。我自己所承受之'重'，就是为学院的发展而不懈努力。"

2023年4月，濮方可教授在副院长兼教务长交接仪式上致辞

濮方可教授认为，一座商学院的国际化水平，会在很大程度上影响其认证和排名。中欧未来要不断加强国际招生，加深与海外院校的合作，发展国际企业培训项目，并在各个校区增加学术活动与高管教育课程的数量。

在加强中欧与海外院校交流与合作方面，他付出了诸多坚实的努力。以他此前供职的欧洲高等商学院为切入口，他推动中欧与欧洲高等商学院继续签署战略合作备忘录及MBA学生培养协议，进一步深化了两个院校的友谊，推动中欧国际化水平再上新高度。另外，他还推动中欧本科生预录取项目，"管理学硕士+MBA"双学位以及学生交换等方面与意大利博科尼管理学院和IE商学院开展合作。他还邀请包括美国大学副教务长萨默尔·阿塔拉（Samer Atallah）教授、意大利博科尼管理学院斯特法诺·卡塞利（Stefano Caselli）院长在内的海外高校领导层到访中欧，拓展学术交流与合作。

另外，在濮方可教授的积极对接下，中欧与海外院校的课程合作也不断深化。中欧高管教育得以在新冠疫情后承接首个中国实境学习课程，与意大利博洛尼亚商学院（BBS）联合举办为期10天的"法拉利EMBA四期中国实境课程"。他还亲自参与中欧全球CEO课程欧洲模块的设计，并积极对接、带队参访法国公司。

2024年，在"中欧话未来"活动上，濮方可副院长（右）与普罗迪（左）对话

除了助力中欧与海外院校的交流合作，濮方可教授还积极利用自身的人脉资源，为提升中欧国际声誉不懈努力。他利用自己在欧洲政界的影响力，邀请到爱尔兰副总理兼外交部部长马丁等欧洲重要领导人到访中欧。在欧盟委员会原主席、意大利原总理、中欧理事普罗迪到访中欧时，濮方可教授与之展开深度对话，并邀请20位欧洲各国驻上海总领馆代表走进中欧，强化和巩固学院连接中国和欧洲的桥梁作用。

在邀请具有国际影响力的各界嘉宾"走进"中欧的同时，他还充分利用自身在国际社交媒体上的影响力，持续分享自己在中欧的日常工作和体会，让中欧的品牌形象"走出去"，让国际社会更深入地了解中欧的动态。另外，他还积极参加达沃斯论坛等国际化高端活动，并接受国内外主流媒体的专访，传递来自中欧的声音和洞见。

他尤其关心学院的课程创新和学科建设。作为中欧的ESG首席影响官，他认为，和全球范围内一些商学院相比，中欧在践行ESG方面还可以有更大作为，ESG研究产出和课程开发还有很大的提升空间。在此基础上，他提出了诸多行动方案，包括增加每门必修课/选修课中ESG内容的比例，加强ESG课题研究，增加ESG案例撰写，建设ESG管理体系等。濮方可教授也很关注AI话题，尤其关注企业在人工智能时代的应对，为此他还参与了学院的四大跨学科研究领域之———"AI与企业管理"。

四、保持谦逊，保持热爱

在对管理教育拥有巨大热忱的同时，濮方可教授热衷于研究新兴趋势。他强调，作为一所连接中国和欧洲的商学院，中欧的发展和国际形势紧密相关。当前，全球经济增速放缓、地缘政治冲突等诸多不确定性和风险，不可避免会影响到学院的发展；尤其是在日新月异的数字化时代，商学院的学术研究和教学内容如何与时俱进，紧跟现实世界的发展步伐，是一个巨大的挑战，尤须引起警觉。

他同时也坚信，中欧与校友网络的紧密联系以及与企业界的频繁互动，可使学院保持高度的商业敏感性和前瞻性。"鲜有商学院像中欧这样，鼓励教授担任企业独董，这在很大程度上确保了我们的管理知识紧跟时代步伐，避免变得陈旧过时。"

濮方可教授强调，"中欧要始终保持谦逊"，虽然学院在国际上已取得不错的排名，但是，中欧未来的竞争对手不只是全球排名前20位的少数商学院，还有排名前200位的其他商学院。从事商学院认证工作多年，他从来不用"好"或"坏"去评判一所商学院，在他看来，每所商学院都有其独特性，都有可能异军突起。

对于中欧的未来，他怀有坚定的信心和不息的热忱（passion）。但他同时强调，"passion"的拉丁语起源是"suffering"（受苦）。"管理教育所面临的挑战，于我们而言是一种苦痛，让我们时刻保持谦卑和清醒。我希望带着这份恒切之心（patience），尽我所能，助力中欧行稳致远。"

附 录

附录一　大事记

1984—1994 年

中国—欧洲共同体管理项目（1989年更名为中国—欧洲共同体管理中心）在北京举办。

1994 年

中欧国际工商学院于上海成立，在上海交通大学闵行校区开展办学活动，并推出高层经理培训课程。

1995 年

在中国内地率先推出全日制、全英文教学MBA课程以及EMBA课程。

首届董事会、学术委员会、公司顾问委员会会议召开。

1996 年

举办中国内地首个捐赠教席——英美集团市场学教席的捐赠仪式。

1997 年

位于上海浦东金桥的校园破土动工。

1998 年

中欧北京代表处成立。

1999 年

由贝聿铭领衔创办的P.C.F.建筑师事务所设计的上海校园落成。

2000 年

中国政府与欧盟签署《中欧国际工商学院第二期项目财务协议》。

2001 年

EMBA课程首次跻身英国《金融时报》全球50强，名列全球第29位。

2002 年

国务院学位委员会颁文批准学院授予MBA学位。

三大课程全面跻身英国《金融时报》全球百强。

深圳联络处成立。

2003 年

中国政府发布首个《中国对欧盟政策文件》，提出"办好中欧国际工商学院，培养更多高层次人才"。

2004 年

成为中国内地首家获得欧洲质量发展认证体系（EQUIS）认证的商学院。

2005 年

EMBA课程首次在深圳开班。

2006 年

联手哈佛商学院和IESE商学院推出中国第一个全球CEO课程。

2007 年

成立"中欧陆家嘴国际金融研究院"，助力上海国际金融中心建设。

2008 年

在非洲加纳首都设立中欧阿克拉教研基地。

2009 年

获得国际商学院联合会（AACSB）认证。

MBA课程首次进入英国《金融时报》全球前十，位列第八。

2010 年

中欧北京校园落成。

2011 年

中欧推出金融MBA（FMBA）课程。

2012 年

《中欧国际工商学院办学展期协议（2015—2034年）》签署。

EMBA课程首次跃居英国《金融时报》全球十强，名列第七，亚太区独立EMBA排名第一。

中欧国际顾问委员会首次全体会议在上海召开。

2013年

承建"上海MBA课程案例库开发共享平台"。

2014年

中欧上海校园扩建工程竣工。

2015年

MBA课程全球排名在《金融时报》《商业周刊》《福布斯》等权威榜单上均位列亚洲第一，时任上海市委书记韩正作出重要批示，认为：中欧已成为上海的一张品牌。

中欧苏黎世教研基地正式运营。

2016年

"中国工商管理国际案例库ChinaCases.Org"英文网站正式上线。

2017年

首次通过EFMD商学院影响力系统（BSIS）评估。

响应"一带一路"倡议，成立中东欧经济研究所。

2018年

首届卓越服务EMBA（HEMBA）课程开班。

2019年

MBA课程首次进入英国《金融时报》全球排行榜前五。

中欧与哈佛案例库达成合作伙伴关系。

2020年

Global EMBA课程首次跃居英国《金融时报》全球第二。

2021年

时任上海市委书记李强赴中欧调研时指出："学院在开放中成长，在创新中发展，为国家发展、城市发展做出了贡献。"

工商管理博士（DBA）课程开班。

中欧"智慧校园"项目全面推进。

2022年

为提升中国社会保障研究水平及国际学术影响力，成立中欧社会保障与养老金融研究院。

在连续四年发布《中欧企业社会责任白皮书》的基础上，首次发布《中欧ESG白皮书》。

"爱中欧 筑未来"中欧月捐项目启动，每年的8月18日设立为"中欧捐赠日"。

2023年

举办上海市市长国际企业家咨询会议（IBLAC）会前论坛"全球商业领袖对话中国企业家"。

在全国研究机构类智库中的排名上升至第二位。

中欧宁德时代CCEMBA学位课程开班，开启中欧与标杆企业合作新篇章。

发布首份《碳信息披露报告》。

附录二　历届理事会（董事会）成员名单[1]

首届董事会（1994—1999 年）

中　　方	欧　　方
翁史烈[2] 董事长 上海交通大学校长	威利·德克莱尔（Willy de Clercq） 副董事长 欧洲议会对外关系委员会主席
经叔平 董事 中华全国工商业联合会主席	雷诺（Pedro Nueno） 董事 国际管理学会会长 西班牙 IESE 商学院伯特伦基金会创业管理教席教授
王生洪 董事 上海市政协副主席、市委统战部部长	斯塔凡·布伦斯塔姆·林德（Staffan Burenstam Linder） 董事 欧洲议会议员 瑞典斯德哥尔摩经济学院院长
曹臻 董事 上海市计划委员会副主任	赫拉德·范斯海克[4]（Gerard van Schaik） 董事 欧洲管理发展基金会主席
张祥 董事 上海市对外经济贸易委员会副主任	汤姆斯·萨特尔伯格（Thomas Sattelberger） 董事 德国汉莎航空公司高层人事与人力资源发展高级副总裁

第二届董事会（2000—2007 年）

中　　方	欧　　方
谢绳武[3] 董事长 上海交通大学校长	赫拉德·范斯海克 副董事长 欧洲管理发展基金会主席
经叔平 董事 中国人民政治协商会议第九届全国委员会 副主席 中华全国工商业联合会主席	杨亨（Jan Borgonjon） 董事 英特华投资咨询有限公司董事总经理

（续表）

中 方	欧 方
朱晓明 董事 上海市政府副秘书长 上海市对外经济贸易委员会主任 上海市外国投资工作委员会主任	威利·德克莱尔 董事 比利时国务委员 欧洲议会法律事务与民权委员会主席 弗朗索瓦·贝鲁（Francois Bayrou）（2005年接任） 董事 法国民主联盟主席 埃里克·科尼埃尔（Eric Cornuel）（2007年接任） 董事 欧洲管理发展基金会总干事兼首席执行官
杨定华 董事 中共上海市金融工作委员会书记	雷诺 董事 西班牙IESE商学院伯特伦基金会创业管理教席教授 加布里埃尔·哈瓦维尼（Gabriel Hawawini）（2005年接任） 董事 法国INSEAD商学院院长 戴维·M. 桑德斯（David M. Saunders）（2007年接任） 董事 女王大学女王商学院院长
王奇 董事 上海市教育委员会副主任	汤姆斯·萨特尔伯格 董事 德国汉莎航空公司产品与服务执行副总裁 费德里科·卡斯特利亚诺斯（Federico Castellanos）（2005年接任） 董事 IBM欧洲/中东/非洲分公司人力资源副总裁 汤姆斯·萨特尔伯格（2007年接任） 董事 德国电信人力资源董事

第三届董事会（2008—2016年）（2015年更名为理事会）

中 方	欧 方
张杰[4] 董事长 上海交通大学校长	赫拉德·范斯海克 副董事长 欧洲管理发展基金会名誉主席

（续　表）

中　方	欧　方
经叔平 董事 中国民生银行董事长 严隽琪（2010年接任） 董事 第十一届、第十二届全国人民代表大会常务委员会副委员长	杨亨 董事 英特华投资咨询有限公司总裁 让-皮埃尔·拉法兰（Jean-Pierre Raffarin）（2015年接任） 理事 法国原总理
陈清泰（2010年新增） 董事 中国人民政治协商会议第十一届全国委员会常务委员、经济委员会副主任 国务院发展研究中心研究员 高国富（2015年接任） 理事 中国太平洋保险公司董事长兼党委书记	埃里克·科尼埃尔 董事 欧洲管理发展基金会总干事兼首席执行官
朱晓明 董事 上海市人民代表大会常务委员会副主任 刘吉（2009年接任） 董事 中欧国际工商学院名誉院长	戴维·M.桑德斯 董事 女王大学女王商学院院长 芭芭拉·沙切梅尔-斯波恩（Barbara Schachermayer-Sporn）（2015年接任） 理事 奥地利维也纳经济大学副校长、教授
杨定华 董事 上海市政府秘书长 姜斯宪（2015年接任） 理事 上海市人民代表大会常务委员会副主任、上海交通大学党委书记	汤姆斯·萨特尔伯格 董事 德国电信人力资源董事 罗马诺·普罗迪（Romano Prodi）（2015年接任） 理事 欧盟委员会原主席、意大利原总理
王奇 董事 上海市教育委员会副主任 印杰（2011年接任） 董事 上海市教育委员会副主任 陆靖（2015年接任） 理事 上海市教育委员会副主任 郭为禄（2016年接任） 理事 上海市教育委员会副主任	李世默（Eric X. Li）（2010年新增） 董事 成为咨询上海有限公司创始人、执行董事

第四届理事会（2017—2022 年）

中　　方	欧　　方
林忠钦[4] 理事长 上海交通大学校长	赫拉德·范斯海克 副理事长 欧洲管理发展基金会名誉主席
严隽琪 理事 第十一届、第十二届全国人民代表大会常务委员会副委员长	罗马诺·普罗迪 理事 欧盟委员会原主席、意大利原总理
姜斯宪 理事 上海市人民代表大会常务委员会副主任、上海交通大学党委书记	让-皮埃尔·拉法兰 理事 法国原总理，中欧国际工商学院特聘教授、夏尔·戴高乐全球领导力教席教授
刘吉 理事 中欧国际工商学院名誉院长	李世默 理事 成为咨询上海有限公司创始人、执行董事 汉斯-格特·珀特林（Hans-Gert Poettering）（2018年接任） 理事 欧洲议会原议长、德国阿登纳基金会原主席
高国富 理事 浦发银行董事长兼党委书记	埃里克·科尼埃尔 理事 欧洲管理发展基金会总干事兼首席执行官
郭为禄 理事 上海市教育委员会副主任 毛丽娟（2019年接任） 理事 上海市教育委员会副主任	芭芭拉·沙切梅尔-斯波恩 理事 奥地利维也纳经济大学副校长、教授

第五届理事会（2023—）

中　　方	欧　　方
丁奎岭 理事长 上海交通大学校长	埃里克·科尼埃尔 副理事长 欧洲管理发展基金会全球总裁
严隽琪 理事 第十一届、第十二届全国人民代表大会常务委员会副委员长	罗马诺·普罗迪 理事 欧盟委员会原主席、意大利原总理

（续 表）

中　　方	欧　　方
姜斯宪 理事 上海市人民代表大会常务委员会原副主任、上海交通大学原党委书记 王平（2024年接任） 理事 上海市政府副秘书长	让-皮埃尔·拉法兰 理事 法国原总理，中欧国际工商学院特聘教授、夏尔·戴高乐全球领导力教席教授
刘吉 理事 中欧国际工商学院名誉院长	汉斯-格特·珀特林 理事 欧洲议会原议长、德国阿登纳基金会原主席
高国富 理事 浦发银行原董事长兼党委书记	芭芭拉·沙切梅尔-斯波恩 理事 奥地利维也纳经济大学副校长、教授
周亚明 理事 上海市教育委员会主任	

注：

1　各届董（理）事职务均以其首次出席的该届董（理）事会会议纪要为准。《财务协议》最初规定董事席位为8个，1995年10月董事会决议对《办学合同》进行修改，中、欧双方各增加1席至10席。2010年，中、欧双方再各增加1席至12席。2015年董事会更名为理事会。

2　2000年1月起，翁史烈为中欧国际工商学院名誉董事长（2024年更名为荣誉理事长）。

3　2008年6月起，谢绳武为中欧国际工商学院名誉董事长（2024年更名为荣誉理事长）。

4　2024年1月起，张杰、林忠钦、赫拉德·范斯海克为中欧国际工商学院荣誉理事长。

附录三 管理委员会沿革

1994.11—1995.1	
杨亨（Jan Borgonjon） 执行院长（代理）	李家镐 院长（候任）
张国华 副院长（候任）	

1995.1—1995.2	
杨亨 执行院长（代理）	李家镐 院长
张国华 副院长	苏史华（David Southworth） 副院长

1995.3—1995.9	
冯勇明（Joachim Frohn） 执行院长兼教务长	李家镐 院长
张国华 副院长	苏史华 副院长

1995.10—1997.10	
冯勇明 执行院长兼教务长	李家镐 院长
张国华 副院长兼中方教务长[1]	苏史华 副院长

1997.10—1998.5	
菲希尔（William Fischer） 执行院长兼教务长	李家镐 院长
张国华 副院长兼中方教务长	苏史华 副院长

（续 表）

1998.5—1998.9	
菲希尔 执行院长兼教务长	张国华 副院长兼中方教务长
苏史华 副院长	

1998.10—1999.5	
菲希尔 执行院长兼教务长	张国华 副院长兼中方教务长
博纳德（Albert Bennett） 副院长	

1999.6—1999.12	
博纳德 执行院长	刘吉[2] 院长（代理）
张国华 副院长兼中方教务长	菲希尔 教务长

2000.1—2000.10	
刘吉 执行院长	博纳德 院长
张国华 副院长兼中方教务长	菲希尔 教务长

2000.11—2001.10	
刘吉 执行院长	博纳德 院长
张国华 副院长兼中方教务长	温伟德（Wilfried Vanhonacker） 副院长兼教务长

2001.11—2004.8	
刘吉 执行院长	博纳德 院长
张国华 副院长兼中方教务长	白思拓（Alfredo Pastor） 副院长兼教务长

（续表）

2004.9—2004.12	
刘吉 执行院长	博纳德 院长
张国华 副院长兼中方教务长	郭理默（Rolf Cremer） 副院长兼教务长

2005.1—2006.1	
雷诺（Pedro Nueno） 执行院长	张国华 院长
郭理默 副院长兼教务长	张维炯 副院长兼中方教务长

2006.1—2006.6	
雷诺 执行院长	郭理默 副院长兼教务长
张维炯 副院长兼中方教务长	

2006.6—2009.10	
雷诺 执行院长	朱晓明[3] 院长
郭理默 副院长兼教务长	张维炯 副院长兼中方教务长

2009.10—2009.11[4]	
雷诺 执行院长	朱晓明 院长
郭理默 副院长兼教务长	张维炯 副院长兼中方教务长
许定波 副教务长	刘湧洁 院长助理

2009.11—2011.1	
朱晓明 执行院长	雷诺 院长
郭理默 副院长兼教务长	张维炯 副院长兼中方教务长

（续 表）

许定波 副教务长	刘湧洁 院长助理
2011.2—2013.1	
朱晓明 执行院长	雷诺 院长
约翰·奎尔奇（John Quelch） 副院长兼教务长	张维炯 副院长兼中方教务长
许定波 副教务长	刘湧洁 院长助理
2013.2—2014.12	
朱晓明 执行院长	雷诺 院长
苏理达（Hellmut Schütte） 副院长兼教务长	张维炯 副院长兼中方教务长
许定波 副教务长	刘湧洁 院长助理
2015.1—2015.3	
朱晓明 院长	雷诺 院长（欧方）
苏理达 副院长兼教务长	张维炯 副院长兼中方教务长
许定波 副教务长	周雪林 院长助理
2015.3—2015.5	
李铭俊[5] 院长	雷诺 院长（欧方）
苏理达 副院长兼教务长	张维炯 副院长兼中方教务长
许定波 副教务长	周雪林 院长助理
2015.6—2017.11	
李铭俊 院长	雷诺 院长（欧方）

丁远 副院长兼教务长	张维炯 副院长兼中方教务长
许定波 副教务长	周雪林 院长助理
2017.11—2018.9	
李铭俊 院长	雷诺 院长（欧方）
丁远 副院长兼教务长	张维炯 副院长兼中方教务长
王高 副教务长	忻榕 副教务长
2018.9—2019.2	
李铭俊 院长	迪帕克·杰恩（Dipak Jain）[6] 院长（欧方）
丁远 副院长兼教务长	张维炯 副院长兼中方教务长
王高 副教务长	忻榕 副教务长
2019.3—2020.9	
李铭俊 院长	迪帕克·杰恩 院长（欧方）
丁远 副院长兼教务长	张维炯 副院长兼中方教务长
王高 副教务长	忻榕 副教务长
马磊 党委书记[7]	
2020.9—2022.8	
汪泓 院长	迪帕克·杰恩 院长（欧方）
丁远 副院长兼教务长	张维炯 副院长兼中方教务长
王高 副教务长	忻榕 副教务长

（续 表）

马磊 党委书记	
2022.9—2022.10	
汪泓 院长	杜道明（Dominique Turpin） 院长（欧方）
丁远 副院长兼教务长	张维炯 副院长兼中方教务长
王高 副教务长	忻榕 副教务长
马磊 党委书记	
2022.11—2023.3[8]	
汪泓 院长	杜道明 院长（欧方）
丁远 副院长兼教务长	张维炯 副院长兼中方教务长
王高 副教务长	忻榕 副教务长
马磊 党委书记	芮博澜（Bala Ramasamy） 副教务长
2023.4—	
汪泓 院长	杜道明 院长（欧方）
濮方可（Frank Bournois） 副院长兼教务长	张维炯 副院长兼中方教务长
王高 副教务长	忻榕 副教务长
马磊 党委书记	芮博澜 副教务长

注：
1 1995年10月起，董事会决定，设中方教务长一职，由中方副院长兼任。
2 2005年1月起，刘吉任为中欧国际工商学院名誉院长。
3 2020年11月起，朱晓明任为中欧国际工商学院荣誉退休院长。
4 2009年10月起，经董事会同意，管理委员会成员人数增加为6人。
5 2020年11月起，李铭俊任为中欧国际工商学院荣誉退休院长。
6 2022年12月起，迪帕克·杰恩任为中欧国际工商学院荣誉退休院长。
7 2019年3月起，经理事会同意，学院现任党委书记作为管理委员会临时成员参加管理
  委员会工作，没有表决权；2022年11月起，经理事会同意，学院现任党委书记任管理
  委员会委员。
8 2022年11月起，经理事会同意，管理委员会成员人数增加为8人。

附录四　全职教授名单

中文姓名	英 文 姓 名	任 职 年 份	专 业 领 域
李家镐	Li, Jiahao	1994—1998年	经济学
张国华	Zhang, Guohua	1994—2006年	战略学
冯勇明	Frohn, Joachim	1995—1997年	统计学与计量经济学
菲希尔	Fischer, William	1997—2000年	创新管理
张维炯	Zhang, Weijiong	1997—	战略学
王建铆	Wang, Jianmao	1998—2012年	经济学
刘吉	Liu, Ji	2000—2004年	管理学
范悦安	Fernandez, Juan	2000—2022年	人力资源管理学与组织行为学
温伟德	Vanhonacker, Wilfried	2000—2001年	市场营销学
胡祺	Hulpke, John	2001—2002年	管理学
朴胜虎[1]	Park, Seung Ho	2001—2009年;2014—2018年	战略学
忻榕[2]	Xin, Katherine Rong	2001—2005年；2010—	人力资源管理学与组织行为学
白思拓[3]	Pastor, Alfredo	2001—2012年	经济学
霍华德	Ward, Howard	2002—2003年	人力资源管理学与组织行为学
梁能	Liang, Neng	2002—2017年	战略学
史璞兰	Sprague, Linda	2002—2007年	运营管理学
朱煜	Zhu, Yu	2002—2013年	金融学
奚汇海	Brooks, Michael	2002—2003年	管理学
周东生	Zhou, Dongsheng	2002—	市场营销学
傅礼斯	Fryxell, Gerald	2002—2011年	管理学

（续 表）

中文姓名	英文姓名	任 职 年 份	专 业 领 域
吴敬琏[4]	Wu, Jinglian	2003—2018年	经济学
柏唯良[5]	Burgers, Wilhelmus	2003—2010年	市场营销学
郭理默	Cremer, Rolf	2003—2011年	经济学
茅博励	Mobley, William	2003—2009年	人力资源管理学与组织行为学
白诗莉	Price, Lydia	2003—2020年	市场营销学
丁远[6]	Ding, Yuan	2004—	会计学
许定波[7]	Xu, Dingbo	2004—	会计学
许小年[8]	Xu, Xiaonian	2004—2018年	经济学与金融学
肖知兴	Xiao, Zhixing	2004—2012年	人力资源管理学与组织行为学
高岩	Gao, Yan	2004—2009年	金融学
张春[9]	Chang, Chun	2004—2010年	金融学
张逸民	Zhang, Yimin	2004—2019年	金融学
许斌[10]	Xu, Bin	2004—	经济学与金融学
杨国安[11]	Yeung, Kwok On	2004—2013年	人力资源管理学与组织行为学
雷诺[12]	Nueno, Pedro	2005—2018年	创业学
任杰明[13]	Ribera, Jaime	2005—2016年	运营管理学
赵欣舸	Zhao, Xinge	2005—	金融学
鸿纛吉马	Atuahene-Gima, Kwaku	2005—2014年	市场营销学
朱天[14]	Zhu, Tian	2005—	经济学
言培文	Jenster, Per Villendrup	2005—2008年	战略学
柯雷孟	Callarman, Thomas	2005—2015年	运营管理学
芮博澜	Ramasamy, Bala	2006—	经济学
翟博思[15]	de Bettignies, Henri-Claude	2006—2010年	管理学
朱晓明[16]	Zhu, Xiaoming	2006—	管理学

（续表）

中文姓名	英文姓名	任职年份	专业领域
李秀娟[17]	Lee, Siew Kim Jean	2006—	人力资源管理学与组织行为学
葛定昆	Ge, Dingkun	2006—2011年	战略学与创业学
威廉·帕尔	Parr, William	2006—2011年	决策科学
谢家伦	Tse, Ka Lun	2007—2016年	金融学
方跃	Fang, Yue	2007—	决策科学
张华	Zhang, Hua	2007—	金融学
陈峻松	Chen, Junsong	2007—2013年	市场营销学
陈少晦	Chen, Shaohui	2007—	人力资源管理学与组织行为学
白思迪	White, Richard	2007—2010年	战略学
蔡舒恒	Tsai, Soo-Hung	2007—	战略学
方睿哲[18]	Velamuri, Sita Ramakrishna	2007—2021年	创业学
海若琳	Harrison, Norma	2007—2010年	运营管理学
弗沃德	Pfoertsch, Waldemar	2007—2010年	市场营销学
黄一鲁	Huang, Yi-Lu	2008—2010年	运营管理学
韩践	Han, Jian	2008—	人力资源管理学与组织行为学
杜洛娜	Doucet, Lorna	2008—2013年	人力资源管理学与组织行为学
陈世敏[19]	Chen, Shimin	2008—	会计学
陈杰平[20]	Chen, Jieping	2008—2018年	会计学
张炜	Zhang, Wei	2008—2012年	管理学
王高[21]	Wang, Gao	2009—	市场营销学
安德烈·威尔茨玛	Wierdsma, Andre	2009—2011年	人力资源管理学与组织行为学
马瑞安	McGrath, Mary	2009—2010年	市场营销学
陈宏	Chen, Hong	2009—2010年	运营管理学
余方[22]	Yu, Fang	2009—	金融学

（续表）

中文姓名	英文姓名	任职年份	专业领域
苏理达[23]	Schütte, Hellmut	2009—2015年	管理学
霍斯特·洛切尔	Loechel, Horst	2009—2011年	经济学
查尔斯·沃德曼	Waldman, Charles	2009—2012年	市场营销学
蒋炯文	Chiang, Jeongwen	2010—	市场营销学
萨思洛	Saar, Shalom	2010—2011年	管理学
罗马诺·普罗迪[24]	Prodi, Romano	2010—2016年	管理学
许德音	Xu, Dean	2010—2013年	战略学
黄明[25]	Huang, Ming	2010—2016年	金融学
苏锡嘉	Su, Xijia	2010—2019年	会计学
杨宇	Yang, Yu	2010—2015年	人力资源管理学与组织行为学
盛迈堂	Tompson, Michael	2010—2013年	管理学
何婷婷	He, Tingting	2011年	市场营销学
金台烈[26]	Kim, Tae Yeol	2011—	人力资源管理学与组织行为学
约翰·奎尔奇	Quelch, John	2011—2013年	市场营销学
马科恩	McKern, Robert	2011—2013年	战略学
陈威如	Chen, Weiru	2011—	战略学
叶恩华	Yip, George	2011—2016年	战略学
向屹	Xiang, Yi	2011—	市场营销学
麦克罗[27]	Meyer, Klaus	2011—2017年	战略学
李善友	Li, Shanyou	2011—2015年	创业学
蔡慕修	Tsamenyi, Mathew	2011—	会计学
芮萌[28]	Rui, Meng	2012—	金融学与会计学
穆恩	Moon, Henry	2012—2015年	人力资源管理学与组织行为学
蔡江南	Cai, Jiangnan	2012—2018年	经济学
张燕	Zhang, Yan	2012—2013年	战略学

（续　表）

中文姓名	英文姓名	任职年份	专业领域
杰弗里·桑普勒	Sampler, Jeffrey	2012—2023年	战略学
大卫·德克莱默	De Cremer, David	2012—2014年	人力资源管理学与组织行为学
陈宇新[29]	Chen, Yuxin	2012—2013年	市场营销学
庄汉盟	Chng, Han Ming	2012—	战略学
倪科斯	Tsikriktsis, Nikolaos	2012—2021年	运营管理学
赵先德[30]	Zhao, Xiande	2013—	运营管理学
帕布罗·卡多纳	Cardona, Pablo	2013—2017年	人力资源管理学与组织行为学
杰克·伍德	Wood, Jack	2013—2021年	人力资源管理学与组织行为学
黄钰昌[31]	Hwang, Yuh-Chang	2013—	会计学
亨理克[32]	Cronqvist, Henrik	2013—2015年	金融学
龚焱	Gong, Yan	2013—	创业学
朴玹煐	Park, Hyun Young	2013—	市场营销学
胡光宙	Hu, Guangzhou	2014, 2023—	经济学
王婧	Wang, Jing	2014—2020年	市场营销学
莫伦	Moran, Peter	2015—2019年	战略学
李铭俊	Li, Mingjun	2015—	管理学
林宸	Lin, Chen	2015—2021年	市场营销学
沙梅恩	Prashantham, Shameen	2015—	战略学
书博承	Schuh, Sebastian	2015—	人力资源管理学与组织行为学
巫和懋	Wu, Ho-Mou	2015—2019年	经济学
张文清	Chang, Wen-Ching	2015—2018年	创业学
张宇	Zhang, Yu	2015—	战略学
李尔成	Lee, Byron	2015—	人力资源管理学与组织行为学
刘雄威	Low, Hong Wai	2016—2017年	金融学
王君	Wang, Jun	2016—2017年	金融学

（续 表）

中 文 姓 名	英 文 姓 名	任 职 年 份	专 业 领 域
杜雯莉	David, Emily	2016—2023 年	管理学
姜建清	Jiang, Jianqing	2016—2019 年	金融学
王丛	Wang, Cong	2016—2018 年	金融学
盛松成	Sheng, Songcheng	2016—2022 年	经济学
樊景立[33]	Farh, Jiing–Lih	2016—	管理学
谢晓晴	Xie, Xiaoqing	2017—2022 年	运营管理
白果	Bai, Guo	2017—	战略学
郑雪	Zheng, Xue	2017—	人力资源管理学与组织行为学
理查德·卡尼	Carney, Richard	2017—2023 年	战略学
蒋凤桐	Chiang, Fung Tung	2017—	管理学
吕文珍[34]	Lu, Wenzhen	2017—2019 年	管理学
黄生	Huang, Sheng	2017—	金融学
车嘉华	Che, Jiahua	2017—	经济学
乔维思	Child, Travers	2017—	金融学
迪帕克·杰恩	Jain, Dipak	2017—	市场营销学
王安智	Wang, An–Chih	2018—	人力资源管理学与组织行为学
方二	Fang, Er	2018—2019 年	市场营销学
路莉	Pierini, Lucia	2018—2022 年	会计学
王泰元	Wang, Taiyuan	2018—	创业学
王琪	Wang, Qi	2018—	市场营销学
巫厚玮	Wu, Howei	2018—	经济学
檀宏斌	Tan, Hongbin	2018—2019 年	战略学
江昉珂	Siciliano, Gianfranco	2019—	会计学
关浩光	Kwan, Ho Kwong	2019—	人力资源管理学与组织行为学
金昶贤	Kim, Chang Hyun	2019—	战略学

（续 表）

中 文 姓 名	英 文 姓 名	任 职 年 份	专 业 领 域
孔博	Fedaseyeu, Viktar	2019—	金融学
戴维	Erkens, David Hendrik	2020—	会计学
郭薇	Guo, Wei	2020—	战略学
李世莹	Lee, Sae Young	2020—	战略学
何今宇	He, Jinyu	2020—2022年	战略学
张爽	Zhang, Shuang	2020—2021年	经济学
汪泓[35]	Wang, Hong	2020—	战略学
王雅瑾	Wang, Yajin	2021—	市场营销学
程林	Cheng, Lin	2021—	会计学
布安瑞	Bouteiller, Eric	2021—	市场营销学
杨蔚	Yang, Wei	2021—	管理学
杜菲	Du, Fei	2021—2022年	会计学
王任轩	Wang, Renxuan	2021—	金融学
赵浩	Zhao, Hao	2021—	管理学
樊凯	Peddireddy, Venkat	2021—	会计学
张玲玲	Zhang, Lingling	2021—	市场营销学
鲁蕙	Lu, Yi	2022—	市场营销学
于铁英	Yu, Tieying	2022—	战略学
李希琳	Li, Xilin	2022—	市场营销学
刘奕萱	Liu, Yixuan	2022—	管理信息系统
梁超	Liang, Chao	2022—	运营管理学
陈卓	Chen, Zhuo	2022—	战略学
单宏宇	Shan, Hongyu	2022—	金融学
张飞达	Zhang, Feida	2022—	会计学
胡可嘉	Hu, Kejia	2022—2023年	运营管理

（续表）

中文姓名	英文姓名	任职年份	专业领域
杜道明	Turpin, Dominique	2022—	市场营销学
蒋菲娜	Gyamfi, Nana Yaa A.	2022—	管理学
马志德	Ghorbani, Majid	2023—	创业学
濮方可	Bournois, Frank	2023—	管理学及领导力学
江源	Jiang, Yuan	2023—	管理学
柯绍韡	Ke, Shaowei	2023—	经济学
邵巍	Shao, Wei	2023—	会计学
朱海坤	Zhu, Haikun	2023—	金融学
李强	Li, Qiang	2024—	战略学
谭寅亮	Tan, Yinliang	2024—	决策科学与管理信息系统
麦珂	Mai, Ke	2024—	组织行为学

注：
1　朴胜虎教授于2015—2018年担任深圳鹏瑞战略学教席教授，并曾担任英美集团战略学教席教授。
2　忻榕教授自2012年起担任拜耳领导力教席教授至今，并曾担任米其林领导力及人力资源管理教席教授。
3　白思拓教授于2001—2012年担任西班牙经济学教席教授。
4　吴敬琏教授于2002—2019年担任宝钢经济学教席教授。
5　柏唯良教授于2005—2010年担任拜耳医药保健市场战略学教席教授，并曾担任飞利浦市场学教席教授。
6　丁远教授自2011年起担任凯辉基金会计学教席教授至今。
7　许定波教授自2013年起担任法国依视路会计学教席教授至今。
8　许小年教授于2013—2018年担任桑坦德银行经济学与金融学教席教授。
9　张春教授于2005—2010年担任荷兰银行风险管理教席教授。
10　许斌教授自2015年起担任吴敬琏经济学教席教授至今。
11　杨国安教授于2004—2015年担任飞利浦人力资源管理教席教授。
12　雷诺教授于2007—2017年担任成为基金创业学教席教授。
13　任杰明教授于2005—2019年担任巴塞罗那港物流学教席教授。
14　朱天教授自2019年起担任桑坦德经济学教席教授至今。
15　翟博思教授于2008—2009年担任全球管理和欧中企业关系教席教授。
16　朱晓明教授自2012年起担任中天集团管理学教席教授至今。
17　李秀娟教授自2008年起担任米其林领导力及人力资源管理教席教授至今。
18　方睿哲教授于2017—2021年担任成为基金创业学教席教授。
19　陈世敏教授自2015年起担任朱晓明会计学教席教授至今。
20　陈杰平教授于2013—2018年担任宝钢管理学教席教授。
21　王高教授自2019年起担任宝钢市场营销学教席教授至今。
22　余方教授自2022年起担任运连网金融学教席教授至今。
23　苏理达教授于2009—2012年担任全球管理和欧中企业关系教席教授。

24 罗马诺·普罗迪教授于2011—2016年担任中联重科欧盟教席教授。

25 黄明教授于2013—2016年担任西班牙巴塞罗那储蓄银行金融学教席教授。

26 金台烈教授自2018年起担任飞利浦管理学教席教授至今。

27 麦克罗教授于2015—2017年担任飞利浦战略学与国际商务学教席教授。

28 芮萌教授自2019年起担任鹏瑞金融学教席教授至今，并曾担任中坤集团金融学教席教授。

29 陈宇新教授于2012—2013年担任中坤集团市场营销学教席教授。

30 赵先德教授自2018年起担任京东运营及供应链管理学教席教授至今。

31 黄钰昌教授自2017年起担任西班牙商业银行会计学教席教授至今。

32 亨理克教授于2013—2015年担任中坤集团金融学教席教授。

33 樊景立教授自2016年起担任荷兰银行管理学教席教授至今。

34 吕文珍教授于2018—2019年担任鹏瑞战略学教席教授。

35 汪泓教授自2021年起担任横店集团管理学教席教授至今。

附录五　理事会（董事会）成员、管理委员会成员
##　　　　与教授主要获奖一览表[1]

获　奖　者	获奖时间	奖　项　名　称	颁　奖　机　构
理事会成员[2]			
雷诺（Pedro Nueno）	2003年	西班牙国民成就奖章	西班牙政府
	2003年	西班牙圣乔治十字勋章	西班牙加泰罗尼亚自治区政府
	2004年	上海市白玉兰纪念奖	上海市政府
刘吉	2014年	中欧国际工商学院终身成就奖	中欧国际工商学院
赫拉德·范斯海克（Gerard van Schaik）	2016年	上海市白玉兰纪念奖	上海市政府
埃里克·科尼埃尔（Eric Cornuel）	2018年	上海市白玉兰纪念奖	上海市政府
管理委员会成员			
刘吉	2003年	西班牙国民成就奖章	西班牙政府
	2004年	西班牙"亚洲之家"经济奖	西班牙政府
张国华	2004年	西班牙国民成就奖章	西班牙政府
	2006年	追授"全球商学院年度最佳院长"	国际商务学会
	2009年	追授"中欧国际工商学院终身成就奖"	中欧国际工商学院
白思拓（Alfredo Pastor）	2004年	西班牙国民成就奖章	西班牙政府
雷诺	2006年	PIMEC经济学最佳新闻作品奖	PIMEC
	2007年	上海市白玉兰荣誉奖	上海市政府
	2007年	国际Gresol勋章	西班牙Gresol基金会
	2009年	中国政府友谊奖	中国政府

（续表）

获奖者	获奖时间	奖项名称	颁奖机构
雷诺	2012年	获赠"巴塞罗那市荣誉钥匙"	西班牙巴塞罗那市
	2012年	西中理事基金会奖	西班牙西中理事基金会
	2014年	"功勋外教"奖章	中华人民共和国国家外国专家局
	2014年	中欧国际工商学院终身成就奖	中欧国际工商学院
朱晓明	2008年	国际管理学会杰出成就奖	国际管理学会
	2008年	巴塞罗那市"荣誉市民"	巴塞罗那市政府
	2008年	巴塞罗那"工商业和导航"荣誉奖章	巴塞罗那商会
	2012年	西中理事基金会奖	西班牙西中理事基金会
	2024年	"2023沪上金融家评选·卓越贡献奖"	中国经济信息社、新华社上海分社
郭理默（Rolf Cremer）	2008年	法兰克福金融学院荣誉教授	法兰克福金融学院
	2008年	欧洲商学院荣誉博士	欧洲商学院
	2009年	上海市白玉兰纪念奖	上海市政府
张维炯	2008年	巴塞罗那市"荣誉市民"	巴塞罗那市政府
	2008年	巴塞罗那"工商业和导航"荣誉奖章	巴塞罗那商会
李家镐	2009年	追授"中欧国际工商学院终身成就奖"	中欧国际工商学院
约翰·奎尔奇[3]（John Quelch）	2011年	大英帝国司令勋章（CBE）	英国政府
	2012年	美国三边委员会成员	美国三边委员会
	2013年	上海市白玉兰纪念奖	上海市政府
王高	2019年	中欧教学名师奖	中欧国际工商学院
汪泓	2020年	曲靖市荣誉市民	云南省曲靖市政府
	2022年	ACLN第七届亚洲邮轮贡献奖"特别成就奖"	亚洲邮轮领袖联盟
迪帕克·杰恩（Dipak Jain）	2022年	上海市白玉兰纪念奖	上海市政府
	2022年	印度阿萨姆邦政府苏拉夫奖	印度阿萨姆邦政府
忻榕	2023年	上海市白玉兰纪念奖	上海市政府

（续表）

获奖者	获奖时间	奖 项 名 称	颁 奖 机 构
教 授			
吴敬琏	2007年	中欧教学名师奖	中欧国际工商学院
	2014年	中欧终身成就奖	中欧国际工商学院
许定波	2009年	中欧教学名师奖	中欧国际工商学院
杨国安	2009年	中欧教学名师奖	中欧国际工商学院
许小年	2010年	中欧教学名师奖	中欧国际工商学院
芮萌	2015年	中欧杰出研究奖	中欧国际工商学院
金台烈（Tae-Yeol Kim）	2017年	中欧杰出研究奖	中欧国际工商学院
樊景立	2019年	中欧杰出研究奖	中欧国际工商学院
许斌	2019年	中欧教学名师奖	中欧国际工商学院
黄钰昌	2020年	中欧教学名师奖	中欧国际工商学院
赵先德	2023年	中欧杰出研究奖	中欧国际工商学院

注：
1 本表以获奖者首次获奖时间为序，除特别说明，表中所列均为学院理事会成员、管理委员会成员和教授在我院任职期间所获奖励与荣誉。
2 1994—2014年称董事会成员，2015年起称理事会成员。
3 约翰·奎尔奇教授获上海市白玉兰纪念奖时已结束其中欧国际工商学院副院长兼教务长任期。

附录六　支持机构名单[1]

教 席 支 持

支持机构 （中文名称）	支持机构（英文名称）	支持教席名称	支持起始年份
英美集团	British American Tobacco	英美集团战略学教席	1995
西班牙政府	Government of Spain	西班牙经济学教席	1999
巴塞罗那港	Port of Barcelona	巴塞罗那港物流学教席	2001
米其林	Michelin	米其林领导力及人力资源管理教席	2001
飞利浦电子中国	Philips Electronics China Group	飞利浦管理学教席	2001
宝钢	Baosteel	宝钢市场营销学教席	2002
荷兰银行[2]	ABN AMRO	荷兰银行管理学教席	2005
拜耳	Bayer	拜耳领导力教席	2005
成为基金	Chengwei Ventures	成为基金创业学教席	2007
中联重科	Zoomlion	欧盟教席	2010
凯辉私募基金	Cathay Capital Private Equity	凯辉会计学教席	2011
中天集团	Zhongtian Development Holdings Group	中天集团管理学教席	2012
西班牙商业银行	CaixaBank	西班牙商业银行会计学教席	2012
依视路	Essilor	依视路会计学教席	2013
西班牙国际银行	Santander Central Hispano S.A	桑坦德经济学教席	2013
鹏瑞集团	Shenzhen Parkland Investment Group	鹏瑞金融学教席	2014
京东集团	JD.COM	京东运营及供应链管理学教席	2015
吴敬琏	Wu, Jinglian	吴敬琏经济学教席	2015
朱晓明	Zhu, Xiaoming	朱晓明会计学教席	2015

（续表）

支持机构 （中文名称）	支持机构（英文名称）	支持教席名称	支持起始年份
戴高乐基金会	Charles De Gaulle Foundation	夏尔·戴高乐全球领导力教席	2018
横店集团	Hengdian Group	横店集团管理学教席	2020
运连网	Gotofreight.com	运连网金融学教席	2021

校 园 支 持

支持机构（中文名称）	支持机构（英文名称）	支持类型	支持起始年份
上海金桥集团	Shanghai Jinqiao Group	上海校园支持	1994
上海家化集团	Shanghai Jahwa Group	上海家化集团教室冠名	1997
万泰集团	Shanghai Wantai Group	上海万泰集团教室冠名	1998
江苏证券[3]	Jiangsu Securities	华泰证券教室冠名	1998
氯碱化工	Shanghai Chlor–Alkali Chemical Co., Ltd.	上海氯碱化工教室冠名	1998
联合利华	Unilever	非洲校园支持	1998
上海石化	Sinopec Shanghai Petrochemical Co., Ltd.	上海石化演讲厅冠名	1998
亚洲资源广告公司[4]	Asian Sources Media Group	环球资源信息中心冠名	1999
西班牙政府	Spanish Government	西班牙中心、西班牙之家冠名	2001
贝卡尔特	Bekaert	实物支持	2004
万得资讯	Wind Info	万得资讯金融实验室支持	2004
施耐德电气	Schneider Electric	实物支持	2005
西班牙IDOM设计集团	IDOM	北京校园设计	2006
嘉华集团	K. Wah Group	吕志和演讲厅冠名	2008
TCL集团	TCL	实物支持	2010
中国电信上海公司	China Telecom Shanghai	实物支持	2010
标致雪铁龙集团	PSA Peugeot Citroën Group	实物支持	2010
海沃氏家具	Haworth	实物支持	2011

（续 表）

支持机构（中文名称）	支持机构（英文名称）	支持类型	支持起始年份
巴可	Barco	实物支持	2011
国家开发银行	China Development Bank	非洲校园支持	2011
帝亚吉欧	DIAGEO	非洲校园支持	2011
喜力	Heineken	非洲校园支持	2011
彤程集团	Red Avenue Group	彤程集团教室冠名	2011
可口可乐	Coca Cola	实物支持	2011
远东控股集团	Far East Holding Group	实物支持	2012
沃尔沃	Volvo	实物支持，参与AMP教室冠名	2012, 2018, 2022
柘中集团	Zhezhong Electric	实物支持	2012, 2014
波汇科技	Bandweaver Technologies	实物支持	2013
创天昱科技	CTK Co., Ltd.	实物支持	2013
景林资产	Greenwoods Asset Management	景林教室冠名	2013
敏华控股	Manwah Holdings	实物支持，欧洲校园建设支持	2013, 2016, 2017
三全食品	Sanquan Food	三全餐厅冠名	2013
风神集团	Fengshen Group	实物支持	2014
新秀集团	Newcomer Group	实物支持	2014
恒茂国际贸易	Heng Mau International Trading	实物支持	2015, 2016
世纪海翔	Sail Group	世纪海翔报告厅冠名	2017
森马服饰	Semir	参与AMP教室冠名，实物支持	2017, 2019
湖南天然工坊	Hunan Natural Workshop E-Commerce Co., Ltd	实物支持	2017
朗诗绿色集团	Landsea Group	深圳校园建设支持	2018
知人善任管理咨询	PDP China	讨论室冠名	2018
易招标	Ebidding	讨论室冠名	2018

（续 表）

支持机构（中文名称）	支持机构（英文名称）	支持类型	支持起始年份
视源股份	CVTE	实物支持	2018, 2023
铁人体育	Ironman	实物支持	2018
必确中国	Precor	实物支持	2018
陈英海先生（EMBA 1999）	Mr. Chen Yinghai (EMBA 1999)	北京校园改造支持	2019
齐心好视通	Comix HST	实物支持	2020
江苏祥兆文具	Changshu Writing Tool	实物支持	2020
才金资本	Elite Capital	才金资本教室冠名	2021
值得买科技	Zhi-Tech Group	北京校园改造支持	2021
恒洁卫浴	HEGII	实物支持	2021, 2022
布衣班（EMBA 2020 SZ1）	Bu Yi Class (EMBA 2020 SZ1 Class)	布衣班教室冠名	2022
中欧瑞博投资管理	Rabbit Fund	中欧瑞博教室冠名	2022
方太	Fotile	实物支持	2023
科大讯飞＆讯飞听见	iFLYTEK	实物支持	2023
圣戈班中国	Saint-Gobain China	实物支持	2023

研 究 支 持

支持机构（中文名称）	支持机构（英文名称）	支持起始年份
飞利浦中国	Philips China	2002
阿克苏诺贝尔	Akzo Nobel	2007
博世中国	BOSCH China	2007
西班牙对外贸易发展局	ICEX	2007
东方红资产管理	Orient Securities Asset Management	2008, 2020
华安基金管理	HuaAn Fund Management Co., Ltd.	2008

（续 表）

支持机构（中文名称）	支持机构（英文名称）	支持起始年份
陆家嘴开发集团	Lujiazui Development Group	2008
深圳迈瑞	Mindray	2008
上海浦东发展银行	Shanghai Pudong Development Bank	2008
上海银行	Bank of Shanghai	2008
研祥集团	EVOC Group	2008
银城地产	Treenity Real Estate Co., Ltd.	2008
安盛保险集团	AXA	2009
莱蒙鹏源国际集团	Topspring International Holdings Ltd.	2009
王彩铁铺	W&Smith Shanghai Inc.	2009
祥源控股	Sunriver Holding	2009
华翔集团	Huaxiang Group	2010
朗诗集团	Landsea Group	2010
仁泰集团	Rentai Group	2010
雨润集团	Yurun Group	2010
爱克发	AGFA	2011
帝斯曼	DSM	2011
汉联投资[5]	Hanlian Investment	2011
壳牌	Shell	2011
西门子中国	Siemens Ltd. China	2011
成为资本	Chengwei Ventures	2012
分享投资	Share Capital	2012, 2016, 2018, 2019, 2022
金昇集团	Jinsheng Group	2012
春和集团	Evergreen Holding Group	2013
克莱斯勒中国	Chrysler China	2013

支持机构（中文名称）	支持机构（英文名称）	支持起始年份
默克化工中国	Merck KGaA China	2013
四维约翰逊集团	FD Johnson Group	2013
西门子医疗	Siemens Healthcare	2013
中航国际	AVIC International	2013
旭辉集团	Cifi Group	2014
财团法人大学医疗保健教育基金会	Universal Foundation for the Education of Medical Service and Health Care	2014
东北亚煤炭交易中心	Ecoal	2014
国信证券	Guosen Securities	2014
环迅支付	IPS	2014
摩高投资	Morgold	2014
中国金融期货交易所	China Financial Futures Exchange	2014
阿斯利康	AstraZeneca	2015
大联大	WPG Holdings	2015
健合集团	H&H Group	2015, 2016
九阳股份	Joyoung	2015
凯辉基金	Cathay Capital	2015, 2016
诺亚财富	Noah Holdings	2015
普洛斯	GLP	2015
泉峰控股	Chervon	2015
拜耳医药	Bayer Healthcare	2016, 2023
嘉银金科	Jiayin Fin-Tech	2016, 2019
广西柳工集团	Guangxi Liugong Group	2016
美年大健康	Meinian Onehealth Healthcare	2016, 2019
清麦资本	ChairMan Capital	2016

（续 表）

支持机构（中文名称）	支持机构（英文名称）	支持起始年份
三态速递	SFC	2016
源泉汇理	ACF Group	2016, 2018
上海星动力	Xingdongli	2017
世福资本	Sino-CEEF	2017, 2019, 2022, 2023
KVB 昆仑国际	KVB Kunlun Global	2018
安彩华能源	Anchenergy	2018
精锐教育	One Smart	2018
凯洲资本	Triumph Capital	2018
玛氏	Mars Inc.	2018
磐合家族办公室	Panhe Family Office	2018
融义财富	Loyal Wealth Management	2018
苏宁易购集团	Suning.com Group	2018
唐彬森先生（创业营第五期）	Mr. Tang Binsen (the 5th Batch of CELC)	2018
中致远汽车	Zhongzhiyuan Group	2018
久积控股	HISAZUMI Holdings	2019, 2021
悠客行	Best Travel Limited	2019
中欧 FOP 俱乐部	CEIBS FOP Club	2019, 2021
中欧家族企业创二代发展基金	CEIBS Family Business Second Generation Development Fund	2019
德锐咨询	Wisevirtue Consulting	2020
瑞安集团	Shui On Group	2020
贝泰妮集团	Botanee Group	2021
步步高集团	Better Life Group	2021
秋林·里道斯食品	Churin Leader Foods	2021
水井坊	Swelfun	2021

支持机构（中文名称）	支持机构（英文名称）	支持起始年份
沃尔沃	Volvo	2021
远赞生命科学	Yuan Zan Life Science	2021
震坤行工业超市	ZKH Industrial Supply Co., Ltd	2021
百威中国	Budweiser China	2023
浩方集团	Hofang	2023
华兴源创	HYC	2023
京东物流	JDL	2023
赛意	SIE	2023

发 展 支 持

支持机构（中文名称）	支持机构（英文名称）	支持起始年份
BP中国	BP China	1992
ABB集团	ABB	1994
麦肯锡中国	McKinsey & Company Greater China	1996
艾默生电气	Emerson Electric	2000
美国礼来亚洲公司	Eli Lilly Asia, Inc.	2000
西班牙萨瓦德尔银行	Banco Sabadell	2000
安盛保险集团	AXA	2001
宝钢	Baosteel	2001
高乐高	Cola Cao	2002
高露洁－棕榄	Colgate–Palmolive	2002
上海市电信公司	Shanghai Telecom Corporation	2002
胜利石油	Shengli Petroleum Administration	2002
贝卡尔特	Bekaert	2004

（续 表）

支持机构（中文名称）	支持机构（英文名称）	支持起始年份
德斯高[6]	TESCO	2004
爱尔兰政府	Irish Government	2005
巴可	BARCO	2005
德固赛中国[7]	Degussa China	2005
德国先灵中国	Schering China Ltd.	2005
深圳中航集团	Shenzhen CATIC Group	2005
施耐德电气	Schneider Electric	2005
IBM中国	IBM China Company Ltd.	2006
阿特拉斯·科普柯	Atlas Copco	2006
安佰森公司	Apax Partners Worldwide LLP	2006
家乐福中国	Carrefour China	2006
西班牙电信	Telefónica	2006
阿克苏诺贝尔	AkzoNobel	2007
道康宁	Dow Corning	2007
陶氏化学	Dow Chemical	2007
意中基金会	Fondazione Italia Cina	2007
法国巴黎银行	BNP Paribas	2008
汇添富基金	China Universal Asset Management	2008
通用电气	General Electric	2008
西班牙阿斯图里亚斯自治区经济发展研究所	IDEPA	2008
熙可集团	CHIIC	2008
中航国际	AVIC International	2008
ECV顾问公司	ECV Advisory Ltd.	2009
曼达林基金	Mandarin Capital Partners	2009

（续 表）

支持机构（中文名称）	支持机构（英文名称）	支持起始年份
浦东香格里拉酒店	Pudong Shangri-La	2009
虹康房产	Hong Kang Real Estate	2009
鹏欣集团	Pengxin Group	2009
西班牙对外银行	BBVA	2009
旭辉集团	Cifi Group	2009, 2017
银城集团	Yincheng Group	2009
TNT中国	TNT Greater China	2010
安赛乐米塔尔	Arcelor Mittal	2010
百威英博	Anheuser-Busch InBev	2011
蓝豹股份	Lampo	2011
基石资本	Co-stone	2011
同策集团	Tospur	2011
横店集团	Hengdian Group	2012
万事达卡	MasterCard Worldwide	2012
新城地产	Future Holdings	2013
好屋中国	Haowu China	2014
江苏虎甲投资	Jiangsu Beetle Investment	2014
李洪波先生（EMBA 2009）	Mr. Li Hongbo (EMBA 2009)	2014
佩德罗·雷诺院长基金	Pedro Nueno President's Fund	2014
天成医疗	Tiancheng Medical Group	2014
朱晓明院长基金	Zhu Xiaoming President's Fund	2014
极装科技	Jizhuang Technology	2015
力盛赛车	Lisheng Auto	2015
三亚中业南田	Begonia Blooming	2016
敏华控股	Man Wah Holdings Limited	2017, 2023

（续表）

支持机构（中文名称）	支持机构（英文名称）	支持起始年份
博泽资本	Boze Asset	2018
平安普惠	Ping An Puhui Enterprise Management	2018
蔡芳新先生（CEO 2019）	Mr. Cai Fangxin (CEO 2019)	2019
上海毅行	Shanghai Yixing Management	2019
信也科技集团	FinVolution Group	2019
宜信普惠	Creditease Corp.	2019
周歆焱先生（EMBA 2015）	Mr. Zhou Xinyan (EMBA 2015)	2019
曾李青先生（EMBA 2005）	Mr. Zeng Liqing (EMBA 2005)	2020
龙源海外	L.Y.Global	2021
凯迪拉克	Cadillac	2023
段永平先生	Mr. Duan Yongping	2024

一 般 支 持[8]

支持机构（中文名称）	支持机构（英文名称）	支持起始年份
巴斯夫中国	BASF China	1994
卜内门化学工业	ICI China Ltd.	1994
大众汽车亚太	Volkswagen Asia–Pacific Ltd.	1994
德国先灵中国	Schering China Ltd.	1994
法国东方汇理银行	Banque Indosuez	1994
法马通原子能公司	FRAMATOME	1994
捷利康中国	ZENECA China Ltd.	1994
考陶尔兹北亚公司	Courtaulds North Asia	1994
乐富门（远东）	Rothmans (Far East) Ltd.	1994
联合酿酒公司（亚太地区）	United Distillers (Asia–Pacific)	1994

（续 表）

支持机构（中文名称）	支持机构（英文名称）	支持起始年份
路透社	Reuters	1994
路威酩轩	LVMH	1994
罗氏药品化学	Roche Pharmaceuticals & Chemicals Ltd.	1994
雀巢中国	Nestle China	1994
英国石油中国	BP China	1994
中国英红	Redland China Ltd.	1994
空中客车工业中国	Airbus Industrie China	1995
上海漕河泾新兴技术开发区	Shanghai Caohejing Hi-Tech. Park	1995
上海国际信托投资公司	Shanghai International Trust & Investment Co.	1995
埃尔夫阿托化学中国	ELF ATOCHEM (ATO) China	1996
拜耳中国	BAYER China	1996
荷兰合作银行	RABOBank	1996
荷兰商业银行	ING Bank	1996
罗纳-普朗克	Rhone-Poulenc	1996
瑞士丰泰保险	Winterthur Swiss Insurance	1996
凤凰自行车	Phoenix Bicycles	1996
亚古利民集团	AGROLIMEN	1996
奥美国际公关公司	Ogilvy & Mather	1997
电子资讯系统	EDS	1997
马莎	Marks & Spencer	1997
欧文斯科宁（亚太）	OWENS Corning Asia-Pacific	1997
苏州迅达电梯	Schindler	1997
天津努德莱斯巴食品	Tianjing Nutrexpa Food	1997
联合利华	Unilever	1998
索曼船材	Schaumann Wood Oy	1998

（续 表）

支持机构（中文名称）	支持机构（英文名称）	支持起始年份
安达信咨询公司	Andersen Consulting Company	2000
安永全球客户咨询	Ernst & Young Global Client Consulting	2000
比利时政府	Government of Belgium	2000
荷兰政府	Government of the Netherlands	2000
拉法基公司	Lafarge	2000
上海邮电管理局	Shanghai Post & Telecommunications Bureau	2000

奖助学金支持

支持机构（中文名称）	支持机构（英文名称）	支持起始年份
艾默生电气	Emerson	2000
巴塞罗那养老金储蓄银行	"la Caixa"	2000
宏盟集团	Omnicom Group Inc.	2005
刘吉管理教育基金	Liu Ji Education Fund	2006
中欧吴敬琏学术基金	CEIBS Wu Jinglian Academic Fund	2007
熙可集团	CHIC Group	2008
安越咨询	Easyfinance Management Consulting	2012
晨兴创投	Morningside Ventures	2013
东渡国际集团	DDI Group	2013
好利安	Hovione	2013
龙旗集团	Longcheer Group	2013
周宗明先生（EMBA 2004）	Mr. Zhou Zongming (EMBA 2004)	2014
润英联	Infineum	2015
丰瑞投资集团	Florin Investment Group	2016
嘉银金科	Jiayin Fin-Tech	2016, 2019
联储证券	Lianchu Securities	2016

（续 表）

支持机构（中文名称）	支持机构（英文名称）	支持起始年份
联众智慧	Mediinfo	2016
武汉凡谷	Wuhan Fingu	2016
金蝶集团	Kingdee Group	2017
李海翔先生（EMBA 2005）	Mr. Li Haixiang (EMBA 2005)	2017
银城集团	Yincheng Real Estate Group	2017
融义财富	Loyal Wealth Management	2018
液化空气	Air Liquide	2020
龙源海外	L.Y. Global	2021
技源科技	TSI	2021
陆晓晖先生（FMBA 2012）	Mr. Lu Xiaohui (FMBA 2012)	2022

注：
1 本附录所列支持伙伴名称以支持协议中的名称或支持机构另行约定的名称为准。
2 现已更名为苏格兰皇家银行（Royal Bank of Scotland）。
3 现已更名为华泰证券（Huatai Securities）。
4 现已更名为环球资源（Global Sources）。
5 现已更名为汉锦集团（Hanjin Group）。
6 现已更名为乐购（Tesco Hymall）。
7 现已更名为赢创工业集团（Evonik Degussa）。
8 一般支持是指2000年以前未指定用途的支持，多用于学院的日常运营。

后　记

　　作为《中欧国际工商学院1994—2024》的编写成员，虽然我们有幸在此撰文记述编撰历程，但我们更愿意将此书看作是"集体的智慧"，是中欧践行"合"文化的一次有力行动。此次30周年的校史修订，学院每个部门、每个校区都深度参与其中。本书新增的每一节，背后都有诸多同事提供素材，反复修改和校准，以最大可能还原学院发展历史。在汪泓院长、杜道明院长、濮方可副院长、张维炯副院长、马磊书记等管委会成员的把关定调下，在各校区、各部门负责人的大力支持下，校史修订工作历时一年多顺利完成。在此，我们首先要向给予校史工作高度支持的院领导和各校区、各部门负责人表示诚挚感谢，并向众多默默无闻参与其中的幕后英雄致敬。

　　本书的编撰是在15周年、20周年校史的基础上进行的，没有前人的积累，断然不会有此书的成形。我们也向为前两版校史付出过心血的名誉院长刘吉、名誉院长（欧方）雷诺、荣誉退休院长朱晓明，以及朴抱一、罗真等编写小组成员深表敬意。

　　作为本次校史修订的一线编写人员，我们是幸运的，可以近距离地了解学院的诞生、发展，开拓者的筚路蓝缕，一代代中欧人承前启后、继往开来的奋斗历程。尤其当看到创业者们为了学院的诞生四处奔走，开拓者们为了学院的发展呕心沥血，甚至付出了生命时，我们感受到了一代人的激情与梦想，它在中国管理教育的混沌时期闪闪发光。与其说大家在记述历史，不如说历史借由人们的口与笔保持着它经久不衰的生命力。浸润其中，我们深感一代代中欧人的热爱、勇气、智慧、力量，也心生更多的责任感和使命感。

　　带着对开拓者们的崇敬和对历史的敬畏，我们对校史修订工作不敢有丝毫怠慢。2023年5月，汪泓院长亲自牵头组建了校史编委会和编写小组，校史修订工作正式启动。随后，汪泓院长、张维炯副院长、马磊书记等编委会成员多次组织专题会议，确定校史修订工作的整体思路和工作方案。在编委会的指导下，以政策研究室、市场与传播部牵头的编写小组，先后联合各部门召开了数十次大大小小的头脑风暴与工作会议，群策群力，精益求精。全书稿件前后修改了不下十几轮，力求呈现最完整、客观、准确的学院发展史。

在第一章的续写中，教务长办公室、院长办公室、各课程部及校区给予了大力支持，提供了学院近十年发展的重要素材，由市场与传播部增补了最近十年的两个小节。第二章由教务长办公室及七大课程部根据最新发展提供修订稿，其中，各课程部由副教务长、课程主任、运营主任亲自指导，成立了专门的写作小组，反复打磨，数易其稿。第三章由政策研究室牵头，汇聚了学院众多教研及支持部门的智慧与力量，包括教务长办公室、案例中心、陆家嘴国际金融研究院、人力资源部、院长办公室、市场与传播部、翻译部、信息图书中心、财务部、运营保障部、北京校区、深圳校区、苏黎世校区和阿克拉校区，其中，教务长办公室的同事们为本章前两节的修订付出了大量时间和精力。第四章主要由校友关系与教育发展办公室起草，涵盖了校友群体发展、校友组织、校友服务以及筹资与捐赠等内容。第五章由市场与传播部和政策研究室共同起草。为了总结中欧30年的办学经验，梳理未来的发展方向，他们翻阅了大量的史料，并邀请不同部门的同事进行了多次头脑风暴，力求勾画最清晰的发展路径。第六章由市场与传播部和政策研究室主导修订工作，呈现了中欧发展历程中主要开拓者和贡献者的风采。开篇彩图和最后的附录部分则由档案室整理,翔实记录了学院发展的重要史实和时间线。整本书的编辑和审校工作由市场与传播部和政策研究室主导完成。

在此期间,吴敬琏教授、刘吉院长、雷诺院长、朱晓明院长、李铭俊院长、迪帕克·杰恩院长、汪泓院长、杜道明院长、濮方可副院长、张维炯副院长等接受了编写小组的采访。原董(理)事会秘书杜谦、毛竹晨为有关章节提供了珍贵史料。费喃吟带领市场与传播部编写小组成员岳顶军、潜彬思、江雁南、田佳玮、张子胥,承担了全书大部分的编辑工作。徐佳慧带领档案室的苏世海、陶丽,对海量的档案文件进行了梳理和筛选。付丹阳为校友章节的修订提供了翔实的数据和资料。王媛媛、岳顶军、张响作为主要的统稿人,对全书文字进行了大量细致的修改。汪泓院长、张维炯副院长、马磊书记、院长助理刘湧洁、院长助理徐惠娟、院长助理李瑷瑷对每一版的稿件都进行了审核,并提出诸多修改建议。最终成稿后,汪泓院长、杜道明院长等管委会成员,以及各课程部、行政部门和校区负责人均对相关内容进行了审定。

由于此次校史跨度时间长,我们特别邀请了已退休的原董事会秘书、信息中心主任杜谦老师进行审校,他在学院长期的工作经验,以及严谨细致的工作风格,为我们提供了难能可贵的指导。

我们还请学院双方办学单位上海交通大学和欧洲管理发展基金会对有关章节进行了审核,并得到了他们的大力支持。汪泓院长还邀请名誉院长刘吉、荣誉退休院长朱晓明、荣誉退休院长李铭俊,以及有关方面领导审定了有关章节。

本书还同步出版英文版,学院翻译部李云路及赵楠所带领的专业笔译团队以及市场与传播部苏麦（Michael Russam）均为此付出了大量的时间和精力，在此一并致敬感谢。

本书能够顺利出版，也离不开上海交通大学出版社钱天东书记、陈华栋社长、人文分社社长崔霞、人文分社总编冯勤，以及汪俪、刘佳琼、信艳等编辑的大力指导与支持，同样致以诚挚谢意。

我们相信，历史是有生命的，它活在我们的书写、阅读、感悟中，也活在我们未来的行动中。今年是中欧成立30周年，希望此书的出版，可以让大家更深切地感受到学院历史的脉动，从中汲取前人的智慧和经验，为中国和全球的管理教育事业贡献更多力量。

再次向所有支持校史修订工作的领导、同事、校友和各界同仁表示诚挚感谢！因时间、经验、专业所限，本书难免有不足之处，欢迎大家批评指正。

《中欧国际工商学院1994—2024》编写小组

2024年10月

关注我们

　　在书页尾声，即将合上这段旅程的终章。纸间沧海、笔下风云，您穿越了中欧三十年的辉煌历程，领略了中欧非凡卓越的课程体系，俊采星驰的教授队伍，以及无远弗届的校友影响力。这是一段知识的探索，一次思想的碰撞，更是一场精神的涤荡。

　　凡为过往，皆是序章。中欧的未来篇章还在续写，请扫描下方二维码持续关注和见证。让我们跨越时空，通过网络紧密相连，不仅是作为读者，更是作为伙伴，一同开启未来无限可能。不断联，常相见！

中欧官网 www.ceibs.edu

中欧官微
公众号

中欧官微
公众号（英文）

中欧视频号

统一招生平台